21 世纪经济学类管理学类专业主干课程系列教材

财务管理
（第 2 版）

主 编 肖 侠
副主编 王洪海 张瑞龙 骆 阳

清华大学出版社
北京交通大学出版社
·北京·

内 容 简 介

本书以资金时间价值为基础，在权衡风险与收益的前提下，围绕企业价值最大化这个中心，采用双循环来刻画财务管理理论与实践。第一个循环是按资金的运动方向进行阐述，即资金筹集、资金投放、资金营运及收益分配；第二个循环是按财务管理基本环节进行阐述，即财务预测、财务决策、财务预算、财务控制与财务分析。两个循环相互交叉、相互作用，形成财务管理课程的基本构架。为使读者掌握现代财务管理的基本理论、方法和技巧，培养适应市场经济发展所必需的财务管理知识和解决实际理财问题的能力，本书每章都附有相关知识点链接，每章开始都有明确的学习目标，每章结束都进行了小结并提出有针对性的思考题。

本书突出"课程思政"，每章都有"思政指引"，将思政元素与专业知识有机融合。本书既可作为高等院校经济管理类各专业的教学用书，也可作为财会人员以及其他经济管理人员的阅读参考资料，还可供企业管理人员培训、学习使用。

图书在版编目(CIP)数据

财务管理／肖侠主编. —2 版. —北京：北京交通大学出版社：清华大学出版社，2023.3
ISBN 978-7-5121-4839-0

Ⅰ. ①财…　Ⅱ. ①肖…　Ⅲ. ①财务管理　Ⅳ. ①F275

中国版本图书馆 CIP 数据核字（2022）第 220064 号

财务管理
CAIWU GUANLI

责任编辑：郭东青
出版发行：清华大学出版社　　　邮编：100084　　电话：010-62776969
　　　　　北京交通大学出版社　　邮编：100044　　电话：010-51686414
印　刷　者：北京鑫海金澳胶印有限公司
经　　　销：全国新华书店
开　　　本：185 mm×260 mm　　印张：20.5　　字数：512 千字
版 印 次：2010 年 1 月第 1 版　　2023 年 3 月第 2 版　　2023 年 3 月第 1 次印刷
印　　　数：1～2 000 册　　定价：59.80 元

本书如有质量问题，请向北京交通大学出版社质监组反映。对您的意见和批评，我们表示欢迎和感谢。

投诉电话：010-51686043，51686008；传真：010-62225406；E-mail：press@bjtu.edu.cn。

第 2 版前言

本书第 1 版自出版以来，受到市场好评，多次加印，累计销量近 3 万册。第 2 版在保持第 1 版原有内容框架的基础上，对教材部分内容进行了修改、更新和补充，使内容更新颖、更贴近实际。本次修订的主要内容是：

（1）根据我国财经法规变更与财务管理理论前沿的发展，修订了部分过时的教学内容，力图使本教材的内容与时俱进。

（2）根据财务管理教学改革与实践应用的需要，结合学生学习及知识结构的相关性，对部分章节的结构与内容进行了调整与完善。

（3）根据新时代高等教育改革要求，落实立德树人使命，引入"课程思政"，将思政元素与专业知识有机融合，构建"价值引领、知识传授、能力培养"三位一体的育人体系。

本书修订工作分工如下：骆阳修订第 1 章、第 12 章；蔡阳修订第 2 章、第 7 章、第 11 章；仇小微修订第 8 章、第 9 章、第 10 章；丁荣清修订第 3 章；张瑞龙修订第 4 章；王洪海修订第 6 章；肖侠修订第 5 章，并负责修订工作的组织与复核定稿。

在本书编写过程中，参阅了国内外大量的文献资料，对此，向有关作者表示衷心感谢。

由于编者水平有限，书中存在问题和不足在所难免，恳请广大读者批评指正。

编者
2023 年 1 月

第 1 版前言

财务管理思想源远流长，随着商贸经济的繁荣、科学技术的发展以及现代公司制的诞生，财务管理理论与实践日渐成熟。在社会主义市场经济发展的今天，财务管理越来越显示其重要性，甚至成为现代企业管理的核心。

本书的编写思路为：以资金时间价值为基础，在权衡风险与收益的前提下，围绕企业价值最大化这个中心，采用双循环来刻画财务管理理论与实践。第一个循环是按资金的运动方向进行阐述，即资金筹集、资金投放、资金营运以及收益分配；第二个循环是按财务管理基本环节进行阐述，即财务预测、财务决策、财务预算、财务控制与财务分析；两个循环相互交叉、相互作用，形成财务管理课程的基本构架。

为使读者掌握现代财务管理的基本理论、方法和技巧，培养适应市场经济发展所必需的财务管理知识和能力，能够运用财务管理基本原理解决实际问题。根据应用型本科教育的特点，在总结多年教学、科研实践的基础上，编写了《财务管理》一书。本书具有如下主要特色：

（1）内容新颖：本书的内容体现财务管理学科的发展以及前沿动态，并附有相关知识点的链接，以拓宽读者的视野；

（2）便于学习：每章开始都明确了学习目标，每章结束都进行了小结，并提出有针对性的思考题，以帮助学生巩固和加深对所学知识的理解；

（3）突出应用：本书并不追求深奥的理论研究和复杂的数学推导，而是从应用能力的角度出发，侧重于基本知识与基本技能的培养，为此每章配有大量的应用性例题；

（4）中英对照：每章附有常用专业术语，并且部分专业术语配有英文表述，以满足外向型人才培养的需要。

本书由肖侠任主编，王洪海、张瑞龙、骆阳任副主编，编写分工如下：第 1 章：骆阳；第 2 章：蔡阳；第 3 章：丁荣清；第 4 章：张瑞龙；第 5 章：肖侠；第 6 章：曹俐；第 7 章：马海峰；第 8 章：金慧琴；第 9 章：秦士华；第 10 章：戴华江；第 11 章：闫轶；第 12 章：王洪海。本书最后由肖侠负责总纂定稿。

在本书的编写过程中，我们参阅了国内外大量的文献资料，对此，向有关作者表示衷心感谢。

由于编者水平有限，再加上时间仓促，书中存在问题和不足在所难免，恳请有关专家和广大读者批评指正，以便进一步修改与完善。

编者
2009 年 12 月

目 录

第 **1** 章

财务管理总论

1.1　财务管理概述

1.1.1　企业财务

企业财务是指企业在生产经营过程中客观存在的资金运动及其所体现的经济利益关系。前者称为财务活动，表明财务的形式特征；后者称为财务关系，揭示财务的内容本质。

1.1.1.1　财务活动

财务活动（financial activity）指企业再生产过程中的资金运动，具体包括筹资活动、投资活动、资金营运活动和资金分配活动。

1. 筹资活动

筹资是指企业为了满足投资和资金营运的需要，筹集所需资金的行为。任何企业要从事生产经营活动，首先必须筹集一定数量的资金。因此，筹资活动是企业整个资金运动的起点。

在筹资过程中，一方面，企业需要根据战略发展的需要和投资计划来确定各个时期企业总体的筹资规模，以保证投资所需要的资金；另一方面，要通过筹资渠道、筹资方式或工具的选择，合理确定筹资结构，降低筹资成本和筹资风险，提高企业价值。

企业通过筹资通常可以形成两种不同性质的资金来源：一是企业权益资金（即自有资金），是通过向投资者吸收直接投资、发行股票等方式取得的资金，这部分资金一般不需要归还，筹资风险小，但资本成本较高；二是企业债务资金，是通过银行借款、发行债券等方式从债权人手中取得的资金，这部分资金要按期归还，风险较大，但资本成本相对较低。企业在资金筹集过程中所发生的一系列资金收付行为，便形成筹资活动。

2. 投资活动

投资是指企业根据项目资金需要投出资金的行为。企业投资有广义和狭义之分。广义的投资包括对外投资（如投资购买其他公司股票、债券，或与其他企业联营，或投资外部项目）和对内投资（如购置固定资产、无形资产、流动资产等）。狭义的投资仅指对外投资。

企业在投资过程中，必须考虑投资规模（即为确保获取最佳投资效益，企业应投入的资金数额）；同时还必须通过投资方向和投资方式的选择，来确定合适的投资结构，提高投资效益、降低投资风险。企业在资金投放过程中所发生的一系列资金收付行为，便形成投资活动。

3. 资金营运活动

企业在日常运营过程中，首先，需要付出资金从市场上购买生产经营所需要的各种材料，同时，还要拿出资金支付人员薪酬、缴纳各项税金等；其次，当企业把商品或产品售出后，便可取得收入、收回资金；最后，如果日常运营中发生临时性资金短缺，还要采取短期借款方式来筹集所需资金。企业在日常经营中所发生的一系列资金收付行为，便形成资金营运活动。

在一定时期内，营运资金周转速度越快，资金的利用效率就越高，企业就可能生产出更多的产品，取得更多的收入，获取更多的利润。

4. 资金分配活动

企业通过投资和资金的营运活动可以取得相应的收入，并实现资金的增值。企业取得的各种收入在补偿成本、缴纳税金后，还应依据有关法律对剩余收益进行分配。广义地说，分配是指对企业各种收入进行分割和分派的行为；而狭义的分配仅指对企业净利润的分配。企业在分配过程中所发生的一系列资金收付行为，便形成资金分配活动。

企业实现的净利润可作为投资者的收益，分配给投资者或暂时留存企业（作为投资者的追加投资）。企业需要依据法律的有关规定，合理确定分配规模和分配方式，确保企业取得最大的长期利益。

以上四项活动相辅相成、相互联系，共同构成了财务活动的有机整体。

1.1.1.2 财务关系

财务关系（financial relationship）指企业在组织财务活动过程中与有关各方所发生的经济利益关系。企业在开展财务活动过程中与各方面有着广泛的财务关系。这些财务关系主要体现在以下几个方面。

1. 企业与投资者之间的财务关系

企业与投资者之间的财务关系主要是指企业的投资者向企业投入资金，企业向其投资者支付投资报酬所形成的经济利益关系。这种关系实质上体现的是一种所有权性质的受资与投资关系。

2. 企业与债权人之间的财务关系

企业与债权人之间的财务关系主要是指企业向债权人借入资金，并按合同规定支付利息和归还本金所形成的经济利益关系。这种关系实质上体现的是一种债务与债权关系。

3. 企业与受资者之间的财务关系

企业与受资者之间的财务关系主要是指企业以购买股票或直接投资的形式向其他企业投资所形成的经济利益关系。这种关系实质上体现的是一种所有权性质的投资与受资关系。

4. 企业与债务人之间的财务关系

企业与债务人之间的财务关系主要是指企业将其资金以购买债券、提供借款或商业信用等形式出借给其他单位所形成的经济利益关系。这种关系实质上体现的是一种债权与债务关系。

5. 企业与政府之间的财务关系

企业与政府之间的财务关系是指政府作为社会管理者，通过其派出机构——税务机关，以收缴各种税款的方式与企业发生的经济利益关系。这种关系实质上体现的是一种强制与无偿的分配关系。

6. 企业内部各单位之间的财务关系

企业内部各单位之间的财务关系是指企业内部各单位之间在生产经营各环节中互相提供产品或劳务所形成的经济利益关系。这种关系实质上体现的是一种企业内部各单位之间的利益分配关系。

7. 企业与职工之间的财务关系

企业与职工之间的财务关系主要是指企业向职工支付劳动报酬过程中所形成的经济利益关系。这种关系实质上体现的是一种企业与职工之间在劳动成果上的分配关系。

1.1.2　财务管理

财务管理（financial management），是基于企业再生产过程中客观存在的财务活动和财务关系而产生的，利用价值形式对企业再生产过程进行的管理，是一项组织财务活动、处理财务关系的综合性经济管理工作。

1.2　财务管理目标

1.2.1　企业财务管理的目标

财务管理作为企业管理的一个子系统，必然要为实现企业管理目标服务。因此，财务管理目标要服务并服从于企业的目标，同时，还要充分体现财务管理自身特点。

1.2.1.1　企业的目标及其对财务管理的要求

企业，作为不同于行政事业单位的营利性组织，其自成立那天起就注定具有逐利性。但我们知道，企业要想获利，首先要解决生存问题。生存是获利的基础，但企业要想源源不断地获取丰厚利润，就要不断地发展自己，只有这样，才能更好地获取利润。因此，企业的目标可以依次概括为：生存、发展和获利。

1. 生存

生存是企业的首要目标，是实现发展、获利目标的基础。企业生存的"土壤"是市场，包括商品市场、金融市场、人力资源市场、技术市场等。企业在生存过程中，一方面付出货币，从市场上换取生产经营所需的资源；另一方面提供市场需要的商品或服务，从市场上换回货币。企业从市场上获得的货币至少要等于付出的货币，以便维持继续经营，否则，企业没有足够的货币从市场上换取必要的资源，企业就会萎缩，甚至无法维持最低的运营条件而终止。因此，以收抵支是企业在市场中生存下去的基本条件。

企业生存的另一个基本条件是到期偿债。企业为扩大业务规模或满足经营周转的临时需要，可以向其他个人或法人借债。国家为维持市场经济秩序，通过立法规定债务人必须"偿还到期债务"，必要时"破产偿债"。企业如果不能偿还到期债务，就可能被债权人接管或被法院判定破产。

由上可知，企业生存的两个基本条件若不能满足，就会形成针对企业生存的两个主要威胁：一个是长期亏损，它是企业终止的内在原因；另一个是不能偿还到期债务，它是企业终止的直接原因。亏损企业为维持运营被迫进行债务融资，借新债还旧债，如长期亏损，扭亏无望，迟早会借不到钱而无法周转，从而不能偿还到期债务。盈利企业也可能出现"无力支付"的情况，主要是借款扩大业务规模，冒险失败，为偿债必须出售不可缺少的厂房和设备，使生产经营无法继续下去。

因此，力求保持以收抵支和偿还到期债务的能力，减少破产的风险，使企业能够长期、稳定地生存下去，是对财务管理的第一个要求。

2. 发展

企业只有不断发展才能更好地生存。企业的生产经营如"逆水行舟，不进则退"。在科技不断进步的现代社会中，产品不断更新换代，企业必须不断推出更好、更新、更受市场欢迎的产品，才能在市场中立足。在竞争激烈的市场上，各个企业此消彼长、优胜劣汰。一个企业如果不能发展，不能提高产品和服务的质量，不能扩大自己的市场份额，就会被其他企业挤出市场。

企业的发展集中表现为扩大收入。扩大收入的根本途径是提高产品的质量，扩大销售的数量，这就要求不断更新设备、技术和工艺，并不断提高各种人员的素质，也就是要投入更多、更好的物质资源、人力资源，并改进技术和管理。在市场经济中，各种资源的取得都需要付出资金。企业的发展离不开资金。

因此，筹集企业发展所需的资金，是对财务管理的第二个要求。

3. 获利

企业作为营利性组织，其出发点和归宿都是盈利。企业必须能够获利，才有存在的价值。已经建立起来的企业，虽然有改善职工收入、改善劳动条件、扩大市场份额、提高产品质量、减少环境污染等多种目标，但是，盈利是最具综合能力的目标，也是企业的终极目标所在。

从财务上看，盈利就是使资产获得超过其投资的回报。在市场经济中，没有免费使用的资金，资金的每项来源都有其成本。每项资产都是投资，都应当是生产性的，要从中获得回报。例如，各项固定资产要充分地用于生产，避免存货积压，尽快收回应收账款，利用暂时闲置的现金等。财务主管人员务必使企业正常经营产生的和从外部获得的资金能以产出最大的形式加以利用。

因此，通过合理、有效地使用资金使企业获利，是对财务管理的第三个要求。

综上所述，企业的目标是生存、发展和获利。企业的这些目标要求财务管理完成筹措资金并有效地投放和使用资金的任务。企业的成功乃至于生存，在很大程度上取决于过去和现在的财务政策。财务管理不仅与资产的获得及合理使用的决策有关，而且与企业的生产、销售管理发生直接联系。

1.2.1.2 企业的财务管理目标

财务管理目标（goal of financial management），又称理财目标，是指企业进行财务活动所要达到的根本目的，是评价企业组织财务活动、处理财务关系合理性的基本标准。它是企业财务管理工作的行为导向，是财务人员工作实践的出发点和归宿。财务管理目标制约着财务工作运行的基本特征和发展方向。不同的财务管理目标，会产生不同的财务管理运行机制。因此，科学地设置财务管理目标，对优化理财行为、实现财务管理的良性循环具有重要的意义。

值得注意的是，财务管理目标的设置，必须要与企业整体发展战略相一致，符合企业长期发展战略的需要，体现企业发展战略的意图。

中外关于企业财务管理目标的综合表达，有以下三种最具代表性的观点。

1. 利润最大化

利润最大化（profit maximization）目标就是假定在投资预期收益确定的情况下，财务管理行为将朝着有利于企业利润最大化的方向发展。以追逐利润最大化作为财务管理的目标，其主要原因有三个：一是人类从事生产经营活动的目的是创造更多的剩余产品，在商品经济条件下，剩余产品的多少可以用利润这个价值指标来衡量；二是在自由竞争的资本市场中，资本的使用权最终属于获利最多的企业；三是只有每个企业都最大限度地获得利润，整个社会的财富才可能实现最大化，从而带来社会的进步和发展。在社会主义市场经济条件下，企业作为自主经营的主体，所创利润是企业在一定期间全部收入和全部费用的差额，是按照收入与费用配比原则加以计算的。它不仅可以直接反映企业创造剩余产品的多少，而且也从一定程度上反映企业经济效益的高低和对社会贡献的大小。同时，利润是企业补充资本、扩大经营规模的源泉。因此，以利润最大化为财务管理目标是有一定道理的。

利润最大化目标在实践中存在以下难以解决的问题：①这里的利润是指企业一定时期实现的税后净利润，它没有考虑资金的时间价值；②没有反映创造的利润与投入的资本之间的关系；③没有考虑风险因素，高额利润往往要承担过大的风险；④片面追求利润最大化，可能导致企业短期行为，如忽视科技开发、生产安全、人才开发、技术装备水平更新等。

2. 每股收益最大化

作为企业的投资者，其投资目标是取得资本收益，具体表现为净利润与出资额或股份数（普通股）的对比关系，这种关系可以用每股收益（earnings per share）这一指标来反映。每股收益是指归属于普通股股东的净利润与发行在外的普通股股数的比值，它的大小反映了投资者投入资本获得回报的能力。

每股收益最大化的目标将企业实现的利润额同投入的资本或股本数进行对比，能够说明企业的盈利水平，可以在不同资本规模的企业或同一企业不同期间之间进行比较，揭示其盈利水平的差异。与利润最大化目标一样，该指标仍然没有考虑资金的时间价值和风险因素，也不能避免企业的短期行为。

3. 企业价值（或股东财富）最大化

股东投资创办企业的目的是创造尽可能多的财富，他们是企业的所有者，企业价值最大化（company value maximization）就是股东财富最大化（stockholder wealth maximization）。企业价值就是企业的市场价值，是企业所能创造的预计未来现金流量的现值，反映了企业潜在的或预期的获利能力和成长能力。未来现金流量的现值这一概念，包含了资金的时间价值和风险价值两个方面的因素。因为未来现金流量的预测包含了不确定性和风险因素，而现金流量的现值是以资金的时间价值为基础对现金流量进行折现计算得出的。

相比较前两种观点，以企业价值（或股东财富）最大化作为财务管理目标，其优点有：①该目标考虑了资金的时间价值和风险价值，有利于统筹安排长短期规划、合理选择投资方案、有效筹措资金、合理制定股利政策等；②该目标反映了对企业资产保值增值的要求，从某种意义上说，股东财富越多，企业市场价值就越大，追求股东财富最大化的结果可促使企业资产保值或增值；③该目标有利于克服管理上的片面性和短期行为；④该目标有利于社会资源合理配置。社会资金通常流向企业价值（或股东财富）最大化的企业和行业，有利于实现社会效益最大化。

以企业价值（或股东财富）最大化作为财务管理目标，存在以下问题：①对于非上市公司，这一目标值不能依靠股票市价进行评判，而应通过资产评估方式进行评判，出于评估标准和评估方式的影响，这种估价难以客观和准确；②公司股价并非为公司所控制，其价格波动也并非与公司财务状况的实际变动相一致，这对衡量公司实际经营业绩带来一定的困难；③为控股或稳定购销关系，不少企业相互持股。法人股东对股价的敏感程度远不及个人股东，对股价最大化目标没有足够的兴趣。

现代财务管理理论和实务的研究表明，以企业价值（或股东财富）最大化作为财务管理的目标是较为科学和合理的。因此，本书也采纳这一观点。

1.2.2 影响财务管理目标实现的因素

财务管理的目标是企业价值（或股东财富）的最大化，股票价格代表了股东财富，反映了企业价值，因此，股价高低反映了财务管理目标的实现程度。

公司股价受财务管理环境和管理决策两方面因素的影响。财务管理环境的影响将在1.6节论述，这里先说明公司管理当局可以控制的因素。

从公司管理当局可控制的因素来看，股价的高低取决于企业的报酬率和风险，而企业的报酬率和风险又是由企业的投资项目、资本结构和股利政策决定的。因此，这五个因素影响企业的价值。财务管理正是通过投资决策、筹资决策和股利决策来提高报酬率、降低风险，实现其目标的。

1.2.2.1 投资报酬率

在风险相同的情况下，提高投资报酬率可以增加股东财富。公司的盈利总额不能反映股东财富。例如，某公司有1 000万股普通股，税后净利润2 000万元，每股盈余为2元。假设你持有该公司股票5 000股，因而分到10 000元利润。如果企业为增加利润拟扩大规模，再发行500万股普通股，预计增加盈利500万元。对此项财务决策，你会赞成吗？你的财富会增加吗？由于总股数增加到1 500万股，税后净利润增加到2 500万元，每股盈余反而降低到1.67元，你分到的利润将减少到8 333元。由此可见，股东财富的大小要看投资报酬率，而不是盈利总额。

1.2.2.2 风险

任何决策都是面向未来的，并且会有或多或少的风险。决策时需要权衡风险和报酬，才能获得较好的结果。

做财务决策时，不能仅考虑报酬，不考虑风险。例如，你持股的公司有两个投资方案，第一个方案可使每股盈余增加0.5元，其风险极低，几乎可以忽略不计；第二个方案可使每股盈余增加2元，但是有一定风险，若方案失败则每股盈余不会增加。你赞成哪一个方案呢？回答是要看第二个方案的风险有多大，如果成功的概率大于25%，则它是可取的，反之则不可取。由此可见，做财务决策时不能不考虑风险，只有风险与可望得到的额外报酬相称时，方案才是可取的。

1.2.2.3　投资项目

投资项目是决定报酬率和风险的首要因素。一般说来，被企业采纳的投资项目，应该能够增加报酬，否则企业就没有必要为它投资。与此同时，任何项目都有风险，区别只在于风险大小不同。因此，企业的投资计划会改变其报酬率和风险，并影响股票的价格。

1.2.2.4　资本结构

资本结构会影响报酬率和风险。资本结构是指企业所有者权益与负债的比例关系。一般情况下，当借债的利率低于其投资的预期报酬率时，企业可以通过借债提高预期每股盈余，但同时也会扩大预期每股盈余的风险。因为一旦情况发生变化，如销售萎缩等，实际的报酬率低于利率，则负债不但没有提高每股盈余，反而使每股盈余减少，企业甚至可能因不能按期支付本息而破产。资本结构安排不当是企业破产的一个重要原因。

1.2.2.5　股利政策

股利政策也是影响报酬率和风险的重要因素。股利政策是指公司赚得的盈余中，有多少作为股利发放给股东，有多少保留下来以备再投资之用，以便使未来的盈余源泉得以维持。股东既希望分红，又希望每股盈余不断增长。前者是当前利益，后者是长远利益，两者有矛盾。加大保留盈余，会提高未来的报酬率，但再投资的风险比立即分红要大。因此，股利政策会影响报酬率和风险。

1.2.3　股东、经营者和债权人利益的冲突与协调

股东和债权人都为企业提供了财务资源，但是他们处在企业之外，只有经营者即管理当局在企业里直接从事管理工作。股东、经营者和债权人之间构成了企业最重要的财务关系。企业是所有者即股东的企业，财务管理的目标是指股东的目标。股东委托经营者代表他们管理企业，为实现他们的目标而努力，但经营者与股东的目标并不完全一致。债权人把资金借给企业，并不是为了企业价值最大化，与股东的目标也不一致。企业必须协调好这三方面的利益冲突关系，才能实现"企业价值最大化"的目标。

1.2.3.1　股东与经营者

1. 经营者的目标

在股东和经营者分离以后，股东的目标是使企业价值最大化，千方百计地要求经营者以

最大的努力去完成这个目标。经营者也是最大合理效用的追求者，其具体行为目标与委托人不一致。他们的目标是：

（1）增加报酬，包括物质报酬和非物质报酬，如工资、奖金、荣誉和社会地位等；

（2）增加闲暇时间，包括较少的工作时间、工作时间里较多的空闲和有效工作时间里较小的劳动强度等；

（3）避免风险。经营者努力工作可能得不到应有的报酬，他们的行为和结果之间有不确定性，经营者总是力图避免这种风险，希望付出一份劳动便得到一份报酬。

2. 经营者对股东目标的背离

经营者的目标和股东不完全一致，经营者有可能为了自身的目标而背离股东的利益。这种背离表现在两个方面。

（1）道德风险。经营者为了自己的目标，不是尽最大努力去实现企业财务管理的目标。他们没有必要为提高股价而冒险，股价上涨的好处将归于股东，如若失败，他们的"身价"将下跌。他们不做什么错事，只是不十分卖力，以增加自己的闲暇时间。这样做，不构成法律和行政责任问题，只是道德问题，股东很难追究他们的责任。

（2）逆向选择。经营者为了自己的目标而背离股东的目标。例如，装修豪华办公室，购置高档汽车；借口工作需要，乱花股东的钱；蓄意压低股票价格，以自己的名义借款买回，导致股东财富受损；等等。

3. 防止经营者背离股东目标的方法

（1）解聘。这是一种通过所有者约束经营者的办法。所有者对经营者予以监督，如果经营者未能使企业价值达到最大，就解聘经营者，经营者害怕被解聘而被迫实现财务管理目标。

（2）接收。这是一种通过市场约束经营者的办法。如果经营者经营决策失误、经营不力，未能采取一切有效措施使企业价值提高，该公司就可能被其他公司强行接收或吞并，相应地经营者也会被解聘。经营者为了避免这种结果，必须采取一切措施提高股东财富和企业价值。

（3）激励。激励是将经营者的报酬与其绩效挂钩，以使经营者自觉采取能提高股东财富和企业价值的措施。激励通常有两种基本方式：①"股票期权"方式。它是允许经营者以固定的价格购买一定数量的公司股票，当股票的市场价格高于固定价格时，经营者所得的报酬就越多。经营者为了获取更大的股票涨价益处，就必然主动采取能够提高股价的行动；②"绩效股"方式。它是公司运用每股收益、资产收益率等指标来评价经营者的业绩，视其业绩大小给予经营者数量不等的股票作为报酬。如果公司的经营业绩未能达到规定目标，经营者也将部分丧失原先持有的"绩效股"。这种方式使经营者不仅为了多得"绩效股"而不断采取措施提高公司的经营业绩，而且为了使每股市价最大化，也采取各种措施使股票市价稳定上升，从而增加股东财富或企业价值。

1.2.3.2 股东与债权人

债权人出借资金的目的是到期时收回本金，并获得约定的利息收入；公司借款的目的是用它扩大经营，投入有风险的生产经营项目，两者的目标并不一致。

债权人事先知道借出资金是有风险的，并把这种风险的相应报酬纳入利率。通常要考虑的因素包括企业现有资产的风险、预计企业新增资产的风险、企业现有的负债比率、企业未来的资本结构等。

但是，借款合同一旦成为事实，资金划到企业，债权人就失去了控制权，股东为了自身利益，可能会通过经营者伤害债权人的利益，其常用方式如下。

（1）股东不经债权人的同意，投资于比债权人预期风险更高的新项目。如果高风险的计划侥幸成功，超额的利润归股东独享；如果计划不幸失败，企业无力偿债，债权人与股东将共同承担由此造成的损失。尽管《中华人民共和国企业破产法》（以下简称《破产法》）规定，债权人先于股东分配破产财产，但多数情况下，破产财产不足以偿债。所以，对债权人来说，肯定拿不到超额利润，却有可能要分担产生的损失。

（2）股东为了提高企业的利润，不征得债权人的同意而指使管理当局发行新债，致使旧债券的价值下降，使旧债权人蒙受损失。旧债券价值下降的原因是发行新债后企业负债比率加大，企业破产的可能性增加，如果企业破产，旧债权人和新债权人要共同分配破产后的财产，使旧债券的风险增加、价值下降。尤其是不能转让的债券或其他借款，债权人不能出售债券来摆脱困境，处境更加不利。

债权人为了防止其利益被损害，除了寻求立法保护，如破产时优先接管、优先于股东分配剩余财产等外，通常采取以下措施。

（1）限制性借债，即在借款合同中加入限制性条款，如规定资金的用途、规定不得发行新债或限制发行新债的数额等。

（2）收回借款或停止借款，即当债权人发现企业有损害其债权价值的意图时，拒绝进一步合作，采取收回债权和不给企业增加放款方式来保护自身的权益。

1.2.4　企业目标与社会责任

企业的目标和社会的目标在许多方面是一致的。企业在追求自己的目标时，自然会使社会受益。例如，企业为了生存，必须要生产出符合市场需求的产品，满足人民群众的物质文化需要；企业为了发展，要扩大生产规模，自然会增加职工人数，解决社会的就业问题；企业为了获利，必须提高劳动生产率，改进产品质量，改善服务，从而提高社会生产效率和公众的生活质量。

企业的目标和社会的目标也有不一致的地方。例如，企业为了获利，可能生产伪劣产品、可能不顾工人的健康和利益、可能造成环境污染、可能损害其他企业的利益等。

股东只是社会的一部分人，他们在谋求自己利益的时候，不应当损害他人的利益。为此，国家颁布了一系列保护公众利益的法律，如《中华人民共和国公司法》（以下简称《公司法》）、《中华人民共和国反不正当竞争法》、《中华人民共和国环境保护法》、《中华人民共和国民法典》、《中华人民共和国消费者权益保护法》和《中华人民共和国产品质量法》等，通过这些法律调节股东和社会公众的利益。

一般说来，企业只要依法经营，就能在谋求自己利益的同时使公众受益。但是，法律不可能解决所有问题，况且目前我国的法制尚不健全，企业有可能在合法的情况下从事不利于社会的事情。因此，企业还要受到商业道德的约束，要接受政府有关部门的行政监督，以及社会公众的舆论监督，进一步协调企业和社会的矛盾，促进构建和谐社会。

1.3 财务管理环节

财务管理环节是指财务管理的工作步骤与一般工作程序。一般而言，企业财务管理包括五个基本环节：财务预测、财务决策、财务预算、财务控制、财务分析。

1.3.1 财务预测

财务预测（financial forecasting）是指根据企业财务活动的历史资料，考虑现实情况和未来条件变化，对未来财务活动和财务成果所进行的科学预计和测算。一般认为，财务预测是财务管理循环的起点，即首要环节。财务预测是为财务决策服务的。

财务预测环节的主要任务是：预测各项可能的生产经营方案的经济效益，为财务决策提供依据；预计各项财务收支的未来变化情况，以确定经营目标；测定各项定额和标准，为编制预算、分解预算指标服务。

财务预测环节主要包括以下几个步骤：确定预测目标、搜集有关资料、建立预测模型、确定预测结果。

1.3.2 财务决策

财务决策（financial decision）是指财务人员按照财务目标要求，利用决策专门方法对各备选方案进行比较、分析、评价，从而选出最优方案的过程。一项财务决策成功与否关系到企业的兴衰成败，甚至是生死存亡。因此，一般认为，这一环节是财务管理的核心。

财务决策环节主要包括以下几个步骤：确定决策目标、评价备选方案、选出最优方案。

1.3.3 财务预算

财务预算（financial budget）是指根据财务决策方案，运用科学的技术手段和专门方法，对未来财务活动的内容及指标所进行的具体规划。财务预算是对财务决策的具体化和系统化，是控制企业财务运行过程的依据，是对企业财务运行结果进行分析的标准。

财务预算环节主要包括以下几个步骤：分析财务环境，确立预算指标；协调财务能力，进行综合平衡；选择预算编制方法，编制有效财务预算。

1.3.4 财务控制

财务控制（financial control）是指对财务活动运行过程中的财务预算执行情况进行监督，对财务预算执行过程中存在的问题及时采取有效措施进行调整和修正。财务控制是对财务预算的实施进行监督，也是对财务决策目标实现的保障。

在财务控制过程中，由于企业各个部门的运作及预算的执行最终都会以价值的形式体现出来，都会对企业的资金运动产生影响，这就需要协调企业各部门的关系，发动和激励企业全体员工参与财务预算的落实和执行，以使企业的经营能高效运转，实现价值增值。此外，还要协调好与企业外部各方面的关系，并充分利用各方面的资源，为企业谋取更大的利益。

另外，为保证对各部门财务预算的执行情况进行有效的监督和控制，需要设计适当合理的财务控制制度以监控预算的执行，同时保证这种财务控制制度符合企业整体对内部控制制度的要求。

财务控制环节主要包括以下几个步骤：制定控制标准，分解落实责任；实施追踪控制，及时调整误差；分析执行情况，总结经验教训。

1.3.5   财务分析

财务分析（financial analysis）是根据财务报告等有关资料，运用特定方法，对企业财务活动过程及其结果进行分析和评价的一项工作。通过财务分析，可以及时发现企业财务活动运行过程中存在的问题，揭示问题成因，评价财务状况，为下一循环进行财务预测、决策、预算和控制提供帮助。

财务分析环节主要包括以下几个步骤：占有相关资料，进行对比分析；总结存在的问题，探究问题成因；明确责任对象，搞好考核奖惩；提出改进措施，促进后期工作。

1.4   财务管理假设

一个完整理论体系的建立，必须通过假设、推理、实证等过程实现。要建立科学的理论体系，需要先提出一定的假设。财务管理假设是人们根据财务活动的内在规律和理财环境的要求所提出的具有一定事实依据的假定或设想，是研究财务管理理论和实践问题的基本前提。财务管理假设包括理财主体假设、持续经营假设、有效市场假设、资金增值假设、理财理性假设。

1.4.1   理财主体假设

理财主体，又称财务主体，是指财务管理为之服务的特定单位，通常是指具有独立或相对独立的物质利益的经济实体。企业的财务管理工作不是漫无边际的，而应限制在每个经济上和经营上具有独立性的组织之内。理财主体假设明确了财务管理工作的空间范围，将一个主体的理财活动同另一个主体的理财活动相区分。在现代的公司制企业中，客观上要求将公司的财务活动与股东的财务活动划分清楚。如果将成千上万的股东和企业混在一起，就无法判断企业的经营业绩和财务状况。使用理财主体假设，将公司与股东、债权人、企业职工等主体分开，无疑是十分必要的。

理财主体具有独立性。理财主体能够在不受外界直接干扰的情况下，自主地从事财务活动。这主要体现在两个方面。①理财主体有自己所能控制的资金，这种控制虽然不一定是法律上的所有权，但它可以保证主体活动对象的存在，并且主体对其财务活动的结果承担责任。②理财主体能够自主地进行融资、投资、营运、分配等一系列财务活动，理财主体的决策始终立足于自身的实际情况，满足于自身的需要。独立性是理财主体最主要的特征，理财主体若缺乏独立性，不仅会使财务决策过程混乱，而且会使财务活动结果的责任无法明确，从而导致理财主体管理秩序混乱、责权不明，最终使理财主体解体。

理财主体具有目的性。理财主体从事财务活动都有自己的目标，根据目标来规划自己的行动。因为财务活动是一种经济管理活动，它时刻面临来自外界的无情竞争，如果理财主体理财目的不明确，必将分散理财主体的管理活动力量，最终导致理财主体在竞争中失败。财务主体作为一个完整的经济组织，不仅有其行动的总目标，而且在不同的阶段有不同的具体目标。

理财主体主要运用价值手段进行活动。在现代经济生活中，一个经济组织的活动有两条流程：一条是物流，另一条是资金流。财务活动主要是对资金流进行管理和规划，以达到资金有效、合理、平衡流转的目的。对资金这种特殊的对象进行管理，决定了理财主体只能运用价值手段。在财务管理活动中，价值的观念无处不在，其中资金的时间价值及风险价值是贯穿于整个财务活动的两个最主要的价值观念。运用价值手段进行财务管理活动，可以全面、完整、系统地对财务主体的经济活动进行有效管理，有利于财务管理目标的顺利实现。

理财主体假设为正确建立财务管理目标、科学划分权责关系奠定了理论基础。

1.4.2 持续经营假设

持续经营假设是指理财主体持续存在且能够执行预计的经济活动，即每一个理财主体在可以预见的未来都会无限期地经营下去。持续经营假设明确了财务管理工作的时间范围。

在设定企业作为理财主体以后，就面临一个问题：这个企业能存在多久？企业可能是持续经营的，也可能会因为某种原因发生变更甚至终止营业。在不同条件下的财务管理原则和财务管理方法也是不一样的。由于绝大多数企业都能持续经营下去，破产清算的毕竟是少数，即使可能发生破产，也难以预计发生的时间。在财务管理上，除非有证据表明企业将破产、关闭，如法院判定某企业破产，否则都假定企业会在可以预见的将来持续经营下去。

持续经营虽然是一种假设，但在正常情况下，却是财务管理人员唯一的选择。该假设为财务管理人员广泛接受，成为一项公认的假设。因为在任何一个时点上，企业的前景都只有两种可能，即持续经营和破产清算，非此即彼，没有第三种可能。在正常情况下，当企业进行筹资、投资和分配时，假定企业持续经营是完全合理的，推测企业破产反而有悖情理。因为只有在持续经营的情况下，企业的投资在未来产生效益才有意义，企业才会根据其财务状况和对未来现金流量的预测、业务发展的要求安排其借款的期限，如果没有持续经营假设，这一切都无从谈起。

事实上，不论一家企业规模大小，它都是一个"有限生命"的经济组织。由于客观和主观的原因，一个企业往往不能永远经营下去。因此，持续经营假设并不是永远不变的。在持续经营这一前提下，一旦有迹象表明企业经营欠佳，财务状况恶化，不能偿还到期债务，持续经营假设就失去了支持其存在的事实基础。进而，以这项假设为基础的财务管理原则和方法也就失去了其应有的效用。这时，财务管理中必须放弃此项假设，而改为在清算假设下做工作。例如，在企业破产清算中，一年期的债务和三年期的债务、未到期的债务和已到期的债务是没有区别的，而在持续经营的条件下，它们却有实质性的差异。

持续经营假设是财务管理的前提。在日常的财务管理活动中，在确定筹资方式时，要注意合理安排短期资金和长期资金的关系；在进行投资时，要合理确定短期投资和长期投资的关系；在进行收益分配时，要正确处理各个利益集团短期利益和长期利益的关系。这些财务活动都是建立在此项假设基础之上的。

1.4.3 有效市场假设

有效市场假设是指财务管理所依据的资金市场是健全和有效的。只有在有效市场上，财务管理才能正常进行，财务管理理论体系才能建立。最初提出有效市场假设的是美国财务管理学者法马（Fama）。法马在 1965 年和 1970 年各发表一篇文章，将有效市场划分为三类。①弱式有效市场。其主要特点在于当前的证券价格充分地反映了历史上一系列交易价格和交易量中所隐含的信息。即任何投资者仅仅根据历史的信息进行交易，均不会获得额外盈利。②次强式有效市场。其主要特点在于证券价格反映了所有公开有用的信息。这样，根据一切公开的信息如公司的年度报告、投资咨询报告、董事会公告等，都不能获得额外盈利。③强式有效市场。其主要特点在于所有有用的相关信息都在证券价格中得到了反映。投资者即使掌握内幕信息也无法获得额外盈利。实证研究表明，美国等发达国家的证券市场均已达到次强式有效。我国有些学者认为，中国股票市场已达到弱式有效，但尚未实现次强式有效。事实上，即使是发达国家的股票市场，也不是在所有的时间和所有的情况下都是有效的，个别情况会出现例外，所以称为假设。

法马的有效市场假设是建立在美国高度发达的证券市场和股份制占主导地位的美国理财环境的基础之上的，并不完全符合我国的国情。从我国理财环境和我国企业的特点来看，有效市场应具备以下特点：当企业需要资金时，能以合理的价格在资金市场上筹集到所需资金；当企业有闲置的资金时，能在市场上找到有效的投资方式；企业理财上的任何成功和失误，都能在资金市场上得到反映。

有效市场假设是确立财务管理原则，决定筹资方式、投资方式，安排资金结构，确定筹资组合的理论基础。如果市场无效，很多理财方法和财务管理理论都无法建立。

1.4.4 资金增值假设

资金增值假设是指通过财务管理人员的合理营运，企业资金的价值可以不断增加。这一假设实际上指明了财务管理存在的现实意义。因为财务管理是一项对企业的资金进行规划和控制的管理活动，如果在资金运筹过程中不能实现资金的增值，财务管理也就没有存在的必要了。

企业财务管理人员在运筹资金的过程中，可能会出现以下三种情况：①取得了资金的增值（有了盈余）；②出现了资金的减值（有了亏损）；③资金价值不变（不盈不亏）。财务管理存在的意义绝不是后两种情况，而应是第一种情况。当然，资金的增值是在不断运动中产生的，即只有通过资金的合理运筹才能产生价值的增值。在商品经济条件下，从整个社会来看，资金的增值是一种规律，而且这种增值只能来源于生产过程。但从个别企业来考察，资金的增值并不是一种规律，资金的增值也不一定来源于生产过程。例如，一家企业将其资金投资于股票，一年以后卖出，可能会实现资金的增值，也可能会出现亏损。因此，对某一家企业来说，资金增值只能是一种假设，而不是一项规律。因为在财务管理中，在作出某种投资决策时，一定会假设这笔投资是增值的；如果假设这笔投资会出现亏损，这笔投资就不会发生了。

1.4.5 理财理性假设

理财理性假设是指从事财务管理工作的人员都是理性的理财人员，他们的理财行为是理性的，他们会在众多的方案中选择最有利的方案。在实际工作中，财务管理人员分为两类：理性的和盲目的。但不管理财人员是理性的还是盲目的，他们都认为自己是理性的，都认为自己作出的决策是正确的，否则他们就不会作出这样的决策。尽管我们承认存在一部分盲目的理财人员，但从财务管理研究来看，只能假设所有的理财行为都是理性的，因为盲目的理财行为是没有规律的，而没有规律的东西无法上升到理论的高度。

理财理性的第一个表现就是理财是一种有目的的行为，即企业的理财活动都有一定的目标。当然，在不同的时期、不同的理财环境中，人们对理性理财行为的看法是不同的。例如，在过去计划经济的年代里，企业的主要任务就是执行国家下达的总产值指标，企业领导人职位、职工个人利益，均视产值指标的完成情况而定，这时的理财决策无疑是为了实现产值的最大化。今天看来，这种行为不是理性的，因为它造成了只讲产值不讲效益、只求数量不求质量、只抓生产不抓销售、只重投入不重挖潜等种种对企业长期健康发展有害的理财行为。但是，在当时人们认为这种理财行为是正确的、是理性的。可见，理财理性假设的理性是相对的，是相对于具体理财环境而言的。无论事后证明这种理财行为正确与否，其行为的基本前提和出发点都是理性的。理财理性的第二个表现是理财人员会在众多方案中选择一个最佳方案，即表现为财务管理人员要通过比较、判断、分析等手段，从若干个备选方案中选择一个有利于财务管理目标实现的最佳方案。理财理性的第三个表现是当理财人员发现正在执行的方案是错误的时，会及时采取措施进行纠正，以便使损失降至最低。理财理性的第四个表现是理财人员会吸取以往经验教训，学习应用新理论。

1.5 财务管理原则

1.5.1 财务管理原则的概念

财务管理原则，也称理财原则，是指人们对财务活动共同的、理性的认识。它是联系理论与实务的纽带。财务管理理论是从科学角度对财务管理进行研究的成果，通常包括假设、概念、原理和原则等。财务管理实务是指人们在财务管理工作中使用的原则、程序和方法。

理财原则是财务管理理论和实务的结合部分。

1.5.2　财务管理原则的特征

财务管理原则具有以下特征。①财务管理原则是财务假设、概念和原理的推论。它们是经过论证的、合乎逻辑的结论，具有理性认识的特征。②财务管理原则必须符合大量观察和事实，被多数人所接受。财务理论有不同的流派和争论，甚至存在完全相反的理论，而原则不同，它们被现实反复证明并被多数人接受，具有共同认识的特征。③财务管理原则是财务交易和财务决策的基础。财务管理实务是应用性的，应用是指财务管理原则的应用。各种财务管理程序和方法，是根据财务管理原则建立的。④财务管理原则为解决新的问题提供指引。已经开发出来的、被广泛应用的程序和方法，只能解决常规问题。当问题不符合任何既定程序和方法时，原则为解决新问题提供预先的感性认识，指导人们寻找解决问题的方法。⑤财务管理原则不一定在任何情况下都绝对正确。原则的正确性与应用环境有关，在一般情况下它是正确的，而在特殊情况下不一定正确。

对于如何概括财务管理原则，人们的认识不完全相同。本书借鉴道格拉斯·R. 爱默瑞和约翰·D. 芬尼特的观点，将财务管理原则分为三类，共 11 条。

1.5.3　财务管理原则的种类

1.5.3.1　有关竞争环境的原则

有关竞争环境的原则，是对资本市场中人的行为规律的基本认识，主要包括以下四个原则。

1. 自利行为原则

自利行为原则是指人们在进行决策时按照自己的财务利益行事，在其他条件相同的情况下人们会选择对自己经济利益最大的行动。

自利行为原则的依据是理性的经济人假设。该假设认为，人们对每一项交易都会衡量其代价和利益，并且会选择对自己最有利的方案来行动。自利行为原则假设企业决策人对企业目标具有合理的认识程度，并且对如何达到目标具有合理的理解。在这种假设情况下，企业会采取对自己最有利的行动。自利行为原则并不认为钱是任何人生活中最重要的东西，或者说钱可以代表一切。问题在于商业交易的目的是获利，在从事商业交易时人们总是为了自身的利益作出选择和决定，否则他们就不必从事商业交易。自利行为原则也并不认为钱以外的东西都是不重要的，而是说在"其他条件都相同时"，所有财务交易集团都会选择对自己经济利益最大的行动。

自利行为原则的一个重要应用是委托—代理理论。根据该理论，应当把企业看成各种自利的人的集合。如果企业只有业主一个人，他的行为将十分明确和统一。如果企业是一个大型公司，情况就变得非常复杂，因为这些利益关系人之间存在利益冲突。一个公司涉及的利益关系人包括普通股股东、优先股股东、债券持有者、银行、短期债权人、政府、社会公众、经理人员、员工、客户、供应商、社区等。这些人或集团都是按自利行为原则行事的。

企业和各种利益关系人之间的关系，大部分属于委托代理关系。这种相互依赖又相互冲突的利益关系，需要通过"契约"来协调。因此，委托代理理论是以自利行为原则为基础的。

自利行为原则的另一个重要应用是机会成本的概念。当一个人采取某个行动时，就等于取消了其他可能的行动。因此，他必然要用这个行动与其他的可能行动相比，看该行动是否对自己最有利。采用一个方案而放弃另一个方案时，被放弃方案的收益是被采用方案的机会成本。机会成本是在决策时不能不考虑的重要问题。

2. 双方交易原则

双方交易原则是指每一项交易都至少存在两方，在一方根据自己的经济利益决策时，另一方也会按照自己的经济利益决策，并且双方一样聪明、勤奋和富有创造力，因此一方在决策时要正确预见对方的反应。

双方交易原则的建立依据是商业交易至少有两方，交易是"零和博弈"，以及各方都是自利的。每一项交易都有一个买方和一个卖方，这是不争的事实。无论是买方市场还是卖方市场，在已经成为事实的交易中，买进的资产和卖出的资产总是一样多。例如，在证券市场上卖出一股就一定有一股买入。既然买入的总量与卖出的总量永远一样多，那么一个人的获利只能以另一个人的付出为基础。一个高的价格使买方受损而卖方受益；一个低的价格使买方受益而卖方受损，一方得到的与另一方失去的一样多，从总体上看双方收益之和等于零，故称为"零和博弈"。在"零和博弈"中，双方都按自利行为原则行事，谁都想获利而不想吃亏。那么，为什么还会成交呢？这与事实上人们的信息不对称有关。买卖双方由于信息不对称，因而对金融证券产生不同的预期。不同的预期导致证券买卖，高估股票价值的人买进，低估股票价值的人卖出，直到市场价格达到他们一致的预期时交易停止。如果对方不认为对自己有利，他就不会和你成交。因此，在决策时不仅要考虑自利行为原则，还要使对方有利，否则交易就无法实现。除非对方不自利或者很愚蠢，不知道自己的利益是什么，然而，这样估计商业对手本身就不明智。

双方交易原则要求在理解财务交易时不能"以我为中心"，在谋求自身利益的同时要注意对方的存在，以及对方也在遵循自利行为原则行事。这条原则要求我们不要总是自以为是，错误地认为自己优于对手。

双方交易原则还要求在理解财务交易时注意税收的影响。由于税收的存在，主要是利息的税前扣除，使得一些交易表现为"非零和博弈"。因为政府要从交易中收取税金。减少政府的税收，交易双方都可以获益。避税就是寻求减少政府税收的合法交易形式。避税的结果使交易双方受益但其他纳税人会承担更大的税收份额，从更大范围来看并没有改变"零和博弈"的性质。

3. 信号传递原则

信号传递原则指行动可以传递信息，并且比公司的声明更有说服力。

信号传递原则是自利行为原则的延伸。由于人们或公司是遵循自利行为原则的，所以一项资产的买进能暗示该资产"物有所值"，买进的行为提供了有关决策者对未来的预期或计划的信息。例如，一个公司决定进入一个新领域，反映出管理者对自己公司的实力及新领域的未来前景充满信心。

信号传递原则要求根据公司的行为来判断它未来的收益状况。例如，一个经常用配股的办法找股东要钱的公司，很可能自身产生现金能力较差；一个大量购买国库券的公司，很可能缺少净现值为正数的投资机会；内部持股人出售股份，常常是公司盈利能力恶化的重要信号。例如，安然公司在破产前报告的利润一直不断上升，但是其内部人士在 1 年前就开始陆续抛售股票，并且没有任何内部人士购进安然股票的记录（在美国，上市公司的董事、高级经理人员和持股 10％以上的股东，在买卖本公司股票时，必须向证监会申报，并且会被证监会在其网站上公告，使得内部人士的交易成为公开信息）。这一行动表明安然公司的管理层已经知道公司遇到了麻烦。特别是在公司的宣告（包括它的财务报表）与其行动不一致时，行动通常比语言更具说服力。这就是通常所说的，"不但要听其言，更要观其行"。

信号传递原则还要求公司在决策时不仅要考虑行动方案本身，还要考虑该项行动可能给人们传达的信息。在资本市场上，每个人都在利用他人交易的信息，自己交易的信息也会被他人利用，因此应考虑交易的信息效应。例如，当把一件商品的价格降至难以置信的程度时，人们就会认为它的质量不好，它本来就不值钱。也就是说，在决定降价时，不仅要考虑决策本身的收益和成本，还要考虑信息效应的收益和成本。

4. 引导原则

引导原则是指当所有办法都失败时，寻找一个可以信赖的榜样作为自己的引导。所谓"所有办法都失败"，是指人们的理解力存在局限性，不知道如何做对自己更有利；或者寻找最准确答案的成本过高，以至于不值得把问题完全搞清楚。在这种情况下，不要继续坚持采用正式的决策分析程序，包括收集信息、建立备选方案、采用模型评价方案等，而应该是直接模仿成功榜样或者大多数人的做法。例如，你在自己从未到过的城市寻找一个就餐的饭馆，不值得或者没时间调查每个饭馆的有关信息，你应当找一个顾客较多的饭馆去就餐。你不要去顾客很少的地方，那里不是价格很贵就是服务很差。

引导原则是行动传递信号原则的一种运用。很多人去这家饭馆就餐的事实，意味着很多人对它的评价不错；承认行动传递信号，就必然承认引导原则。

不要把引导原则混同于"盲目模仿"。它只在两种情况下适用：一是理解存在局限性，认识能力有限，找不到最优的解决办法；二是寻找最优方案的成本过高。在这种情况下，只有跟随值得信任的人或者大多数人才是有利的。引导原则不会帮你找到最好的方案，却常常可以使你避免采取最差的行动。它是一个次优化准则，其最好的结果是得出近似最优的结论，最差的结果是模仿了别人的错误。这一原则虽然有潜在的问题，但是我们经常会遇到理解力、成本或信息受到限制的情况，无法找到最优方案，需要采用引导原则解决问题。

引导原则的一个重要应用，是行业标准概念。例如，资本结构的选择问题，理论不能提供公司最优资本结构的实用化模型。观察本行业成功企业的资本结构，或者多数企业的资本结构，不要与它们的水平偏离太远，就成了资本结构决策的一种简便、有效的方法。再如，对一项房地产的估价，如果系统的估价方法成本过高，不如观察一下近期类似房地产的成交价格。

引导原则的另一个重要应用就是"免费跟庄（搭便车）"概念。一个"领头人"花费资源得出一个最佳的行动方案，其他"追随者"通过模仿节约了信息处理成本。有时领头人甚至成了"革命烈士"，而追随者却成了"成功人士"。《中华人民共和国专利法》和《中华人民共和国著作权法》是在知识产权领域中保护领头人的法律，强制追随者向领头人付费，以避免自由跟庄问题的影响。在财务领域中并不存在这种限制。许多小股民经常跟随"庄家"

或机构投资者，以节约信息成本。当然，庄家也会利用免费跟庄（搭便车），进行恶意炒作，损害小股民的利益。因此，各国的证券监管机构都禁止操纵股价的恶意炒作，以维持证券市场的公平性。

1.5.3.2 有关创造价值的原则

有关创造价值的原则，是人们对增加企业财富基本规律的认识，主要包括以下四个原则。

1. 有价值的创意原则

有价值的创意原则，是指新创意能获得额外报酬。

竞争理论认为，企业的竞争优势可以分为经营奇异和成本领先两方面。经营奇异，是指产品本身、销售交货、营销渠道等客户广泛重视的方面在产业内独树一帜。任何独树一帜都来源于新的创意。创造和保持经营奇异性的企业，如果其产品溢价超过了为产品的独特性而附加的成本，就能获得高于平均水平的利润。正是许多新产品的发明，使得发明人和生产企业变得非常富有。

有价值的创意原则主要应用于直接投资项目。一个项目依靠什么取得正的净现值？它必须是一个有创意的投资项目。重复过去的投资项目或者别人的已有做法，最多只能取得平均的报酬率，维持而不是增加股东财富。新的创意迟早要被别人效仿，失去原有的优势，因此创新的优势都是暂时的。企业长期的竞争优势，只有通过一系列的短期优势才能维持。只有不断创新，才能维持经营的奇异性并不断增加股东财富。

2. 比较优势原则

比较优势原则是指专长能创造价值。在市场上要想赚钱必须发挥你的专长。大家都想赚钱，你凭什么能赚到钱？你必须在某一方面比别人强，并依靠你的强项来赚钱。没有比较优势的人，很难取得超出平均水平的收入；没有比较优势的企业，很难增加股东财富。

比较优势原则的依据是分工理论。让每一个人去做最适合他做的工作，让每一个企业生产最适合它生产的产品，社会的经济效率才会提高。

比较优势原则的一个应用是"人尽其才，物尽其用"。在有效的市场中，你不必要求自己什么都能做得最好，但要知道谁能做得最好。对于某一件事情，如果有人比你做得更好，就支付报酬让他代你去做。同时，你去做比别人做得更好的事情，让别人给你支付报酬。如果每个人都去做能够做得最好的事情，每项工作就找到了最称职的人，就会产生经济效益。每个企业要做自己能做得最好的事情，一个国家的效率就提高了。国际贸易的基础，就是每个国家生产它最能有效生产的产品和劳务，这样可以使每个国家都受益。比较优势原则的另一个应用是优势互补。合资、合并、收购等，都是出于优势互补原则。一方有某种优势，如独特的生产技术，另一方有其他优势，如杰出的销售网络，两者结合可以使各自的优势快速融合，并形成新的优势。

比较优势原则要求企业把主要精力放在自己的比较优势上，而不是日常的运行上。建立和维持自己的比较优势，是企业长期获利的根本。

3. 期权原则

期权是指不附带义务的权利，它是有经济价值的。期权原则是指在估价时要考虑期权的价值。

期权概念最初产生于金融期权交易，它是指所有者（期权购买人）能够要求出票人（期权出售者）履行期权合同上载明的交易。而出票人不能要求所有者去做任何事情。在财务上，一个明确的期权合约经常是指按照预先约定的价格买卖一项资产的权利。

广义的期权不限于财务合约，任何不附带义务的权利都属于期权。许多资产都存在隐含的期权。例如，一个企业可以决定某个资产出售或者不出售，如果价格令人不满意就什么事也不做，如果价格令人满意就出售。这种选择权是广泛存在的。一个投资项目，本来预期有正的净现值，因此被采纳并实施了，上马以后发现它并没有原来设想得那么好。此时，决策人不会让事情按原计划一直发展下去，而会决定方案下马或者修改方案使损失减少到最低。这种后续的选择权是有价值的，它增加了项目的净现值。在评价项目时就应考虑到后续选择权是否存在及它的价值有多大。有时一项资产附带的期权比该资产本身更有价值。

4. 净增效益原则

净增效益原则是指财务决策建立在净增效益的基础上，一项决策的价值取决于它和替代方案相比所增加的净收益。

一项决策的优劣是与其他可替代方案（包括维持现状而不采取行动）相比较而言的。如果一个方案的净收益大于替代方案，我们就认为它是一个比替代方案好的决策，其价值是增加的净收益。在财务决策中净收益通常用现金流量计量，一个方案的净收益是指该方案现金流入减去现金流出的差额，也称为现金流量净额。一个方案的现金流入是指该方案引起的现金流入量的增加额；一个方案的现金流出是指该方案引起的现金流出量的增加额。"方案引起的增加额"，是指这些现金流量依存于特定方案，如果不采纳该方案就不会发生这些现金流入和流出。

净增效益原则的应用领域之一是差额分析法，也就是在分析投资方案时只分析它们有区别的部分，而省略其相同的部分。净增效益原则初看似乎很容易理解，但实际贯彻起来需要非常清醒的头脑，需要周密地考察方案对企业现金流量总额的直接和间接影响。例如，一项新产品投产的决策引起的现金流量，不仅包括新设备投资，还包括动用企业现有非货币资源对现金流量的影响；不仅包括固定资产投资，还包括需要追加的营运资金；不仅包括新产品的销售收入，还包括对现有产品销售积极或消极的影响；不仅包括产品直接引起的现金流入和流出，还包括对公司税务负担的影响等。

净增效益原则的另一个应用是沉没成本概念。沉没成本是指已经发生、不会被以后的决策改变的成本。沉没成本与将要采纳的决策无关，因此在分析决策方案时应将其排除。

1.5.3.3　有关财务交易的原则

有关财务交易的原则，是指人们对于财务交易基本规律的认识，主要包括以下三个原则。

1. 风险-报酬权衡原则

风险-报酬权衡原则是指风险和报酬之间存在一个对等关系，投资人必须对报酬和风险作出权衡，为追求较高报酬而承担较大风险，或者为减少风险而接受较低的报酬。所谓"对等关系"，是指高收益的投资机会必然伴随巨大风险，风险小的投资机会必然只有较低的收益。

在财务交易中，当其他一切条件相同时人们倾向于高报酬和低风险。如果两个投资机会除了报酬不同，其他条件（包括风险）都相同，人们会选择报酬较高的投资机会，这是自利行为原则所决定的。如果两个投资机会除了风险不同，其他条件（包括报酬）都相同，人们会选择风险小的投资机会，这是风险反感决定的。所谓"风险反感"是指人们普遍反感风险，认为风险是不利的事情。肯定的1元钱，其经济价值要大于不肯定的1元钱。

如果人们都倾向于高报酬和低风险，而且都在按照他们自己的经济利益行事，那么竞争结果就产生了风险和报酬之间的权衡。你不可能在承受低风险的同时获取高报酬，因为这是每个人都想得到的。即使你最先发现了这样的机会并率先行动，别人也会迅速跟进，竞争会使报酬率降至与风险相当的水平。因此，现实的市场中只有高风险同时高报酬和低风险同时低报酬的投资机会。

如果你想有一个获得巨大收益的机会，你就必须冒可能遭受巨大损失的风险，每一个市场参与者都在他的风险和报酬之间作权衡。有的人偏好高风险、高报酬，有的人偏好低风险、低报酬，但是每个人都要求风险与报酬对等，不会去冒没有价值的风险。

2. 投资分散化原则

投资分散化原则是指不要把全部财富投资于一个公司，而要分散投资。投资分散化原则的理论依据是投资组合理论。马科维茨的资产组合选择理论认为，若干种股票组成的投资组合，其收益是这些股票收益的加权平均数，但其风险要小于这些股票的加权平均风险，所以投资组合能降低风险。

如果一个人把他的全部财富投资于一个公司，一旦这个公司破产了，他就失去了全部财富。如果他投资于10个公司，只有10个公司全部破产，他才会失去全部财富。10个公司全部破产的概率，比一个公司破产的概率要小得多，所以投资分散化可以降低风险。

分散化原则具有普遍意义，不仅仅适用于证券投资，公司各项决策都应注意分散化原则。不应当把公司的全部投资集中于个别项目、个别产品和个别行业；不应当把销售集中于少数客户；不应当使资源供应集中于个别供应商；重要的事情不要依赖一个人完成；重要的决策不要由一个人作出。凡是有风险的事项，都要贯彻分散化原则，以降低风险。

3. 货币时间价值原则

货币时间价值原则是指在进行财务计量时要考虑货币时间价值因素。货币时间价值是指货币经过一定时间的投资和再投资所增加的价值。

货币具有时间价值的依据是货币投入市场后其数额会随着时间的延续而不断增加。这是一种普遍的客观经济现象。要想让投资人把钱拿出来，市场必须给他们一定的报酬。

货币时间价值原则的一个重要应用是"现值"概念。由于现在的1元货币比将来的1元货币经济价值大。不同时间的货币价值不能直接加减运算，需要进行折算。通常，要把不同时间的货币价值折算到"现在"时点，然后进行运算或比较。把不同时点的货币折算为"现在"时点的过程，称为"折现"，折现使用的百分率称为"折现率"，折现后的价值称为"现值"。财务估价中，广泛使用现值来计量资产的价值。

货币时间价值的另一个重要应用是"早收晚付"概念。对于不附带利息的货币收支，与其晚收不如早收，与其早付不如晚付。货币在自己手上，可以立即用于消费而不必等待将来消费，可以投资获利而无损于原来的价值，可以用于预料不到的支付，因此早收晚付在经济上是有利的。

1.6 财务管理环境

财务管理环境又称理财环境，是指对企业财务活动和财务管理产生影响作用的企业内外各种条件的统称。

企业财务活动在相当大程度上受理财环境制约，如生产、技术、供销、市场、物价、金融、税收等因素，对企业财务活动都有重大的影响。只有在理财环境的各种因素作用下实现财务活动的协调平衡，企业才能生存和发展。研究理财环境，有助于正确地制定理财策略。

这里主要介绍对企业财务管理影响比较大的经济环境、法律环境和金融环境等因素。

1.6.1 经济环境

影响财务管理的经济环境（economy environment）因素主要有经济周期、经济发展水平和宏观经济政策等。

1.6.1.1 经济周期

市场经济条件下，经济发展与运行带有一定的波动性，大体上要经历复苏、繁荣、衰退和萧条几个阶段的循环，这种循环叫作经济周期。在不同的经济周期，企业应相应采用不同的财务管理策略。资本主义经济周期是人所共知的现象，西方财务学者曾探讨经济周期中的经营理财策略。现择其要点归纳如表 1-1 所示。

表 1-1　经济周期中的经营理财策略

复　苏	繁　荣	衰　退	萧　条
1. 增加厂房设备	1. 扩充厂房设备	1. 停止扩张	1. 建立投资标准
2. 实行长期租赁	2. 继续建立存货	2. 出售多余设备	2. 保持市场份额
3. 建立存货	3. 提高产品价格	3. 停产不利产品	3. 压缩管理费用
4. 开发新产品	4. 开展营销规划	4. 停止长期采购	4. 放弃次要利益
5. 增加劳动力	5. 增加劳动力	5. 削减存货	5. 削减存货
		6. 停止扩招雇员	6. 裁减雇员

我国的经济发展与运行也呈现其特有的周期特征，带有一定的经济波动。过去曾经历过若干次从投资膨胀、生产高涨到控制投资、紧缩银根和正常发展的过程，从而促进了经济的持续发展。企业的筹资、投资和资产运营等理财活动都要受这种经济波动的影响，比如在治理紧缩时期，社会资金十分短缺，利率上涨，会使企业的筹资非常困难，甚至影响到企业的正常生产经营活动。相应地，企业的投资方向会因为市场利率的上涨而转向本币存款或贷

款。此外，由于国际经济交流与合作的发展，西方的经济周期影响也不同程度地波及我国。因此，企业财务人员必须认识到经济周期的影响，掌握在经济发展波动中的理财本领。

1.6.1.2　经济发展水平

近年来，我国经济保持稳步增长，各项建设方兴未艾。这不仅给企业扩大生产规模、调整方向，打开市场及拓宽财务活动的领域带来了机遇，同时，由于稳增长发展中的资金短缺将长期存在，又给企业财务管理带来严峻的挑战。因此，企业财务管理工作者必须积极探索与经济发展水平相适应的财务管理模式。

1.6.1.3　宏观经济政策

我国经济体制改革的目标是建立社会主义市场经济体制，以进一步解放和发展生产力。在这个总目标的指导下，我国已经并正在进行财税体制、金融体制、外汇体制、外贸体制、计划体制、价格体制、投资体制、社会保障制度、会计准则体系等各项改革。所有这些改革措施，都深刻地影响着我国的经济生活，也深刻地影响着我国企业的发展和财务活动的运行。如金融政策中货币的发行量、信贷规模都能影响企业投资的资金来源和投资的预期收益；财税政策会影响企业的资金结构和投资项目的选择等；价格政策能影响资金的投向和投资的回收期及预期收益；会计准则的改革会影响会计要素的确认和计量，进而对企业财务活动的事前预测、决策及事后评价产生影响；等等。可见，经济政策对企业财务的影响是非常大的。这就要求企业财务人员必须把握经济政策，更好地为企业的经营理财活动服务。

1.6.2　法律环境

市场经济的重要特征就在于它是以法律规范和市场规则为特征的经济制度。法律和政府法规为企业经营活动规定了活动空间，也为企业在相应空间内自由经营提供了法律上和制度上的保护。财务管理的法律环境（legal environment）主要包括以下几个方面。

1.6.2.1　企业组织形式

企业是市场经济的主体，不同类型的企业在所适用的法律方面有所不同。了解企业的组织形式，有助于企业财务管理活动的开展。按其组织形式不同，可将企业分为独资企业、合伙企业和公司。

1. 独资企业

个人独资企业是指依法设立，由一个自然人投资，财产为投资人个人所有，投资人以其个人财产对公司债务承担无限责任的经营实体。个人独资企业特点如下。①只有一个出资者。②出资人对企业债务承担无限责任。在个人独资企业中，独资人直接拥有企业的全部资产并直接负责企业的全部负债，也就是说独资人承担无限责任。③一般而言，独资企业并不作为企业所得税的纳税主体，其收益纳入所有者的其他收益一并计算交纳个人所得税。

独资企业具有结构简单、容易开办、利润独享、限制较少等优点。但也存在无法克服的缺点：一是出资者负有无限偿债责任；二是筹资困难，个人财力有限，企业往往会因信用不足、信息不对称而存在筹资障碍。

我国的国有独资公司不属于本类企业，而是按有限责任公司对待。

2. 合伙企业

合伙企业是依法设立，由各合伙人订立合伙协议，共同出资，合伙经营，共享收益，共担风险，并对合伙企业债务承担无限连带责任的营利组织。合伙企业的法律特征是：①有两个以上合伙人，并且都是具有完全民事行为能力，依法承担无限责任的人；②有书面合伙协议，合伙人依照合伙协议享有权利，承担责任；③有各合伙人实际缴付的资产，合伙人可以用货币、实物、土地使用权、知识产权或者其他属于合伙人的合法财产及财产权利出资，经全体合伙人协商一致，合伙人也可以用劳务出资，其评估作价由全体合伙人协商确定；④有关合伙企业改变名称、向企业登记机关申请办理变更登记手续、处分不动产或财产权利、为他人提供担保、聘任，企业经营管理人员等重要事务，均须经全体合伙人一致同意；⑤合伙企业的利润和亏损，由合伙人依照合伙协议约定的比例分配和分担；合伙协议未约定利润分配和亏损分担比例的，由各合伙人平均分配和分担；⑥各合伙人对合伙企业债务承担无限连带责任。

合伙企业具有开办容易、信用相对较佳的优点，但也存在责任无限、权力不易集中、有时决策过程过于冗长等缺点。

3. 公司

公司是指依照公司法登记设立，以其全部法人财产，依法自主经营、自负盈亏的企业法人。公司享有由股东投资形成的全部法人财产权，依法享有民事权利，承担民事责任。公司股东作为出资者享有资产收益、参与重大决策和选择管理者等权力，并以其出资额或所持股份为限对公司承担有限责任。我国公司法所称公司指有限责任公司和股份有限公司。

与独资企业和合伙企业相比，股份有限公司的特点如下。①有限责任。股东对股份有限公司的债务承担有限责任，倘若公司破产清算，股东的损失以其对公司的投资额为限。而对独资企业和合伙企业，其所有者可能损失更多，甚至个人的全部财产。②永续存在。股份有限公司的法人地位不受某些股东死亡或转让股份的影响，因此，其寿命较独资企业或合伙企业更有保障。③可转让性。一般而言，股份有限公司的股份转让比独资企业和合伙企业的权益转让更为容易。④易于筹资。就筹集资本的角度而言，股份有限公司是最有效的企业组织形式。因其永续存在及举债和增股的空间大，股份有限公司具有更大的筹资能力和弹性。⑤对公司的收益重复纳税。作为一种企业组织形式，股份有限公司也有其不足，最大的缺点是对公司的收益重复纳税：公司的收益先要交纳企业所得税；税后收益以现金股利分配给股东后，股东还要交纳个人所得税。

公司这一组织形式，已经成为西方大企业所采用的普遍形式，也是我国建立现代企业制度过程中选择的企业组织形式之一。本书所讲的财务管理，主要是指公司的财务管理。

1.6.2.2　税法

1. 税收的意义与类型

税收是国家为了实现其职能，按照法律预先规定的标准，凭借政治权力，强制地、无偿地征收货币或实物的一种经济活动，也是国家参与国民收入分配和再分配的一种方法，税收是国家参与经济管理，实行宏观调控的重要手段之一。税收具有强制性、无偿性和固定性三个显著特征。

首先，国家财政收入的主要来源是企业所缴纳的税金，而国家财政状况和财政政策，对于企业资金供应和税收负担有着重要的影响；其次，国家各种税种的设置、税率的调整，还具有调节生产经营的作用。国家税收制度特别是工商税收制度，是企业财务管理的重要外部条件。企业的财务决策应当适应税收政策的导向，合理安排资金投放，以追求最佳的经济效益。

税收按不同的标准，有以下几种类型：①按征税对象不同，税收可分为货物劳务税、所得税、资源税和财产行为税；②按计税依据不同，税收可分为从量税和从价税；③按税收与价格关系不同，税收可分为价内税和价外税；④按税收管理和支配权限的归属不同，税收可分为中央税、地方税、中央与地方共享税；⑤按税收负担是否易于转嫁，税收可分为直接税与间接税。

2. 税法的含义与要素

税法是由国家机关制定的调整税收征纳关系及其管理关系的法律规范的总称。我国税法的构成要素主要包括以下内容。

（1）征税人。征税人是指代表国家行使征税职责的国家税务机关，包括国家各级税务机关、海关和财政机关。

（2）纳税义务人。纳税义务人也称纳税人或纳税主体，指税法上规定的直接负有纳税义务的单位和个人。纳税义务人可以是个人（自然人）、法人、非法人的企业和单位，这些个人、法人、单位既可以是本国人，也可以是外国人。

（3）课税对象。课税对象即课税客体，是指税法针对什么征税而言。课税对象是区别不同税种的重要依据和标志。课税对象按其课税范围划分为：以应税产品的增值额为对象进行课征；以应税货物经营收入为对象进行课征；以提供劳务取得的收入为对象进行课征；以特定的应税行为为对象进行课征；以应税财产为对象进行课征；以应税资源为对象进行课征。

（4）税目。税目也称课税品目，指某一税种的具体征税项目。它具体反映某一单行税法的适用范围。

（5）税率。税率是应纳税额与课税对象之间的比率。它是计算税额的尺度，是税法中的核心要素。我国现行税率主要有比例税率、定额税率和累进税率三种。

（6）纳税环节。纳税环节是税法对商品从生产到消费的整个过程经选择规定的应纳税环节。

（7）计税依据。计税依据指计算应纳税金额的根据。

（8）纳税期限。纳税期限指纳税人按税法规定在发生纳税义务后，应当向国家缴纳税款的时限。

（9）纳税地点。纳税地点是指缴纳税款的地方。纳税地点一般为纳税人的住所地，也可以为营业地、财产所在地或特定行为发生地。纳税地点关系到税收管辖权和是否便利纳税等问题，在税法中明确规定纳税地点有助于防止漏征或重复征税。

（10）减税免税。减税免税是指税法对特定的纳税人或征税对象给予鼓励和照顾的一种优待性规定。我国税法的减免税内容主要有以下三种：起征点、免征额和减免规定。

（11）法律责任。法律责任是指纳税人存在违反税法行为所应承担的责任，包括由税务机关或司法机关所采取的惩罚措施。

1.6.2.3　财务法规

我国目前企业财务法规主要包括《中华人民共和国会计法》、《企业财务通则》、企业内部财务规章制度等。财政部发布的并于 2007 年 1 月 1 日起施行的《企业财务通则》，是各类企业进行财务活动、实施财务管理的基本规范。它对以下问题作出了规定：建立资本金制度、固定资产的折旧、成本的开支范围、利润的分配。

除以上财务规范外，与企业财务管理有关的其他经济法规还有许多，如证券法律规范、结算法律规范、合同法律规范等。

1.6.3　金融环境

企业总是需要资金从事投资和经营活动。而资金的取得，除了自有资金外，主要从金融机构和金融市场取得。金融政策的变化必然影响企业的筹资、投资和资金运营活动。所以，金融环境（financial environment）是企业财务管理最主要的环境因素之一。

1.6.3.1　金融工具

金融工具是能够证明债权债务关系或所有权关系并据以进行货币资金交易的合法凭证，它对于交易双方所应承担的义务与享有的权利均具有法律效力。金融工具一般具有期限性、流动性、风险性和收益性四个基本特征。

（1）期限性是指金融工具一般规定了偿还期，也就是规定债务人必须全部归还本金之前所经历的时间。

（2）流动性是指金融工具在必要时能迅速转变为现金而不致遭受损失的能力。

（3）风险性是指金融工具在必要时迅速转变为现金而不致遭受损失的可能性，一般包括信用风险和市场风险两个方面。

（4）收益性是指持有金融工具所能够带来的一定收益。

金融工具若按期限不同可分为货币市场工具和资本市场工具。前者主要有商业票据、国库券（国债）、可转让大额定期存单、回购协议等；后者主要是股票和债券等。

1.6.3.2　金融市场

1. 金融市场的意义、功能与要素

金融市场是指资金供应者和资金需求者双方通过金融工具进行交易的场所。金融市场可以是有形的市场，如银行、证券交易所等；也可以是无形的市场，如利用电脑、电传、电话等设施通过经纪人进行资金融通活动。

金融市场的主要功能有五项：转化储蓄为投资；改善社会经济福利；提供多种金融工具并加速流动，使中短期资金凝结为长期资金；提高金融体系竞争性和效率；引导资金流向。

金融市场的要素主要有：①市场主体，即参与金融市场交易活动而形成买卖双方的各经济单位。②金融工具，即借以进行金融交易的工具，一般包括债权债务凭证和所有权凭证。③交易价格，反映的是在一定时期内转让货币资金使用权的报酬。④组织方式，即金融市场交易采用的方式。

从企业财务管理角度来看，金融市场作为资金融通的场所，是企业向社会筹集资金必不可少的条件。财务管理人员必须熟悉金融市场的各种类型和管理规则，有效地利用金融市场来组织资金的筹措和进行资本投资等活动。

2. 金融市场的种类

金融市场按组织方式的不同可划分为两部分：一是有组织的、集中的场内交易市场即证券交易所，它是证券市场的主体和核心；二是非组织化的、分散的场外交易市场，它是证券交易所的必要补充。本书主要对第一部分市场的分类作介绍。

（1）按期限划分为短期金融市场和长期金融市场。短期金融市场又称货币市场，是指以期限一年以内的金融工具为媒介，进行短期资金融通的市场。其主要特点有：①交易期限短；②交易的目的是满足短期资金周转的需要；③所交易的金融工具有较强的货币性。

长期金融市场是指以期限一年以上的金融工具为媒介，进行长期性资金交易活动的市场，又称资本市场。其主要特点有：①交易的主要目的是满足长期投资性资金的供求需要；②收益较高而流动性较差；③资金借贷量大；④价格变动幅度大。

（2）按证券交易的方式和次数分为初级市场和次级市场。初级市场，也称一级市场或发行市场，是指新发行证券的市场，这类市场使预先存在的资产交易成为可能。次级市场，也称二级市场或流通市场，是指现有金融资产的交易场所。初级市场可以理解为"新货市场"，次级市场可以理解为"旧货市场"。

（3）按金融工具的属性分为基础性金融市场和金融衍生产品市场。基础性金融市场是指以基础性金融产品为交易对象的金融市场，如商业票据、企业债券、企业股票的交易市场；金融衍生产品市场是指以金融衍生产品为交易对象的金融市场。所谓金融衍生产品，是一种金融合约，其价值取决于一种或多种基础资产或指数，合约的基本种类包括远期、期货、掉期（互换）、期权，以及具有远期、期货、掉期（互换）和期权中一种或多种特征的结构化金融工具。

除上述分类外，金融市场还可以按交割方式分为现货市场、期货市场和期权市场；按交易对象分为票据市场、证券市场、衍生工具市场、外汇市场、黄金市场等；按交易双方在地理上的距离可划分为地方性的、全国性的、区域性的金融市场和国际金融市场。

1.6.3.3 我国主要的金融机构

遍布全国的金融机构，其业务范围、职能和服务对象等各不相同。

1. 中国人民银行

中国人民银行是我国的中央银行，它代表政府管理全国的金融机构和金融活动，经理国库。其主要职责是制定和实施货币政策，保持货币币值稳定；维护支付和清算系统的正常运行；持有、管理、经营国家外汇储备和黄金储备；代理国库和其他与政府有关的金融业务；代表政府从事有关的国际金融活动。

2. 政策性银行

政策性银行，是指由政府设立，以贯彻国家产业政策、区域发展政策为目的，不以营利为目的的金融机构。政策性银行与商业银行相比，其特点在于：不面向公众吸收存款，而以财政拨款和发行政策性金融债券为主要资金来源；其资本主要由政府拨付；不以营利为目的，经营时主要考虑国家的整体利益和社会效益；其服务领域主要是对国民经济发展和社会稳定有重要意义而商业银行出于营利目的不愿筹资的领域；一般不普遍设立分支机构，其业务由商业银行代理。但是，政策性银行的资金并非财政资金，也必须有偿使用，对贷款也要进行严格审查并要求还本付息、周转使用。

目前我国有三家政策性银行：国家开发银行、中国进出口银行、中国农业发展银行。

3. 商业银行

商业银行是以经营存款、放款、办理转账结算为主要业务，以盈利为主要经营目标的金融企业。商业银行的建立和运行，受《中华人民共和国商业银行法》规范。

目前我国的商业银行主要有：中国银行、中国工商银行、中国建设银行、中国农业银行、交通银行、光大银行、兴业银行、华夏银行、招商银行、浦发银行、民生银行、中国邮政储蓄银行、城市商业银行、农村商业银行等。

4. 非银行金融机构

目前，我国主要的非银行金融机构有以下几类。

（1）保险公司，主要经营保险业务，包括财产保险、责任保险、保证保险和人身保险。目前，我国保险公司的资金运用被严格限制在银行存款、政府债券、金融债券和投资基金范围内。

（2）信托投资公司，主要是以受托人的身份代人理财。其主要业务有经营资金和财产委托、代理资产保管、金融租赁、经济咨询及投资等。

（3）证券机构，是指从事证券业务的机构，包括：①证券公司，其主要业务是推销政府债券、企业债券和股票，代理买卖和自营买卖已上市流通的各类有价证券，参与企业收购、兼并，充当企业财务顾问等；②证券交易所，提供证券交易的场所和设施，制定证券交易的业务规则，接受上市申请并安排上市，组织、监督证券交易，对会员和上市公司进行监管等；③登记结算公司，主要负责办理股票交易中所有权转移时的过户和资金的结算。

（4）财务公司，通常类似于投资银行。我国的财务公司是指由企业集团内部各成员单位入股，向社会募集中长期资金，为企业技术进步服务的金融股份有限公司。它的业务被限定在本集团内，不得从企业集团之外吸收存款，也不得对非集团单位和个人贷款。

（5）金融租赁公司，是指办理融资租赁业务的公司组织。其主要业务有动产和不动产的直接租赁、杠杆租赁、售后租回。

1.6.3.4 利率

利率也称利息率，是利息占本金的百分比指标。从资金的借贷关系看，利率是一定时期内运用资金资源的交易价格。资金作为一种特殊商品，以利率为价格标准的融通，实质上是资源通过利率实行的再分配。因此，利率在资金分配及企业财务决策中起着重要作用。

1. 利率的类型

利率可按照不同的标准进行分类。

（1）按利率之间的变动关系，利率可分为基准利率和套算利率。基准利率又称基本利率，是指在多种利率并存的条件下起决定性作用的利率。所谓起决定性作用是指，这种利率变动，其他利率也相应变动。因此，了解基准利率水平的变化趋势，就可了解全部利率的变化趋势。

基准利率在西方通常是中央的再贴现率，在我国是中国人民银行对商业银行贷款的利率。

套算利率是指在基准利率确定后，各金融机构根据基准利率和借贷款项的特点而换算出的利率。例如，某金融机构规定，贷款 AAA 级、AA 级、A 级企业的利率，应分别在基准利率基础上加 0.5％、1％、1.5％，加总计算所得的利率便是套算利率。

（2）按利率与市场资金供求情况的关系，利率可分为固定利率和浮动利率。固定利率是指在借贷期内固定不变的利率。受通货膨胀的影响，实行固定利率会使债权人利益受到损害。浮动利率是指在借贷期间可以调整的利率。在通货膨胀条件下采用浮动利率，可使债权人减少损失。

（3）按利率形成机制不同，利率可分为市场利率和法定利率。市场利率是指根据资金市场上的供求关系，随着市场而自由变动的利率。法定利率是指由政府金融管理部门或者中央银行确定的利率。

2. 利率的一般计算公式

正如任何商品的价格均由供应和需求两方面来决定一样，资金这种特殊商品的价格——利率，也主要是由供应与需求来决定。但除这两个因素外，经济周期、通货膨胀、国家货币政策和财政政策、国际经济政治关系、国家利率管制程度等，对利率的变动均有不同程度的影响。因此，资金的利率通常由三部分组成：①纯利率；②通货膨胀补偿率（或称通货膨胀贴水）；③风险收益率。利率的一般计算公式可表示如下：

$$利率 ＝ 纯利率 ＋ 通货膨胀补偿率 ＋ 风险收益率$$

纯利率是指没有风险和通货膨胀情况下的社会平均资金利润率；通货膨胀补偿率是指由于持续的通货膨胀会不断降低货币的实际购买力，为补偿其购买力损失而要求提高的利率；风险收益率包括违约风险收益率、流动性风险收益率和期限风险收益率。其中，违约风险收益率是指为弥补因债务人无法按时还本付息而带来的风险，由债权人要求提高的利率；流动性风险收益率是指为弥补因债务人资产流动性不好而带来的风险，由债权人要求提高的利率；期限风险收益率是指为弥补因偿债期长而带来的风险，由债权人要求提高的利率。

【例 1-1】 已知市场上国库券利率为 6％，通货膨胀补偿率为 3％，实际市场利率为 10％，求：风险收益率。

解：

国库券利率＝纯利率＋通货膨胀补偿率

利率＝纯利率＋通货膨胀补偿率＋风险收益率

则：风险收益率＝利率－（纯利率＋通货膨胀补偿率）

　　　　　　＝利率－国库券利率

　　　　　　＝10％－6％

　　　　　　＝4％

相关链接：天桥百货商场财务管理目标案例

1. 案例资料

天桥百货商场是一家老字号商业企业，成立于 1953 年，20 世纪 50 年代，天桥百货商场是全国第一面"商业红旗"。20 世纪 80 年代初，天桥百货商场第一个打破中国 30 年的工资制度，将商业 11 级改为新 8 级。1993 年 5 月，天桥百货商场股票在上海证券交易所上市。1998 年 12 月 30 日，北大青鸟有限责任公司和北京天桥百货股份有限公司发布公告，宣布北大青鸟通过协议受让方式受让北京天桥部分法人股股权。北大青鸟出资 6 000 多万元，拥有了天桥商场 16.76% 的股份，北京天桥百货商场更名为"北京天桥北大青鸟科技股份有限公司"（简称青鸟公司）。此后，天桥百货商场的经营滑落到盈亏临界点，面对严峻的形势，公司决定裁员，以谋求长远发展。于是就有了下面一幕。

1999 年 11 月 18 日下午，天桥百货商场里面闹哄哄的，商场大门也挂上了"停止营业"的牌子。11 月 19 日，很多顾客惊讶地发现，天桥百货商场在周末居然没开门。据一位售货员模样的人说："商场管理层年底要和我们终止合同，我们就不给他们干活了。"员工们不仅不让商场开门营业，还把货场变成了群情激愤的论坛。1999 年 11 月 18 日至 12 月 2 日，对青鸟公司管理层和广大员工来说，是黑色的 15 天！在这 15 天里，天桥商场经历了 46 年来第一次大规模裁员；天桥商场被迫停业 8 天之久，公司管理层经受了职业道德与人道主义的考验，作出了在改革的道路上是前进还是后退的抉择。

经过有关部门的努力，对面临失业职工的安抚有了最为实际的举措，公司董事会开会决定，同意给予终止合同职工适当的经济补助，同意参照解除劳动合同的相关规定，对 283 名终止劳动合同的职工给予人均 1 万元、共计 300 万元上下的一次性经济补助。这场风波总算得以平息。

2. **分析思考**

如何理解天桥百货商场的财务管理目标？

■本章小结

本章是财务管理的理论基础，主要介绍了财务管理的基本知识。首先阐述了财务管理的概念，明确了财务管理的环节；其次介绍了企业的目标，分析了股东、经营者和债权人利益的冲突与协调，评介了财务管理目标的各种代表性观点，并确立了现代企业财务管理的目标应该是企业价值最大化，进一步分析了影响这一目标实现的因素；再次介绍了财务管理的假设和原则；最后阐述了财务管理的环境，主要介绍了法律环境、经济环境和金融环境。

■相关术语

财务活动　财务关系　财务管理　利润最大化　每股收益最大化　企业价值（或股东财富）最大化　理财主体假设　持续经营假设　有效市场假设　资金增值假设　理财理性假设　财务管理原则　财务管理环境　金融工具　金融市场　利率

思政指引

理论背景：每个企业都有其理财目标，这是企业一切财务管理活动的出发点。财务管理目标引导乃至决定着企业的理财行为。企业财务管理目标有利润最大化、每股收益最大化、企业价值最大化三种主流观点，很大程度上也是企业财务管理目标由低到高逐步优化的结果。以利润最大化为理财目标的企业，其理财行为主要围绕如何赚取最大利润为工作指向；以每股收益最大化为理财目标的企业，其理财行为主要围绕如何服务股东利益为工作指向；而以企业价值最大化为理财目标的企业，其理财行为则以企业整体利益最优为工作指向，兼顾企业利益与社会责任，蕴藏着系统思想、兼顾社会效益的思想、可持续发展的思想。

思政启示：企业财务管理离不开目标，同样人生也离不开目标。由企业理财目标，我们自然联想到人生目标的设定问题。启示之一：每个人都应该立足实际、着眼长远，设定自己的人生奋斗目标，没有目标的人生如同航船失去了方向。启示之二：每个人要树立远大理想，尽力设定高目标，因为高目标的驱动力更强，人生的社会价值更大。启示之三：人生的高目标设定要遵循系统思想，体现大局意识与家国情怀，将个人利益与社会利益相结合，在服务社会中实现个人利益，同时兼顾个人利益与社会利益的协同发展、可持续发展。

复习思考题

1. 简述财务活动的具体内容。
2. 财务关系具体表现在哪些方面？
3. 简述企业目标及其对财务管理的要求。
4. 简述利润最大化财务管理目标的缺陷。
5. 简述企业价值最大化财务管理目标的优缺点。
6. 防止经营者背离股东目标的方法有哪些？
7. 简述财务管理假设。
8. 财务管理原则有哪些？
9. 简述金融工具的特征。
10. 简述利率的构成要素。

第 **2** 章

资金时间价值

2.1 资金时间价值概述

资金时间价值，也称为货币的时间价值，是指现在的资金比将来的资金有更高的价值。资金时间价值是现代财务管理的基础观念之一，因其非常重要并且涉及所有理财活动，所以称为"理财的第一原则"，在财务实践中被广泛应用。例如，甲企业拟购买一台设备，以现付方式付款，其价款为 20 万元；如延期至 5 年后付款，则价款为 25 万元。设企业 5 年期存款年利率为 8%。假定该企业目前已筹集到 20 万元资金，暂不付款，存入银行，按单利计算。试问现付同延期付款比较，哪个更有利？由于这两种付款方式处于不同的时间点，所以要判断哪种付款方式支付的资金更少，就必须考虑资金的时间价值。

2.1.1 资金时间价值的含义

资金时间价值是指现金经过一定时间的投资和再投资而增加的价值。在商品经济中，有这样一种现象：现在的 1 元和 1 年后的 1 元，经济价值不相等，或者说经济效用不同。现在的 1 元，比 1 年后的 1 元的经济价值要大一些，即使不存在通货膨胀也是如此。为什么会这样呢？例如，将现在的 1 元钱存入银行，1 年后可得到 1.10 元。这就是资金的时间价值。也就是说，资金的时间价值是在资金的使用中由于时间因素而形成的差额价值，是资金在生产过程中带来的增值额。

随着时间的推移，周转使用中的资金价值发生了增值。现在的 1 元与将来的 1 元多甚至是几元在经济上是等效的。换一种说法，就是现在的 1 元和将来的 1 元经济价值不相等。资金在周转使用中为什么会产生时间价值呢？这是因为任何资金使用者把资金投入生产经营以后，劳动者借以生产新的产品，创造新价值，都会带来利润，实现增值。周转使用的时间越长，所获得的利润越多，实现的增值额越大。所以资金时间价值的实质，是资金周转使用后的增值额，资金由资金使用者从资金所有者处筹集来进行周转使用以后，资金所有者要分享一部分资金的增值额。

在实务中，人们习惯使用相对数字表示货币的时间价值，即用利率（增加价值占投入货币的百分数）来表示。利率的实际内容是社会资金利润率。各种形式的利率（贷款利率，债券利率等）水平是根据社会资金利润率确定的。但是，一般的利率除了包括资金时间价值因素，还包括风险价值和通货膨胀因素；资金时间价值通常被认为是没有风险和没有通货膨胀条件下的社会平均利润率，这是利润平均化规律作用的结果。

资金时间价值通常是评价投资方案的基本标准。根据本章开头所举的例子，甲企业 5 年后的本利和为 $20 \times (1 + 8\% \times 5) = 28$ 万元。这就说明，今年年初的 20 万元，5 年以后价值就提高到 28 万元了。同 25 万元比较，企业尚可得到 3 万元（28－25）的利益。可见，延期付款 25 万元比现付 20 万元更为有利。由于不同时间单位货币的价值不相等，所以不同时间的货币收入不宜直接进行比较。需要把它们换算到相同的时间基础上，然后才能进行大小的比较和比率的计算。

2.1.2　现金流量时间线

现金流量时间线是资金时间价值分析中最重要的工具之一，有助于特定状况下现金流量的分析与理解。下面用图解的方式说明时间线的概念（见图 2-1）。

图 2-1　时间线

图 2-1 中，0 代表第一期开始；1 代表第一期期末；2 代表第二期期末；以此类推，4 代表第四期期末。时期可以是年、半年、季、月或者天。注意图上的各个数字既代表一个时期的期末，又代表下一个时期的期初。如，1 既代表第一期期末，又代表第二期期初。

将各期的现金流量标注在时间线上方，利率标注在时间线上，用问号代表未知或需要求解的现金流量，就构成了现金流量时间线（见图 2-2）。

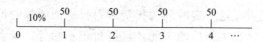

图 2-2　现金流量时间线

图 2-2 中，4 个时期的利率均为 10%；第 1 期、第 2 期、第 3 期、第 4 期期末分别发生了 50 元的现金流入。

在思考简单问题的时候，可以不用时间线。但是在处理复杂问题的时候，时间线会很有帮助，可以直接和更准确地把握问题的各个细节，减少错误发生的可能。

2.1.3　资金时间价值的决定因素

资金的时间价值取决于多个因素，从投资者的角度来看主要有以下三个因素。

（1）投资利润率，即单位投资所能取得的利润。

（2）通货膨胀因素，即对因货币贬值造成的损失所作出的补偿。

（3）风险因素，即因风险的存在可能带来的损失所作出的补偿。

具体到一个企业来说，由于对资金这种资源的稀缺程度、投资利润及资金面临的风险各不相同，因此相同的资金量其资金时间价值也会有所不同。

2.2　终值与现值

终值也称将来值，是一定量现金在未来某一时点上的价值，俗称本利和，通常记为 F。现值又称本金，是指未来某一时点上的一定量现金折合到现在的价值，通常记为 P。那么，如何得知货币的具体价值是多少呢？这就需要掌握时间价值的有关计算方法。

首先，明确两个概念：单利和复利；单利和复利都是计算利息的方法。这里的本金指的是进行投资以收取利息的原本金额。利息是进行投资所获得的超出本金的部分，也就是投入资金所得到的回报。这里所说的计息期是指相邻两次计算利息的时间间隔，如年、月、日等。一般来说，除非特别指明，否则计息期为一年；下面介绍具体的计算方法。

2.2.1　单利计息方式

单利，即简单利息计算法，其含义是本金在整个投资期中获得利息，不管投资期多长，所产生的利息均不加入本金重复计算利息。

1. 单利终值的计算公式

$$F = P \cdot (1 + i \cdot n)$$

式中：F——终值；

$\quad\quad$ P——现值；

$\quad\quad$ i——年利率；

$\quad\quad$ n——投资期。

【例 2-1】李某将 10 000 元存入银行，银行年利率为 4％，8 年到期后能从银行拿到的款项为多少？

解：$F = P \cdot (1 + i \cdot n) = 10\,000 \times (1 + 4\% \times 8) = 13\,200$（元）

8 年到期后李某能从银行拿到的款项为 13 200 元。

在计算利息时应注意，除非特别指明外，给出的利率均指年利率；不足一年的利息，可以换算为月或天来计算。

2. 单利现值的计算公式

单利现值与单利终值互为逆运算，由终值求现值可以用倒求本金的方式计算。在财务管理中称为"贴现"，其计算公式为：

$$P = F / (1 + i \cdot n)$$

【例 2-2】李某想在 10 年后从银行取出 60 000 元，银行利率为 5％，则目前应存入银行的款项为多少？

解：$P = F / (1 + i \cdot n) = 60\,000 / (1 + 5\% \times 10) = 40\,000$（元）

李某若想在 10 年后从银行取出 60 000 元，则目前应存入银行的款项为 40 000 元。

2.2.2　复利计息方式

复利，即复合利息计算法，是指在整个投资期内，本金及利息都要产生利息的一种计息方式；按照这种方法，每经过一个计息期，都要将所产生的利息加入本金再计算利息，逐期滚算，俗称"利滚利"。

1. 复利终值

复利终值是指一定量的本金按复利计算若干期后的本利和。其计算公式：

$$F = P(1+i)^n$$

式中：F——终值；

　　P——现值；

$(1+i)^n$——复利终值系数，记为$(F/P, i, n)$。

【例2-3】 某人存入银行10万元，若银行存款利率为5%，采用年复利计息，5年后的本利和是多少？

解： 复利终值：$F = P \times (1+i)^n$，其中$(1+i)^n$为复利终值系数，记为$(F/P,i,n)$。

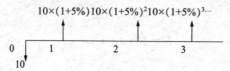

复利计息：$F = 10 \times (1+5\%)^5$

或　　　　$= 10 \times (F/P,5\%,5)$

　　　　　$= 10 \times 1.2763 = 12.763$（万元）

2. 复利现值

复利现值是若干期后一定量资金折现到现在的金额。其计算公式：

$$P = F/(1+i)^n$$

式中：P——现值；

　　F——终值；

$1/(1+i)^n$——复利现值系数，记为$(P/F,i,n)$。

【例2-4】 某人存入银行一笔钱，想5年后得到20万元，若银行存款利率为5%，采用年复利计息，问现在应存入多少？

解： 复利现值 $P = F/(1+i)^n = F \times (1+i)^{-n}$，其中$(1+i)^{-n}$为复利现值系数，记为$(P/F,i,n)$。

$20 = P \times (1+5\%)^5$

$$P = \frac{F}{(1+i)^n} = F \times (1+i)^{-n}$$

或者采用查复利系数表的方法。

复利：$P = F \times (1+i)^{-n} = 20 \times (1+5\%)^{-5}$

或　　　$= 20 \times (P/F,5\%,5) = 20 \times 0.7835 = 15.67$（万元）

从例2-3和例2-4可以看出，复利终值和复利现值互为逆运算。

总结上述单利终值、现值和复利终值、现值的计算公式，这是企业财务管理中和日常理财活动中经常遇到的计算工具，必须熟悉各自的计算方法和系数符号，详见表2-1。

表 2-1 终值、现值计算公式及其符号

项 目	公 式	系数符号	系数名称
单利终值	$F = P(1+i \cdot n)$	$1+i \cdot n$	单利终值系数
单利现值	$P = F/(1+i \cdot n)$	$1/(1+i \cdot n)$	单利现值系数
复利终值	$F = P(1+i)^n$，或 $F=P(F/P, i, n)$	$(1+i)^n$，或 $(F/P, i, n)$	复利终值系数
复利现值	$P = F/(1+i)^n$，或 $P=F(P/F, i, n)$	$1/(1+i)^n$，或 $(P/F, i, n)$	复利现值系数

2.3 年金的含义与种类

2.3.1 年金的含义

年金是指在利率不变的情况下，一定时期内每次等额收付的系列款项，即指一种等额的、连续的款项收付，通常记作 A。如某人向银行申请 10 年按揭，采用等额本息还款方式，每个月向银行支付的固定还款额就是年金的具体应用。

年金基本特征有以下三个。

（1）等额收付款项，即每个期间收付款项的金额是相同的。

（2）连续的一个系列，至少应该是两个以上。

（3）收付款项的间隔时间相同，可以是一个月、一年、半年、一个季度等。

2.3.2 年金的种类

年金种类按其每次收付款项发生的时点不同，可以分为普通年金、即付年金、递延年金、永续年金等类型。

（1）普通年金，是指从第一期开始每期期末等额收付的年金（见图 2-3）。

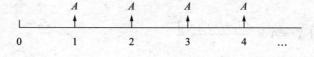

图 2-3 普通年金示意图

（2）即付年金，也称先付年金，是指从第一期开始每期期初等额收付的年金（见图 2-4）。

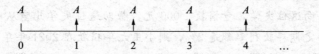

图 2-4 即付年金示意图

即付年金与普通年金的区别仅在于付款时间的不同。

普通年金、即付年金是年金的两种基本形式。

普通年金与即付年金的区别：普通年金是指从第一期起，在一定时间内每期期末等额收付的系列款项。即付年金是指从第一期起，在一定时间内每期期初等额收付的系列款项。

普通年金与即付年金的共同点：都是从第一期就开始发生。

（3）递延年金，是指第一次收付款发生时间与第一期无关，而是隔若干期（m）后才开始等额收付的系列款项（见图2-5）。递延年金和永续年金都是在普通年金的基础上发展演变过来的。所以可以把二者看成普通年金的两种特殊的形式。

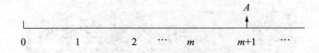

图 2-5　递延年金示意图

（4）永续年金，是指无限期的普通年金。它是普通年金的特殊形式，即期限趋于无穷的普通年金（见图2-6）。

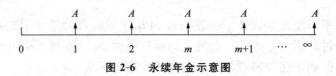

图 2-6　永续年金示意图

2.4　年金计算

2.4.1　普通年金

1. 普通年金终值和现值

（1）普通年金终值，是指把每一期期末发生的普通年金都统一折合成最后这一期的期末价值，然后再求和。

普通年金终值：$F_A = A \times \dfrac{(1+i)^n - 1}{i}$

其中，$\dfrac{(1+i)^n - 1}{i}$ 称为年金终值系数，记为 $(F/A, i, n)$。

【例 2-5】小王是位热心于公众事业的人，自2013年12月底开始，他每年都要向一位失学儿童捐款。小王每年向这位失学儿童捐款1 000元，帮助这位失学儿童从小学一年级读完九年义务教育。假设每年定期存款利率都是2%，则小王九年捐款在2021年年底相当于多少钱？

```
        1 000       1 000                    1 000
    ┌─────┬───────────┬────────── ⋯ ─────────┬──
    0   2013.12.31  2014.12.31           2021.12.31
```

解：$F_A = A \times \dfrac{(1+i)^n - 1}{i}$

$\quad\quad = 1\,000 \times \dfrac{(1+2\%)^9 - 1}{2\%}$

$\quad\quad = 9\,754.6(元)$

或者 $F_A = 1\,000 \times (F/A, 2\%, 9) = 1\,000 \times 9.754\,6 = 9\,754.6(元)$

（2）普通年金现值，是指把每一期期末所发生的年金都统一折合成现值，然后再求和。

$$P_A = A \times \dfrac{1 - (1+i)^{-n}}{i}$$

其中，$\dfrac{1 - (1+i)^{-n}}{i}$ 称年金现值系数，记为 $(P/A, i, n)$

【例2-6】某项目可以经营15年，预计投产后每年末可以获得净利润400万元，若年利率为8%，请问该项目15年的净利润相当于现在的多少万元？

解：$P_A = A \times \dfrac{1 - (1+i)^{-n}}{i} = A \times (P/A, i, n)$

$\quad\quad = 400 \times (P/A, 8\%, 15) = 400 \times 8.559\,5 = 3\,423.8$ （万元）

2. 与普通年金求终值和求现值相联系的问题

（1）偿债基金与偿债基金系数。

① 偿债基金。已知年金的终值（也就是未来值），通过普通年金终值公式的逆运算求每一年年末所发生的年金 A，这个求出来的年金 A 就称为偿债基金。

偿债基金的计算公式：

$$A = F \times \dfrac{1}{(F/A, i, n)}$$

② 偿债基金系数。普通年金终值系数的倒数即偿债基金系数，记为 $(A/F, i, n)$。

【例2-7】20年后预计需要100万元用于某一个投资项目，假设银行的借款利率是5%，那么从现在开始，每年年末应该至少在银行存入多少钱，才能够确保第20年的时候正好可以从银行一次性地取出100万元。

解：每年年末存入的金额 $= 100 \times (A/F, 5\%, 20)$

$\quad\quad\quad\quad\quad\quad\quad\quad = 100/(F/A, 5\%, 20)$

$\quad\quad\quad\quad\quad\quad\quad\quad = 100/33.066$

$\quad\quad\quad\quad\quad\quad\quad\quad = 3.02$ （万元）

（2）年资本回收额与资本回收系数。

普通年金现值的计算公式：$P = A \cdot (P/A, i, n)$

年资本回收额是年金现值的逆运算：

$$A = P \times \dfrac{i}{1 - (1+i)^{-n}}$$

式中：$\quad A$——年资本回收额；

$\dfrac{i}{1 - (1+i)^{-n}}$——资本回收系数，记为 $(A/P, i, n)$。

资本回收系数是普通年金现值系数的倒数，普通年金的现值是资本回收额的一个逆运算，或者说求资本回收额是普通年金求现值的逆运算。

【例2-8】一个项目需要投入100万元，项目预计使用年限5年，要求的最低投资回报率是15%，那么从第1年年末到第5年年末，每年年末收回多少投资额才能够确保在第5年年末的时候，正好可以把当初投入的100万元全部收回。

解：每年年末收回投资 $=100\times(A/P,15\%,5)$
$$=100\times1/(P/A,15\%,5)$$
$$=100/3.3522=29.83(万元)$$

思考：固定资产的折旧方法主要有直线法、年数总和法、双倍余额递减法等，但这些方法的共同特征是没有考虑资金的时间价值。偿债基金系数法和资本回收系数法可以成为固定资产折旧方法的一个有利补充，思考这两种方法较传统的折旧方法有哪些优势和劣势？

总结上述资金时间价值的计算公式，下面的系数均互为倒数关系。

(1) 复利终值系数与复利现值系数。

(2) 偿债基金系数与普通年金终值系数。

(3) 资本回收系数与普通年金现值系数。

2.4.2　预付年金（即付年金）

1. 预付年金现值

预付年金现值有两种计算方法。

(1) 预付年金的现值＝相同期限的普通年金现值×（1+i）（见图2-7）。

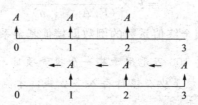

图2-7　预付年金现值计算示意图1

预付年金比普通年金提前一期发生，所以：

预付年金现值（$P_{预}$）＝普通年金现值（$P_{普}$）×（1+i）。

(2) 预付年金的现值＝预付年金（A）×预付年金的现值系数（见图2-8）。

预付年金现值系数，是在普通年金现值系数的基础上，期数减1，系数加1所得的结果，这可以从预付年金现金流量图中很清楚地得出这个结论。

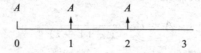

图2-8　预付年金现值计算示意图2

先挡住 0，第 1 期期初的年金，则可以看成两期普通年金现值的计算。然后，再加上第 1 期期初的年金，则：

$$P_{预}=A+A\times(P/A,i,2)=A\times[1+(P/A,i,2)]$$

$P_{预}=A\times[(P/A,i,n-1)+1]$，即预付年金现值系数等于普通年金现值系数期数减 1、系数加 1。

【例 2-9】 某企业拟采用分期付款方式购买一台设备，每年年初支付 20 万元，5 年付清，假设年利率为 6%，则 5 年的分期付款相当于现在的多少万元？

解： $P_{预}=A\times(P/A,i,5)\times(1+i)$

$\qquad=20\times(P/A,6\%,5)\times(1+6\%)$

$\qquad$ 或$=20\times[(P/A,6\%,4)+1]$

$\qquad=20\times(3.4651+1)$

$\qquad=89.3$（万元）

2. 预付年金的终值

预付年金终值有两种计算方法。

(1) 预付年金的终值＝普通年金终值×（1+i）（见图 2-9）。

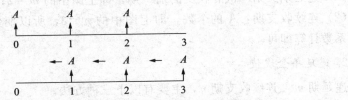

图 2-9 预付年金终值计算示意图 1

预付年金比普通年金提前一期发生，所以：

预付年金终值（$F_{预}$）＝普通年金终值（$F_{普}$）×（1+i）。

(2) 预付年金的终值＝预付年金（A）×预付年金的终值系数（见图 2-10）。

图 2-10 预付年金终值计算示意图 2

预付年金终值系数，是在普通年金终值系数的基础上，期数加 1，系数减 1 所得的结果。在 0 时点之前虚设一期，假设其起点为 0′，同时在第三年末虚设一期，使其满足普通年金的特点，然后将虚设的一期扣除。

$$F=A\times(F/A,i,4)-A=A\times[(F/A,i,4)-1]$$

即 $F=A\times[(F/A,i,n+1)-1]$，预付年金终值系数等于普通年金终值系数期数加 1、系数减 1。

【例 2-10】 为给儿子上大学准备资金，王先生连续 6 年于每年年初存入银行 3 000 元。若银行存款利率为 5%，则王先生在第 6 年末能一次性取出本利和多少钱？

解： $F=A\times(F/A,i,6)\times(1+i)$

$$=3\ 000\times(F/A,5\%,6)\times(1+5\%)$$

或 $$=3\ 000\times[(F/A,5\%,7)-1]$$

$$=3\ 000\times(8.142-1)$$

$$=21\ 426(元)$$

2.4.3 递延年金

1. 递延年金终值计算

递延年金终值计算与普通年金终值计算类似，但要注意期数（见图 2-11）。

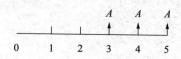

图 2-11 递延年金示意图

递延期是指没有收支的期限。

（1）递延期：第一次有收支的前一期，即上图中的 $m=2$；

（2）连续收支期：A 的个数，即上图中的 $n=3$，所以期数选择 3，然后按普通年金终值的系数计算即可。

2. 递延年金现值

递延期 m，连续收支期 n，主要有以下三种方法。

（1）两次折现（见图 2-12）。

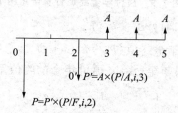

图 2-12 递延年金计算示意图 1

$$P_{递}=A\times(P/A,i,3)\times(P/F,i,2)$$

即公式 1：$P=A\times(P/A,i,n)\times(P/F,i,m)$

（2）先加上再减掉（见图 2-13）。

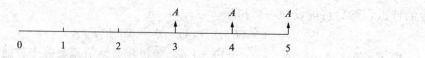

图 2-13 递延年金计算示意图 2

$$P=A\times(P/A,i,5)-A\times(P/A,i,2)$$

公式 2：$P=A\times[(P/A,i,m+n)-(P/A,i,m)]$

（3）先求终值再求现值（见图 2-14）。

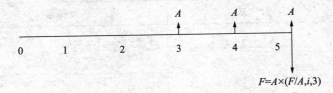

图 2-14　递延年金计算示意图 3

$$P = F \times (P/F, i, 5)$$
$$P_{递} = A \times (F/A, i, 3) \times (P/F, i, 5)$$

公式 3：$P = A \times (F/A, i, n) \times (P/F, i, n+m)$

【例 2-11】某企业向银行借入一笔款项，银行贷款的年利率为 10%，每年复利一次。银行规定前 10 年不用还本付息，但从第 11 年～第 20 年每年年末偿还本息 5 000 元。

要求计算这笔款项的现值。

解：

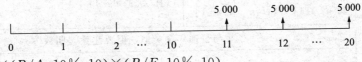

$$P = 5\,000 \times (P/A, 10\%, 10) \times (P/F, 10\%, 10)$$
$$= 5\,000 \times 6.144\,6 \times 0.385\,5 = 11\,843.72（元）$$
$$或 = 5\,000 \times (P/A, 10\%, 20) - 5000 \times (P/A, 10\%, 10)$$
$$= 5\,000 \times 8.516\,3 - 5\,000 \times 6.144\,6 = 11\,845（元）$$
$$或 = 5\,000 \times (F/A, 10\%, 10) \times (P/F, 10\%, 20)$$
$$= 5\,000 \times 15.937 \times 0.148\,6 = 11\,841.19（元）$$

2.4.4　永续年金

永续年金因为没有终止期，所以只有现值没有终值（见图 2-15）。

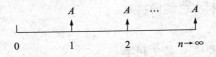

图 2-15　永续年金示意图

永续年金的现值公式：$P = A/i$。

【例 2-12】某项永久性奖学金，每年计划颁发 50 000 元奖金，若年利率为 8%，该奖学金的本金应为多少元？

解：$P = \dfrac{A}{i} = \dfrac{50\,000}{8\%} = 625\,000（元）$

综合上述普通年金、预付年金、递延年金和永续年金的计算，其主要的系数如表 2-2 所示。

表 2-2　不同类型年金的系数

项　目	公　式	系数符号	系数名称
普通年金终值 （重点）	$F_A = A \times \dfrac{(1+i)^n - 1}{i}$	$\dfrac{(1+i)^n - 1}{i} = (F/A, i, n)$	普通年金终值 系数
偿债基金 （重点）	$A_A = F_A \times \dfrac{i}{(1+i)^n - 1}$	$\dfrac{i}{(1+i)^n - 1} = (A/F, i, n)$	偿债基金 系数
普通年金现值 （重点）	$P_A = A \times \dfrac{1 - (1+i)^{-n}}{i}$	$\dfrac{1 - (1+i)^{-n}}{i} = (P/A, i, n)$	普通年金现值 系数
资本回收额 （重点）	$A = P_A \times \dfrac{i}{1 - (1+i)^{-n}}$	$\dfrac{i}{1 - (1+i)^{-n}} = (A/P, i, n)$	资本回收系数
预付年金终值 （重点）	$F = A(F/A, i, n)(1+i)$ 或 $= A[(F/A, i, n+1) - 1]$	$(F/A, i, n+1) - 1$	预付年金终值 系数
预付年金现值 （重点）	$P = A(P/A, i, n)(1+i)$ 或 $= A[(P/A, i, n-1) + 1]$	$[(P/A, i, n-1) + 1]$	预付年金现值 系数
递延年金终值	与普通年金类似，但要注意"期数"		
递延年金现值 （重点）	(1)$P = A(P/A, i, n)(P/F, i, m)$ (2)$P = A(P/A, i, m+n) - A(P/A, i, m)$ (3)$P = A(F/A, i, n)(P/F, i, m+n)$		
永续年金	$P = A/i$		

2.4.5　年内计息多次的问题

1. 实际利率与名义利率的换算

在实际生活中通常可以遇见计息期限不是按年计息的，比如半年付息（计息）一次，因此就会出现名义利率和实际利率之间的换算。

结论：

若每年计息一次：实际利率＝名义利率

若每年计息多次：实际利率＞名义利率

实际利率与名义利率的换算公式：

$$1 + i = (1 + r/m)^m$$

式中：i——实际利率，即每年复利一次的利率；

　　　r——名义利率，即每年复利超过一次的利率；

　　　m——年内计息次数；

　　名义利率（r）；

　　每期利率（r/m）；

实际利率 $i=(1+r/m)^m-1$。

如一项 500 万元的借款，借款期 5 年，年利率为 8%，若每半年计复利一次，年实际利率会高出名义利率，其实际利率 $i=(1+r/m)^m-1=(1+8\%/2)^2-1=8.16\%$，高出名义利率 0.16%。

2. 计算终值或现值

只要将年利率调整为期利率，将年数调整为期数。

2.4.6 内插法的应用

内插法可以用于计算利率和期限，其应用的前提是：将系数与利率或期限之间的变动看成线性变动。内插法的原理是根据比例关系建立一个方程，然后，解方程计算得出所要求的数据，例如，假设与 A_1 对应的数据是 B_1，与 A_2 对应的数据是 B_2，现在已知与 A 对应的数据是 B，A 介于 A_1 和 A_2 之间，则可以按照 $(A_1-A)/(A_1-A_2)=(B_1-B)/(B_1-B_2)$ 计算得出 A 的数值，其中 A_1、A_2、B_1、B_2、B 都是已知数据。

【例 2-13】 某公司于第一年年初借款 20 000 元，每年年末还本付息额均为 4 000 元，连续 9 年还清。问借款利率为多少？

解：根据题意，已知 $P=20\,000$，$A=4\,000$，$n=9$。

利率 i 和普通年金现值系数两者的关系为线性关系，即直线关系。

该题属于普通年金现值问题：$20\,000=4\,000\,(P/A,\,i,\,9)$，通过计算普通年金现值系数应为 5。若查表不能查到 $n=9$ 时对应的系数 5，但可以查到和 5 相邻的两个系数 5.131 7 和 4.946 4。假设普通年金现值系数 5 对应的利率为 i，则有：

$$13\% \qquad\qquad 5.131\,7$$
$$i \qquad\qquad 5$$
$$14\% \qquad\qquad 4.946\,4$$
$$(i-13\%)/(14\%-13\%)=(5-5.131\,7)/(4.946\,4-5.131\,7)$$
$$i=13.71\%$$

内插法的口诀可以概括为：求利率时，利率差之比等于系数差之比；求年限时，年限差之比等于系数差之比。

相关链接：时间价值来源与形成原因

1. 时间价值的来源

(1) 节欲论。投资者进行投资就必须推迟消费，对投资者推迟消费的耐心应给以报酬，这种报酬的量应与推迟的时间成正比。

时间价值由"耐心"创造。

(2) 劳动价值论。资金运动的全过程：$G-W\cdots P\cdots W'-G'$，$G'=G+\Delta G$。

包含增值额在内的全部价值是形成于生产过程的，其中增值部分是工人创造的剩余价值。

时间价值的真正来源是工人创造的剩余价值。

2. 货币时间价值的形式

(1) 相对数。没有风险和没有通货膨胀条件下的社会平均资金利润率。

(2) 绝对数。时间价值额是资金在生产经营过程中带来的真实增值额，即一定数额的资金与时间价值率的乘积。

3. 货币时间价值产生的原因

(1) 货币时间价值是资源稀缺性的体现。经济和社会的发展要消耗社会资源，现有的社会资源构成现存社会财富，利用这些社会资源创造出来的将来的物质和文化产品构成了将来的社会财富，由于社会资源具有稀缺性特征，又能够带来更多社会产品，所以现在物品的效用要高于未来物品的效用。在货币经济条件下，货币是商品的价值体现，现在的货币用于支配现在的商品，将来的货币用于支配将来的商品，所以现在货币的价值自然高于未来货币的价值。市场利率是对平均经济增长和社会资源稀缺性的反映，也是衡量货币时间价值的标准。

(2) 货币时间价值是信用货币制度下，流通中货币的固有特征。在目前的信用货币制度下，流通中的货币由中央银行基础货币和商业银行体系派生存款共同构成，由于信用货币有增加的趋势，所以货币贬值、通货膨胀成为一种普遍现象，现有货币也总是在价值上高于未来货币。市场利率是可贷资金状况和通货膨胀水平的反映，反映了货币价值随时间的推移而不断降低的程度。

(3) 货币时间价值是人们认知心理的反映。由于人们在认识上的局限性，人们总是对现存事物的感知能力较强，而对未来事物的认识较模糊，结果人们存在一种普遍的心理就是比较重视现在而忽视未来，现在的货币能够支配现在商品，满足人们现实需要，而将来的货币只能支配将来的商品，满足人们将来不确定的需要，所以现在单位货币价值要高于未来单位货币价值，为使人们放弃现在货币及其价值，必须付出一定代价，利率便是这一代价。

▨ 本章小结

资金时间价值是财务活动中客观存在的经济现象，是财务管理的重要计量基础，是制定筹资、投资决策中必须要考虑的因素。

本章要求掌握复利终值与现值的计算方法；掌握不同类型年金终值与年金现值的计算方法；掌握名义利率和实际利率的推算方法；掌握内插法的应用；熟悉即付年金终值系数和普通年金终值系数的关系；熟悉普通年金现值系数与即付年金现值系数的关系；熟悉递延年金的现值和终值系数；了解资金时间价值、终值、现值、利率、单利、复利、年金的含义；了解资本回收系数和偿债基金系数。

▨ 相关术语

资金时间价值　预付年金　单利计息　复利计息　终值　现值　年金　普通年金

递延年金 永续年金 内插法 名义利率 实际利率

思政指引

理论背景：资金时间价值是企业理财的第一原则，指资金在使用过程中随时间推移而产生的增值。该原理告诉我们，今天的1元钱比将来的1元钱具有更高的价值，资金时间价值是资金周转使用后的增值。这一原理对企业理财具有重要指导意义。一是由于存在资金时间价值，企业当下拥有的资产应该及时投入使用，实现增值。资金时间价值的核心是资金的周转使用，闲置的资产不仅不能创造时间价值，而且会丧失其原有的价值。二是企业投资一定数额资金，预期目标应该增值，创造新的价值，未来收益不仅要弥补期初投入，还要满足净现值大于零，否则就是无效投资。三是如果考虑通货膨胀、风险因素，资金时间价值则是变数，企业需要加快资金回笼以减少隐形投资损失。

思政启示：人生的过程应该也是"价值增值"的过程，资金时间价值原理对人生发展有重要启示：第一，每个人都需要通过自身努力实现人生价值增值，包括经济价值与社会价值，对于个人而言，社会贡献与社会价值永远高于经济价值；第二，人才培养需要教育投入，包括家庭投入、政府投入以及社会投入，个人则通过将来为社会提供更多更好的服务、创造更大的价值来收回教育投资，借以回报家庭、政府与社会；第三，如果个人的发展偏离了正确的轨道，不能创造足够的社会价值，则是教育投资的失败。

复习思考题

1. 偿债基金系数和资本回收系数如何应用于固定资产折旧的计提？这两种方法和传统的固定资产折旧方法比较有何优势和劣势？

2. 普通年金现值系数和预付年金现值系数的关系如何？

3. 普通年金终值系数和预付年金终值系数的关系如何？

4. 如何理解递延年金现值系数的三种计算方法？

5. 某公司拟购置一处房产，房主提出以下两种付款方案。

(1) 从现在起，每年年初支付20万元，连续付10次，共200万元。

(2) 从第5年开始，每年年初支付25万元，连续支付10次，共250万元。

假设该公司的资本成本率（即最低报酬率）为10%，你认为该公司应选择哪个方案？

6. 在企业生产经营的任何阶段都应该注重资金的时间价值，如筹资阶段、投资阶段、生产阶段、采购阶段及销售阶段等，请分析一下在这些阶段如何运用资金的时间价值。

第 3 章

风险与收益

◆**学习目标**◆

1. 掌握风险与收益的含义、单项资产风险与收益的计算、资本资产定价模型;

2. 熟悉两项资产的风险与收益的计算、多项资产收益的计量;

3. 了解多项资产风险的衡量、单项资产 β 系数的计量。

3.1 单项资产的风险与收益

3.1.1 单项资产的收益

3.1.1.1 资产收益的含义

资产收益（return）是资产的价值在一定时期的增值，包括两部分：一是一定时期内资产的现金净收入；二是期末资产的价值相对于期初价值的升值。通常前者为股息、红利或利息等，后者称为资本利得。

在实务中，为了便于不同规模资产的比较，常用百分比的形式表示资产的收益，称为资产收益率，是资产增量值与期初资产价值的比值，包括两部分：一是利（股）息收益率，二是资本利得收益率。若没有特殊说明，资产收益率通常以年为单位表示。

单期资产收益率＝利（股）息收益率＋资本利得收益率

$$或 \qquad = \frac{年利（股）息收益＋年资本利得收益}{期初资产价值}$$

【例3-1】假设A公司股票的年初市价为5元，当年的税后股息为0.1元，年末该股票涨到6元。则该股票的收益率为多少？

解：一年中该股票的收益总额为：

0.1＋（6－5）＝1.1元

其中，股息收益为0.1元，年资本利得收益为1元。

股票的收益率＝（0.1＋6－5）/5＝22%

其中，股利收益率为2%，年资本利得收益率为20%。

3.1.1.2 资产收益率的种类

在分析投资收益时，从不同的角度和出发点，资产收益率有以下不同的类型。

1. 必要收益率

必要收益率（required return）是投资者进行投资要求的最低收益率，由无风险收益率和风险收益率两部分构成。其中，无风险收益率是指可以确定可知的无风险资产的收益率，它由资金的时间价值和通货膨胀补贴两部分组成。一般可以用短期国库券的利率近似地代替无风险收益率。风险收益率是指某资产持有者因承担该资产的风险而要求的超过无风险利率的额外收益。它是投资者甘冒风险进行投资的动因所在。

必要收益率＝无风险收益率＋风险收益率

＝资金时间价值＋通货膨胀补贴率＋风险收益率

2. 期望收益率

期望收益率（expected return），也称期望投资收益率，是指在不确定的条件下，预测的某资产未来可能实现的收益率。根据资产未来收益水平的概率分布确定其期望收益率，是一种最基本的衡量方法。这种方法的假设条件是，某种资产未来收益的变化服从历史上实际收益的大致概率分布。根据统计学中的大数定理，某项资产的期望收益率就是其未来各种可能收益率的均值，其计算公式为：

$$E(R) = \sum P_i R_i$$

式中：$E(R)$——期望收益率；

$\quad\quad P_i$——情况 i 出现的概率；

$\quad\quad R_i$——情况 i 出现的资产的收益率。

【例 3-2】有项目 A 和项目 B，两个项目的必要收益率及其概率分布情况如表 3-1 所示，试计算两个项目的期望收益率。

表 3-1　A、B 项目投资收益率及其概率分布表

经济情况	该种经济情况出现的概率	必要收益率	
		项目 A	项目 B
好	0.2	40%	70%
一般	0.6	20%	20%
差	0.2	0	−30%

解：（1）项目 A 的期望收益率为：

$E(R) = 0.2 \times 40\% + 0.6 \times 20\% + 0.2 \times 0$

$\quad\quad = 20\%$

（2）项目 B 的期望收益率为：

$E(R) = 0.2 \times 70\% + 0.6 \times 20\% + 0.2 \times (-30\%)$

$\quad\quad = 20\%$

3. 实际收益率

实际收益率（real rate of return），是指在特定时期实际获得的收益率，它是已经发生的，不可能再改变的收益率。由于存在风险，实际收益率很少与期望收益率相同，这两者之间的差异越大，风险就越大。

4. 名义收益率

名义收益率是指在资产合约上标明的收益率。例如，借款协议上的借款利率。

3.1.2　资产的风险

3.1.2.1　风险的含义与种类

1. 风险的含义

从财务管理的角度来说，风险（risk）是企业在各项财务活动中，由于各种难以预料或

无法控制的因素作用，使企业的实际收益与预计收益发生背离，从而使企业蒙受经济损失的可能性。风险是客观存在的，是不以人的意志为转移的，但风险可以事先估计出采取某种行动可能导致的各种结果，以及每种结果出现的可能性大小。

风险不同于不确定性，不确定性是指对于某种行动，人们知道可能出现的各种结果，但不知道每种结果出现的概率，或者可能出现的各种结果及每种结果出现的概率都不知道，只能作出粗略的估计。

风险问题出现的各种结果的概率一般可事先估计和测算，只是不准确而已。如果对不确定性问题先估计一个大致的概率，则不确定性问题就转化为风险性问题了。在实务中，风险可能是指风险本身，也可能指不确定性问题。西方国家的企业通常对风险和不确定性这两个概念不加以区分，把不确定性视同风险而加以计量，以便进行定量分析。

2. 风险的种类

（1）从个别理财主体的角度看，风险分为市场风险和企业特有风险两类。

① 市场风险是指那些影响所有企业的风险，如战争、自然灾害、经济衰退、通货膨胀等。这类风险涉及所有企业，不能通过多角化投资来分散，因此，又称不可分散风险或系统风险。

② 企业特有风险是指发生于个别企业的特有事项造成的风险，如罢工、诉讼失败、失去销售市场等。这类事件，可以通过多角化投资来分散。这类风险也称可分散风险或非系统风险。

（2）从企业本身来看，按风险形成的原因可将企业特有风险进一步分为经营风险和财务风险两大类。

① 经营风险是指由于生产经营上的原因给企业的利润额或利润率带来的不确定性，它来源于企业外部条件，如经济形势和经营环境等的变动，以及企业内部如技术装备、产品结构和设备利用率、工人生产率和原材料使用情况等原因。

② 财务风险是指由于筹措资金上的原因给企业财务结果带来的不确定性，它来源于企业资金利润率与借入资金利率和借入资金对自有资金比例的大小。

3.1.2.2 风险衡量

资产风险是指资产收益率的不确定性，其大小可用资产收益率的离散程度来衡量。离散程度是指资产收益率的各种可能结果与预期收益率的偏差。

1. 收益率的方差

收益率的方差（variance）是用来表示某资产收益率的各种可能结果偏离期望值的综合差异，是反映离散程度的一种量度，用 σ^2 表示。其计算公式如下：

$$\sigma^2 = \sum_{i=1}^{n} [R_i - E(R)]^2 P_i$$

式中：$E(R)$——资产的期望收益率；

　　　P_i——情况 i 出现的概率；

　　　R_i——情况 i 出现的资产的收益率。

方差越大，说明各可能结果偏离期望值的程度越大，反之则说明各可能结果偏离期望值的程度越小。对于只有一种可能发生的结果的确定情况来说，可能结果即为期望值，方差为零。

2. 标准差

由于方差是平方后的值，其计量单位是平方，难以解释其含义。所以，可将方差再开方，即得到标准差（standard deviation），用 σ 表示。其计算公式如下：

$$\sigma = \sqrt{\sum_{i=1}^{n} [R_i - E(R)]^2 P_i}$$

标准差和方差都是以绝对数衡量某资产的全部风险。在 n 个方案的情况下，若期望值相同，则标准差越大，表明各种可能值偏离期望值的幅度越大，结果的不确定性越大，风险也越大；反之，标准差越小，表明各种可能值偏离期望值的幅度越小，结果的不确定性越小，风险也越小。

【例 3-3】例 3-2 中 A、B 两个项目的标准差分别为：

A 项目的标准差：

$$\sigma = \sqrt{(40\% - 20\%)^2 \times 0.2 + (20\% - 20\%)^2 \times 0.6 + (0 - 20\%)^2 \times 0.2}$$
$$= 12.65\%$$

B 项目的标准差：

$$\sigma = \sqrt{(70\% - 20\%)^2 \times 0.2 + (20\% - 20\%)^2 \times 0.6 + (-30\% - 20\%)^2 \times 0.2}$$
$$= 31.62\%$$

由于 B 项目的标准差大于 A 项目的标准差，所以 B 项目的风险大于 A 项目。

3. 变异系数

变异系数（coefficient of variation，CV）是指标准差与期望值的比值，也称相对标准差。其计算公式：

$$CV = \sigma / E(R)$$

变异系数以相对数衡量资产的全部风险大小，它表示每单位预期收益所包括的风险，即每 1 元预期收益所承担的风险大小。变异系数可适用期望值不同的决策方案比较。一般情况下，变异系数越大，表明可能值与预期收益率偏离程度越大，结果的不确定性越大，风险也越大；反之，变异系数越小，表明可能值与预期收益率偏离程度越小，结果的不确定性越小，风险也越小。

3.1.3　单项资产风险收益率的计算

变异系数虽然能正确评价投资风险的大小，但还无法将风险与收益结合起来进行分析。假设我们面临的决策不是评价与比较两个投资项目的风险水平，而是要决定是否对某一投资项目进行投资，此时就需要计算出该项目的风险收益率。为此，需要一个将变异系数转化为相应的风险收益的指标，以把投资项目的风险与收益联系起来。这个指标称为风险价值系数。单项资产的风险收益率就可以表示为：

$$风险收益率 = b \times CV$$

式中：b——风险价值系数；

　　　CV——变异系数。

所以，投资的必要收益率就可以表示为：

$$必要收益率＝无风险收益率＋风险收益率$$

上述公式中的变异系数反映了资产全部风险的大小；而风险价值系数取决于投资者对风险的偏好。对风险的态度越是回避，要求的补偿也就越高，因而要求的风险收益率就越高，所以风险价值系数的值也就越大；反之，如果对风险的容忍程度越高，则说明风险的承受能力较强，那么要求的风险补偿也就没那么高，所以风险价值系数的取值就会较小。

在实际工作中，确定单项投资的风险价值系数，可采取以下四种方法。

（1）通过对相关投资项目的总投资收益率和变异系数，以及同期的无风险收益率的历史资料进行分析。

（2）根据相关数据进行统计回归推断。

（3）由企业主管投资的人员会同有关专家定性评议而获得。

（4）由专业咨询公司按不同行业定期发布，供投资者参考使用。

3.2 投资组合的风险与收益

3.2.1 投资组合的期望收益

通常，投资者不会把自己的全部资金投放在单一资产上，而是同时向多项资产投资。这种同时以两个或两个以上资产作为投资对象而发生的投资，就是投资组合。如果投资的对象为证券，即为证券组合。

投资组合的期望收益率，是组成投资组合的各种投资项目的期望收益率的加权平均数，其权数是各种投资项目在整个投资组合总额中所占的价值比例。其计算公式如下：

$$E(R_p) = \sum W_i E(R_i)$$

式中：$E(R_p)$——资产组合的期望收益率；

　　　W_i——投资于 i 资产的资金占总投资额的价值比例；

　　　$E(R_i)$——第 i 项资产的期望收益率。

【例 3-4】某投资组合由权重相同的 A、B 两种证券组成，证券 A 的期望收益率为 15％，证券 B 的期望收益率为 10％，则该投资组合的期望收益率为多少？

解：投资组合的期望收益率为：

$$E(R_p)＝15％×50％＋10％×50％＝12.5％$$

3.2.2 投资组合的风险

3.2.2.1 两项资产组合的风险

投资组合的风险不仅受组合内各单项资产收益的方差影响，还受组合内两项资产之间的相关关系影响。两项资产组合标准差的计算公式如下：

$$\sigma_p = \sqrt{W_1^2\sigma_1^2 + W_2^2\sigma_2^2 + 2W_1W_2\sigma_{1,2}}$$

式中：σ_p——资产组合的标准差，它衡量的是组合的风险；

σ_1 和 σ_2——组合中两项资产的标准差；

W_1 和 W_2——两项资产所占的价值比例；

$\sigma_{1,2}$——两项资产的协方差。

1. 协方差

协方差（covariance）是用于测量投资组合中某一具体投资项目相对于另一投资项目风险的统计指标，为两项资产收益率离差之积的期望值。用 $\sigma_{1,2}$ 或 $\mathrm{COV}(R_1, R_2)$ 表示，其计算公式如下：

$$\sigma_{1,2} = \sum_{i=1}^{n}\left[R_{1i} - E(R_1)\right]\left[R_{2i} - E(R_2)\right]P_i$$

式中：$E(R_1)$ 和 $E(R_2)$——资产 1 和资产 2 的期望收益率；

$\quad R_{1i}$ 和 R_{2i}——资产 1 和资产 2 在第 i 种情况下的收益率；

$\quad\quad P_i$——第 i 种情况出现的概率。

协方差的正负显示了两个投资项目之间收益率变动的方向。协方差为正，表示两种资产的收益率呈同方向变化；协方差为负值，表示两种资产的收益率呈反方向变化。协方差的绝对值越大，则这两种资产收益率的关系越密切；绝对值越小，则这两种资产收益率的关系越疏远。

2. 相关系数

协方差虽然能反映出两项资产收益率的变动关系，但与方差一样，协方差受所带度量单位的影响，要想解释协方差数值大小的含义却比较困难，解决这个问题的办法就是计算相关系数（correlation），用 ρ 表示。其计算公式如下：

$$\rho_{1,2} = \frac{\sigma_{1,2}}{\sigma_1\sigma_2} \qquad -1 \leqslant \rho_{1,2} \leqslant +1$$

理论上，相关系数在 -1 和 1 之间，当相关系数为正值时，表示两种资产收益率呈同方向变化；相关系数为负值时，则表示两种资产收益率呈反方向变化。相关系数为 -1 时，表示这两项资产完全负相关，为 $+1$ 时表示两项资产完全正相关，为 0 时则表示不相关。

由于两项资产的协方差等于其相关系数与各项资产标准差的乘积，因此，两项资产组合收益率的标准差又可表示为：

$$\sigma_p = \sqrt{W_1^2\sigma_1^2 + W_2^2\sigma_2^2 + 2W_1W_2\rho_{1,2}\sigma_1\sigma_2}$$

【例 3-5】假设 A 证券的期望收益率为 10%，标准差是 12%。B 证券的期望收益率为 18%，标准差是 20%。假设等比例投资于两种证券，即各占 50%，两种证券的相关系数为 1，则组合的标准差为多少？若 A、B 两种证券的相关系数分别为 -1，0.2，组合的标准差又为多少？

解：当两种证券的相关系数为 1 时，两项资产组合收益率的标准差为：

$$\sigma_p = \sqrt{0.5^2 \times 0.12^2 + 0.5^2 \times 0.2^2 + 2 \times 0.5 \times 0.5 \times 1 \times 0.12 \times 0.2} = 16\%$$

当两种证券的相关系数为－1时，两项资产组合收益率的标准差为：

$$\sigma_p = \sqrt{0.5^2 \times 0.12^2 + 0.5^2 \times 0.2^2 - 2 \times 0.5 \times 0.5 \times 1 \times 0.12 \times 0.2} = 4\%$$

当两种证券的相关系数为0.2时，两项资产组合收益率的标准差为：

$$\sigma_p = \sqrt{0.5^2 \times 0.12^2 + 0.5^2 \times 0.2^2 + 2 \times 0.5 \times 0.5 \times 0.2 \times 0.12 \times 0.2} = 12.65\%$$

通过上述计算，可以得出如下结论：

（1）当相关系数为1时，两项资产组合收益率为完全正相关，即它们的收益率变化方向和变化幅度完全相同，此时，$\sigma_p = (W_1\sigma_1 + W_2\sigma_2)$，组合的标准差达到最大。可以看出，组合的风险等于组合中各项资产风险的加权平均值。换句话说，当两项资产的收益率完全正相关时，两项资产的风险完全不能互相抵消，所以这样的资产组合不能降低任何风险。

（2）当相关系数为－1时，两项资产组合收益率为完全负相关，即它们的收益率变化方向和变化幅度完全相反，此时 $\sigma_p = |W_1\sigma_1 - W_2\sigma_2|$，组合的标准差达到最小，甚至可能是零。因此，当两项资产的收益率具有完全负相关关系时，两者之间的风险可以充分地相互抵消，甚至完全消除。因而，由这样的资产组合就可以最大限度地抵消风险。

（3）当相关系数一般在－1和1之间（大多数情况下大于零）时，会有 $0 < \sigma_p < (W_1\sigma_1 + W_2\sigma_2)$，即资产组合的标准差小于组合中各资产标准差的加权平均，也即资产组合的风险小于组合中各资产风险的加权平均值。在实现中，由于绝大多数资产两两之间都不可能具有完全正相关或负相关的关系，因此，通过组合可以分散风险，但又不能完全消除风险。

3.2.2.2　多项资产组合的风险衡量

对于 n 项投资组合总体期望收益的方差可表述为：

$$\sigma_p^2 = \sum_{i=1}^{n} W_i^2 \sigma_i^2 + \sum_{\substack{i,\,j=1 \\ i \neq j}}^{n} W_i W_j \sigma_{i,\,j} \quad (i \neq j)$$

从上述公式可知，当投资组合由 n 种资产组成时，组合总体的方差由 n 个方差和 $n(n-1)$ 个协方差组成。例如，当投资组合包含三种资产时，组合总体的方差由9项组成：3个方差和6个协方差；当投资组合包含100种资产时，组合总体的方差由10 000项组成：100个方差和9 900个协方差。

从公式还可看出，随着组合内资产数目的增加，由方差表示的各项资产本身的风险状况对组合风险的影响逐渐减少，乃至最终消失。但由协方差表示的各项资产收益率之间相互作用、共同运动所产生的风险并不能随着组合中资产个数的增大而消失，它是始终存在的，无法消除的，这种风险即为系统风险。

3.2.3　系统风险

系统风险影响了所有资产，且不能通过资产组合来消除，但系统风险对各项资产的影响并不是完全相同的。有些资产受系统风险的影响大一些，而有些资产受系统风险的影响则较小。衡量系统风险的指标是 β 系数。

1. 单个资产的 β 系数

单项资产的 β 系数是指可以反映单项资产收益率与市场平均收益率之间变动关系的一个

量化指标，它表示单项资产收益率的变动受市场平均收益率变动的影响程度。换句话说，就是相对于市场组合的平均风险而言，单项资产所含的系统风险的大小。其计算公式如下：

$$\beta_i = \frac{COV(R_i, R_m)}{\sigma_m^2} = \frac{\rho_{i,m}\sigma_i\sigma_m}{\sigma_m^2} = \rho_{i,m} \times \frac{\sigma_i}{\sigma_m}$$

式中：$COV(R_i, R_m)$——第 i 项资产收益率与市场组合收益率的协方差；

σ_i——该项资产收益率的标准差；

σ_m——市场组合收益率的标准差，表示市场组合的风险。

市场组合是指由市场上所有资产的组合。它的收益率就是市场平均收益率。市场组合的非系统风险已被消除，所以市场组合的风险就是市场风险或系统风险。市场组合的 β 系数为 1。

根据上述计算公式可知，当某项资产的 β 系数等于 1 时，说明该资产的收益率与市场组合的收益率呈同方向、同比例变化，即如果市场组合收益率增加（或减少）1%，那么该资产的收益率也相应地增加（或减少）1%，也就是说，该资产所含的系统风险与市场组合的风险一致；当 β 系数小于 1 时，说明该资产收益率的变动幅度小于市场组合收益率的变动幅度，因此其所含的系统风险小于市场组合的风险；当某项资产的 β 系数大于 1 时，说明该资产收益率的变动幅度大于市场组合收益率的变动幅度，因此其所含的系统风险大于市场组合的风险。

绝大多数资产的 β 系数是大于零的，也就是说，它们收益率的变化方向与市场平均收益率的变化方向是一致的。在实务中，并不需要企业财务人员或投资者自己去计算证券的 β 系数，一些证券咨询机构会定期公布大量交易证券的 β 系数。表 3-2 列出了 2021 年 6 月 30 日、2022 年 6 月 30 日我国几家医药上市公司的 β 系数。

表 3-2　几家医药公司的 β 系数表

公司名称	2021 年 6 月 30 日	2022 年 6 月 30 日
恒瑞医药	0.99	1.03
华海药业	0.98	1.02
康缘药业	1.03	1.01
人福医药	1.02	1.0
江中药业	1.07	1.03

2. 资产组合的 β 系数

对于资产组合来说，其所含的系统风险的大小也可以用 β 系数来衡量。资产组合的 β 系数是所有单项资产 β 系数的加权平均数，权数为各种资产在资产组合中所占的价值比例。计算公式如下：

$$\beta_p = \sum W_i\beta_i$$

式中：β_p——资产组合的 β 系数；

W_i——第 i 项资产在组合中所占的价值比重；

β_i——第 i 项资产的 β 系数。

【例 3-6】 某公司持有 A、B、C 三种股票组成的投资组合，权重分别为 20％、30％和 50％，三种股票的 β 系数分别为 2.5、1.2、0.5。市场平均收益率为 10％，无风险收益率为 5％。要求：（1）计算该投资组合的 β 系数；（2）计算该投资组合的风险收益率。

解：（1）计算投资组合的 β 系数

$$\beta_p = \sum_{i=1}^{n} W_i \beta_i$$
$$= 20\% \times 2.5 + 30\% \times 1.2 + 50\% \times 0.5 = 1.11$$

（2）计算投资组合的风险收益率

$$R_p = \beta_p (R_M - R_F)$$
$$= 1.11 \times (10\% - 5\%) = 5.55\%$$

相关链接：马科维茨的投资组合理论

由于 1952 年的论文《投资组合选择》和 1959 年出版的《投资组合选择：有效分散化》一书，马科维茨被授予诺贝尔经济学奖。其主要贡献是，发展了一个概念明确的、可操作的在不确定条件下选择投资组合的理论。这个理论进一步演变为现代财务理论的基础。该理论的主要内容是：在一定的条件下，一个投资者的投资组合选择可以简化为平衡两个因素，即投资组合的期望回报及其方差。风险可以用方差来衡量，通过分散化可以降低风险。投资组合的风险不仅依赖不同资产各自的方差，而且也依赖资产的协方差。该理论的主要成就是：将大量的不同资产的投资组合选择、复杂的多维问题，约束成一个概念清晰的、简单的二次规划问题，即均值—方差分析；并且给出了最优投资组合问题的实际计算方法。

3.3 资本资产定价模型

资本资产定价模型（capital asset pricing model，CAPM），是 1990 年度诺贝尔经济学奖获得者威廉·夏普于 20 世纪 60 年代提出的。该模型主要研究证券市场上价格如何决定的问题，其重点在于探索风险资产收益与风险的数量关系。

3.3.1 资本资产定价模型的假设

（1）所有投资者均追求单期财富的期望效用最大化，并以各备选组合的期望收益和标准差为基础进行组合选择。

（2）所有投资者均可以以无风险利率（R_F）、无数额限制地借入或贷出资金，并且在任何资产上都没有卖空限制。

（3）所有投资者拥有同样预期，即对所有资产报酬的均值、方差和协方差等，投资者均有完全相同的主观估计。

（4）所有的资产均可被完全细分，拥有充分的流动性且没有交易成本。

（5）没有税金。

（6）所有投资者均为价格接受者，即任何一个投资者的买卖行为都不会对股票价格产生影响。

（7）所有资产的数量是给定的和固定不变的。

3.3.2　资本资产定价模型

$$R_i = R_F + \beta_i(R_M - R_F)$$

式中：R_i——第 i 只股票或第 i 种投资组合的必要收益率；

　　　β_i——第 i 只股票或第 i 种投资组合的 β 系数值；

　　　R_F——无风险收益率；

　　　R_M——市场组合的平均收益率，通常用股票价格指数收益率的平均值或所有股票的平均收益率来代替。

公式中（$R_M - R_F$）反映的是市场作为整体对风险的平均"容忍"程度，也就是市场整体对风险的厌恶程度，对风险越是厌恶和回避，要求的补偿就越高，市场风险收益的数值就越大。某项资产的风险收益率由该项资产的 β 系数和风险收益决定。

【例 3-7】2021 年证券市场的无风险收益率为 6%，A 股票的 β 系数为 1.5，市场证券平均收益率为 12%，则该种股票所要求的收益率为多少？

解：$R_i = R_F + \beta_i(R_M - R_F)$

$R_A = 6\% + 1.5 \times (12\% - 6\%) = 15\%$

3.3.3　证券市场线

资本资产定价模型说明了风险与收益之间的线性关系，通常可以用图形加以表示，即为证券市场线（security market line，SML）。它说明证券期望收益率 R_i 与系统风险 β 系数之间的关系。证券市场线的纵轴为证券的期望收益率 R_i，横轴为 β 系数，纵横上的截距为无风险收益率 R_F，斜率为市场风险溢酬（$R_M - R_F$），如图 3-1 所示。

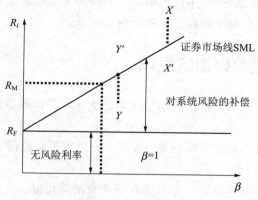

图 3-1　证券市场线

证券市场线上的每一点代表着不同系统风险的证券，并指出该证券最少应获得的期望收益率。它是证券市场中供求平衡的产物。假设证券市场中证券 X 的期望收益率高出必要收益率（图中的 X 点），投资人对证券 X 的需求增加，促使证券 X 的价格升高，收益率不断下降，直至下降到 SML 上的 X′点。相反地，图中 Y 点代表的证券收益率偏低，其价值被高估，投资人会出售该证券，供应增加导致证券价格下降，收益率逐步上升，直至上升到 SML 上的 Y′点。证券市场线表明，当所有的证券都调整到均衡水平时，所有证券的期望收益都会落在证券市场线上，证券市场线体现了资本市场达到均衡时，不同风险的证券的必要收益率。

值得注意的是，证券市场线和公司股票在线上的位置将随一些因素的变化而变化。这些因素包括通货膨胀的影响、风险回避程度的变化、股票 β 系数自身的变化等。

3.3.4　资本资产定价模型的有效性和局限性

资本资产定价模型和证券市场线最大的贡献在于它提供了对风险与收益之间的一种实质性的表述，CAPM 和 SML 首次将"高收益伴随高风险"这样一种直观认识，用这样简单的关系式表达出来。截至目前，CAPM 和 SML 是对现实中风险与收益关系的最为贴切的表述，因此长期以来，被财务人员、金融从业者及经济学家作为处理风险问题的主要工具。然而，将复杂的现实简化为这一模型，必定会遗漏许多有关因素，也必定会限制在许多假设条件下，因此也受到了一些质疑。直到现在，关于 CAPM 有效性的争论还在继续。

尽管 CAPM 已得到广泛认可，但在实际运用中，仍存在着一些明显的局限，主要表现在：①某些资产或企业的 β 值难以估计，特别是对一些缺乏历史数据的新兴行业；②由于经济环境的不确定性和不断变化，使得依据历史数据估算出的 β 值对未来的指导作用必然要打折扣；③如前所述，CAPM 是建立在一系列假设之上的，这些假设与实际情况有较大的偏差，使得 CAPM 的有效性受到质疑。

由于以上局限，资本资产定价模型只能大体描述出证券市场运动的基本状况，而不能完全确切地揭示证券市场的一切。因此，在运用这一模型时，应该更注重它所揭示的规律，而不是它所给出的具体数字。

相关链接：套利定价模型

鉴于资本资产定价模型的局限性，20 世纪 70 年代，美国经济学家 Stephen Ross 提出了一种新的资本市场均衡理论——套利定价理论（arbitrage pricing theory，APT）。该理论建立在套利这一概念的基础上，要求市场处于均衡，没有套利机会。

在证券市场上，存在套利机会的证券和证券组合，其定价是不合理的。大量套利者利用不合理的定价套利就会打破原先的供需格局使价格发生波动，差价逐渐消失，相应的证券就在均衡价格处获得一种平衡。当某种价格水平使任何套利行为都不存在时，市场就处于一种均衡状态。

在均衡状态下，任何套利行为都中止了，证券和证券组合都居于合理的价位，既没有价格高估，也没有价格低估。套利定价模型就是要说明这个合理的价位是如何形成的。相对

CAPM 模型，套利定价模型没有太多苛刻的假设条件，它只要求：①所有证券都具有有限的期望收益和方差；②人们可以构造出风险充分分散的资产组合；③没有税收和交易成本。此外，套利模型虽然也是讨论资产的收益率如何受风险因素的影响，但与资本资产定价模型不同的是，它认为资产的期望收益受若干个相互独立的风险因素影响。其基本形式为：

$$E(R) = R_f^* + b_1\lambda_1 + b_2\lambda_2 + \cdots + b_n\lambda_n$$

式中：$E(R)$——某资产的期望收益率；

R_f^*——不包括通货膨胀因素的无风险收益率；

b_i——风险因素 i 对该资产的影响程度，称为资产对风险因素 i 的响应系数；

λ_i——风险因素 i 的期望收益率，即该资产由于承担风险因素 i 而预期的额外收益率。

套利定价模型考虑了多种因素对资产收益的影响，比资产定价理论更接近实际，更能清楚地指明风险来自哪一方面，其反映的思想也更容易被学术界所接受和理解。然而迄今为止，学术界仍无法明确到底有多少因素共同影响着资产的收益率，因而也无法证明套利模型的有效性，这使得该模型在实际应用中受到限制。

■■■ 本章小结

理财的目的在于实现预期公司市场价值的最大化。而企业价值的最大化是与经济活动的风险、收益密切相关的。收益和风险是财务管理的两个核心概念。本章主要探讨了风险与收益的含义和衡量，以及资本资产定价模型的运用。公司为了实现自身价值的最大化，就需要权衡经济活动中的收益与风险状况，通过对风险、收益的计量、分析与比较，判断资产价值的合理性，从而决定自己的经济行为。

■■■ 相关术语

风险 资产收益 名义利率 标准离差 变异系数 系统性风险 非系统性风险 β系数 资本资产定价模型 必要收益率 实际收益率 期望收益率 投资组合 证券市场线 相关系数 投资组合收益率

■■■ 思政指引

理论背景：风险与收益是企业财务管理的两个核心概念，企业理财必须追求投资收益，以实现企业价值最大化的理财目标。然而，企业在追求收益的过程中也伴随着风险的存在，且高报酬往往伴随着高风险。对于现代企业理财而言，在追求收益的过程中想完全规避风险是不可能的，正确的行为是，对风险进行科学评估，在收益与风险之间进行权衡，既要防止为追求高收益而盲目冒险的行为，也要防止为规避风险而过度保守、失去收益机会的行为。基于风险无处不在的事实，企业更需要建立风险预警系统，科学管控风险。

　　思政启示：企业理财需要防范风险，个人生活、学习与工作也需要防范风险。一是要有风险意识，要学会识别与评估风险、权衡风险与收益。近年来在高校校园中频频发生的"校园贷"事件，其危害程度之大人人皆知，但是，依然有大学生陆续落入"校园贷"陷阱，原因就在于这些大学生缺乏风险意识，只看到了校园贷能够提供资金的"好处"，而忽视了其可能招致的"债台高筑"风险。二是要确立正确的风险观，开创新局面往往需要冒险，我们不能一味地为规避风险而畏首畏尾，缺乏开拓精神和担当的勇气。三是要提前做好风险防范预案，以防在风险发生时措手不及。

■ 复习思考题

1. 试述可分散风险与不可分散风险的含义及其形成原因。

2. 风险与收益的关系是怎样的？

3. 资本资产定价模型是否适用于我国的证券市场？

4. A公司打算收购一家 β 系数为1.2的新公司，已知A公司的 β 系数为1.6。市场期望收益率为12%，可参考的同期国债利率为7%。该公司是否应该进行合并？

第 *4* 章

筹资方式

◆学习目标◆

1. 掌握资金来源、筹资方式、资金需要量预测的销售百分比法；

2. 熟悉筹资分类、权益性筹资、长期负债筹资、短期负债筹资的
   方式及优缺点，以及短期筹资与长期筹资的组合策略及其对企
   业收益和风险的影响；

3. 了解发行股票的基本程序。

4.1　企业筹资的动机、原则与分类

4.1.1　企业筹资的动机

企业设立与正常开展生产经营，必须先筹集资金，筹资是企业资本运作的起点。企业筹资是指企业作为筹资主体，根据其设立、生产经营、对外投资及调整资本结构等需要，通过筹资渠道和金融市场，采取适当的方式，经济有效地获取所需资金的一种行为。

企业筹资最基本的目的，是为企业的经营活动提供资金保障。但是，具体的筹资行为则基于不同的筹资动机，归纳起来，企业筹资的动机主要有以下几种。

1. 新建筹资动机

新建筹资动机是指在企业新建时为满足正常生产经营活动所需的铺底资金而产生的筹资动机。

2. 扩张筹资动机

扩张筹资动机是指企业因扩大生产经营规模或增加对外投资的需要而产生的追加筹资动机。

3. 调整筹资动机

调整筹资动机是指企业因调整资本结构而产生的筹资动机。企业产生调整性筹资动机的具体原因有：优化资本结构，合理利用财务杠杆效应；偿还到期债务，债务结构内部调整。

4. 混合筹资动机

混合筹资动机是指企业既为扩大规模又为调整资本结构而产生的筹资动机，即这种混合性筹资动机兼容了扩张性和调整性两种筹资动机。

4.1.2　企业筹资的原则

企业筹资是一项重要而复杂的工作，为了有效地筹集企业所需资金，必须遵循以下基本原则。

4.1.2.1　筹资规模与战略阶段资金需求相一致

企业不同战略阶段的资金需求量不同，企业应结合企业不同发展阶段的科研、生产、经营状况，采用一定的方法，预测资金的需要数量，合理确定筹资规模。

4.1.2.2　资金及时筹措

企业在筹集资金时必须熟知资金时间价值的原理和计算方法，以便根据资金需求的具体情况，合理安排资金的筹集时间，适时获取所需资金。

4.1.2.3　筹资方式经济

在确定筹资数量、筹资时间、资金来源的基础上，企业在筹资时还必须认真研究各种筹资方式。企业筹集资金必然要付出一定的代价，不同筹资方式下的资金成本有高有低。为此，需要对各种筹资方式进行分析、对比，选择经济、可行的筹资方式以确定合理的资金结构，降低成本、减少风险。

4.1.2.4　资金来源合理

不同来源的资金，对企业的收益和成本有不同的影响，因此，企业应认真研究资金来源渠道和资金市场，合理选择资金来源。

4.1.3　资金来源与筹资方式

4.1.3.1　资金来源

资金来源（source of funds）是指企业进行生产经营活动所需一切资金的源头，是企业资金运动的起点。

资金来源主要有政府财政资金、银行信贷资金、其他金融机构资金、其他企业资金、居民个人资金和企业自留资金。

1. 政府财政资金

国有企业可以以财政拨款方式取得国家财政资金。

2. 银行信贷资金

我国银行分为商业性银行和政策性银行两种，商业性银行主要有中国银行、中国农业银行、中国工商银行、中国建设银行、交通银行、招商银行等；政策性银行主要有国家开发银行、中国进出口银行和中国农业发展银行。商业性银行主要为企业提供各种商业贷款，政策性银行主要为特定企业提供政策性贷款。

3. 其他金融机构资金

其他金融机构主要指信托投资公司、保险公司、金融租赁公司、证券公司、财务公司等。它们所提供的各种金融服务，既包括信贷资金投放，也包括物资的融通，还包括为企业承销证券等金融服务。

4. 其他企业资金

企业在生产经营过程中会形成部分暂时闲置的资金，并为一定的目的而进行相互投资。另外，企业间的购销业务可以通过商业信用方式来完成，形成企业间的债权债务关系，形成债务人对债权人的短期信用资金占用。

企业间相互投资和商业信用的存在，使其他企业资金也成为企业资金的重要来源。

5. 居民个人资金

企业职工和居民个人的节余货币，可用于对企业进行投资，形成民间资金来源渠道。

6. 企业自留资金

企业自留资金又称内部留存，是企业生产经营形成的净收益留存在企业的部分，包括提取公积金和未分配利润。

4.1.3.2 筹资方式

筹资方式（financing method）是企业筹集资金所采用的具体形式。

筹资方式主要有吸收直接投资、发行股票、利用留存收益、向银行借款、利用商业信用、发行公司债券和融资租赁等。

4.1.4 筹资的分类

（1）按筹集资金的来源分类，筹资可分为权益筹资与债务筹资。权益筹资是指企业通过吸收直接投资、发行股票、内部积累等方式筹集资金。债务筹资是指企业按约定代价和用途取得且需要按期还本付息的方式筹集资金。

（2）按筹集资金期限的长短进行分类，筹资可分为长期筹资与短期筹资。长期筹资是指筹集可供企业长期（一般为 1 年以上）使用的资金，主要用于企业新产品、新项目的开发与推广，生产规模的扩大，设备的更新与改造等。短期筹资是指期限在 1 年以下的筹款，是为满足企业临时性流动资金需要而进行的筹资活动。

（3）按是否通过金融中介机构进行分类，筹资可分为直接筹资与间接筹资。直接筹资是指拥有暂时闲置资金的单位与需要资金的单位直接进行协议或通过购买需要资金单位的有价证券向其提供资金。间接筹资是指拥有暂时闲置货币资金的单位通过存款的形式，或者购买银行、信托、保险等金融机构发行的有价证券，将其暂时闲置的资金先行提供给这些金融中介机构，然后再由这些金融中介机构以贷款、贴现等形式，或通过购买需要资金的单位发行的有价证券，把资金提供给这些单位使用，从而实现资金融通的过程。

（4）按资金是否由企业内部生产经营进行分类，筹资可分为内部筹资与外部筹资。内部筹资是指公司经营活动结果产生的资金，即公司内部融通的资金，它主要由留存收益和折旧构成。外部筹资是指来源于企业外部的经济主体的资金。

4.2 生产经营资金需要量的预测

企业项目投资所需资金的需要量主要取决于项目投资额的大小及企业现有的资金量，一般根据具体项目开展分析预测、做好资金筹集。而生产经营所需资金与企业的生产规模、生产计划密切相关，可以采用一定的方法预测资金需求量，作好资金筹集计划安排，在保证满足生产经营的资金需要的同时避免有过多的闲置资金。生产经营的资金需要量的预测可以采用定性预测法、销售百分比预测法等，也可以结合财务预算预测各期的资金需要量。

4.2.1 定性预测法

1. 集合意见法

集合意见法又称调查研究法，由熟悉财务情况和生产经营情况的专家，根据过去的经验进行分析判断，提出预测的初步意见，然后以召开座谈会等形式，征求各方意见进行修订，经过不断完善，得出最终的预测结果。该方法简便易行，但受主观因素影响大。

2. 德尔菲法

德尔菲法是 1960 年由美国兰德公司的海默等人发明的长期预测方法。运用德尔菲法的第一步是组成专家小组，然后以一系列问卷向专家小组的每位成员分别询问；依据专家们对前一个问卷的答复，拟定下一个问卷，直到获得一个比较一致的预测值为止。

定性预测法反映了各方面专家的经验，但无法揭示现金需要量与其他经济要素间的关系。

4.2.2 销售百分比预测法

销售百分比预测法，是指以资金与销售额的比率为基础，预测未来资金需要量的方法。

运用销售百分比预测法预测资金需要量时，是以下列假设为前提的：①企业的部分资产和负债与销售额同比例变化；②企业各项资产、负债与所有者权益结构已达到最优。

销售百分比预测法的计算公式为：

$$对外筹资需要量 = 资产增量 - 负债增量 - 留存收益增量$$

$$对外筹资需要量 = \frac{A}{S_1} \cdot \Delta S - \frac{B}{S_1} \cdot \Delta S - P \cdot E \cdot S_2$$

式中：A——随销售变化的资产（变动资产）；

$\quad\quad B$——随销售变化的负债（变动负债）；

$\quad\quad S_1$——基期销售额；

$\quad\quad S_2$——预测期销售额；

$\quad\quad \Delta S$——销售的变动额；

$\quad\quad P$——销售净利率；

$\quad\quad E$——留存收益比率；

$\quad\quad \dfrac{A}{S_1}$——变动资产占基期销售额的百分比；

$\quad\quad \dfrac{B}{S_1}$——变动负债占基期销售额的百分比。

应用销售百分比预测法预测资金需要量通常需经过以下步骤。

（1）预计销售额增长率。

（2）确定随销售额变动而变动的资产和负债项目：

$$资产增量 = 增量收入 \times 基期变动资产占基期销售额的百分比$$

$$负债增量 = 增量收入 \times 基期变动负债占基期销售额的百分比$$

（3）确定需要增加的资金数额：

$$需要增加的资金数额＝增加的资产－增加的负债$$

（4）确定对外筹资数额：

$$留存收益增量＝预计销售收入×销售净利率×留存收益率$$

$$外部筹资需要量＝资产增量－负债增量－留存收益增量$$

【例 4-1】某公司 2021 年 12 月 31 日的资产负债表及有关项目与销售额之间的变动关系如表 4-1 所示。

表 4-1　资产负债表（简表）

2021 年 12 月 31 日　单位：万元

资　产	期末余额	负债及所有者权益	期末余额
现金	10 000	应付费用	10 000
应收账款	15 000	应付账款	10 000
存货	30 000	短期借款	20 000
固定资产	45 000	公司债券	10 000
		实收资本	35 000
		留存收益	15 000
资产总计	100 000	负债及所有者权益总计	100 000

假定该公司 2021 年的销售收入为 100 000 万元，销售净利率为 10％，股利支付率为 60％，公司现有生产能力尚未饱和，增加销售无须追加固定资产投资。经预测，2022 年公司销售收入将提高到 120 000 万元，企业销售净利率和利润分配政策不变。

经过分析，该企业流动资产各项目随销售额的变动而变动，流动负债中应付费用和应付账款随销售额的变动而变动。

要求：（1）计算变动资产和变动负债占基期销售额的比率（见表 4-2）。

表 4-2　销售额比率表

资　产	占销售收入/％	负债与所有者权益	占销售收入/％
现金	10	应付费用	10
应收账款	15	应付账款	10
存货	30	短期借款	不变动
固定资产	不变动	公司债券	不变动
		实收资本	不变动
		留存收益	不变动
合计	55	合计	20

（2）确定需要增加的资金数额。

从上表中可以看出，销售收入每增加 100 元，必须增加 55 元的资金占用，但同时增加 20 元的资金来源。从 55％的资金需求中减去 20％自动产生的资金来源，还剩下 35％的资金需求。销售收入从 100 000 万元增加到 120 000 万元，增加了 20 000 万元，按照 35％的比率可预测将增加 7 000 万元的资金需求。

资金总需求＝20 000×（55％－20％）＝7 000（万元）

（3）根据有关财务指标的约束条件，确定对外筹资数额。

上述 7 000 万元的资金需求有些可通过企业内部来筹集。依题意：该公司 2022 年净利润为 12 000 万元（120 000×10％），公司股利支付率 60％，则将有 40％的利润即 4 800 万元被留存下来（即留存收益率为 40％），从 7 000 万元中减去 4800 万元的留存收益，则还有 2 200 万元的资金必须向外界来融通。

根据上述资料，可求得 2022 年该公司对外筹资数额为：

55％×20 000－20％×20 000－10％×40％×120 000＝2 200（万元）

4.3　权益性筹资

权益性资金是由投资者投入或经营成果的积累而形成的资金，主要包括吸收直接投资、发行股票和留存收益等。发行认股权证则是一种筹集权益性资金的金融创新。

4.3.1　吸收直接投资

吸收直接投资是指企业按照"共同投资、共同经营、共担风险、共享利润"的原则，吸收所有者的资金投资到企业形成权益资本，是非股份制企业筹措资本的一种形式。

4.3.1.1　资金来源

吸收直接投资的资金来源可以是国家直接投资、其他法人直接投资、个人直接投资、外商投资。

4.3.1.2　出资方式

企业在采用吸收直接投资方式筹集资金时，投资者可以用现金和非现金方式（厂房、机器设备、材料物资、无形资产等作价）出资。

1. 以现金出资

现金可以满足企业生产经营的各种需求，以现金出资是吸收投资中一种最主要的出资方式，有了现金，便可获取其他的物质资源。因此，企业应尽量动员投资者采用现金方式出资。吸收投资中所需投入现金的数额，取决于投入的实物、工业产权之外尚需多少资金来满足建厂的开支和日常周转需要。公司法规定有限责任公司全体股东的货币出资金额不得低于有限责任公司注册资本的 30％。

2. 以实物出资

以实物出资就是投资者以厂房、建筑物、设备等固定资产和原材料、商品等流动资产所进行的投资。一般来说，企业吸收的实物应符合如下条件：①确为企业科研、生产、经营所需；②技术性能比较好；③作价公平合理。

实物出资所涉及的实物作价方法应按国家的有关规定执行。

3. 以工业产权出资

以工业产权出资是指投资者以专有技术、商标权、专利权等无形资产进行的投资。一般来说，企业吸收的工业产权应符合以下条件：①能帮助研究和开发出新的高科技产品；②能帮助生产出适销对路的高科技产品；③能帮助改进产品质量、提高生产效率；④能大幅度降低各种消耗；⑤作价比较合理。

企业在吸收工业产权投资时应特别谨慎，认真进行技术时效性分析和财务可行性研究。因为以工业产权投资实际上是把有关技术资本化了，把技术的价值固定化了。而技术具有时效性，因其不断老化而导致价值不断减少甚至完全丧失，风险较大。

4. 以土地使用权出资

投资者也可以用土地使用权来进行投资。土地使用权是按有关法规和合同的规定使用土地的权利。企业吸收土地使用权投资时应符合以下条件：①是企业科研、生产、销售活动所需要的；②交通、地理条件比较适宜；③作价公平合理。

4.3.1.3 吸收直接投资的优缺点

1. 优点

(1) 有利于增强企业信誉。吸收直接投资所筹集的资金属于自有资金，能增强企业的信誉和借款能力，对扩大企业经营规模、壮大企业实力具有重要作用。

(2) 有利于尽快形成生产能力。吸收直接投资可以直接获取投资者的先进设备和先进技术，有利于尽快形成生产能力，尽快开拓市场。

(3) 有利于降低财务风险。吸收直接投资可以根据企业的经营状况向投资者支付报酬，若企业经营状况好，可向投资者多支付一些报酬；若企业经营状况不好，则可不向投资者支付报酬或少支付报酬，报酬支付较为灵活，所以，财务风险较小。

2. 缺点

(1) 资本成本较高。一般而言，采用吸收直接投资方式筹集资金所需负担的资本成本较高，特别是企业经营状况较好和盈利较多时，更是如此，因为向投资者支付的报酬是根据其出资的金额和企业实现利润的比率来计算的。

(2) 容易分散企业控制权。采用吸收直接投资方式筹集资金，投资者一般都要求获得与投资数量相适应的经营管理权，这是企业接受外来投资的代价之一。如果外部投资者的投资较多，则投资者会有相当大的管理权，甚至会对企业实行完全控制，这是吸收直接投资的不利因素。

4.3.2 发行股票

股票是一种有价证券，是股份有限公司在筹集资金时向出资人公开发行的、代表持有人（即股东）在公司的所有权，并根据所持有的股份数依法享有权益和承担义务的可转让的书面凭证。

4.3.2.1 股票的分类

1. 按股东权利和义务的不同分类

按股东权利和义务的不同，可将股票分为普通股票和优先股票。

普通股票简称普通股（common stock），是股份公司依法发行的具有平等的权利、义务、股利不固定的股票。其收益随着企业利润变动而变动，是股份公司资本的最基本部分。

优先股票简称优先股（preferred stock），是股份公司发行的、相对于普通股具有一定优先权的股票。这种优先权主要体现在股利分配和分取剩余财产权利上。从法律上讲，企业对优先股不承担法定的还本义务，是企业自有资金的一部分。

2. 按股票票面是否记名分类

按股票票面是否记名，可将股票分为记名股票和无记名股票。

记名股票，是指在股票上载有股东姓名或名称并将其计入公司股东名册的股票。记名股票要同时附有股权手册，只有同时具备股票和股权手册，才能领取股息和红利。记名股票的转让、继承都要办理过户手续。

无记名股票，是指在股票上不记载股东姓名或名称，也不将股东姓名或名称记入公司股东名册的股票。

3. 按发行对象和上市地区分类

按发行对象和上市地区，可将股票分为 A 股、B 股、H 股、N 股等。

在我国内地上市交易的股票主要有 A 股、B 股。A 股是以人民币标明票面金额并以人民币认购和交易的股票。B 股是以人民币标明票面金额，以外币认购和交易的股票。另外，还有 H 股和 N 股，H 股是在香港上市的股票，N 股是在纽约上市的股票。

4.3.2.2 普通股股东的权利

普通股股票的持有人称为普通股股东，普通股股东一般具有以下权利。

1. 发言权和表决权

普通股股东有权就公司重大问题进行发言和投票表决。任何普通股股东都有资格参加每年一次的股东大会。普通股股东的管理权是通过选出的董事会代表所有股东对企业进行控制和管理，主要包括投票权、查账权、阻止越权经营的权利。

2. 有权获得股利

持有普通股的股东有权分享盈余权，即普通股股东经董事会决定后有从净利润中分取股息和红利的权利，但必须是在支付了债息和优先股股息之后。

3. 优先认股权

优先认股权是指当公司增发新普通股时，普通股股东拥有优先于其他投资者购买公司增发新股票的权利。

4. 剩余财产要求权

剩余财产要求权，即当公司解散、清算时，普通股股东对剩余财产有要求权。但是，公司破产清算时，财产的变价收入，首先要用来清偿债务，然后支付优先股股东，最后才能分配给普通股股东。

4.3.2.3 股票发行

我国股份公司发行股票必须符合《证券法》和《上市公司证券发行管理办法》规定的发行条件。股票的发行方式有公募发行和私募发行之分,公募发行又分为自销方式和承销方式,承销方式具体分为包销和代销。

1. 股票发行的规定与条件

按照我国《公司法》和《证券法》的有关规定,股份有限公司发行股票,应符合以下规定与条件。

(1) 每股金额相等。同次发行的股票,每股的发行条件和价格应当相同。

(2) 股票发行价格可以按票面金额,也可以超过票面金额,但不得低于票面金额。

(3) 股票应当载明公司名称、公司登记日期、股票种类、票面金额及代表的股份数、股票编号等主要事项。

(4) 向发起人、国家授权投资的机构、法人发行的股票,应当为记名股票;对社会公众发行的股票,可以为记名股票,也可以为无记名股票。

(5) 公司发行记名股票的,公司应当置备股东名册,记载股东的姓名或者名称、住所、各股东所持股份、各股东所持股票编号、各股东取得其股份的日期;发行无记名股票的,公司应当记载其股票数量、编号及发行日期。

(6) 公司发行新股,必须具备下列条件:具备健全且运行良好的组织机构;具有持续盈利能力,财务状态良好;最近三年财务会计文件无虚假记载,无其他重大违法行为;证券监督管理机构规定的其他条件。

(7) 公司发行新股,应由股东大会作出有关下列事项的决议:新股种类及数额;新股发行价格;新股发行的起止日期;向原有股东发行新股的种类及数额。

2. 股票发行的程序

股份有限公司在设立时发行股票与增资发行新股,程序上有所不同。

设立时发行股票的程序如下。

(1) 提出募集股份申请。

(2) 公告招股说明书,制作认股书,签订承销协议和代收股款协议。

(3) 招认股份,缴纳股款。

(4) 召开创立大会,选举董事会、监事会。

(5) 办理设立登记,交割股票。

增资发行新股的程序如下。

(1) 股东大会作出发行新股的决议。

(2) 由董事会向国务院授权的部门或省级人民政府申请并经批准。

(3) 公告新股招股说明书和财务会计报表及附属明细表,与证券经营机构签订承销合同,定向募集时向新股认购人发出认购公告或通知。

(4) 招认股份,缴纳股款。

(5) 改组董事会、监事会,办理变更登记并向社会公告。

3. 股票发行方式、销售方式和发行价格

公司发行股票筹资，应当选择适宜的股票发行方式和销售方式，并恰当地制定发行价格，以便及时募足资本。

（1）股票发行方式。股票发行方式，指的是公司通过何种途径发行股票，可分为如下两类。

① 公开间接发行。公开间接发行指通过中介机构，公开向社会公众发行股票。我国股份有限公司采用募集设立方式向社会公开发行新股时，须由证券经营机构承销的做法，就属于股票的公开间接发行。这种发行方式的发行范围广、发行对象多，易于足额募集资本；股票的变现性强，流通性好；股票的公开发行还有助于提高发行公司的知名度和扩大其影响力。但这种发行方式也有不足，主要是手续繁杂，发行成本高。

② 不公开直接发行。不公开直接发行指不公开对外发行股票，只向少数特定的对象直接发行，因而不需中介机构承销。我国股份有限公司采用发起设立方式和以不向社会公开募集的方式发行新股的做法，即属于股票的不公开直接发行。这种发行方式弹性较大，发行成本低；但发行范围小，股票变现性差。

（2）股票销售方式有两类。

① 自销方式。股票发行的自销方式，指发行公司自己直接将股票销售给认购者。这种销售方式可由发行公司直接控制发行过程，实现发行意图，并可以节省发行费用；但往往筹资时间长，发行公司要承担全部发行风险，它需要发行公司有较高的知名度、信誉和实力。

② 承销方式。股票发行的承销方式，指发行公司将股票销售业务委托给证券经营机构代理。这种销售方式是发行股票所普遍采用的。我国《公司法》规定股份有限公司向社会公开发行股票，必须与依法设立的证券经营机构签订承销协议，由证券经营机构承销。股票承销又分为包销和代销两种具体办法。所谓包销，是根据承销协议商定的价格，证券经营机构一次性全部购进发行公司公开募集的全部股份，然后以较高的价格出售给社会上的认购者。对发行公司来说，包销的办法可及时筹足资本，免于承担发行风险（股款未募足的风险由承销商承担）；但股票以较低的价格售给承销商会损失部分溢价。所谓代销，是证券经营机构代替发行公司代售股票，并由此获取一定的佣金，但不承担股款未募足的风险。

（3）股票发行价格。股票的发行价格是股票发行时所使用的价格，也就是投资者认购股票时所支付的价格。股票发行价格通常由发行公司根据股票面额、股市行情和其他有关因素决定。以募集设立方式设立公司首次发行的股票价格，由发起人决定；公司增资发行新股的股票价格，由股东大会作出决议。

股票的发行价格可以和股票的面额一致，但多数情况下不一致。股票的发行价格一般有以下三种。

① 等价。等价就是以股票的票面额为发行价格，也称为平价发行。这种发行价格，一般在股票的初次发行或在股东内部分摊增资的情况下采用。等价发行股票容易推销，但不能取得股票溢价收入。

② 时价。时价就是以本公司股票在流通市场上买卖的实际价格为基准确定的股票发行价格。其原因是股票在第二次发行时已经增值，收益率已经变化。选用时价发行股票，考虑了股票的现行市场价值，对投资者也有较大的吸引力。

③ 中间价。中间价就是以时价和等价的中间值确定的股票发行价格。

按时价或中间价发行股票，股票发行价格会高于或低于其面额。前者称溢价发行，后者称折价发行。如属溢价发行，发行公司所获得的溢价款列入资本公积金。

我国《公司法》规定，股票发行价格可以等于票面金额（等价），也可以超过票面金额（溢价），但不得低于票面金额（折价）。

4.3.2.4 股票上市

股票上市，指股份有限公司公开发行的股票经批准在证券交易所挂牌交易。

1. 股票上市的条件

公司公开发行的股票进入证券交易所挂牌买卖（即股票上市），须受严格的条件限制。我国《证券法》规定，股份有限公司申请其股票上市，必须符合下列条件：

（1）股票经国务院证券监督管理机构核准已公开发行；

（2）公司股本总额不少于人民币3 000万元；

（3）公司发行的股份达到公司股份总数的25％以上；公司股本总额超过人民币4亿元的，公开发行的比例为10％以上；

（4）公司最近三年无重大违法行为，财务会计报告无虚假记载。

此外，公司股票上市还应符合证券交易所规定的其他条件。

2018年6月6日起，创业板上市条件为：

（1）发行人是依法设立且持续经营三年以上的股份有限公司；

（2）最近两年连续盈利，最近两年净利润累计不少于1 000万元，且持续增长；或者最近一年盈利，且净利润不少于500万元，最近一年营业收入不少于5 000万元，最近两年营业收入增长率均不低于30％；

（3）最近一期期末净资产不少于2 000万元，且不存在未弥补亏损；

（4）发行后股本总额不少于3 000万元。

2019年4月30日修订的《上海证券交易所科创板股票上市规则》中规定，科创板上市条件为：

（1）符合中国证监会规定的发行条件；

（2）发行后股本总额不低于人民币3 000万元；

（3）公开发行的股份达到公司股份总数的25％以上；公司股本总额超过人民币4亿元的，公开发行股份的比例为10％以上；

（4）市值及财务指标符合规定的标准。

市值及财务指标应当至少符合下列标准中的一项：

① 预计市值不低于人民币10亿元，最近两年净利润均为正且累计净利润不低于人民币5 000万元，或者预计市值不低于人民币10亿元，最近一年净利润为正且营业收入不低于人民币1亿元；

② 预计市值不低于人民币15亿元，最近一年营业收入不低于人民币2亿元，且最近三年累计研发投入占最近三年累计营业收入的比例不低于15％；

③ 预计市值不低于人民币20亿元，最近一年营业收入不低于人民币3亿元，且最近三年经营活动产生的现金流量净额累计不低于人民币1亿元；

④ 预计市值不低于人民币30亿元，且最近一年营业收入不低于人民币3亿元；

⑤ 预计市值不低于人民币 40 亿元，主要业务或产品需经国家有关部门批准，市场空间大，目前已取得阶段性成果。

2. 股票上市对企业的有利影响

（1）有助于改善财务状况。公司公开发行股票可以筹得自有资金，能迅速改善公司财务状况，并有条件得到利率更低的贷款。同时，公司一旦上市，就可以有更多的机会从证券市场上筹集资金。

（2）利用股票进行收购。一些公司常用出让股票而不是付现金的方式对其他企业进行收购。被收购企业也乐意接受上市公司的股票。因为上市公司的股票具有良好的流通性，持股人可以很容易地将股票出售而得到资金。

（3）利用股票市场客观评价企业。对于股票已上市的公司来说，每日每时的股市行情，都是对企业客观的市场估价。

（4）利用股票可激励职员。股票上市公司利用股票作为激励公司关键人员的有效手段。公开的股票市场提供了股票的准确价值，也可使职员的股票得以兑现。

（5）提高公司知名度，吸引更多顾客。股票上市公司为社会所知，并被认为经营业绩优良，这会给公司带来良好的声誉，从而吸引更多的顾客，扩大公司的产品销售。

3. 股票上市对企业的不利影响

（1）使公司失去隐私权。一家公司转为上市公司，其最大的变化是公司隐私权的消失。国家证券管理机构要求上市公司将关键的经营情况向社会公众公开。

（2）限制经理人员操作的自由度。公司上市后，其所有重要决策都需要经董事会讨论通过，有些对企业至关重要的决策则须经全体股东投票决定。股东们通常以公司盈利、分红、股价等来判断经理人员的业绩，这些压力往往使得企业经理人员只注重短期效益而忽略长期效益。

（3）公开上市需要很高的费用。这些费用包括资产评估费用、股票承销佣金、律师费、注册会计师费、材料印刷费、登记费等。这些费用的具体数额取决于每个企业的具体情况、整个上市过程的难易程度和上市融资的数额等因素。公司上市后还需花费一些费用为证券交易所、股东等提供资料，聘请注册会计师、律师等。

4.3.2.5　普通股筹资的优缺点

1. 优点

（1）没有固定利息负担。公司有盈余，并认为适合分配股利时，就可以分配股利；公司盈余较少，或虽有盈余但资金短缺或有更有利的投资机会时，就可以少支付或不支付股利。

（2）没有固定到期日，不用偿还。利用普通股筹集的是永久性的资金，只有公司清算时才需偿还。它对保证企业最低的资金需求有重要意义。

（3）筹资风险小。由于普通股没有固定到期日，不用支付固定的股利，此种筹资实际上不存在不能偿付的风险，因此，风险最小。

（4）能增加公司的信誉。普通股股本与留存收益构成公司偿还债务的基本保障，因而，普通股筹资既可以提高公司的信用价值，同时也可以为使用更多的债务资金提供强有力的支持。

（5）筹资限制较少。利用优先股或债务筹资，通常有许多限制，这些限制往往会影响公司的灵活性，而利用普通股筹资则没有这种限制。

2. 缺点

（1）资本成本较高。一般来说，普通股筹资的成本要大于债务资金。这主要是因为股利要从净利润中支付，而债务资金的利息可在税前扣除。另外，普通股的发行费用也比较高。

（2）容易分散控制权。利用普通股筹资，出售了新的股票，引进了新的股东，容易导致公司控制权的分散。

4.3.3　留存收益筹资

4.3.3.1　留存收益筹资的渠道

留存收益筹资的渠道有盈余公积和未分配利润。

1. 盈余公积

盈余公积，是指有指定用途的留存净利润，它是公司按照《公司法》规定从净利润中提取的积累资金，包括法定盈余公积金和任意盈余公积金。

2. 未分配利润

未分配利润，是指未限定用途的留存净利润。这里有两层含义：一是这部分净利润没有分给公司的股东；二是这部分净利润未指定用途。

4.3.3.2　留存收益筹资的优缺点

1. 优点

（1）资本成本较普通股低。用留存收益筹资，不用考虑筹资费用，资本成本较普通股低。

（2）保持普通股股东的控制权。用留存收益筹资，不用对外发行股票，由此增加的权益资本不会改变企业的股权结构，不会稀释原有股东的控制权。

（3）增强公司的信誉。留存收益筹资能够使企业保持较大的可支配现金流，既可解决企业经营发展的资金需要，又能提高企业举债的能力。

2. 缺点

（1）筹资数额有限制。留存收益筹资最大可能的数额是企业当期的税后利润加上年末分配利润之和。如果企业经营亏损，则不存在这一渠道的资金来源。此外，留存收益的比例常常受到某些股东的限制。他们可能从消费需求、风险偏好等因素出发，要求股利支付比率维持在一定水平上。留存收益过多，股利支付过少，可能会影响今后的外部筹资。

（2）资金使用受制约。留存收益中某些项目的使用，如法定盈余公积金等，要受国家有关规定的制约。

4.3.4　发行认股权证

4.3.4.1　发行认股权证

认股权证（warrant）是国际证券市场的一种初级股票衍生产品，它是由股份有限公司发行的、能够按照特定的价格，在特定的时间内购买一定数量的该公司普通股股票的选择权凭证。认股权证的应用范围包括股票配股、增发、基金扩募、股份减持等，认股权证分为股本认购证和备兑权证。股本认购证属于狭义的认股权证，是由上市公司发行的。而备兑权证属于广义的认股权证，是上市公司以外的第三方发行的。用认股权证购买发行公司的股票，其价格一般低于市场价格，因此股份公司发行认股权证可增加其所发行股票对投资者的吸引力。发行依附于公司债券、优先股或短期票据的认股权证，可起到明显的促销作用。

4.3.4.2　认股权证的基本要素

认股权证的基本要素如下。

（1）发行人。股本认股权证的发行人为上市公司，而衍生认股权证的发行人为上市公司以外的第三方，如大股东或券商。

（2）看涨和看跌权证。

（3）到期日。

（4）执行方式。在美式方式下，持有人在到期日以前的任何时间都可以行使认股权利。在欧式方式下，只有到期日当天可以行使认股权利。

（5）交割方式。实物交割或现金交割。

（6）认股价。持有人在行权时以什么价格向发行人购买股票。

（7）权证价格。由内在价值与时间价值构成。内在价值是指股票市场价值高于认股价格。权证没有到期，市场价值仍有机会高于认股价格，称为时间价值。

（8）认购比率。每张权证可以认购股票的股数。

（9）杠杆比率。杠杆比率＝证股市价/（权证价格/认购比率）

4.3.4.3　认股权证筹资的优缺点

1. 优点

（1）为公司筹集额外的资金。认股权证不论是单独发行还是附带发行，大多会为发行公司筹得一笔额外资金。

（2）促进其他筹资方式的运用。单独发行的认股权证有利于将来发售股票，附带发行的认股权证可以促进其所依附证券的发行效率。而且由于认股权证具有价值，附有认股权证的债券票面利率和优先股股利率通常较低。

2. 缺点

（1）稀释普通股收益。当认股权证行使时，提供给投资者的股票是新发行的股票，而非二级市场的股票。这样，当认股权证行使时，普通股股份增加，每股收益下降。

（2）容易分散企业的控制权。由于认股权证通常随债券发售，以吸引投资者，当认股权证行使时，企业的股权结构会发生改变，稀释了原有股东的控制权。

相关链接：宝钢认股权证价格保卫战

在宝钢（600019）实施股改之初，控股股东上海宝钢集团公司（以下简称"宝钢集团"）

明确承诺如果符合股价跌破 4.53 元等条件集团公司将进行增持，增持资金为 20 亿元。宝钢股权分置改革方案于 2005 年 8 月 18 日正式实施，该公司控股股东宝钢集团承诺，为积极稳妥推进宝钢股权分置改革，维护投资者利益，避免宝钢股票股价非理性波动，在宝钢股份公司股东大会通过股权分置改革方案后的两个月内，如公司 A 股股票价格低于每股 4.53 元，宝钢集团将投入累计不超过人民币 20 亿元的资金通过上海证券交易所集合竞价的交易方式来增持宝钢股份社会公众股。

8 月 25 日，G 宝钢股价盘中跌破 4.53 元，宝钢集团于是根据《宝钢集团关于同意并履行公司股权分置改革方案的承诺函》，从该日起在二级市场增持了 G 宝钢股票。该日及次日大量买单赶来护盘并守住 4.53 元。然而，8 月 29 日开始，G 宝钢股价在 4.53 元下方震荡，其中只有 9 月 1 日成功收盘于 4.53 元。截至 2005 年 9 月 21 日，20 亿元增持资金已全部用尽。至此，宝钢集团已根据上述承诺完成本次增持股份计划。宝钢集团将根据承诺，在 2006 年 4 月 15 日之前，不出售本次所增持的股份。宝钢集团的 20 亿元最终仍未能成功"收复" 4.53 元的增持价格线。

此前，同样根据承诺实施增持的 G 广控大股东拿着 10 亿元守在增持价格线前，但是由于抛盘巨大，仅仅几天的时间，G 广控大股东的 10 亿元就被用尽，而且 G 广控的股价也提前宣告"失守"。有了前人的经验教训，宝钢集团选择了将 G 广控的"阵地防御"调整为在 4.53 元以下一定区间内不断增持的"运动防御"，从而避免增持行动成为一些大资金的狙击对象。事实上，这个现象也同样发生在 G 韶钢等其他股改试点公司身上。

但是，从 G 广控、G 宝钢及 G 韶钢等公司增持的效果来看，单一依靠大股东的资金增持是很难阻挡市场大资金的冲击和博弈的。而且，G 宝钢大股东曲线分散增持的做法曾经引起市场质疑，宝钢集团随即对此作出解释称：宝钢有理由选择适当的时机进行有序有步骤的增持；宝钢集团增持公众股，其增持的价格一定低于 4.53 元，落实到具体增持过程中，价格需要根据市场情况随时调整。2005 年 8 月 30 日，G 宝钢"4.53 元防线"无声无息地没了踪影，终盘报收于当天的最低价 4.46 元，下跌 1.55%，随着大盘的回落，"守护者"似乎也撤退了，股价连下台阶，盘中未有有效的反弹。

4.4 长期负债筹资

4.4.1 长期借款

4.4.1.1 长期借款的种类

1. 按用途分类

按用途分类，长期借款可分为基本建设贷款、技术改造贷款、科技开发项目贷款和其他项目贷款。

（1）基本建设贷款，是指商业银行发放的用于基础设施建设项目建设的中长期贷款，基础设施建设项目一般主要包括经国家有权部门批准的基础设施建设、市政工程、服务设施建设等。

（2）技术改造贷款，是指商业银行发放的用于对现有客户以扩大生产规模或通过改造或引进技术提高现有工艺水平、生产技术水平而发放的贷款，贷款一般是中长期贷款。

（3）科技开发项目贷款，是指商业银行发放的主要用于支持企业进行新技术、新产品的研制开发、技术创新和科技成果向生产领域转化或应用的项目贷款，贷款一般是中期贷款。

（4）其他项目贷款，是指商业银行发放的主要用于企业购置其他固定资产的贷款，贷款一般是中长期贷款。

2. 按有无担保分类

按有无担保分类，长期借款可分为信用贷款和抵押贷款。

4.4.1.2　长期借款的程序

1. 企业提出申请

企业申请借款必须符合贷款原则和条件，并提供以下资料：①书面借款申请；②项目可行性研究报告或项目建议书；③能够证明企业生产经营、管理情况的基础性资料；④经有关部门审计的财务报告及生产经营情况资料；⑤其他。

2. 金融机构进行审批

银行接到企业的申请后，要对企业的申请进行审查，以决定是否为企业提供贷款。这一般包括以下几个方面。①对借款人的信用等级进行评估。②进行相关调查。贷款人受理借款人的申请后，应当对借款人的信用及借款的合法性、安全性和盈利性等情况进行调查，核实抵押物、保证人情况，测定贷款的风险。③贷款审批。

3. 签订借款合同

借款合同，是规定借贷各方权利和义务的契约，其内容分基本条款和限制条款，限制条款又有一般性限制条款、例行性限制条款和特殊性限制条款之分。基本条款是借款合同必须具备的条款。限制条款是为了降低贷款机构的贷款风险而对借款企业提出的限制性要求。

借款合同的基本条款包括借款种类、借款用途、借款金额、借款利率、借款期限、还款资金来源及还款方式、保证条款、违约责任等。

借款合同的一般性限制条款通常包括对企业流动资金保持量的规定、对企业支付现金股利的限制、对企业资本性支出规模的限制、对企业借入其他长期债务的限制等。

借款合同的例行性限制条款包括企业定期向贷款机构报送财务报表、企业不准在正常情况下出售大量资产、企业要及时偿付到期债务、禁止企业贴现应收票据或转让应收账款、禁止以资产做其他承诺的担保或抵押等。

借款合同的特殊性限制条款一般包括贷款专款专用、要求企业主要领导购买人身保险、要求企业主要领导在合同有效期内担任领导职务等。

4. 企业取得借款

双方签订借款合同后，贷款银行按合同的规定按期发放贷款，企业便可取得相应的资金。贷款人不按合同约定按期发放贷款的，应偿付违约金。借款人不按合同的约定用款的，也应偿付违约金。

5. 企业偿还贷款

企业应按借款合同的规定按时足额归还本息。如果企业不能按期归还借款，应在借款到期之前，向银行申请贷款展期，但是否展期，由贷款银行根据具体情况决定。

4.4.1.3 项目贷款评价

商业银行项目贷款评价是商业银行在企业项目可行性研究报告或项目建议书的基础上，从银行角度对项目贷款的安全性、效益性、流动性进行可行性评价，主要包括以下内容。

（1）法人客户评估，主要包括对法人客户概况、经营管理水平、经济技术实力、整体偿债能力、资产运用效率、获利能力、获取现金能力、历史信用状况、行业及客户发展前景等内容进行综合评价。

（2）项目建设条件评估，主要包括项目建设必要性评估、项目实施进程情况评估、工艺技术条件评估、项目建设和生产条件评估、经济规模评估、环境保护评估等内容。

（3）市场评估，主要包括市场环境评估、市场竞争能力分析、市场前景评估等内容。

（4）投资估算与筹资评价，主要包括投资估算评估、资金筹措评估、投资计划评估等内容。

（5）偿债能力评估，主要包括偿债能力预测原则及考虑的因素、偿债能力预测数据的收集与计算、项目财务效益评估、企业整体损益及资产负债、偿债能力评估等。

（6）贷款风险与效应评价，主要包括贷款风险评估、风险因素评估、贷款效应评估等。

4.4.1.4 长期借款筹资的优缺点

1. 优点

（1）筹资速度快。发行各种证券筹集长期资金所需时间一般较长。证券发行的准备工作，以及证券的发行都需要一定时间。向银行借款与发行证券相比，一般所需时间较短，可以迅速地获取资金。

（2）借款弹性较大。企业与银行可以直接接触，可通过直接商谈，来确定借款的时间、数量和利息。在借款期间，如果企业情况发生了变化，也可与银行进行协商，修改借款的数量和条件。借款到期后，如有正当理由，还可延期归还。

（3）借款成本较低。就目前我国情况来看，利用银行借款所支付的利息比发行债券所支付的利息低，也无须支付大量的发行费用。

（4）可以发挥财务杠杆的作用。不论公司赚钱多少，银行只按借款合同收取利息，在投资报酬率大于借款利率的情况下，企业所有者将会因财务杠杆的作用而得到更多的收益。

2. 缺点

（1）筹资风险较高。企业举债长期借款，必须定期还本付息，在经营不利的情况下，可能会产生不能偿付的风险，甚至会导致破产。

（2）限制性条款比较多。企业与银行签订的借款合同中，一般都有一些限制条款，如定期报送有关报表、不改变借款用途等，这些条款可能会限制企业的经营活动。

（3）筹资数量有限。银行一般不愿借出巨额的长期借款。因此，利用银行借款筹资都有一定的上限。

4.4.2　发行债券

4.4.2.1　债券的种类

1. 按债券是否记名分类

按债券是否记名，可将债券分为记名债券和无记名债券。

（1）记名债券（registered bond），是指在债券票面上注明债权人姓名或名称，同时在发行公司的债权人名册上进行登记的债券。

（2）无记名债券（unregistered bond），是指债券票面未注明债权人姓名或名称，也不用在债权人名册上登记债权人姓名或名称的债券。

2. 按债券能否转换为公司股票分类

按债券能否转换为公司股票，可将债券分为可转换债券和不可转换债券。

（1）可转换债券（convertible bond），是指在一定时期内，可以按规定的价格或一定比例，由持有人自由地选择转换为普通股的债券。

（2）不可转换债券（non convertible bond），是指不可以转换为普通股的债券。

3. 按有无特定的财产担保分类

按有无特定的财产担保，可将债券分为信用债券和抵押债券。

（1）信用债券，是指仅凭债券发行者的信用发行的、没有抵押品作抵押或担保人作担保的债券。

（2）抵押债券，是指以一定抵押品作抵押而发行的债券。抵押债券按抵押物品的不同，可分为不动产抵押债券、设备抵押债券和证券信托债券。

4.4.2.2　债券的发行

1. 债券的发行条件

我国发行公司债券，必须符合《公司法》《证券法》规定的有关条件。

2. 债券发行的基本程序

债券发行的基本程序如下：①作出发行债券的决议；②提出发行债券的申请；③公告债券募集办法；④委托证券机构发售；⑤交付债券，收缴债券款，登记债券存根簿。

4.4.2.3　债券的还本付息

1. 债券的偿还

债券偿还按其实际发生时间与规定的到期日之间的关系，分为到期偿还、提前偿还与滞后偿还三类。

（1）到期偿还，是指债券到期时履行债券所载明的义务，又包括分批偿还和一次偿还两种。

（2）提前偿还，又称提前赎回或收回，是指在债券尚未到期之前就予以偿还。只有在企业发行债券的契约中明确规定了有关允许提前偿还的条款，企业才可以进行此项操作。提前偿还所支付的价格通常要高于债券的面值，并随到期日的临近逐渐下降。具有提前偿还条款的债券可使企业融资有较大的弹性。当企业资金有结余时，可提前赎回债券；当预测利率下降时，也可提前赎回债券，而后以较低的利率来发行新债券。

赎回有三种形式：强制性赎回、选择性赎回和通知赎回。

① 强制性赎回，是指要保证公司拥有一定的现款来减少其固定负债，从而减少利息支付时，能够提前还债。强制性赎回有偿债基金和赎债基金两种形式。

● 偿债基金主要是为分期偿还未到期债券而设。一方面，它要求发行人在债券到期前陆陆续续偿还债务，因而缩短了债务的有效期限，同时分散了还本付息的压力，这样，在某种程度上减少了违约的风险。但另一方面，在市场看好时（如市场价格高于面值），强制性赎回使投资人遭受损失，举债公司要给予补偿，通常的办法是提高赎回价格。

● 赎债基金同样是举债人为提前偿还债券设立的基金，与偿债基金不同的是，赎债基金是债券持有人强制举债公司收回债券。赎债基金只能从二级市场购回自己的债券，其主要任务是支持自己的债券在二级市场上的价格。

② 选择性赎回，是指举债公司有选择债券到期前赎回全部或部分债券的权利。选择性赎回的利率略高于其他同类债券。

③ 通知赎回，是指举债公司在到期日前准备赎回债券时，要提前一段时间向债券持有人发出赎债通知，告知赎回债券的日期和条件。债券持有人有权将债券在通知赎回日期之前赎回举债公司，债券持有人的这种权利称为提前赎回优先权。

通知赎回中，债券持有人还有一种提前赎回选择权，指债券持有人有权选择在债券到期前某一个或某几个指定日期，按指定价格把债券赎回举债公司，这和选择性赎回的选择主体正好相反。

（3）滞后偿还。债券在到期日之后偿还叫作滞后偿还。这种偿还条款一般在发行时便订立，主要是给予持有人以延长持有债券的选择权。滞后偿还有转期和转换两种形式。

① 转期，指将较早到期的债券换成到期日较晚的债券，实际上是将债务的期限延长。常用的办法有两种：直接以新债券兑换旧债券；用发行新债券得到的资金来赎回旧债券。

② 转换，通常指股份有限公司发行的债券可以按一定的条件转换成本公司的股票。

2. 债券的付息

债券的付息主要表现在利率的确定、付息频率和付息方式三个方面，如表4-3所示。

表 4-3 债券的付息

内　容	说　明
利率的确定	固定利率与浮动利率
付息频率	有五种：按年、半年、季、月、一次性
付息方式	现金、支票与汇款；息票债券（指债券上附有息票，息票上标有利息额、支付利息的期限和债券号码等内容，投资者可从债券上剪下息票，并凭息票领取利息）

4.4.2.4　债券筹资的优缺点

1. 优点

（1）资本成本较低。利用债券筹资的成本要比股票筹资的成本低。这主要是因为债券的发行费用较低，债券利息在税前支付，部分利息由政府负担了。

（2）保证控制权。债券持有人无权干涉企业的管理事务，如果现有股东担心控制权旁落，则可采用债券筹资。

（3）可以发挥财务杠杆作用。债券利息负担固定，在企业投资效益良好的情况下，更多的收益可用于分配给股东，增加其财富，或留归企业以扩大经营。

2. 缺点

（1）筹资风险高。债券有固定的到期日，并定期支付利息。利用债券筹资，要承担还本、付息的风险。在企业经营不景气时，向债券持有人还本付息，会给企业带来更大的困难，甚至导致企业破产。

（2）限制条件多。发行债券的契约书中往往有一些限制条款。这种限制比短期债务严格得多，可能会影响企业的正常发展和以后的筹资能力。

（3）筹资额有限。利用债券筹资有一定的限度，当公司的负债比率超过一定程度后，债券筹资的成本会迅速上升，有时甚至会发行不出去。

4.4.3　发行可转换债券

4.4.3.1　可转换债券的性质

可转换债券的持有人在一定时期内，可以按规定的价格或一定比例，自由地选择将其转换为普通股。发行可转换债券筹得的资金具有债权性资金和权益性资金的双重性质。

4.4.3.2　可转换债券筹资的优缺点

1. 优点

（1）可节约利息支出。由于可转换债券赋予持有者一种特殊的选择权，即按事先约定在一定时间内将其转换为公司股票的选择权，因此，其利率低于普通债权，减少了利息支出。

（2）有利于稳定股票市价。可转换债券的转换价格通常高于公司当前股价，转换期限较长，有利于稳定股票市价。

（3）增强筹资灵活性。可转换债券在转换为公司股票前是发行公司的一种债务资本，可以通过提高转换价格、降低转换比例等方法促使持有者将持有的债券转换为公司股票，即转换为权益资本。在可转换债券转换为股票的过程中，不会受其他债权人的反对。

2. 缺点

（1）增强了对管理层的压力。发行可转换债券后，若股价低迷或发行公司业绩欠佳，股价没有按照预期的水平上升时，持有者不愿将可转换债券转换为股票，发行公司也将面临兑付债权本金的压力。

（2）存在回购风险。发行可转换债券后，公司股票价格在一定时期内连续低于转换价格达到一定幅度时，债券持有人可以按事先约定的价格将债券出售给发行公司，从而增加了公司的财务风险。

（3）股价大幅度上扬时，存在减少筹资数量的风险。如果转换时，股票价格大幅上扬，公司只能以固定的转换价格将可转换债权转为股票，从而减少了筹资数量。

4.4.4　融资租赁

4.4.4.1　融资租赁的形式

融资租赁（financial leasing）可分为售后租回、直接租赁、杠杆租赁。

（1）售后租回，即根据协议，企业先将某资产卖给出租人，再将其租回使用。

（2）直接租赁，即承租人直接向出租人租入所需要的资产，并付出租金。

（3）杠杆租赁。杠杆租赁涉及承租人、出租人和资金出借者三方当事人。从承租人的角度来看，这种租赁与其他租赁形式并无区别，同样是按合同的规定，在基本租赁期内定期支付定额租金，取得资产的使用权。但对出租人却不同，出租人只出购买资产所需的部分资金作为自己的投资；另外以该资产作为担保向资金出借者借入其余资金。因此，他既是出租人又是贷款人，同时拥有对资产的所有权，既要收取租金又要偿付债务，如果出租人不能按期偿还借款，资产的所有权就要转归资金的出借者。

4.4.4.2　融资租赁的程序

融资租赁的程序是：①选择租赁公司；②办理租赁委托；③签订购货协议；④签订租赁合同；⑤办理验货与投保；⑥支付租金；⑦处理租赁期满的设备。

4.4.4.3　融资租赁与经营租赁的区别

融资租赁与经营租赁的比较如表 4-4 所示。

表 4-4　融资租赁与经营租赁的比较

项　　目	融资租赁	经营租赁
租赁程序	由承租人向出租人提出正式申请，由出租人融通资金引进承租人所需设备，然后再租给承租人使用	承租人可随时向出租人提出租赁资产要求
租赁期限	租期一般为租赁资产寿命的一半以上	租赁期短，不涉及长期而固定的义务
合同约束	租赁合同稳定。在租期内，承租人必须连续支付租金，非经双方同意，中途不得退租	租赁合同灵活，在合理限制条件范围内，可以解除租赁契约
租赁期满的资产处置	租赁期满后，租赁资产的处置有三种方法可供选择：将设备作价转让给承租人；由出租人收回；延长租期续租	租赁期满后，租赁资产一般要归还给出租人

项　　目	融资租赁	经营租赁
租赁资产的维修保养	租赁期内，出租人一般不提供维修和保养设备方面的服务	租赁期内，出租人提供设备保养、维修、保险等服务

4.4.4.4　融资租赁的租金计算

1. 融资租赁租金的构成

融资租赁租金包括设备价款和租息两部分，租息又可分为租赁公司的融资成本、租赁手续费等。

2. 融资租赁租金的支付形式

租金通常采用分次支付的方式，具体类型如下。

(1) 按支付间隔期的长短，租金可以分为年付、半年付、季付和月付等方式。

(2) 按支付时期先后，租金可以分为先付租金和后付租金两种。

(3) 按每期支付金额，租金可以分为等额支付和不等额支付两种。

3. 融资租赁租金的计算方法

(1) 后付租金的计算。根据普通年金的现值计算公式，可推出后付租金方式下每年年末支付租金数额的计算公式：

$$A = P/(P/A, i, n)$$

(2) 先付租金的计算。根据预付年金的现值公式，可得出先付等额租金的计算公式：

$$A = P/(P/A, i, n-1)+1$$

4.4.4.5　融资租赁筹资的优缺点

1. 优点

(1) 筹资速度快。租赁往往要比借款购置设备更迅速、更灵活，因为租赁是筹资与设备购置同时进行，可以缩短设备的购进、安装时间，使企业尽快形成生产能力，有利于企业尽快占领市场，打开销路。

(2) 限制条款少。如前所述，债券和长期借款都定有相当多的限制条款，虽然类似的限制在租赁公司也有，但一般比较少。

(3) 设备淘汰风险小。当今，科学技术迅速发展，固定资产更新周期日趋缩短。企业设备陈旧过时的风险很大，利用租赁融资可减小这一风险。这是因为融资租赁的期限一般为资产使用年限的一定比例，不会像自己购买设备那样整个期间都要承担风险，且多数租赁协议都规定由出租人承担设备陈旧过时的风险。

(4) 财务风险小。租金在整个租期内分摊，不用到期归还大量本金。许多借款都在到期日一次偿还本金，这会给财务基础较弱的公司造成相当大的困难，有时会造成不能偿付的风险。而租赁则把这种风险在整个租期内分摊，可适当减小不能偿付的风险。

2. 缺点

融资租赁筹资的最主要缺点就是资本成本较高。一般来说，其租金要比举借银行借款或发行债券所负担的利息高得多。在企业财务困难时，固定的租金也会构成一项较沉重的负担。

【例 4-2】某企业拟采用融资租赁方式于 2022 年 1 月 1 日从租赁公司租入一台设备，设备款为 50 000 元，租期为 5 年，到期后设备归企业所有。双方商定，如果采取后付等额租金方式付款，则折现率为 16%；如果采取先付等额租金方式付款，则折现率为 14%。企业的资本成本率为 10%。部分资金时间价值系数如表 4-5 所示。

表 4-5 部分资金时间价值系数

T	10%	14%	16%
$(F/A, i, 4)$	4.641 0	4.921 1	5.066 5
$(P/A, i, 4)$	3.169 9	2.913 7	2.798 2
$(F/A, i, 5)$	6.105 1	6.610 1	6.877 1
$(P/A, i, 5)$	3.790 8	3.433 1	3.274 3
$(F/A, i, 6)$	7.715 6	8.535 5	8.977 5
$(P/A, i, 6)$	4.353 3	3.888 7	3.684 7

【要求】

(1) 计算后付等额租金方式下的每年等额租金额。

(2) 计算后付等额租金方式下的 5 年租金终值。

(3) 计算先付等额租金方式下的每年等额租金额。

(4) 计算先付等额租金方式下的 5 年租金终值。

(5) 比较两种租金支付方式下的终值大小，说明哪种租金支付方式对企业更为有利。

(以上计算结果均保留整数)

解：

(1) 后付等额租金方式下的每年等额租金额 = 50 000/$(P/A,16\%,5)$ = 50 000/3.274 3 = 15 270(元)。

(2) 后付等额租金方式下的 5 年租金终值 = 15 270×$(F/A,10\%,5)$ = 15 270×6.105 1 = 93 225(元)。

(3) 先付等额租金方式下的每年等额租金额 = 50 000/[$(P/A,14\%,4)$+1] = 50 000/(2.913 7+1) = 12 776(元)。

(4) 先付等额租金方式下的 5 年租金终值 = 12 776×[$(F/A,10\%,6)$-1] = 12 776×(7.715 6-1) = 85 799(元)。

(5) 先付租金方式下的租金终值小于后付租金方式下的租金终值，所以选择先付租金支付方式更为有利。

4.5 短期负债筹资

4.5.1 短期借款

短期借款（short-term loan），是指企业向银行和其他非银行金融机构借入的期限在一年以内的借款，主要用于企业正常生产经营周转和临时性资金需要。一般根据企业生产经营情况要求企业在一个经营周期内归还。

4.5.1.1 短期借款的种类

短期借款主要有生产周转借款、临时借款、结算借款等。按照国际通行做法，短期借款还可依偿还方式的不同，分为一次性偿还借款和分期偿还借款；依利息支付方法的不同，分为收款法借款、贴现法借款和加息法借款；依有无担保，分为抵押借款和信用借款。

4.5.1.2 短期借款的信用条件

按照国际惯例，银行发放短期贷款时，主要信用条件包括以下内容。

1. 信贷额度

信贷额度即贷款限额，是借款人与银行在协议中规定的允许借款人借款的最高限额。银行不会承担法律责任。

2. 周转信贷协定

周转信贷协定是银行从法律上承诺向企业提供不超过某一最高限额的贷款协定。在协定的有效期内，只要企业借款总额未超过最高限额，银行必须满足企业任何时候提出的借款要求。企业享用周转信贷协定，通常要就贷款限额的未使用部分付给银行一笔承诺费。

【例 4-3】企业取得 2022 年为期一年的周转信贷额为 1 000 万元，承诺费率为 0.4%。2022 年 1 月 1 日从银行借入 500 万元，8 月 1 日又借入 300 万元，如果年利率为 8%，则企业 2022 年度末向银行支付的利息和承诺费共为多少万元？

解：利息 $=500\times8\%+300\times8\%\times\dfrac{5}{12}=50$ （万元）

未使用的贷款额 $=1\,000-\left[500+300\times\left(\dfrac{5}{12}\right)\right]=1\,000-625=375$（万元）

承诺费 $=375\times0.4\%=1.5$ （万元）

3. 补偿性余额

补偿性余额是银行要求借款人在银行中保持按贷款限额或名义借款额的一定百分比计算的最低存款余额。对于借款企业来讲，补偿性余额提高了借款的实际利率。

$$实际利率=\frac{名义借款金额×名义利率}{名义借款金额×(1-补偿性余额比例)}$$

$$=\frac{名义利率}{1-补偿性余额比例}$$

补偿性余额有助于银行降低贷款风险，补偿其可能遭受的损失；但对借款企业来说，补偿性余额则提高了借款的实际利率，加重了企业的利息负担。

【例4-4】 某企业按年利率8％向银行借款10万元，银行要求维持贷款限额15％的补偿性余额。该项借款的实际利率为多少？

解：实际利率＝8％/(1-15％)＝9.41％

4. 借款抵押

银行向财务风险较大、信誉不好的企业发放贷款，往往需要有抵押品担保，以减小自己蒙受损失的风险。借款的抵押品通常是借款企业的办公楼、厂房等。

5. 偿还条件

无论何种借款，银行一般都会规定还款的期限。根据我国金融制度的规定，贷款到期后仍无能力偿还的，视为逾期贷款，银行要照章加收逾期罚息。

6. 以实际交易为贷款条件

当企业发生经营性临时资金需求，向银行申请贷款以求解决时，银行则以企业将要进行的实际交易为贷款基础，单独立项，单独审批，最后作出决定并确定贷款的相应条件和信用保证。

4.5.1.3 申请短期贷款应提供的资料

(1) 信贷业务申请（书）；

(2) 企业法人营业执照或营业执照及年检复印件；

(3) 组织机构代码证复印件；

(4) 税务登记证复印件；

(5) 法定代表人证明书及签字样本；

(6) 贷款卡复印件及查询；

(7) 本行开户许可证复印件；

(8) 借款授权书（董事会或股东会决议）；

(9) 财务报表（三期）复印件；

(10) 存款流水账；

(11) 纳税凭证复印件；

(12) 抵押物图片；

(13) 购销合同复印件或证明借款用途的其他凭证、资料；

(14) 主要固定资产明细；

(15) 生产经营或特种经营许可证复印件；

(16) 验资报告；

(17) 企业章程；

(18) 还款计划等。

4.5.1.4　借款利息的支付方式

1. 利随本清法

利随本清法又称收款法，是在借款到期时向银行支付利息的方法。采用这种方法，借款的名义利率等于其实际利率。

2. 贴现法

贴现法，是银行向企业发放贷款时，先从本金中扣除利息部分，在贷款到期时借款企业再偿还全部本金的一种计息方法。贴现法的实际贷款利率公式为：

$$贴现贷款实际利率＝\frac{利息}{贷款金额－利息}\times100\%$$

【例4-5】某企业从银行取得借款10万元，期限1年，名义利率8％；按照贴现法付息，该贷款的实际利率为多少？

解：贴现贷款实际利率＝(10×8％)/(10－10×8％)＝8.7％

【例4-6】某公司因生产周转原因需要资金10 000元，拟向银行借款，支付银行贷款利息的方式同银行协商后的结果是：

A方案：采用收款法付息，利率为14％；

B方案：采用贴现法付息，利率为12％；

C方案：利率为10％，银行要求的补偿性余额比例为20％。

要求：分析企业应选择哪种借款方式，并说明理由。

解：采取收款法：实际利率＝名义利率＝14％

采取贴现法时实际利率为：(10 000×12％)/[10 000×(1－12％)]＝13.6％

采取补偿性余额实际利率为：(10 000×10％)/10 000×(1－20％)＝12.5％

通过三者比较，采取补偿性余额实际利率最低，因此选用C方案，对公司最有利。

3. 加息法

在分期等额偿还贷款的情况下，银行要将根据名义利率计算的利息加到贷款本金上，计算出贷款的本息之和，要求企业在贷款期内分期偿还本息之和的金额。由于贷款分期均衡偿还，借款企业实际上只平均使用了贷款本金的半数，却支付全额利息。这样，企业所负担的实际利率便高于名义利率大约1倍。

【例4-7】某企业借入年利率为12％的贷款20 000元，分12个月，等额偿还本息。因为等额偿还，所以在年初借款人手中的资金为20 000元，全年中均匀减少，到年末为0，全年借款人持有的资金为(20 000＋0)/2。如果不考虑可用资金的利息，则该项借款的实际利率＝(20 000×12％)/$\left(\dfrac{20\ 000}{2}\right)$＝24％。

4.5.1.5 短期借款筹资的优缺点

1. 优点

(1) 筹资速度快。企业获得短期借款所需时间要比长期借款短得多,因为银行发放长期贷款前,通常要对企业进行比较全面的调查分析,花费时间较长。

(2) 筹资弹性大。短期借款数额及借款时间弹性较大,企业可在需要资金时借入,在资金充裕时还款,便于企业灵活安排。

2. 缺点

(1) 筹资风险大。短期资金的偿还期短,在筹资数额较大的情况下,如企业资金调动不周,就有可能出现无力按期偿付本金和利息,甚至被迫破产。

(2) 与其他短期筹资方式相比,资本成本较高,尤其是存在补偿性余额和附加利率情况下,实际利率通常高于名义利率。

4.5.2 商业信用

商业信用是指企业之间相互提供的与商品交易直接联系的信用,如赊销赊购商品、预付货款、分期付款、延期付款、经销、代销等形式。

常见的商业信用条件有预收货款;延期付款,但不涉及现金折扣;延期付款,但早付款可享受现金折扣。

1. 预收货款

这是指企业在销售商品时,要求买方在卖方发出货物之前支付货款的情形。预收货款一般用于以下两种情况:①企业已知买方的信用欠佳;②销售生产周期长、售价高的产品。在这种信用条件下,销货单位可以得到暂时的资金来源,购货单位则要预先垫支一笔资金。

2. 延期付款,但不涉及现金折扣

这是指企业购买商品时,卖方允许企业在交易发生后一定时期内按发票金额支付货款的形式,如 "net45",是指在 45 天内按发票金额付款。这种条件下的信用期间一般为 30~60 天,但有些季节性的生产企业可能为其顾客提供更长的信用期间。在这种情况下,买卖双方存在商业信用,买方可以因延期付款而取得资金来源。

3. 延期付款,但早付款可享受现金折扣

在这种条件下,买方若提前付款,卖方可给予一定的现金折扣,如买方不享受现金折扣,则必须在一定时期内付清账款。如 "2/10,n/30" 便属于此种信用条件。应用现金折扣的主要目的是加速账款的收现。现金折扣一般为发票金额的 1%~5%。

在这种条件下,双方存在信用交易。买方若在折扣期内付款,则可获得短期的资金来源,并能得到现金折扣;若放弃现金折扣,则可在稍长时间内占用卖方的资金。

4.5.3 应收账款转让

4.5.3.1 应收账款转让的含义及种类

1. 应收账款转让的含义

应收账款转让（transfer of account receivable），是指企业将应收账款出让给银行等金融机构以获取资金的一种筹资方式。应收账款转让筹资的数额一般为应收账款扣减以下内容后的余额：①允许客户在付款时扣除的现金折扣；②贷款机构扣除的准备金、利息费用和手续费。其中，准备金是指因在应收账款收回过程中可能发生销货退回和折让等而保留的扣存款。

2. 应收账款转让的种类

应收账款转让按是否具有追索权可分为附加追索权的应收账款转让和不附加追索权的应收账款转让。其中，附加追索权的应收账款转让，是指企业将应收账款转让给银行等金融机构，在有关应收账款到期无法从债务人处收回时，银行等金融机构有权向转让应收账款的企业追偿，或按照协议规定，企业有义务按照约定金额从银行等金融机构回购部分应收账款，应收账款的坏账风险由企业承担；不附加追索权的应收账款转让，是指企业将应收账款转让给银行等金融机构，在有关应收账款到期无法从债务人处收回时，银行等金融机构不能向转让应收账款的企业追偿，应收账款的坏账风险由银行承担。

4.5.3.2 应收账款转让筹资的优缺点

1. 优点

（1）及时回笼资金，避免企业因赊销造成的现金流量不足。通过应收账款转让筹资，企业可以及时地收回销售商品和提供劳务的资金，增加现金流，缓解因应收账款带来的资金紧张程度，从而避免企业因赊销造成的现金流量不足的问题。

（2）节省收账成本，降低坏账损失风险，有利于改善企业的财务状况、提高资产的流动性。应收账款转让时，银行等金融机构均要掌握购货方的资信情况，而银行等金融机构只对有相当资信的应收账款提供资金。所以，应收账款转让在一定程度上保证了账款的安全，防止了坏账的发生。

2. 缺点

（1）筹资成本较高。应收账款转让筹资的手续费和利息都很高，从而增加了企业的筹资成本。

（2）限制条件较多。应收账款转让时，贷款机构对转让的应收账款和转让应收账款的公司都有一定的条件限制，不符合条件的，不接受转让。

4.5.4 短期筹资与长期筹资的组合

根据风险和收益之间的同向变动关系，通常把长期资金和短期资金的组合策略分为以下三类。

1. 平稳型（或称配合型、中庸型）组合策略

平稳型组合策略是指企业的负债结构与资产的寿命周期相对应的组合策略。平稳型组合策略的特点是：对于临时性流动资产，运用短期资金（临时性负债）满足其资金需要；对于永久性流动资产和长期资产（以下统称为永久性资产），则运用长期资金（包括长期负债、自发性负债和权益资本）来满足其资金需要。这里所说的临时性流动资产是指受季节性或周期性影响的流动资产；这里所说的永久性流动资产是指为了满足企业长期稳定的资金需要，即使处于经营低谷时也必须保留的流动资产。

在这种政策下，要求企业的临时性负债融资计划比较严密，实现资金的占用时间与负债的偿还时间配合。在经营性淡季和低谷阶段，企业除自发性负债外没有其他流动负债；只有在对临时性流动资产的需求达到高峰时，企业才会举借各种临时性债务。因此，平稳型组合策略是一种理想的、对企业有着较高资金使用要求的匹配策略。

2. 积极型（或称激进型）组合策略

积极型组合策略的特点：临时性负债不但融通临时性流动资产的资金需要，还解决部分永久性资产的资金需要。

在这种政策下，一方面，由于临时性负债（如短期借款）的资本成本一般低于长期负债和权益资本的资本成本，而积极型融资政策下临时性负债所占比例较大，所以，该政策下企业的资本成本较低。但另一方面，为了满足永久性资产的长期资金需要，企业必然要在临时性负债到期后重新举债或申请债务延期，使企业更为经常地举债和还债，从而增大了筹资的困难和风险，所以，积极型融资政策是一种收益性和风险性都较高的组合策略。

3. 保守型（或称稳健性）组合策略

保守型组合策略的特点：临时性负债只融通一部分临时性流动资产的资金需要，另一部分临时性流动资产和永久性资产，则由长期负债、自发性流动负债和权益资本作为资金来源。与平稳型组合策略相比，在保守型组合策略下，临时性负债在企业的全部资金来源中所占比例较小，企业保留较多营运资金，可降低企业无法偿还到期债务的风险，同时蒙受短期利率变动损失的风险也较低。但降低风险的同时也降低了企业的收益，因为长期负债和权益资本在企业的资金来源中较高，并且两者的资本成本通常会高于临时性流动负债的资本成本，并且在生产经营淡季，企业仍要负担长期债务的利息。即使将过剩的长期资金投资于短期有价证券，其投资收益一般也会低于长期负债的利息，从而降低了企业整体的收益率。所以，保守型融资政策是一种风险低、收益也低的组合策略。

各种组合策略比较如表 4-6 所示。

表 4-6　组合策略比较

策　略	特　点	表　现	优缺点
平稳型	对于临时性流动资产，运用临时性负债满足其资金需要	在经营淡季和低谷阶段，企业除自发性负债外没有其他流动负债	这是一种理想的、有着较高资金使用要求的组合策略

续表

策　略	特　点	表　现	优缺点
积极型	临时性负债不但融通临时性流动资产的资金需要，还解决部分永久性资产的资金需要	临时性负债所占比重较大	这是一种收益性和风险性都较高的组合策略
保守型	临时性负债只融通部分临时性流动资产的资金需要，另一部分临时性流动资产和永久性流动资产的资金需要由长期负债、自发性负债和权益资本解决	临时性负债在全部资金来源中所占比例较小。长期负债和权益资本在企业资金来源中比重较高	这是一种风险低、收益也低的组合策略

【例4-8】某企业的主营业务是生产和销售服装。该企业的资产总额为6 000万元，其中长期资产为3 000万元，流动资产为3 000万元，永久性流动资产约占流动资产的40%；负债总额为3 600万元，其中流动负债为2 600万元，流动负债中的65%为自发性流动负债。试问该企业奉行的是否为平稳型营运资金筹资策略？

解：临时性流动资产＝3 000－3 000×40%＝1 800（万元）

临时性负债＝2 600－2 600×65%＝910（万元）

由于临时性负债只融通一部分临时性流动资产的资金需要，另一部分临时性流动资产和永久性资产，由长期负债、自发性负债和权益资本作为资金来源，所以该企业奉行的是平稳型营运资金筹资政策。

相关链接：住房抵押贷款证券化

从1999年起，中国建设银行已经向中央银行提交了六套房贷资产证券化方案，前四套方案因没有体现MBS风险出售和破产隔离的原则及有关法规没有完善而被否决，第五套方案也因法律层面的问题最终被国务院否决。直到2005年的12月1日《金融机构信贷资产证券化试点监督管理办法》正式实行，建行的房贷款资产证券化才开始提速。

2005年12月15日，"建元"正式发行。建行从上海、江苏、福建三家分行发放的个人住房贷款中挑选30亿元进入资产池，三档两级证券：其中A类、B类、C类三个档次为优先级证券（A类约24亿元，信用为AAA级；B类约3亿元，信用为A级；C类约2.1亿元，信用为BBB级）和次级证券（约0.9亿元，不参与评级，由建行自留）。按照设置，优先级证券投资人先收到还款。A类和B类证券获准在全国银行间债券市场进行交易，C类证券按照央行的相应规定进行转让，次级不进行转让交易。

"建元"发行过程分析

1．"建元"的发行动力

任何一项创新性业务的成功运作和实施，和相关各方的积极推进是分不开的。但是，推进的动力是什么呢？无论是监管当局还是方案中的实际运作方，都期望能够获得"利益"。以下从银行、政府、中介机构和投资者四方面进行具体分析。

（1）银行。建行房贷证券化（以下简称MBS）的动力不足，具体可从三个方面来看：

首先银监会发布的《金融机构信贷资产证券化试点监督管理办法》（下称《办法》）使通过MBS提高资本充足率的银行不易办到，并且建行上市后，资本充足率接近14％；其次是资产证券化的标的问题，资产证券化在国外往往是因为银行迫于资金的流动性压力或处理不良贷款的需要，而我国进行资产证券化的银行目前并不缺乏资金，而且拿出来的资产也是相对较好的优良资产；最后从根本上讲，银行进行资产证券化最主要的一个目的是将长期的资产转移出去，通过资产的出让来获取流动资金。但从目前来看，我国银行体系担心的是流动性严重过剩的问题，甚至担心的是回流后，这笔现金该如何使用的问题。

那么建行的目的何在呢？① MBS为建行以后利用这一方法进行管理铺平了道路；②信贷贷款证券化为银行提供了经营上的另外一种盈利模式，对银行来说是一个转型，即从原来的贷款收入转向服务收费。

从总体上讲，建行方案的象征意义大于实际意义。这个方案的意义主要在于它的创新，我们不能把这种创新仅仅理解为一个金融产品创新，而是它引入了一个结构金融的理念和制度体系，把本来只有银行一家承担的风险分散给了广大的投资者。

（2）政府。当前在我国开展资产证券化业务，主要对改善银行经营管理和发展资本市场具有重要的意义：资产证券化能改善银行信贷期限结构，提高金融系统的稳定性；资产证券化能促进银行转变盈利模式，提高资本充足率；资产证券化能健全市场定价机制，合理分散信用风险；推动资本市场发展，增加投资者的选择；适应金融对外开放，预计资产证券化业务将是外资金融机构进入我国市场的重要形式。

（3）中介机构。在试点方案中，建行采取了借助信托公司作发行人的方式，这给了信托公司甚至信托业大力发展的良机。在现有法律框架下，信托方式是资产证券化的唯一可行方式，前期讨论的SPV（特殊目的机构）等实施条件尚不具备。这都给信托公司和信托业以良好发展平台。可以预期，后期推进的资产证券化方案，也会效法这两家试点方案。与信托公司的情形相仿，其他金融中介机构（如会计师事务所、律师事务所、评级机构等）也将在资产证券化市场中获利。

（4）投资者。对购买资产证券化产品的投资者来说，作为一项新的投资工具，其将可享有原本由发起人享有的收益。就试点收益和风险而论，应该说都属于风险相对较小、收益很稳定的投资品，尤其适合于追求长期、稳定收益的投资者。

2. 发行阻力及解决

MBS的成功推行离不开法律、税收、专业的投行和评级机构、活跃的二级市场及专业投资者等要素。如果以此来对照一下国内的市场环境，似乎大多数条件都还不够完备。主要在以下两个方面需要特别关注。

（1）法律。各相关部门制定政策的过程本身构成了资产证券化试点工作的重要内容，从法律上减少了阻力：《信贷资产证券化试点管理办法》《关于个人住房抵押贷款证券化涉及的抵押权变更登记有关问题的试行通知》《信贷资产证券化试点会计处理规定》《资产支持证券信息披露规则》和《关于资产支持证券在银行间债券市场的登记、托管、交易和结算等有关事项的公告》《金融机构信贷资产证券化试点监督管理办法》。

（2）税收。按照正常程序，资产证券化试点产品落地还需要税收处理规则的完善出台，由于资产证券化交易环节多、参与方多，决定了其税务问题的复杂性，这也导致税务总局负责制定的税务细则迟迟不能出台。而时间紧迫，建行和国家开发银行的试点产品将会先于税收处理规则推出。在税收处理上，财政部和税务总局也已经基本同意建行和国家开发银行的资产证券化产品按税收中性原则处理，这也就是说，既不会享受税收方面的优惠，也不会存在双重征税的问题。

"建元"风险与收益分析

1. 风险

作为中国第一单MBS，这一产品还是面临多种风险，主要包括法律风险、流动性风险、早偿风险、信用风险、利率风险和道德风险等。

法律风险。从现在已经颁布的一系列的规章来看，还存在以下方面的不足：目前为试点制定的规范层次较低，这些规章规定得过于原则，信托财产登记问题还没有解决，试点规章之间还存在不协调的问题，对中介机构的行为规范还是比较缺位，等等。法律风险的真正解决有赖于资产证券化的专门立法，其与《合同法》《民法通则》应是"特殊法与普通法"的关系，如此不仅能防范潜在诉讼风险，还能明确监管部门的协调问题。

证券化的目的是让资产"动"起来，但流动性风险仍未得到彻底解决。目前银行作为发起人的资产证券化产品是放入银行间债券市场交易、券商的项目收益计划则是在沪深证券交易所大宗交易系统进行转让，但随着资产证券化产品规模扩大，相应市场的容量均显著不足。

在制度性欠缺之外，比较突出的风险是早偿风险、信用风险及利率风险。早偿风险即贷款人提前还款的风险，这与中国人的消费习惯有关，在欧美国家并不突出。目前建行方案的早偿风险很大程度上是由发起人自身承担了，但由于次级债券的金额较小，这一风险仍然存在。另外，在境内未建立起成熟征信系统之前，信用风险不容低估。目前，资产评估失真、个人住房抵押贷款合同不统一和完备等，都决定了信用风险客观存在，同时有效的风险防范手段却存在缺位，信用记录缺失也影响了适当收益率的确定。由于目前建行是以7天回购利率作为利率基准，由于这一利率波动较大，在设了上限而没设下限的情况下，投资者将承受较大的利率风险。

道德风险，由于MBS的组织系统涉及多个主体及信息披露，在尚无先例及详细规范的情况下，道德风险不容忽视。

2. 收益

建行此次选择的基准利率7天回购加权利率，同时规定上限，AAA级的利率最高只有4.12%，但没有设定一个利率下限，这显得不太公平。而7天回购加权利率变动非常大，可以从1.8%跌到1.1%，非常不稳定。相比之下，此次国家开发银行的基准利率选择了一年定期存款利率。建行的做法无论主观动机何在，客观上都对投资人不利。

研究者韩海平根据《发行说明书》中描述的建行七个试点支行的住房抵押贷款的本金偿付情况，推测"资产池"的提前还款率介于12%～25%，计算得出"建元2005-1"A、B和C级证券合理的基本利差分别在70～100个基点、130～150个基点和180～200个基点。从这三个预测区间看，均优于发行人提供的投标区间，认为本次发行的建行MBS产品还是具备一定投资价值的。

■■ 本章小结

本章主要介绍了企业筹资概述、权益筹资、长期负债筹资、混合筹资和短期负债筹资。主要包括：企业筹资的目的与分类、筹资原则、资金来源与方式、资金需要量预测；吸收直接投资、发行普通股票和留存收益融资的含义及其优缺点；长期借款、债券、融资租赁等长期负债筹资的基本概念及其优缺点；短期银行借款、商业信用、应收账款转让等短期负债筹资含义及其优缺点。

■■ 相关术语

资金来源　筹资方式　筹资原则　资金需要量预测　吸收直接投资　发行普通股票　留存收益融资　长期借款　债券　融资租赁　短期银行借款　商业信用　短期融资债券　应收账款转让　可转换债券　认股权证

■■ 思政指引

理论背景：企业筹资包括吸收直接投资、发行股票、银行借款、商业信用、发行债券、融资租赁、利用留存收益等多种方式，每种筹资方式都有其优缺点。企业要根据经营需要，合理选择筹资方式，力求使企业筹资成本最小化。在筹资实践中，要坚持系统观念，综合运用各种筹资方式以实现负债资金与权益资金的优化配置。筹资要诚信合规，筹集债务资金要有足够的偿还能力，重合同守信用，不得为了达到融资目的弄虚作假，坚决杜绝非法筹资。

思政启示：商科大学生是未来的理财者、经营者，筹资理论对我们有着重要启示。启示之一：系统观念是科学的世界观和方法论，要确立系统观念，并将系统观念运用到自己的生活、学习工作中，做到统筹兼顾，实现整体效益最大化；启示之二：每种筹资方式都有其优缺点，要辩证看待问题，学会运用辩证思维来分析问题、解决问题；启示之三：要确立诚信理财、诚信做事、合法理财、合法做事的思想，要从"善林金融"非法融资、"康美药业"财务造假事件中汲取教训，提升自己的诚信品质与法治观念，践行社会主义核心价值观。

■■ 复习思考题

1. 筹资分类有哪几种？
2. 资金来源和筹资方式各有哪些？二者有何差异？
3. 简述吸收直接投资、普通股、留存收益等权益性筹资方式的优缺点。
4. 简述长期借款、债券、融资租赁等长期负债筹资方式的优缺点。
5. 简述短期银行借款、商业信用、短期融资债券、应收账款转让等短期负债筹资方式的优缺点。
6. 简述可转换债券筹资的优缺点。

第 5 章

资本成本与资本结构

◆**学习目标**◆

1. 掌握个别资本成本、加权平均资本成本和边际资本成本的计算方法；

2. 掌握经营杠杆、财务杠杆和复合杠杆的计量方法；

3. 掌握资本结构理论；

4. 掌握最佳资本结构的每股利润无差别点法、比较资本成本法、公司价值分析法；

5. 熟悉资本成本的概念、构成及作用；

6. 熟悉资本结构的调整方法；

7. 熟悉经营杠杆、财务杠杆和复合杠杆的概念及其相互关系；

8. 熟悉经营杠杆与经营风险、财务杠杆与财务风险及复合杠杆与企业风险的关系；

9. 了解成本按习性的分类。

5.1 资本成本

5.1.1 资本成本概述

5.1.1.1 资本成本的概念及公式

资本成本（cost of capital）是指企业为筹集和使用资本而付出的代价，包括筹资费用和使用费用两部分。筹资费用（也称取得成本）是指企业在筹集资本过程中为取得资本而支付的各种费用，如银行借款的手续费，发行股票、债券需支付的广告宣传费、印刷费、代理发行费、律师费、资信评估费、公证费等。筹资费用具有一次性支付的特征。使用费用（也称占用成本）是指企业因使用资本而支付给资本所有者的报酬，如长期借款的利息、长期债券的利息、优先股的股息、普通股的红利等。使用费用具有经常性、定期性支付的特征。

资本成本的表示方法有两种，即绝对数表示方法和相对数表示方法。

绝对数表示方法是计算所筹资本的筹资费用与使用费用的合计数，反映为筹集和使用一定数量资本所发生费用的总和。

相对数表示方法则是通过资本成本率指标来反映的。由于筹资费用通常是筹集资本时一次性支付的，在资本使用过程中不再发生，实际上是资本筹集总额的减少，因此，在计算资本成本时通常把筹资费用作为筹资总额的一项扣除，即用年使用费用与筹资净额的比率来表示资本成本。

为了便于不同筹资方式、不同筹集规模的资本成本的比较，在实务中，资本成本通常用相对数来表示其大小。相对数表示的资本成本的一般计算公式如下：

$$资本成本（率）= \frac{年使用费用}{筹资总额 - 筹资费用} \times 100\%$$

$$= \frac{年使用费用}{筹资总额 \times (1 - 筹资费率)} \times 100\%$$

该公式是资本成本计算的一般理论公式，不同筹资方式的资本成本应该在此理论公式的基础上，根据各自的特点加以调整而计算确定。

5.1.1.2 资本成本的性质

从经济学的角度讲，资本成本是在商品经济条件下，资本的所有权和使用权相分离的必然产物。它具有以下特定的经济性质。

1. 资本成本是资本所有权与使用权相分离的产物

资本是一种特殊商品，其特殊性表现在它与其他生产经营要素结合后能使自身价值增值。商品经济的发展和借贷关系的普遍存在，导致资本的所有权与使用权产生分离，资本使用者使用资本，就必须付出一定代价，资本使用者无论是直接取得资本还是通过资本市场间接取得资本，都必须支付给资本所有者和中介人一定的报酬，这些报酬实质上就是资本在周转使用中发生的价值增值的一部分。

2. 资本成本具有一般产品成本的基本属性，但又不同于一般的产品成本

资本成本和产品成本都是可以补偿的资本耗费，但产品成本是现实的资本耗费，而资本成本既可能是实际成本，也可能是机会成本。如留存收益的资本成本，它并没有发生现实的支出，但也要按普通股股本计算使用这部分资本的代价。

3. 资本成本是资金时间价值与风险价值的统一

资本成本既包括时间价值，也包括风险价值。资金时间价值是资本成本的基础，在有风险的情况下，资本成本一方面表现为企业筹集和使用资本的代价；另一方面表现为投资者要求的必要报酬。实践中，资本成本不仅包括时间价值，而且还包括风险价值等因素，同时，还受到资本供求、通货膨胀、政府政策等因素的影响。

5.1.1.3　资本成本的作用

资本成本是企业财务管理的一个重要概念和基本"财务标准"。正确计算和分析资本成本，对企业财务管理有着重要的作用。

1. 资本成本是选择筹资方式、拟订筹资方案的依据

不同来源渠道、不同筹资方式的资本，其资本成本的高低是不相等的。在其他条件都相同的情况下，企业应该选择资本成本较低的筹资方式。

2. 资本成本是评价投资项目可行性的重要标准

企业筹资的目的是投资，而只有当投资项目获取的收益率大于资本成本率时，投资项目才是可行的，否则投资项目则不应予以考虑。

3. 资本成本是评价企业经营成果的尺度

从资本成本的构成来看，它实际上就是投资者和中介机构应得的收益。而这部分收益能否实现，取决于资本使用者运用资本获取的收益多少及如何进行分配。资本使用者要想满足投资者和中介机构的收益要求，就必须保证资本的收益要大于资本成本。所以，资本成本是公司经营业绩的最低尺度。

5.1.1.4　资本成本的种类

资本成本按其用途不同，可分为个别资本成本、加权平均资本成本和边际资本成本。

5.1.2　个别资本成本

个别资本成本是指某一种筹资方式的资本成本，如长期借款资本成本、债券资本成本、商业信用资本成本、优先股资本成本、普通股资本成本、留存收益资本成本和吸收直接投资的资本成本。其中，前三者称为债务资本成本，后四者称为权益资本成本或自有资本成本。个别资本成本一般用于比较和评价各种具体的筹资方式。

5.1.2.1 长期借款资本成本

长期借款资本成本是指借款的手续费与长期借款的利息。借款的手续费属于一次性支付的筹资费用。长期借款的利息是使用费用，利息一般按期支付，通常作为财务费用在税前扣除，从而降低企业的利润总额，最终使企业少交所得税，因此，长期借款筹资方式具有节税作用。这样，企业实际发生的年使用费用为：年利息×（1－所得税税率）。因此，若用相对数表示，长期借款资本成本可按下式计算：

$$K_{借} = \frac{年使用费用}{筹资总额 \times （1-筹资费率）} \times 100\%$$

$$= \frac{本金 \times 年利率 \times （1-所得税税率）}{本金 \times （1-筹资费率）} \times 100\%$$

$$= \frac{年利率 \times （1-所得税税率）}{1-筹资费率} \times 100\%$$

筹款费率（银行借款手续费率）一般较低，可忽略，上述公式可以简化为：

$$K_{借} = i \times （1-T）$$

式中：$K_{借}$——长期借款资本成本；

　　　　i——借款年利率；

　　　　f——筹资费率；

　　　　T——所得税税率。

【例5-1】某公司向银行借款800万元，期限5年，年利率为7%，利息于每年年末支付，第五年年末一次还本，银行借款手续费率0.5%，公司所得税税率为25%。要求：计算该笔借款的资本成本。

解：

$$K_{借} = \frac{7\%（1-25\%）}{1-0.5\%} \times 100\%$$

$$= 5.28\%$$

实务中，由于银行借款手续费用较低，通常可以忽略不计。

5.1.2.2 债券资本成本

债券资本成本主要是指债券的筹资费用和债券的利息。债券的筹资费用一般较高，主要包括申请发行债券的手续费，债券的注册费、印刷费、上市费及推销费等。债券的利息处理同长期借款相似，可获得税收利益，具有节税作用，债券资本成本的计算公式如下：

$$K_{债} = \frac{债券的票面价值总额 \times 债务的票面利率 \times （1-所得税税率）}{按债券发行价格计算的发行总额 \times （1-筹资费率）} \times 100\%$$

$$= \frac{B \times i}{P（1-f）} \times （1-T） \times 100\%$$

式中：$K_{债}$——债券资本成本；

　　　　B——债券的票面价值总额；

　　　　P——按债券发行价格计算的发行总额；

  f——债券的筹资费率。

  i——债券的票面利率。

  【例5-2】某公司发行面值为1 000元的债券，债券的票面利率为8％，债券的筹资费率为2％，期限5年，共5 000份，适用的所得税税率为25％。要求：（1）计算按债券面值发行时的资本成本；（2）计算按债券每份1 100元溢价发行时的资本成本。

  解：

  （1）按债券面值发行时，

$$K_{债} = \frac{1\,000 \times 5\,000 \times 8\% \times (1-25\%)}{1\,000 \times 5\,000 \times (1-2\%)} \times 100\% = 6.12\%$$

  （2）按债券每份1 100元溢价发行时，

$$K_{债} = \frac{1\,000 \times 5\,000 \times 8\% \times (1-25\%)}{1\,100 \times 5\,000 \times (1-2\%)} \times 100\% = 5.57\%$$

5.1.2.3 商业信用资本成本

  商业信用是企业筹集短期债务资本的筹资方式。在采用商业信用赊购商品时，赊购商品的总金额为销售方授予购买方的信用额度。为鼓励购买方尽早付款，销售方往往给予购买方一定的信用条件，如"2/10，n/30"，其中，2％为现金折扣率，10为折扣期，30为信用期。此信用条件，表示购买方在10天内付款（含10天），可以享受信用额2％的现金折扣，如果在10天后付款就不能享受折扣，必须全额付款。购买方因丧失折扣而发生的损失是一种机会成本，也称为商业信用的资本成本。其计算公式如下：

$$
\begin{aligned}
K_{信用} &= 日利率 \times 360 \\
&= \frac{信用额 \times 折扣率}{信用额 \times (1-现金折扣率) \times (信用期-折扣期)} \times 360 \\
&= \frac{折扣率}{(1-现金折扣率) \times (信用期-折扣期)} \times 360
\end{aligned}
$$

式中：$K_{信用}$——商业信用资本成本。

  【例5-3】某公司赊购一批设备，价款为352 800元，对方开出的信用条件是"1/10，n/40"。要求：计算该公司放弃现金折扣的商业信用成本。

  解：

$$
\begin{aligned}
K_{信用} &= \frac{折扣率}{(1-现金折扣率) \times (信用期-折扣期)} \times 360 \\
&= \frac{1\%}{(1-1\%) \times (40-10)} \times 360 \\
&= 12.12\%
\end{aligned}
$$

5.1.2.4 优先股资本成本

  企业发行优先股，需要定期支付固定的股息。与债券不同的是优先股的股息是在税后支付，没有节税作用。通常，优先股没有到期日，不用偿还；在公司清算时，优先股股东的求偿权位于债权人之后，因此，优先股股东承担的风险要大于债权人。所以，在实务中，优先股的资本成本通常要高于债券的资本成本。其计算公式为：

$$K_{优} = \frac{优先股每年股息}{优先股发行总额(1-优先股筹资费率)} \times 100\%$$

$$= \frac{D}{P_0(1-f)} \times 100\%$$

式中：$K_{优}$——优先股资本成本；

D——优先股每年股息；

P_0——优先股发行总额；

f——优先股筹资费率。

【例5-4】某公司发行3 000万股优先股，每股面值1元，平价发行，股息率为11%，优先股的筹资费率为3%，试计算优先股的资本成本。

解：

$$K_{优} = \frac{30\ 000\ 000 \times 1 \times 11\%}{30\ 000\ 000 \times 1 \times (1-3\%)} \times 100\%$$

$$= 11.34\%$$

5.1.2.5 普通股资本成本

普通股每年支付的股利是不固定的，并且股利是在税后支付，没有节税作用。普通股没有到期日，不用偿还，从理论上看，普通股资本成本就是普通股股东投资的必要报酬率。其计算方法一般有以下三种。

1. 估价法

估价法也称为股利增长模型。此计算模型是按照股票投资报酬率不断增长的思路来估算普通股成本的。通常情况下，随着公司的不断发展，普通股的股利应该是逐年增长的。假设股利以固定的年增长率递增，根据固定成长估计模型原理，普通股成本的计算公式是：

$$K_{普} = \frac{预计第一年股利}{按发行价格计算的普通股发行总额 \times (1-普通股筹资费率)} + 股利年增长率$$

$$= \frac{D_1}{P(1-f)} + g$$

式中：$K_{普}$——普通股资本成本；

D_1——预计第一年股利；

P——按发行价格计算的普通股发行；

f——普通股筹资费率；

g——股利年增长率。

【例5-5】某公司发行每股面值为1元的普通股1 000万股，每股发行价格为5元，筹资费率为发行价格的4%，预计第一年的股利为0.5元/股，预计以后每年增长5%。

要求：计算该普通股的资本成本。

解：

$$K_{普} = \frac{0.5 \times 1\ 000}{5 \times 1\ 000 \times (1-4\%)} + 5\% = 15.42\%$$

2. 资本资产定价模型法

根据资本资产定价模型（capital asset pricing model，CAPM），普通股投资的必要报酬率等于无风险报酬率加上风险报酬率。因此，可以通过估计公司股票的预期报酬率来计算普通股的资本成本。其计算公式为：

$$K_普 = R_F + \beta(R_M - R_F)$$

式中：$K_普$——普通股资本成本（普通股股东的期望报酬率）；

R_F——无风险报酬率，一般用一年期的国库券的收益率来估计；

R_M——证券市场所有股票的平均报酬率；

β——该只股票的市场风险系数。

【例 5-6】某公司普通股票 β 为 1.5，国库券的收益率为 4%，市场所有股票的平均收益率为 12%。要求：计算普通股资本成本。

解：

$$K_普 = 4\% + 1.5(12\% - 4\%) = 16\%$$

3. 风险溢价法

风险溢价法是从风险收益对等观念出发，即从"投资风险越大，要求的报酬率越高"的基本原理出发，由于普通股股东对企业的投资风险大于债权人，因此，普通股股东会在债权人要求的报酬率的基础上追加一定的风险溢价。按照这一理论，普通股成本的计算公式为：

$$K_普 = K_债 + K_{风险溢价}$$

式中：$K_普$——普通股资本成本；

$K_债$——债券资本成本；

$K_{风险溢价}$——普通股投资相对于债券投资的风险溢价。

风险溢价法可以凭历史经验估计，根据西方国家的经验，公司普通股的风险溢价相对于其发行的债券来说，绝大部分在 3%～5% 之间。

风险溢价法最大的优点是简单实用。因为债券成本率易于求得，而且对于股票债券的报酬率的差异数，即风险溢价可以从企业的历史记录中查询，也可以根据证券市场提供的报酬率差异数比较确定。

【例 5-7】假定某公司历史上股票、债券报酬率差异为 5%，而目前债券资本成本率为 8%，试计算普通股资本成本。

解：

$$K_普 = 8\% + 5\% = 13\%$$

实务中，企业在计算普通股成本时，可选择上述方法中的任何一种来计算，但不同的方法在计算结果上可能会有一定偏差。为此，可用多种方法进行测算，经比较后取得较为准确的数据。

5.1.2.6　留存收益资本成本

留存收益是经普通股股东同意，不作为股利分配，留在企业供生产经营继续使用的那部分税后利润，包括盈余公积和未分配利润。它相当于股东对企业追加的投资，股东对这部分追加的投资也要求与以前投给企业的股本一样，获得相同的报酬率。因此，留存收益也有成本，这种成本是股东放弃获取股利用于其他投资的机会成本。所以，留存收益资本成本应视同普通股的资本成本，不同之处是留存收益资本为公司内部的自然融资，不发生筹资费用。通常采用的计算公式如下：

$$K_留 = \frac{预计第一年每股股利}{普通股市价} + 股利年增长率$$

式中：$K_留$——留存收益资本成本。

【例5-8】某公司普通股每股市价38元，预计第一年每股发放股利5元，以后股利每年增长5%。要求：计算留存收益资本成本。

解：

$$K_留 = \frac{5}{38} + 5\% = 18.16\%$$

普通股与留存收益都属于所有者权益，由于股利支付的不确定性，而且在公司破产时，普通股股东的求偿权居后，与其他投资者相比，普通股股东所承担的风险最大，所要求的报酬率最高。所以，在各种资金来源中，普通股资本成本最高。

5.1.2.7　吸收直接投资的资本成本

吸收直接投资的资本成本，是企业因吸收直接投资而支付给直接投资者的代价。吸收直接投资的资本成本除了不需要考虑筹资费用，其计算方法与普通股筹资基本相同。

5.1.3　加权平均资本成本

企业总资本往往是由多种筹资方式构成的，不同筹资方式的资本成本有高低差异。为了进行筹资决策和投资决策的比较，需要计算各种资本来源的综合资本成本，即加权平均资本成本。

加权平均资本成本是对企业的各种资本成本进行加权平均计算而得的多种筹资方式的平均资本成本。加权平均资本成本一般用于评价和选择资本结构。

5.1.3.1　加权平均资本成本的概念及公式

加权平均资本成本（weighted average cost of capital，WACC），是以各种资本占全部资本的比重为权数，对个别资本成本进行加权平均计算的总成本，也称综合资本成本。其计算公式为：

$$K_w = \sum_{j=1}^{n} K_j W_j$$

式中：K_w——加权平均资本成本；

K_j——第 j 种个别资本成本；

W_j——第 j 种个别资本占全部资本的比重（权数）；

n——资本的种类。

5.1.3.2 加权平均资本成本权数的确定

在计算加权平均资本成本时，各种资本占全部资本的比重（权数）取决于各种资本成本价值的确定。各种资本成本价值的确定基础主要是账面价值、市场价值、目标价值，因此，权数的确定主要有以下三种方法。

1. 账面价值权数

账面价值权数是按历史成本计价确定权数，反映过去，易于从资产负债表中取得这些资料，容易计算。但当账面价值和市场价值发生较大变动时，加权平均资本成本的计算结果就会与实际有较大的差距，从而影响作出正确的筹资决策。

2. 市场价值权数

市场价值权数是指债券、股票等以现行市场价格确定权数，这种计算结果能反映企业目前实际的资本成本水平，有利于筹资决策。但证券的市场价格处于经常变动之中，权数不稳定。

3. 目标价值权数

目标价值权数是指债券、股票等以未来预计的目标市场价值确定权数，从而估计加权平均资本成本。目标价值权数能够体现期望的资本结构，反映企业未来的资本成本水平。但是目标价值权数难以客观合理地确定。

三种权数确定基础比较表如表 5-1 所示。

表 5-1　权数确定基础比较表

确定基础		评　　价
账面价值权数	优点	能够反映企业过去的资本结构，数据易于从资产负债表中取得
	缺点	如果账面价值与市场价值差别较大，计算结果则与现行实际筹资成本存在较大差距，从而使加权平均成本的计算结果失去现实意义
市场价值权数	优点	能够反映企业目前的实际资本结构
	缺点	证券市场价格变动频繁
目标价值权数	优点	能够反映企业期望的资本结构，按目标价值权数计算得出的加权平均资本成本更适用于企业筹集新资金
	缺点	企业很难客观合理地确定证券的目标价值

在实务中，当账面价值与市场价值差别不是很大时，为了计算方便，通常以账面价值权数为主计算加权平均资本成本。

【例 5-9】某公司资本的相关数据如表 5-2 所示。要求：根据表 5-2 资料，计算该公司的加权平均资本成本。

表 5-2　资本的相关数量　　　　　　　　　　单位：万元

资本来源	账面价值	资本成本
长期债券	4 000	4.5%
优先股	2 000	8%
普通股	3 000	13%
留存收益	1 000	10%
合计	10 000	—

解：

$$K_w = 4.5\% \times \frac{4\,000}{10\,000} + 8\% \times \frac{2\,000}{10\,000} + 13\% \times \frac{3\,000}{10\,000} + 10\% \times \frac{1\,000}{10\,000}$$
$$= 8.3\%$$

【例 5-10】某公司拟筹资 1 000 万元，现有 A、B 两个方案，有关资料如表 5-3 所示。

表 5-3　A、B 方案的资料　　　　　　　　　　单位：万元

资金来源	方案			
	方案 A		方案 B	
	筹资额	资本成本	筹资额	资本成本
长期债券	500	5%	200	3%
普通股	300	10%	500	9%
优先股	200	8%	300	6%
合　计	1 000		1 000	

要求：分析该公司应采用哪个方案筹资。

解：

方案 A、B 的加权平均资本成本计算如下：

$K_{wA} = 0.5 \times 5\% + 0.3 \times 10\% + 0.2 \times 8\% = 7.1\%$

$K_{wB} = 0.2 \times 3\% + 0.5 \times 9\% + 0.3 \times 6\% = 6.9\%$

因为 B 方案资本成本小于 A 方案资本成本，所以应该选择 B 方案。

【例 5-11】某企业筹集资本 1 000 万元，所得税税率为 25%，有关资料如下。

(1) 向银行借款 100 万元，借款年利率为 7%，手续费为 0.2%。

(2) 折价发行债券 200 万元，债券面值为 14 元，折价发行价格为 12 元，票面利率为 9%，期限为 5 年，每年支付一次利息，其筹资费率为 3%。

(3) 发行普通股 400 万元，每股发行价格为 10 元，筹资费率为 4%。预计第一年每股股利 1.2 元，以后每年按 5% 递增。

(4) 其余所需资金通过留存收益取得。

要求：计算该企业资本的加权平均资本成本。

解：

（1）计算筹资方式的资本成本：

$K_{借}=[7\%\times(1-25\%)]/(1-0.2\%)=5.26\%$

$K_{债}=[14\times9\%\times(1-25\%)]/[12\times(1-3\%)]=8.12\%$

$K_{普}=1.2/[10\times(1-4\%)]+5\%=17.5\%$

$K_{留}=\dfrac{1.2}{10}+5\%=17\%$

（2）计算加权平均资本成本：

$$K_{w}=5.26\%\times\frac{100}{1\,000}+8.12\%\times\frac{200}{1\,000}+17.5\%\times\frac{400}{1\,000}+17\%\times\frac{300}{1\,000}$$

$$=14.25\%$$

5.1.4　边际资本成本

由于风险的存在，企业无法以某一固定的成本筹措无限的资金，因此，实务中，当筹措的资金数量超过某一限度时，其资本成本就会随之增加。在企业追加筹资时，需要预测筹资额在什么数额上便会引起资本成本怎样的变化，这就要用到边际资本成本的概念。

边际资本成本是指新筹集资本的成本，在计算时，也需要进行加权平均。边际资本成本一般用于评价既定资本结构下，追加资本的筹资决策。

5.1.4.1　边际资本成本的概念

边际资本成本（marginal cost of capital，MCC），是指企业每增加筹集一个单位的资本而增加的成本。企业在追加投资时通常用边际资本成本作为决策依据。

企业追加筹资可以采用单一筹资方式，但在筹资量数额较大或目标资本结构既定的条件下，往往需要通过多种渠道、采取多种筹资方式的组合来实现。这时，边际资本成本实际上表现为随筹集资本增加而提高的加权平均资本成本，因此计算边际资本成本的方法也是加权平均法。

5.1.4.2　边际资本成本的计算步骤

（1）确定目标资本结构。

（2）计算各种个别资本成本。

（3）计算筹资总额分界点。

筹资总额分界点，也称筹资总额突破点，是指在保持某种资本成本率的条件下，可以筹集到的资本总限度。当筹资总额在分界点以内时，其原有的资本成本不变，一旦筹资总额超过分界点，其资本成本随之增加。筹资总额分界点的计算公式为：

$$筹资总额分界点=\frac{个别资本成本分界点}{个别资本占总资本的比重}$$

（4）计算边际资本成本。

根据计算出的筹资总额分界点，可得出若干组新的筹资范围，对各筹资范围分别计算加权平均资本成本，即可得到各种筹资范围的边际资本成本。

【例5-12】某公司计划筹集新的资金，并维持目前的资本结构（长期债券占40%，普通股占60%）不变。随着筹资总额的增加，各种筹资方式的资本成本如表5-4所示。

表5-4　各种筹资方式的资本成本

筹资方式	新筹资总额	资本成本
长期债券	30万元及以下	8%
	30万~80万元	9%
	80万元以上	10%
普通股	60万元及以下	14%
	60万元以上	16%

要求：（1）计算各筹资总额的分界点；（2）计算各筹资范围的边际资本成本。

解：（1）根据已知资料，计算出的筹资总额分界点，如表5-5所示。

表5-5　筹资总额分界点计算表

筹资方式	资本成本	各种筹资方式的筹资范围	筹资总额分界点
债券	8%	30万元及以下	30/40%=75（万元）
	9%	30万~80万元	80/40%=200（万元）
	10%	80万元以上	—
普通股	14%	60万元及以下	60/60%=100（万元）
	16%	60万元以上	

（2）计算各筹资总额范围的边际成本。由表5-5的筹资总额分界点，可以得出如下四个新的筹资范围：0~75万元；75万~100万元；100万~200万元；200万元以上。

对以上四个筹资范围分别测算其加权平均成本，便可得到各种筹资范围资本的边际成本。

① 0~75万元：边际成本=8%×0.4+14%×0.6=11.6%

② 75万~100万元：边际成本=9%×0.4+14%×0.6=12%

③ 100万~200万元：边际成本=9%×0.4+16%×0.6=13.2%

④ 200万元以上：边际成本=10%×0.4+16%×0.6=13.6%

5.1.4.3　边际资本成本曲线

边际资本成本曲线是指边际成本随筹资额度变动而形成的图形。一般来说，随着筹资规模的扩大，债务、权益资本成本将随之提高。以加权平均计算的MCC曲线会呈现跳跃式、阶梯状上升，形成一些断点，该断点表示企业在WACC上升前所能筹集的资本总量，称为筹资总额分界点，如图5-1所示。

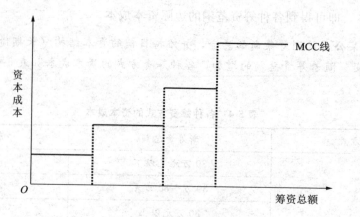

图 5-1　边际资本成本曲线

【例 5-13】 某公司拥有长期资金 400 万元，其中长期借款 100 万元，普通股 300 万元。该资本结构为公司理想的目标结构。公司拟筹集新的资金，并维持目前的资本结构。随着筹资总额的增加，各种筹资方式的资本成本变化如表 5-6 所示。

表 5-6　各种筹资方式的资本成本

筹资方式	个别资本筹资范围/万元	资本成本
长期借款	40 及以下，	4%
	40 以上	8%
普通股	75 及以下，	10%
	75 以上	12%

要求：计算各筹资总额分界点及相应各筹资范围的边际资本成本。

（1）计算各筹资总额分界点：

$$借款的比重 = \frac{100}{400} \times 100\% = 25\%$$

$$普通股的比重 = \frac{300}{400} \times 100\% = 75\%$$

$$借款的筹资总额分界点 = \frac{40}{25\%} = 160（万元）$$

$$普通股的筹资总额分界点 = \frac{75}{75\%} = 100（万元）$$

（2）计算各筹资范围的边际资本成本。

根据筹资总额分界点，可得出三组新的筹资范围：100 万元以下；100 万～160 万元；160 万元以上。

各种筹资范围的边际资本成本计算如下：

100 万元以下：边际资本成本 = 4%×25% + 10%×75% = 8.5%

100 万～160 万元：边际资本成本 = 4%×25% + 12%×75% = 10%

160 万元以上：边际资本成本 = 25%×8% + 75%×12% = 11%

边际资本成本如图 5-2 所示。

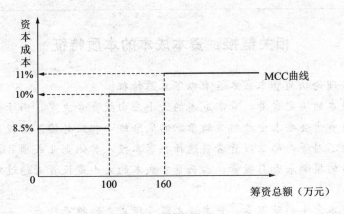

图 5-2 边际资本成本

5.1.5 降低资本成本的途径

降低资本成本，既取决于企业自身筹资决策，也取决于市场环境，要降低资本成本，需从以下几个方面着手。

1. 合理安排筹资期限

从原则上看，资本的筹集主要用于长期投资，筹资期限要服从于投资年限，也要服从于资本预算，投资年限越长，筹资期限也要求越长。但是，由于投资是分阶段、分时期进行的，因此，企业在筹资时，可按照投资的进度来合理安排筹资期限，这样既减少资本成本，又减少资本不必要的闲置。

2. 合理利率预期

资本市场利率多变，因此，合理利率预期对债务筹资意义重大。比如，企业采用发行债券方式筹资时，如果能够合理预计未来市场利率将会升高，则应该选择采用固定利率发行债券，这样，企业将来定期支付给债权人的利息就不会因为利率的上升而增加，实际上相当于降低了筹资成本。反之，如果能够合理预计未来市场利率将会下降，则应该选择采用浮动利率发行债券。

3. 提高企业信誉，积极参与信用等级评估

要想提高信用等级，首先企业必须积极参与等级评估，让企业了解市场，也让企业走向市场，只有这样，才能为以后的资本市场筹资提供便利，才能增强投资者的投资信心，才能积极有效地筹集所需资本，降低资本成本。

4. 积极利用负债经营

在投资收益率大于债务成本率的前提下，积极利用负债经营，可以取得财务杠杆效益，从而降低资本成本，提高投资效益。

5. 积极利用股票增值机制，降低股票筹资成本

对企业来说，要降低股票筹资成本，就应尽量用多种方式转移投资者对股利的吸引力，而转向市场实现其投资增值，要通过股票增值机制来降低企业实际的筹资成本。

相关链接：资本成本的本质特征

西方现代财务理论认为资本成本具有以下本质特征。

（1）从资本成本的决定者看，资本成本的大小应由投资者决定。由于企业的生产经营存在一定的风险，投资者会要求企业对其所承担的风险给予相应补偿。若投资者获得的投资补偿与其承担的风险不对等，那么投资者将选择把资本投入其他企业或项目，迫使企业不得不通过提高对投资者的报酬来吸引投资，因而资本成本的大小是投资者通过对资本投向的选择来决定的。

（2）从资本成本产生的动因看，资本成本缘于投资者的投资行为。正是由于投资者对于投资收益的追求，才有投资收益的产生，企业才可以利用投资收益吸引资本，所以说资本成本的定义应当揭示资本成本产生的原始动因——投资者的投资行为。

（3）从资本成本的本质看，资本成本是企业向投资者所支付的一种机会成本。理性的投资者通过比较诸投资方案的未来预期价值，选择预期价值最大的项目，而次优方案的估计价值成为投资者主观上认定的一种损失，这种损失即投资者投资行为的机会成本。投资者要求所选的投资项目至少能提供等于机会成本的收益，作为企业而言，其所提供的报酬即为企业利用资本的资本成本。

5.2　杠杆原理

5.2.1　成本习性、边际贡献、息税前利润与每股收益

5.2.1.1　成本习性及分类

成本习性是指成本总额与业务量之间在数量上的依存关系。成本按习性可划分为固定成本、变动成本和混合成本三类。

1. 固定成本

固定成本是指其总额在一定时期和一定业务量范围内不随业务量发生任何变动的那部分成本。属于固定成本的主要有按直线法计提的折旧费、保险费、管理人员工资、办公费等。单位固定成本将随产量的增加而逐渐变小。

固定成本还可进一步区分为约束性固定成本和酌量性固定成本两类。

（1）约束性固定成本，属于企业"经营能力"成本，是企业为维持一定的业务量所必须负担的最低成本，如厂房、机器设备的折旧费、长期租赁费等。企业的经营能力一经形成，在短期内很难有重大改变，因而这部分成本具有很大的约束性。

（2）酌量性固定成本，属于企业"经营方针"成本，是企业根据经营方针确定的一定时

期（通常为一年）的成本，如广告费、开发费、职工培训费等。

应当指出的是，固定成本总额只是在一定时期和业务量的一定范围（通常称为相关范围）内保持不变。

2. 变动成本

变动成本是指其总额随着业务量成正比例变动的那部分成本。直接材料、直接人工等都属于变动成本，但产品单位成本中的直接材料、直接人工将保持不变。与固定成本相同，变动成本也存在相关范围。

3. 混合成本

有些成本虽然也随业务量的变动而变动，但不成同比例变动，这类成本称为混合成本。混合成本按其与业务量的关系又可分为半变动成本和半固定成本。

（1）半变动成本。它通常有一个初始量，类似于固定成本，在这个初始量的基础上成本随产量的增长而增长，又类似于变动成本。

（2）半固定成本。这类成本随产量的变化而呈阶梯形增长，产量在一定限度内，这种成本不变，当产量增长到一定限度后，这种成本就跳跃到一个新水平。

总成本习性模型为：

$$y = a + bx$$

式中：y——总成本；

a——固定成本；

b——单位变动成本；

x——业务量（如产销量，假定产量与销量相等，下同）。

5.2.1.2 边际贡献及其计算

边际贡献（marginal earnings，M）是指销售收入减去变动成本以后的差额。其计算公式为：

$$边际贡献 = 销售收入 - 变动成本$$
$$= （销售单价 - 单位变动成本）× 产销量$$
$$= 单位边际贡献 × 产销量$$

5.2.1.3 息税前利润及其计算

息税前利润（earnings before interest & tax，EBIT），是指企业支付利息和交纳所得税前的利润。其计算公式为：

$$息税前利润 = 销售收入总额 - 变动成本总额 - 固定成本$$
$$= （销售单价 - 单位变动成本）× 产销量 - 固定成本$$
$$= 边际贡献总额 - 固定成本$$

5.2.1.4 每股收益及其计算

每股收益（earnings per share，EPS），也称每股税后利润、每股盈余，是指普通股的每股税后利润。其计算公式为：

$$每股收益=\frac{（息税前利润－利息）（1－所得税率）－优先股的股息}{流通在外普通股的股数}$$

表 5-7 边际贡献、息税前利润、每股收益的含义及计算公式

指标名称	含义	计算公式
边际贡献 M	销售收入与变动成本的差额	$M=px-bx=mx$ 式中：p、b、x、m——单价、单位变动成本、产销量和单位边际贡献
息税前利润 EBIT	利息和所得税前的利润之和	$EBIT=px-bx-a=M-a$ 其中，bx 和 a 不包括利息费用
每股收益 EPS	普通股股东的每股收益	$EPS=\dfrac{(EBIT-I)(1-T)-D}{N}$ 式中：I、T、D、N——利息、所得税率、优先股股息、普通股股数

5.2.2 杠杆原理

在企业的经营活动与理财活动中，与物理杠杆的作用一样，可以利用固定成本的特性来增加获利能力。财务管理中的杠杆效应，是指由于特定费用（如固定成本或固定财务费用）的存在而导致的，当某一相关财务变量以较小幅度变动时，另一相关财务变量会产生较大幅度变动的现象。合理地运用杠杆原理，有助于企业合理规避风险，提高资本营运效果。杠杆原理如图 5-3 所示。财务管理中的杠杆效应有经营杠杆、财务杠杆和总杠杆三种形式。

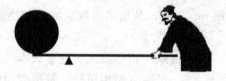

图 5-3 杠杆原理图示

5.2.2.1 经营杠杆

1. 经营杠杆的概念

经营杠杆（operating leverage），也称营业杠杆，是指由于固定成本的存在而导致的息税前利润变动率大于产销量变动率的杠杆效应。

经营杠杆对企业来说是把"双刃剑"。在固定成本一定的情况下，在一定业务量范围内，随着产销量的增加，虽然单位产品的变动成本基本保持不变，但是，单位产品分担的固定成本会降低，导致单位产品成本降低，单位产品利润增加，从而使企业息税前利润的增长率大于产销量的增长率；反之，在固定成本一定的情况下，在一定业务量范围内，随着产销量的减少，虽然单位产品的变动成本基本保持不变，但是，单位产品分担的固定成本上升，单位产品成本升高，单位产品利润减少，从而使企业息税前利润的降低率大于产销量的降低率。

【例5-14】长江公司生产甲产品，固定成本投资为200万元，甲产品的单位变动成本为30元，售价50元，月生产能力为50万件。本月产销量为30万件，预计下月产销量将增加到48万件。要求：（1）计算产销量变动率；（2）计算息税前利润变动率。

解：

（1）产销量变动率 $=\dfrac{产销量变动数量}{本月产销量}=\dfrac{48-30}{30}=60\%$

（2）息税前利润变动率 $=\dfrac{息税前利润变动数量}{本月息税前利润}$

$$=\dfrac{[(50-30)\times48-200]-[(50-30)\times30-200]}{[(50-30)\times30-200]}$$

$$=\dfrac{20\times18}{20\times30-200}=90\%$$

以上计算结果说明，在长江公司固定成本一定的情况下，息税前利润变动率（90%）大于该公司产销量变动率（60%）。

如果不存在固定成本，那么，息税前利润变动率将会与产销量变动率保持一致。然而，实务中，企业生产经营通常都有固定成本，因此，必然存在经营杠杆作用，即产销量发生较小的变动，就会引起息税前利润较大的变动。

2. 经营杠杆系数

如前所述，只要企业有固定成本，就存在经营杠杆效应的作用。经营杠杆作用的大小一般用经营杠杆系数来度量。

经营杠杆系数（degree of operating leverage，DOL）是指息税前利润变动率相当于产销量变动率的倍数，或者说当产销量变动1倍时，引起息税前利润变动的倍数。其计算公式如下：

$$经营杠杆系数（DOL）=\dfrac{息税前利润变动率}{产销量变动率} \tag{a}$$

即

$$DOL=\dfrac{\Delta EBIT/EBIT}{\Delta Q/Q}$$

式中：EBIT——基期息税前利润；

$\Delta EBIT$——息税前利润变动额；

Q——基期的产销量；

ΔQ——产销量变动数。

其中，

息税前利润 ＝ 销售收入总额 － 变动成本总额 － 固定成本

＝（销售单价 － 单位变动成本）× 产销量 － 固定成本

＝ 单位边际贡献 × 产销量 － 固定成本

为了便于利用基期数据计算经营杠杆系数，根据本量利之间的线性关系，通过推导可将上述公式简化。

设 p 为产品销售单价，b 为产品单位变动成本，F 为固定成本总额，x 为产销量，M

为边际贡献总额，则：

$$\text{EBIT} = (p - b)x - F, \text{ 且 } \triangle \text{EBIT} = (p - b) \times \triangle x,$$

所以

$$\text{DOL} = \frac{\text{销售收入} - \text{变动成本}}{\text{销售收入} - \text{变动成本} - \text{固定成本}} = \frac{(p - b)x}{(p - b)x - F}$$

或

$$\text{DOL} = \frac{\text{基期边际贡献总额}}{\text{基期息税前利润}} = \frac{M}{\text{EBIT}}$$

或

$$\text{DOL} = \frac{\text{基期息税前利润} + \text{固定成本}}{\text{基期息税前利润}}$$

$$= \frac{\text{EBIT} + F}{\text{EBIT}} = 1 + \frac{F}{\text{EBIT}}$$

由以上公式可以得出以下结论。

（1）在企业息税前利润为正的情况下，只要企业存在固定成本，企业的经营杠杆系数（DOL）就一定大于1。

（2）企业的经营杠杆系数不是固定不变的。运用企业本期的资料计算出的经营杠杆系数，是该企业下期的经营杠杆系数。

（3）经营杠杆系数的影响因素：单价、单位变动成本、产销量、固定成本。

【例 5-15】某公司 2020—2021 年经营情况如表 5-8 所示。

表 5-8　2020—2021 年公司经营情况　　　　　　　　　　　　　　单位：万元

项　目	2020 年	2021 年	变动额	变动率
销售额	1 000	1 200	200	20%
变动成本	600	720	120	20%
边际贡献	400	480	80	20%
固定成本	200	200	0	0
息税前利润	200	280	80	40%

要求：

（1）采用公式（a）计算该公司 2021 年的经营杠杆系数；

（2）采用简化公式计算该公司 2021 年和 2022 年的经营杠杆系数。

解：

（1）依据经营杠杆系数的定义公式，2021 年的经营杠杆系数计算如下：

$$\text{DOL} = \frac{\text{息税前利润变动率}}{\text{产销量变动率}} = \frac{40\%}{20\%} = 2$$

（2）采用简化公式计算该公司 2021 年和 2022 年的经营杠杆系数如下：

$$2021 \text{ 年，} \text{DOL} = \frac{M}{\text{EBIT}} = \frac{\text{基期边际贡献总额}}{\text{基期息税前利润}} = \frac{400}{200} = 2$$

$$2022 \text{ 年，} \text{DOL} = \frac{M}{\text{EBIT}} = \frac{\text{基期边际贡献总额}}{\text{基期息税前利润}} = \frac{480}{280} = 1.71$$

【例 5-16】某公司生产甲产品，年销售额为 30 万元，变动成本总额为 15 万元，固定成本总额为 10 万元，要求：计算该公司经营杠杆系数。

解：

$$DOL = 1 + \frac{F}{EBIT} = 1 + \frac{10}{30 - 15 - 10} = 3$$

计算结果表明，当销售增长（或减少）1 倍时，该公司的 EBIT 相应增加（或减少）3 倍。由此可见，经营杠杆系数越大，产销量变动对息税前收益的影响就越大，当产销售上升时可获得相对较高的利润，而当产销量下降时则会蒙受较大的损失。

【例 5-17】某公司生产 A 产品，固定成本为 60 万元，变动成本率为 40%。请分别计算销售额为 400 万元、200 万元、100 万元时的经营杠杆系数。

解：（1）销售额为 400 万元时：

$$DOL_{(1)} = \frac{销售收入 - 变动成本}{销售收入 - 变动成本 - 固定成本}$$
$$= \frac{400 - 400 \times 40\%}{400 - 400 \times 40\% - 60} = 1.33$$

（2）销售额为 200 万元时：

$$DOL_{(2)} = \frac{200 - 200 \times 40\%}{200 - 200 \times 40\% - 60} = 2$$

（3）销售额为 100 万元时：

$$DOL_{(3)} = \frac{100 - 100 \times 40\%}{100 - 100 \times 40\% - 60} \rightarrow \infty$$

以上计算结果表明：

① 在固定成本不变的情况下，经营杠杆系数说明销售额增长（减少）所引起利润增长（减少）的幅度。比如，$DOL_{(1)}$ 说明在销售额为 400 万元时，销售额的增长（减少）会引起利润 1.33 倍的增长（减少）；$DOL_{(2)}$ 说明在销售额为 200 万元时，销售额的增长（减少）将引起利润 2 倍的增长（减少）。

② 在固定成本不变的情况下，销售额越大，经营杠杆系数越小，经营风险也就越小；反之，销售额越小，经营杠杆系数越大，经营风险也就越大。比如，当销售额为 400 万元时，$DOL_{(1)}$ 为 1.33；当销售额为 200 万元时，$DOL_{(2)}$ 为 2。显然后者利润的不稳定性大于前者，故而后者的经营风险大于前者。

③ 在销售额处于盈亏临界点前的阶段，经营杠杆系数随销售额的增加而递增；在销售额处于盈亏临界点后的阶段，经营杠杆系数随销售额的增加而递减；当销售额达到盈亏临界点时，经营杠杆系数趋近于无穷大。如 $DOL_{(3)}$ 的情况，此时企业经营只能保本，若销售额稍有增加便可出现盈利，若销售额稍有减少便会发生亏损。

企业一般可以通过增加销售额、降低产品单位变动成本、降低固定成本比重等措施使经营杠杆系数下降，降低经营风险，但这往往要受到企业生产经营条件及外部市场环境的制约。

3. 经营风险

（1）经营风险的概念。经营风险（business risk）也称营业风险，是指企业因经营上的原因而导致息税前利润变动的风险，尤其是指利用经营杠杆而导致息税前利润变动的风险。经营风险是指公司固有的未来经营效益的不确定性。

（2）影响经营风险的主要因素。

① 市场需求。市场对企业产品的需求越稳定，企业的 EBIT 越稳定，经营风险越小；反之，经营风险越大。

② 销售价格。产品销售价格越稳定，企业的 EBIT 越稳定，经营风险越小；反之，经营风险越大。

③ 材料价格。原材料价格越稳定，企业的 EBIT 越稳定，经营风险越小；反之，经营风险越大。

④ 对销售价格的调整能力。当通货膨胀使生产资料价格上涨时，若公司有能力将因生产资料涨价而增加的生产成本转移到销售价格上，则能够消除其对 EBIT 的影响，这种调整能力越强，经营风险越小；反之，经营风险越大。

⑤ 固定成本。固定成本与 EBIT 的可变性之间没有必然的联系，但由于固定成本的性质使得当产品的销售量发生变动时，单位产品分担的固定成本随着销售量的增加（下降）而减少（增加），导致 EBIT 以更大的幅度波动，从而增加经营风险。因此，企业的固定成本在总成本中的比率越高，可能出现的经营风险越大；反之，经营风险越小。

⑥ 对经济周期的敏感性。若企业的销售收入随经济周期的变化而剧烈地波动，经营风险就大，如汽车制造业、旅游业。若企业对经济周期的敏感性弱，经营风险就小，如煤气公司、电力公司。此外，公司经营的多元化程度、公司管理者的管理水平等，也都将影响公司经营风险的大小。

4. 经营杠杆与经营风险的关系

如前所述，经营风险是指由于经营上的原因导致的企业未来息税前利润的不确定性。

（1）经营杠杆系数越大，企业经营风险越大。经营杠杆本身并不是利润不稳定的根源，但是，经营杠杆扩大了市场和生产等不确定因素对利润变动的影响。经营杠杆系数越大，不确定因素变动对息税前利润的影响越大，企业承担的经营风险越大。

实务中，控制经营风险的方法为：增加销售额、降低单位变动成本、降低固定成本等。

（2）经营风险既可以用杠杆系数衡量，还可以用概率法衡量，即用息税前利润的标准差或标准离差率表示，二者反映的结果是一致的。

【例 5-18】A、B 两家公司的有关经营资料如表 5-9 所示。要求：

（1）计算两家公司的经营杠杆系数，并比较两家公司的经营风险；

（2）计算两家公司的标准差，并比较两家公司的经营风险。

表 5-9　A、B 两家公司的有关经营资料

企业名称	经济情况	概率	销售量/件	单价/（元/件）	销售额/万元	单位变动成本/元	边际贡献/万元	固定成本/万元	息税前利润
A	好	0.20	120	10	1 200	6	480	200	280
	中	0.60	100	10	1 000	6	400	200	200
	差	0.20	80	10	800	6	320	200	120

续表

企业名称	经济情况	概率	销售量/件	单价/（元/件）	销售额/万元	单位变动成本/元	边际贡献/万元	固定成本/万元	息税前利润
B	好	0.20	120	10	1 200	4	720	400	320
	中	0.60	100	10	1 000	4	600	400	200
	差	0.20	80	10	800	4	480	400	80

（1）计算两家公司的经营杠杆系数。

A 公司期望的息税前利润为：

$$\overline{EBIT}_A = 280 \times 0.2 + 200 \times 0.6 + 120 \times 0.2 = 200（万元）$$

$$DOL_A = \frac{EBIT + F}{EBIT} = \frac{200 + 200}{200} = 2$$

$$\overline{EBIT}_B = 320 \times 0.2 + 200 \times 0.6 + 80 \times 0.2 = 200（万元）$$

$$DOL_B = \frac{EBIT + F}{EBIT} = \frac{200 + 400}{200} = 3$$

因为 $DOL_A < DOL_B$，所以 A 公司的经营风险小于 B 公司的经营风险。

（2）计算两个公司的标准差，并比较两家公司的经营风险。

A 公司期望的息税前利润为：

$$\overline{EBIT}_A = 280 \times 0.2 + 200 \times 0.6 + 120 \times 0.2 = 200（万元）$$

$$\sigma_A = \sqrt{(280-200)^2 \times 0.2 + (200-200)^2 \times 0.6 + (120-200)^2 \times 0.2} \approx 50.6（万元）$$

$$\overline{EBIT}_B = 320 \times 0.2 + 200 \times 0.6 + 80 \times 0.2 = 200（万元）$$

$$\sigma_B = \sqrt{(320-200)^2 \times 0.2 + (200-200)^2 \times 0.6 + (80-200)^2 \times 0.2} \approx 75.9（万元）$$

因为 $\sigma_A < \sigma_B$，所以 A 公司的经营风险小于 B 公司的经营风险。

以上计算结果表明，使用经营杠杆系数，与使用概率法（即使用标准差或标准离差率）衡量的经营风险结果是一致的。

5.2.2.2 财务杠杆

1. 财务杠杆的概念

财务杠杆（financial leverage），是指由于所筹资本中固定性使用费用（如债务利息、优先股股息）的存在，而导致的普通股每股收益变动率大于息税前利润变动率的杠杆效应。

在企业债务资本、优先股资本数量既定的条件下，企业债务的利息和优先股的股息是固定不变的。当企业的息税前利润增加时，由于从利润中扣除的固定性使用费不变，致使每一元息税前利润分担的固定性使用费用降低，导致普通股每股收益以更大的幅度增加，从而给普通股股东带来更大的收益。反之，当企业息税前利润减少时，从息税前利润中扣除的固定财务费用也是不变的，从而给普通股股东带来更大的损失。因此，财务杠杆与经营杠杆一样，对企业来说也是一把"双刃剑"。

2. 财务杠杆系数

财务杠杆系数（degree of financial leverage，DFL），是指普通股每股收益变动率相对于息税前利润变动率的倍数，或者说，当息税前利润变动 1 倍时，引起普通股每股收益变动的倍数。其计算公式如下：

$$财务杠杆系数（DFL）= \frac{普通股每股收益变动率}{息税前利润变动率}$$

$$DFL = \frac{\Delta EPS/EPS}{\Delta EBIT/EBIT}$$

式中：DFL——财务杠杆系数；

EPS——基期普通股每股收益；

Δ EPS ——普通股每股收益变动额。

设：I 为债务利息，D 为优先股股息，T 为所得税税率，N 为优先股股数，则：

基期普通股每股收益（EPS）等于基期的息税前利润减去利息费用、所得税和优先股股利后的余额为：

$$EPS = [(EBIT - I)(1 - T) - D]/N$$

每股收益的变动额（ΔEPS）等于息税前利润变动额减去所得税后的余额：

$$\Delta EPS = \Delta EBIT(1 - T)/N$$

则：

$$DFL = \frac{\Delta EPS/EPS}{\Delta EBIT/EBIT} = \frac{\Delta EBIT(1 - T)}{(EBIT - I)(1 - T) - D} \times \frac{EBIT}{\Delta EBIT}$$

化简得：

$$DFL = \frac{EBIT}{EBIT - I - \dfrac{D}{(1 - T)}}$$

由上式可以看出：在息税前利润一定的情况下，财务杠杆系数的大小取决于企业固定性使用费用的多少。企业的借入资本越多、优先股资本越多，其固定性使用费用就越多，财务杠杆系数就越大，每股收益因息税前利润变动而变动的幅度也就越大；反之则越小。较大的财务杠杆系数可以为公司带来较强的每股收益扩张能力，但是固定性使用费用越多，其按期支付利息、股息和本金的可靠性就越低，财务风险就越大，投资者所要求的收益率也就必然增加。因此，企业在筹集资本时，应在财务杠杆利益和财务风险之间作出权衡。

【例 5-19】嘉泰公司长期资本为 7 500 万元，债务资本比例为 0.4，债务年利率为 8%，企业所得税率为 25%，息税前利润为 800 万元，要求：计算该公司的财务杠杆系数。

$$DFL = \frac{800}{800 - 7\,500 \times 0.4 \times 8\%} = 1.43$$

以上计算结果说明嘉泰公司息税前利润变动 1 倍时，将引起普通股每股收益变动 1.43 倍。

【例 5-20】A、B、C 为三家经营业务相同的公司，相关情况如表 5-10 所示。

表 5-10　财务杠杆作用情况表　　　　　　　　单位：元

项目	公司		
	A	B	C
普通股本	2 000 000	1 500 000	1 000 000
发行股数	20 000	15 000	10 000
债务（利率8%）	0	500 000	1 000 000
资本总额	2 000 000	2 000 000	2 000 000
息前税前利润	200 000	200 000	200 000
债务利息	0	40 000	80 000
税前利润	200 000	160 000	120 000
所得税（税率25%）	50 000	40 000	30 000
税后利润	150 000	120 000	90 000
财务杠杆系数	1	1.25	1.67
每股普通股收益	7.5	8	9
息前税前利润增加	200 000	200 000	200 000
债务利息	0	40 000	80 000
税前利润	400 000	360 000	320 000
所得税（税率25%）	100 000	90 000	80 000
税后利润	300 000	270 000	240 000
每股普通股收益	15	18	24

表 5-10 说明：

① 财务杠杆系数表明息税前利润增长所引起的每股收益的增长幅度。比如，A 公司的息税前利润增长 1 倍时，其每股收益也增长 1 倍 $\left(\dfrac{15}{7.5}-1\right)$；B 公司的息前盈余增长 1 倍时，每股收益增长 1.25 倍（18/8−1）；C 公司的息税前盈余增长 1 倍时，其每股收益增长 1.67 倍（24/9−1）。

② 在资本总额、息前税前利润相同的情况下，负债比率越高，财务杠杆系数越高，财务风险越大，但预期每股收益（投资者收益）也越高。比如，B 公司与 A 公司相比，负债比率高（B 公司资本负债率为 500 000/2 000 000×100%＝25%，A 公司资本负债率为 0），财务杠杆系数高（B 公司为 1.25，A 公司为 1），财务风险大，但每股收益也高（B 公司为 8 元/股，A 公司为 7.5 元/股）；C 公司与 B 公司相比，负债比率高（C 公司资本负债率为 1 000 000/2 000 000×100%＝50%），财务杠杆系数高（C 公司为 1.67），财务风险大，但每股收益也高（C 公司为 9 元/股）。

③ 负债比率是可以控制的。实务中，企业可以通过合理安排资本构成，适度负债，使财务杠杆利益抵消风险增大所带来的不利影响。

3. 财务风险

（1）财务风险的概念。财务风险（financial risk），指因资本结构不合理、融资不当，使企业丧失支付利息和股息及到期本金能力而导致投资者预期收益下降的风险。在资本结构中，债务资本、优先股资本相对普通股资本权益的比重越大，公司的支付能力就越差；投资者所要求的收益率越大，公司的资本成本就越高。狭义的财务风险又称筹资风险，是针对债务资本、优先股股息偿付而言的。在我国理财实务中，大部分企业没有优先股资本，因此，从风险产生的原因上可将财务风险分为现金性财务风险和收支性财务风险两类。

① 现金性财务风险。这种风险是指公司在特定时点上，现金流出量超出现金流入量而产生的不能偿付债务本息的风险。可见，现金性财务风险是由于债务的期限结构与现金流入的期间结构不相配套引起的，它是一种支付风险。它表现为某一项债务不能及时偿还，或者是某一时点债务不能及时偿还。也正由于此，这种风险对公司以后各期的筹资影响不是很大。由于它是理财不当引起的财务风险，表现为现金预算与实际不符而出现的支付危机；或者由于资本结构安排不当引起的，如在资本利润率较低时安排了较高的债务，以及在债务的期限安排上不合理而引起某一时点的偿债高峰。因此，作为一种暂时性的偿债风险，只要通过合理安排现金流量和现金预算即能回避，因而对所有者收益的直接影响不大。

② 收支性财务风险。这种风险是指公司在收不抵支的情况下出现的不能偿还到期债务本息的风险。当公司收不抵支，即发生亏损时，将会减少公司净资产，从而减少作为偿债保障的资产总量，在负债不变的情况下，亏损越多，公司资产偿还债务的能力也就越低。它不仅仅是一种支付风险，而且意味着公司经营失败，即处于收不抵支的破产状态，因此这种风险不仅源于理财不当，而且主要源于经营不当。一旦出现收不抵支，公司的债权人权益就很难保障，而作为公司所有者的股东，其承担的风险压力更大。如果不加强管理，那么公司的再筹资将面临很大的困难。

（2）影响财务风险的主要因素。

① 债务比例的大小。公司如果不发行债券、不借款，就不存在财务风险。公司运用债务的比例上升，财务风险随之增大。

② 收支的匹配程度。如果公司的现金流入量与债务本金和利息的支付不匹配，财务风险就会上升，流动负债所占比例就越大，无法按时支付利息和本金的可能性就越大，财务风险也就越大。

4. 财务杠杆与财务风险的关系

财务杠杆会加大财务风险，企业举债比重越大，财务杠杆效应越强，财务风险越大。财务杠杆与财务风险的关系可通过计算分析不同资本结构下普通股每股收益及其标准离差和标准离差率来进行测试。

5.2.2.3 总杠杆

1. 总杠杆的概念

经营杠杆的运用使得产销量变动时，对 EBIT 的变化有扩大作用；而财务杠杆的运用使得 EBIT 变动时，对 EPS 的变化有扩大作用。若公司使用联合杠杆，即同时使用经营杠杆和财务杠杆，则销售量的细微变动将导致 EPS 的大幅度波动，这种杠杆效应称为联合杠杆（combined leverage）或总杠杆。

2. 总杠杆系数

总杠杆系数（degree of combined leverage，DCL），也称联合杠杆系数，是指在某一产销量水平下普通股每股收益（EPS）变动率相当于销售额或产销量变动率的倍数，用公式表示为：

$$DCL = \frac{\Delta EPS/EPS}{\Delta Q/Q} = \frac{\Delta EPS/EPS}{\Delta EBIT/EBIT} \times \frac{\Delta EBIT/EBIT}{\Delta Q/Q} = DFL \times DOL$$

【例 5-21】A 公司销售额为 100 万元，变动成本率为 40%，固定成本总额为 30 万元，总资本为 100 万元，其中负债 40 万元，利率为 8%；优先股 20 万元，股息率为 12%；普通股 40 万元，4 000 股，所得税税率为 25%。要求：（1）计算复合杠杆系数；（2）分析销售额变动±30% 时，对每股收益的影响。

解：

（1）计算总杠杆系数：

$$DFL_A = \frac{100 - 100 \times 40\% - 30}{(100 - 100 \times 40\% - 30) - 40 \times 8\% - \dfrac{20 \times 12\%}{(1 - 25\%)}} = \frac{30}{23.6} = 1.27$$

$$DOL_A = \frac{100 - 100 \times 40\%}{100 - 100 \times 40\% - 30} = \frac{60}{30} = 2$$

$$DCL_A = 1.27 \times 2 = 2.54$$

（2）分析销售额变动对每股收益的影响。由于 DCL=2.54，每股收益变动率是销售额变动率的 2.54 倍。若销售额上升 30%，则每股收益将提高 76.2%（30%×2.54），每股收益为 78 元（44.25+44.25×76.25%）；若销售额下降 30%，则每股收益将降低 76.2%，每股收益为 10.5 元（44.25−44.25×76.25%），具体计算如表 5-11 所示。

表 5-11 销售额变动对每股收益的影响

	−30	0	+30
销售额变动率/%	−30	0	+30
销售额/万元	70	100	130
变动成本/万元	28	40	52
固定成本/万元	30	30	30
息税前利润/万元	12	30	48
利息费用/万元	3.2	3.2	3.2
税前利润/万元	8.8	26.8	44.8
所得税（税率 25%）/万元	2.2	6.7	11.2
优先股股息/万元	2.4	2.4	2.4
属于普通股的收益/万元	4.2	17.7	31.2
普通股股数/股	4 000	4 000	4 000
每股收益/（元/股）	10.5	44.25	78

这种双重杠杆的作用是一把"双刃剑"，在公司经营状况良好时可以大幅度提高每股收益的期望值，使股东获得联合杠杆利益，但同时使风险增大，在公司销售额下降时，股东的每股收益将大幅度降低。

具体而言，经营杠杆系数可以衡量企业的经营风险，财务杠杆系数可以用来衡量企业的财务风险，联合杠杆系数可用来衡量企业的总体风险。联合杠杆系数越大，企业每股收益随产销量增长而扩张的能力就越强，但风险也随之加大。因此，企业管理人员必须根据其可承受的风险和程度来确定合适的经营杠杆系数和财务杠杆系数。

相关链接：西方理论界对资本成本的界定

现代财务管理思想来自西方微观经济学，财务管理与公共财政完全分离，是一种实效性的企业财务，即西方的财务概念都是指企业财务。财务管理以资本管理为中心，以经济求利原则为基础，着重研究企业管理当局如何进行财务决策、如何使企业价值最大化。在这种市场化背景下，股东的最低回报率即资本成本就成为应有之义了。西方理财学界对资本成本的定义为：资本成本是企业为了维持其市场价值和吸引所需资金而在进行项目投资时所必须达到的收益率，或者是企业为了使其股票价格保持不变而必须获得的投资收益率。对资本成本的理解偏差是我国理财学发展不成熟的一个重要表现。

理解资本成本可分为两个层次：第一个层次是最根本的层次，即要了解资本成本的实质是机会成本；第二个层次是要了解企业资本成本的高低取决于投资者对企业要求收益率的高低，而这又取决于企业投资项目风险水平的高低。确切地说，资本成本是由投资风险决定的。

资本成本的实质是机会成本。这在财务决策中是极为关键的观念。例如，某公司有 A、B 两个项目，A 项目的收益率是 10%，B 项目的收益率是 12%。该公司为如期进行项目投资，与银行达成了贷款 200 万元的协议，利率为 8%。在这种情况下，如果该公司选择了 B 项目，则其进行投资收益评价时的适用资本成本率是多少呢？答案应当是被放弃的 A 项目的收益率，即 10%，这是选择 B 项目进行投资的机会成本。从财务理论角度看，机会成本绝非虚拟的成本，它是实实在在地影响净现值实现的一个重要因素。

从企业理财的角度，资本成本是企业投资行为所必须达到的最低限度的收益率水平。站在投资者（包括股东和债权人）角度，资本成本就是要求的收益率，它与投资项目的风险程度成正比例关系。因此，在财务理论分析中，资本成本、要求收益率甚至预期收益率均可被视为同义词，可相互交替使用。在确定股权资本的资本成本时，所要考虑的核心因素是股票投资者的要求收益率。换言之，股票投资者的要求收益率就是股权资本的资本成本。由此可以看出，关于资本成本实质极为关键的一点是：企业投资项目的风险程度决定投资者的要求收益率，而投资者的要求收益率即是该项目的资本成本。

5.3 资本结构

5.3.1 资本结构的含义

资本结构（capital structure），是指企业各种资本的构成及其比例关系。资本结构是企业筹资决策的核心问题，企业应该具体分析影响资本结构的各种因素，并运用适当的方法确定适合本企业发展的资本结构。

资本结构有广义和狭义之分。广义的资本结构，又称财务结构（financial structure），是指企业全部资本来源的构成与比例关系，不仅包括权益资本和长期债务资本，还包括短期债务资本。

狭义的资本结构是指企业长期资本来源的构成与比例关系，仅包括权益资本和长期债务资本，不包括短期债务资本。短期债务资本作为营运资本（operating capital）管理。

本章分析的资本结构是指狭义的资本结构。

5.3.2 影响资本结构的因素

资本结构理论认为存在最优资本结构。企业在筹资的过程中，要通过不断地优化资本结构使之趋于合理，达到企业综合资本成本最低的资本结构，才能实现企业价值最大化。影响资本结构的因素既有企业外部影响因素，又有企业内部影响因素。

5.3.2.1 外部影响因素

1. 国家的发达程度

不同发达程度的国家存在不同的资本结构。与其他国家相比，发展中国家在资本形成、资本积累和资本结构的重整过程中存在着制约资本问题的以下障碍：①经济发展状况落后，人均收入水平低，资本流量形成的源头枯萎；②发展中国家储蓄不足，金融机构不健全，金融市场不发达，难以将分散、零星的储蓄有效地转化为投资，进而形成资本。而在发达国家，健全、良好、完备的金融组织机构、资本市场起着保障组织、汇集储蓄，使其顺利转化为投资这样一个十分重要的中介作用。

2. 经济周期

在市场经济条件下，任何国家的经济都处于复苏、繁荣、衰退和萧条的阶段性周期循环中。一般而言，在经济衰退、萧条阶段，由于整个经济不景气，很多企业举步维艰，财务状况经常陷入困难，甚至有可能恶化，因此，在此期间，企业应采取紧缩负债经营的政策。而在经济繁荣、复苏阶段，市场供求趋旺，大部分企业销售增加，利润水平不断上升，因此企业应该适度增加负债，充分利用债权人的资金进行投资和经营。同时，企业应该确保本身的偿债能力，保证有一定的权益资本作保障，合理确定债务结构，分散与均衡债务到期日，以免因债务到期日集中而加大企业的偿债压力。

3. 企业所处行业的竞争程度

在宏观经济环境下，企业因所处行业不同，其负债水平不能一概而论。一般情况下，如果企业所处行业的竞争程度较弱或处于垄断地位，如通信、自来水、煤气、电力等行业，销售顺畅，利润稳定增长，破产风险很小甚至不存在，因此可适当提高负债水平。相反，如果企业所处行业竞争程度较高，投资风险较大，如家电、电子、化工等行业，其销售完全是由市场决定的，利润平均化趋势使利润处于被平均甚至降低的趋势，因此，企业的负债水平应低一点，以获得稳定的财务状况。

4. 税收机制

国家对企业筹资方面的税收机制一定程度上影响了企业的筹资行为，使其对筹资方式作出有利于自身利益的选择，从而调整了企业的资本结构。根据我国税法规定，企业债务的利息可以在所得税前扣除，降低企业的利润总额，最终减少企业的所得税。因此，当资本利润率高于债务利率时，企业应该更多地筹集债务资本来获得避税收益，从而提高企业的价值。

5. 利率变动趋势

利率变动趋势在一定程度上影响到企业的资本结构。如果企业的财务管理人员认为利率暂时较低，但在不久的将来有可能上升，企业便会发行大量的长期债券，从而使利率在若干年内限制在较低的水平上。

5.3.2.2 内部影响因素

1. 企业规模

企业规模制约着公司的资本规模，也制约着企业的资本结构。一般而言，大企业倾向于多角化、纵向一体化或横向一体化经营。多角化经营战略能使企业有效分散风险，具有稳定的现金流，不易受财务状况的影响，因而使企业面临较低的破产成本，在一定程度上能够承受较多的负债。纵向一体化经营战略能够节约企业的交易成本，提高企业整体的经营效益水平，既提高了企业的负债能力，同时也提高了内部融资的能力，因此对于实行纵向一体化战略的企业，无法确定其规模与负债水平的关系。对于实行横向一体化战略的企业，由于企业规模的扩张会提高产品的市场占有率，因此会带来更高更稳定的收益，所以，可以适当提高企业的负债水平。

2. 资产结构

1984 年，迈尔斯和梅勒夫在分析了管理者与外部信息不对称问题后认为，企业通过发行有抵押担保的债务可以降低债权人由于信息不对称带来的信用风险。因此，在有形资产作担保的情况下，债权人更愿意提供贷款，企业的有形资产越多，其担保的价值越大，因而可以筹集更多的资金。对于固定资产和存货等可抵押资产，其价值越大，企业可获得的负债越多。资产结构会以多种方式影响企业的资本结构。根据有关学者的研究，有以下结论：①拥有大量固定资产的企业主要通过长期负债和发行股票筹集资金；②拥有较多流动资产的企业，更多地依赖流动负债来筹集资金；③资产适于进行抵押贷款的企业举债较多，如房地产企业的抵押贷款就非常多；④以技术开发为主的企业负债则很少。

3. 企业获利能力

融资顺序理论认为，企业融资的一般顺序是：首先是使用内部融资，其次是债务融资，最后是发行股票。如果企业的获利能力较低，很难通过留存收益或其他权益性资本来筹集资金，只好通过负债筹资，这样导致资本结构中负债比重加大；当企业具有较强的获利能力时，就可以通过保留较多的盈余为未来的发展筹集资金，企业筹资的渠道和方式选择的余地较大，既可以筹集到生产发展所需要的资金，又可以使综合资本成本尽可能最低。

4. 企业偿债能力

通过流动比率、速动比率、资产负债率、产权比率、有形净值债务率等财务指标的分析，评价企业的偿债能力，同时还应考虑长期租赁、担有责任、或有事项等因素对企业偿债能力的影响。如果企业的偿债能力相当强，则可在资本结构中适当加大负债比率，以充分发挥财务杠杆的作用，增加企业的盈利能力，反之就不应该过度负债，而应采取发行股票等权益性资本融资方式。

5. 股利政策

股利政策主要是关于税后利润如何分配的筹资政策。如果企业不愿意接受债券筹资的高风险和产权筹资的稀释作用，则可以考虑用内部积累的方式筹集投资所需的部分或全部的资金。如果企业决定采用内部筹资，则股利分配金额将会减少，负债水平将会降低。

6. 所有者和经营者对公司权利和风险的态度

企业资本结构的决策最终是由所有者和经营者作出的。一般情况下，如果企业的所有者和经营者不想失去对企业的控制，则应选择负债融资，因为增加股票的发行量或扩大其他权益资本范围，有可能稀释所有者权益和分散经营权。同时，所有者和经营者对风险的态度也会影响资本结构：对于比较保守、稳健、对未来经济持悲观态度的所有者及经营者，偏向尽可能使用权益资本，负债比重相对较小；对于敢于冒险、富于进取精神、对经济发展前景比较乐观的所有者和经营者，偏向于负债融资，以充分发挥财务杠杆的作用。

总之，企业的资本结构受外部、内部因素的影响，这些因素并非一成不变，而是处于不断的变化中，资本结构也应该根据变化作出调整，企业在筹资过程中，应综合考虑以上因素，为了有利于企业的长远发展，应选择弹性较大的筹资方式，为资本结构的再调整留有余地。

5.3.3　资本结构理论

最早提出资本结构理论的是美国经济学家戴维·杜兰德（David Durand），他认为企业的资本结构是按照净利法、营业净利法和传统法建立的。1958 年，莫迪格莱尼（F. Modigliani）和米勒（M. Miller）提出了著名的 MM 理论，后人又在此基础上，陆续提出了其他资本结构理论。

总的来讲，资本结构理论包括净收益理论、净营业收益理论、传统折中理论、MM 理论、平衡理论、代理理论和等级筹资理论等。

1. 净收益理论

净收益理论认为，负债可以降低企业的资本成本，负债程度越高，企业的价值越大。这是因为，债务利息和权益资本成本均不受财务杠杆的影响，无论负债程度多高，企业的债务资本成本和权益资本成本都不会变化。因此，只要债务成本低于权益成本，那么负债越多，企业的加权平均资本成本就越低，企业的净收益或税后利润就越多，企业的价值就越大。当负债比例为 100% 时，企业加权平均资本成本最低，企业价值将达到最大值。

2. 净营业收益理论

净营业收益理论认为，资本结构与企业的价值无关，决定企业价值高低的关键要素是企业的净营业收益。不论企业的财务杠杆程度如何，其整体的资本成本都不变，因而不存在最佳资本结构。

3. 传统折中理论

传统折中理论认为，企业利用财务杠杆尽管会导致普通股每股收益上升，但在一定范围内并不会完全抵消利用成本较低的债务所带来的好处，因此会使综合资本成本下降、企业价值上升；但一旦超过某一限度，综合资本成本又会上升。在综合资本成本由下降变为上升的转折点，资本结构达到最优。

4. MM 理论

MM 理论认为，在没有企业和个人所得税的情况下，任何企业的价值，不论其有无负债，都等于经营利润除以适用于其风险等级的报酬率。负债企业要依据负债程度来定风险报酬率，权益成本会随着负债程度的提高而增加。这样，增加负债所带来的利益完全被上涨的权益成本所抵消。因此，风险相同的企业，其价值不受有无负债及负债程度的影响。但在考虑所得税的情况下，由于存在税额庇护利益，企业价值会随负债程度的提高而增加，股东也可获得更多好处。于是，负债越多，企业价值也会越大。

5. 平衡理论

平衡理论也称权衡理论，该理论以 MM 理论为基础，又引入财务危机成本概念。这种理论认为，当负债程度较低时，不会产生财务危机成本，于是，企业价值因税额庇护利益的存在会随负债水平的上升而增加；当负债达到一定界限时，负债税额庇护利益开始为财务危机成本所抵消，当边际负债税额庇护利益等于边际财务危机成本时，企业价值最大，资本结构最优；若企业继续追加负债，企业价值会因财务危机成本大于负债税额庇护利益而下降，负债越多，企业价值下降越快。

6. 代理理论

代理理论认为，债权筹资能够促使经理更努力工作，减少个人享受，并且作出更好的投资决策，从而降低由于两权分离而产生的代理成本；但是，负债筹资可能导致另一种代理成本，即企业接受债权人监督而产生的成本。均衡的企业所有权结构是由股权代理成本和债权代理成本之间的平衡关系来决定的。

7. 等级筹资理论

由于企业所得税的节税利益，负债筹资可以增加企业的价值，即负债越多，企业价值增加越多，这是负债的第一种效应；但是，财务危机成本期望值的现值和代理成本的现值会导致企业价值下降，即负债越多，企业价值减少额越大，这是负债的第二种效应。由于上述两种效应相互抵消，企业应适度负债。最后，由于非对称信息的存在，企业需要保留一定的负债容量以便有利可图的投资机会来临时可发行债券，避免以太高的成本发行新股。

从成熟的证券市场来看，企业的筹资优序模式首先是内部筹资，其次是借款、发行债券、可转换债券，最后是发行新股筹资。主要资本结构理论对比如表 5-12 所示。

表 5-12 主要资本结构理论对比

资本结构理论	主要观点
净收益理论	负债程度为 100% 时，企业价值最大
净营业收益理论	企业价值不受资金结构的影响，企业不存在最优资金结构

续表

资本结构理论	主要观点
传统折中理论	综合资金成本由下降变为上升的转折点为最优资金结构
MM 理论	在不考虑所得税的情况下，风险相同的企业，其价值不受负债程度的影响；但在考虑所得税的情况下，负债越多，企业价值越大
平衡理论	企业最佳资金结构应当是在负债价值最大化和债务上升带来的财务危机成本之间的平衡，即当边际负债税额庇护利益等于边际财务危机成本时，企业价值最大
代理理论	均衡的企业所有权结构是由股权代理成本和债权代理成本之间的平衡关系来决定的
等级筹资理论	优先选择内部筹资，如果需要外部筹资，则偏好债务筹资

5.3.4 最佳资本结构的确定

5.3.4.1 最佳资本结构的含义

最佳资本结构，是指在一定条件下使企业加权平均资本成本最低、企业价值最大的资本结构。

5.3.4.2 最佳资本结构的确定方法

确定最佳资本结构的方法有每股收益无差别点法、比较资本成本法和公司价值分析法。

1. 每股收益无差别点法

每股收益无差别点法，也称每股利润无差别点法，又称息税前利润-每股收益分析法（EBIT-EPS 分析法），是通过分析资本结构与每股收益之间的关系，计算各种筹资方案每股收益的无差别点，进而确定合理的资本结构的方法。

（1）基本原理。这种方法判断资本结构是否合理，是通过分析每股收益的变化来衡量的。能提高每股收益的资本结构是合理的，反之则不够合理。每股收益分析是利用每股收益的无差别点进行的。每股收益无差别点的息税前利润，就是两种筹资方案每股收益相等时的息税前利润。

（2）求解方法。写出两种筹资方案每股收益的计算公式，令其相等，计算出息税前利润。这个息税前利润就是每股收益无差别点的息税前利润。

（3）决策原则。如果预期的息税前利润大于每股收益无差别点的息税前利润，则运用负债多的筹资方案；反之，如果预期的息税前利润小于每股收益无差别点的息税前利润，则运用权益多的筹资方案。

设每股收益无差别点的息税前利润为 $EBIT_0$，则：

$$\frac{(EBIT_0 - I_1) \times (1 - T) - D_1}{N_1} = \frac{(EBIT_0 - I_2) \times (1 - T) - D_2}{N_2}$$

$$EBIT_0 = \frac{N_2 \times [I_1 \times (1 - T) + D_1] - N_1 \times [I_2 \times (1 - T) + D_2]}{(N_2 - N_1) \times (1 - T)}$$

式中：I_1，I_2——两种筹资方式下的年利息；

D_1，D_2——两种筹资方式下的优先股股利；

N_1，N_2——两种筹资方式下企业流通在外的普通股股数；

T——企业适用的所得税税率。

如公司没有发行优先股，上式可简化为：

$$EBIT_0 = \frac{N_2 \times I_1 - N_1 \times I_2}{(N_2 - N_1)}$$

EBIT-EPS 分析法如图 5-4 所示。

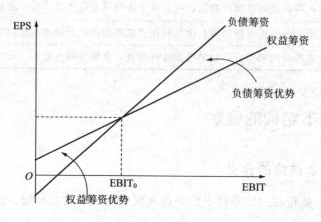

图 5-4　EBIT-EPS 分析法

【**例 5-22**】某公司 2021 年 12 月 31 日的负债及所有者权益总额为 18 000 万元，其中，发行在外的普通股为 8 000 万股（每股面值 1 元），长期借款 2 000 万元，利率为 6%，三年后到期，资本公积 4 000 万元，其余均为留存收益。

2022 年 1 月 1 日，该公司拟投资一个新的建设项目，需追加筹资 2 000 万元，现有 A、B 两个筹资方案可供选择。

A 方案：发行普通股，预计每股发行价格为 5 元。

B 方案：按面值发行票面利率为 8% 的公司债券（每年年末付息）。

假定该建设项目投产后，2022 年度公司可实现息税前利润 4 000 万元。公司适用的所得税税率为 25%。

要求：（1）利用每股收益无差别点法进行方案的优选；

（2）计算无差别点时的每股收益；

（3）分别计算息税前利润为 4 000 万元时，两个方案下的每股收益。

解：

（1）进行方案优选。

A 方案：2022 年增发普通股股份数 $= \dfrac{2\,000}{5} = 400$（万股）

2022 年全年负债利息 $= 2\,000 \times 6\% = 120$（万元）

B 方案：2022 年新增债券利息 $= 2\,000 \times 8\% = 160$（万元）

设每股收益无差别点时的息税前利润为 $EBIT_0$，则：

$$\frac{(EBIT_0 - 120) \times (1 - 25\%)}{8\,000 + 400} = \frac{(EBIT_0 - 280) \times (1 - 25\%)}{8\,000}$$

$$\text{EBIT}_0 = 3\,480(\text{万元})$$

因为预计的息税前利润 4 000 万元大于每股利润无差别点 3 480 万元，所以依据 EBIT-EPS 分析法的决策原则，应当选择 B 方案，即发行公司债券筹集所需资金。

（2）计算无差别点时的每股收益。

设无差别点时的每股收益为 EPS_0，则：

$$\text{EPS}_0 = \frac{(\text{EBIT}_0 - I_A)(1-T)}{N_A} = \frac{(3\,480 - 120) \times (1 - 25\%)}{8\,000 + 400} = 0.3(\text{元／股})$$

或

$$\text{EPS}_0 = \frac{(\text{EBIT}_0 - I_B)(1-T)}{N_2} = \frac{(3\,480 - 280) \times (1 - 25\%)}{8\,000} = 0.3(\text{元／股})$$

（3）息税前利润为 4 000 万元时，两个方案下的每股收益分别计算如下：

$$\text{EPS}_A = \frac{(\text{EBIT} - I_A)(1-T)}{N_A} = \frac{(4\,000 - 120) \times (1 - 25\%)}{8\,000 + 400} = 0.346(\text{元／股})$$

或

$$\text{EPS}_B = \frac{(\text{EBIT} - I_B)(1-T)}{N_2} = \frac{(4\,000 - 280) \times (1 - 25\%)}{8\,000} = 0.349(\text{元／股})$$

上述计算结果表明，当预期息税前利润（EBIT＝4 000 万元）大于每股收益无差别点的息税前利润（EBIT_0＝3 480 万元）时，采用负债多的 B 方案获得的每股收益（EPS_B＝0.349 元/股）大于权益多的 A 方案获得的每股收益（EPS_A＝0.346 元/股）。

此外，每股收益无差别点除了可以利用息税前利润表示，还可以用销售量、销售额、边际贡献等表示。

每股收益无差别点法的优点是比较容易理解，测算过程较为简单。这种方法的缺点是只考虑了资本结构对每股收益的影响，并假定每股收益最大，股票价格也就最高，最佳资本结构也即每股收益最大的资本结构。它以普通股每股收益最高为决策标准，忽视测算财务风险因素，其决策目标实际上是每股收益最大化而不是企业价值最大化，因此，在实务中，一般用于资本规模不大、资本结构不太复杂的股份有限公司。

2. 比较资本成本法

比较资本成本法，是通过计算各方案加权平均资本成本，并根据加权平均资本成本的高低来确定最佳资本结构的方法。最佳资本结构也即加权平均资本成本最低的资本结构。计算步骤如下：

（1）拟定筹资方案；

（2）确定各方案的资本结构；

（3）计算各方案的加权资本成本；

（4）通过比较，选择加权平均资本成本最低的结构为最优资本结构。

【例 5-23】某公司目前拥有资金 2 000 万元。其中，长期借款 800 万元，年利率 6%；普通股 1 200 万元，上年支付的每股股利 2 元，预计年股利增长率为 3%，发行价格 20 元，目前价格也为 20 元，该公司计划再筹集资本 100 万元，企业所得税率为 25%，有两种筹资方案：

方案 I：增加长期借款 100 万元，借款利率上升到 8%，假设公司其他条件不变。

方案Ⅱ：增发普通股 40 000 股，普通股市价增加到每股 25 元，假设公司其他条件不变。

要求：

(1) 计算该公司筹资前加权平均资本成本；

(2) 用比较资本成本法确定该公司筹资方案。

解：

(1) 目前资本结构为：长期借款 40%，普通股 60%。

借款资本成本＝6%×(1－25%)＝4.5%

普通股成本＝2×(1＋3%)/20＋3%＝13.3%

加权平均资本成本＝4.5%×40%＋13.3%×60%＝9.78%

(2) 方案Ⅰ。

原借款成本＝6%×(1－25%)＝4.5%

新借款成本＝8%×(1－25%)＝6%

普通股成本＝2×(1＋3%)/20＋3%＝13.3%

$$方案Ⅰ的加权平均资本成本＝4.5\%×\left(\frac{800}{2\,100}\right)＋6\%×\left(\frac{100}{2\,100}\right)＋13.3\%×\left(\frac{1\,200}{2\,100}\right)$$
$$＝9.6\%$$

(3) 方案Ⅱ。

原借款成本＝6%×(1－25%)＝4.5%

普通股资本成本＝2×(1＋3%)/25＋3%＝11.24%

$$方案Ⅱ的加权平均资本成本＝4.5\%×\left(\frac{800}{2\,100}\right)＋11.24\%×\frac{(1\,200＋100)}{2\,100}$$
$$＝8.67\%$$

因为方案Ⅱ的加权平均资本成本（8.67%）小于方案Ⅰ的加权平均资本成本（9.6%），所以，该公司应选择方案Ⅱ，即增发普通股筹资。

比较资本成本法的优点：以加权平均资本成本最低为唯一判断标准，因此在应用中体现出直观性和操作上的简便性。另外，资本成本的降低必然给企业财务带来良好的影响，一定条件下也可以使企业的市场价值增大。

比较资本成本法的缺点：仅仅以加权平均资本成本最低作为唯一标准，在一定条件下会使企业蒙受较大的财务损失，并可能导致企业市场价值的波动。

3. 公司价值分析法

公司价值分析法，是通过计算和比较各种资本结构下公司的市场总价值来确定最佳资本结构的方法。最佳资本结构也即公司市场价值最大的资本结构。

公司的市场总价值＝股票的市场价值＋负债的市场价值

为简化起见，实务中，通常假定负债的市场价值等于其面值。

5.3.5 资本结构调整的原因

1. 成本过高

成本过高，即原有资本结构的加权平均资本成本过高，从而使得利润下降，它是资本结构调整的主要原因之一。

2. 风险过大

虽然负债筹资能降低成本、提高利润，但风险较大。如果筹资风险较大，以致企业无法承担，则破产成本会直接抵减因负债筹资而取得的杠杆收益，企业此时需进行资本结构调整。

3. 弹性不足

弹性是指企业在进行资本结构调整时原有结构应有的灵活性，包括筹资期限弹性、各种筹资方式间的转换弹性。其中，期限弹性针对负债筹资方式是否具有展期性、提前收兑性等而言；转换弹性针对负债与负债间、负债与资本间、资本与资本间是否具有可转换性而言。弹性不足时，企业要调整结构也很难；反过来，也正是由于弹性不足而促使企业要进行资本结构调整。弹性大小是判断企业资本结构是否健全的标志之一。

4. 约束机制

不同的筹资方式，投资者对筹资方的使用约束是不同的。约束过严，在一定意义上有损于企业财务自主权，有损于企业灵活调动与使用资金。正因为如此，有时企业宁愿承担较高的代价而选择那些使用约束相对较宽的筹资方式，比如，为了减少资本使用的约束性，企业有时宁愿放弃资本成本低、但使用约束高的银行借款筹资，而选择资本成本高的权益性筹资方式。因此，约束机制也是促使企业进行资本结构调整的动因之一。

5.3.6 资本结构的调整方法

当企业现有资本结构与目标资本结构存在较大差异时，企业需要进行资本结构的调整。企业调整资本结构的方法主要有以下三种。

5.3.6.1 存量调整

在不改变现有资产规模的基础上，根据目标资本结构要求，对现有资本结构进行调整。存量调整的方法有：债转股、股转债；增发新股偿还债务；调整现有负债结构，如与债权人协商将长、短期负债转换；调整权益资本结构，如以资本公积转增股本。

5.3.6.2 增量调整

通过追加筹资量，以增加总资产的方式来调整资本结构。其主要途径是从外部取得增量资本，如发行新债、举借新贷款、进行融资租赁、发行新股票等。

5.3.6.3 减量调整

通过减少资产总额的方式来调整资本结构。其主要途径包括提前归还借款、收回发行在外的可提前收回债券、股票回购减少公司股本、进行企业分立等。

主要资本结构调整方法对比如表5-13所示。

表 5-13　主要资本结构调整方法对比

资本结构的调整方法	存量调整	债转股、股转债 增发新股偿还债务 调整现有负债结构 调整权益资本结构
	增量调整 （即从外部取得增量资本）	发行新债 举借新贷款 进行融资租赁 发行新股票
	减量调整	提前归还借款 收回发行在外的可提前收回债券 股票回购减少公司股本 进行企业分立

相关链接：MM 理论及其扩展

MM 理论，是由美国著名财务管理学家默顿·米勒（M. Miller）和费朗哥·莫迪格莱尼（F. Modigliani）最先提出的。米勒和莫迪格莱尼通过大量的分析研究，于 1956 年在美国计量经济学会年会上发表了著名论文《资本成本、公司财务及投资理论》，此文经修改后发表于《美国经济评论》1958 年 6 月期上，该文提出：企业价值取决于投资组合，而与资本结构和股息政策无关（称为"MM 理论"），1961 年米勒又与莫迪格莱尼合作发表了《胜利政策、增长及股份估价》一文，进一步阐述并发展了这一理论，并因此而获得了 1990 年的诺贝尔经济学奖。

MM 理论将现实中的许多因素抽象出来，从数量上揭示资本结构、资本成本与企业价值之间的关系。该理论的发展经历了三个阶段。

第一阶段，MM 理论指出，在一定条件下，企业价值与其资本结构无关。为了叙述方便，我们把资本结构简单定义为：企业流动负债和长期负债之和（D）与股东权益总额（E）之比，记为 D/E，该理论表示当企业的 D/E 从 0 增加到 100％时，企业价值不变。而这一结论的得出包括以下基本假设：①企业只有长期债券和普通股票，债券和股票均在完全的资本市场上交易，交易成本为零；②企业不缴纳所得税；③不考虑企业增长因素，所有利润全部作为股利分配；④不论举债多少，企业和个人的负债都不存在风险。显然，这些假设条件是非常不现实的，在实际市场条件下，最初的 MM 理论不能成立。

第二阶段，对 MM 理论进行修正，即去掉企业不缴纳所得税这一假设。研究发现，由于利息费用可以在税前扣除，减轻了企业的所得税负担，所以，调整企业的资本结构可以争取税收方面的好处，增加了企业的价值。但是企业不可能无限制地负债，因为随着企业债务的增加，其违约风险就会增大，企业负债的无风险假设就不能成立。与此同时，尽管股权资本成本会随负债比率的提高而上升，但上升速度却会慢于负债比率的提高。

因此修正后的 MM 理论认为，在考虑所得税因素后，企业的负债越高，其加权平均成本越低，则企业价值就越高。按照修正后的 MM 理论，公司最佳的资本结构是 100％的负债，这种情形显然不合理。此时，MM 理论只考虑负债的收益而忽视了由负债引起的财务危机成本和代理成本。在这里，财务危机成本主要是指由企业破产引起的现金流出和无形资产损失。代理成本则是指为正确处理股东与经营者、股东与债权人、经营者与债权人之间的代理关系所发生的成本，比如审计费、监督费等。当超过一定的负债时，财务危机成本和代理成本的显著增加将抵消部分税收方面的好处，使企业价值低于 MM 理论值。

第三阶段，对 MM 理论再次修正，即去掉企业负债无风险假设。可以得出以下结论：①在企业存在减税效应的条件下，通过调整企业的 D/E 比例，可以增加企业价值；②大量负债将提高企业负债的风险，增加资金成本，抵消利息减税效应。随着人们对 MM 理论的不断深入研究，在财务界，逐渐形成了现在的许多资本结构理论假说。

本章小结

本章主要讲述了个别资本成本的含义与计算，加权资本成本的计算；经营杠杆系数的计算及其说明的问题；财务杠杆系数的计算及其说明的问题；总杠杆系数的计算与作用；资本结构理论；最佳资本结构的判断标准；每股收益无差别点的计算和应用。

相关术语

资本成本　加权平均成本　边际资本成本　息税前利润　经营杠杆　财务杠杆　总杠杆资本结构　最佳资本结构　每股盈余无差别点　经营风险　财务风险　净收益理论　净营业收益理论　传统折中理论　MM 理论　平衡理论　代理理论　等级筹资理论

思政指引

理论背景：资本成本是企业为筹集和使用资本而付出的代价，包括筹资费用和使用费用两部分，企业可以多措并举降低资本成本，其中提高信用等级有利于降低资本成本。经营杠杆与财务杠杆均具有"双刃剑"性质，合理地利用杠杆能够产生积极作用，给企业及投资者带来更多收益，然而，过度加杠杆则会加大企业的经营风险、财务风险。优化资本结构的目的在于寻求加权资本成本最低、企业价值最大的资本结构。

思政启示：资本成本与资本结构基本原理蕴藏着深刻的做人做事道理。一是要注重个人信用的培育，企业信用能够降低企业的资本成本，而个人信用则可以降低个人的社会交易成本，是个人的立世之本；二是马克思主义唯物辩证法的矛盾原理告诉我们，任何事物都具有对立统一性，我们在理财活动中要善于运用矛盾分析法来妥善处理杠杆与风险之间的关系，注重对事物"度"的把握；三是影响企业资本结构的因素是多元的，要学会运用因果分析方法、系统分析方法、抓主要矛盾的方法来进行资本结构的调整与优化。

复习思考题

1. 什么是资本成本？资本成本的作用有哪些？

2. 计算边际资本的步骤是什么？

3. 什么是杠杆原理？试分析其在企业财务管理中的作用。企业在实务中应如何使用杠杆？

4. 什么是经营杠杆效益和财务杠杆效益？

5. 什么是资本结构？广义资本结构与狭义资本结构有何区别？

6. 具有代表性的资本结构理论有哪些？如何理解这些资本结构理论？试比较它们之间的异同。

7. 什么样的资本结构才能称为最佳资本结构？

8. 如何在实务中进行资本结构决策？

9. 试说明影响资本结构的主要因素。

10. 如何计算债务资本成本？优先股成本的计算与债务资本成本的计算有何异同？

11. 普通股股利率增长模式的计算方法如何？留存盈利资本成本计算与普通股资本成本计算有何差异？

12. 如何计算综合资本成本？

13. 简述经营风险的含义及其主要影响因素。

14. 简述经营杠杆的含义及经营杠杆程度的高低与经营风险的关系。

15. 简述财务风险的含义及主要内容。

16. 简述财务杠杆的含义及财务杠杆程度的高低与财务风险的关系。

17. 简述综合杠杆程度的计算方法及其与财务杠杆和经营杠杆的联系。

18. 简述资本结构的调整方法。

第 6 章

项目投资

投资决策是企业最重要的财务决策。重大项目决策的成功与否，直接关系到企业业绩的好坏，甚至决定企业的成败。延缓决策会丧失发展机会，而仓促上马也可能导致灭顶之灾。企业的财务主管人员应作出准确判断，为企业正确决策提供依据。

投资决策也称资本预算，是关于资本支出的决策过程。这里所说的资本支出是指企业投资于长期资产上的支出。

本章关于投资决策的论述只限于生产性固定资产的投资，不包括证券投资。证券投资将在第 7 章论述。

投资决策是一个很复杂的过程。它包括投资机会的认定，备选方案的提出，项目的评价、取舍，以致最后决策，还有项目执行情况的考核等。本章将集中讨论有关项目的评价及相关问题。

6.1　项目投资概述

6.1.1　项目投资的含义与特点

项目投资是一种以特定项目为对象，直接与新建项目或更新改造项目有关的长期投资行为。从性质上看，它是企业直接的、生产性的对内实物投资，通常包括固定资产投资、无形资产投资。与其他形式的投资相比项目投资具有以下特点。

6.1.1.1　投资金额大

项目投资特别是战略性的扩大生产能力投资，其投资额往往是企业及其投资人多年的投资积累，在企业总资产中占有相当大的比重。因此，项目投资对于企业未来现金流量及其财务状况都会产生深远的影响。

6.1.1.2　影响时间长

项目投资的投资期比较长，一般都会对企业长期的生产经营活动产生重大的影响。

6.1.1.3　变现能力差

项目投资一般不准备在一年或不超过一年的一个营业周期内变现，而且即使在短期内变现其变现能力也比较差。因为项目一旦完成，要想改变其难度会很大，可能会付出较高的代价。

6.1.1.4　投资风险大

影响项目未来投资收益的影响因素很多，投资额大，影响的时间长，加上变现能力差，必然造成投资风险比其他投资的风险大。一旦项目投资决策失败，造成的损失将不可逆转。

6.1.2 项目投资的程序

项目投资的特点决定了项目投资的风险大、周期长、环节多、考虑因素复杂。因此，项目投资是一项复杂的系统工程。项目投资一旦决策失误，对企业未来的生产经营活动、长期经济效益和长期偿债能力都将产生重大而深远的影响，甚至会导致企业破产。因此，企业既要抓住投资机会，又要进行深入的调查研究和科学、严密的可行性论证。

根据项目周期，项目投资的程序主要包括以下环节。

6.1.2.1 投资项目的提出

投资项目是根据企业的长远发展战略、中长期投资计划和投资环境的变化，在把握良好投资机会的情况下提出的。投资项目的提出是项目投资程序的第一步，它可以由企业管理当局或企业高层管理人员提出，也可以由企业的各级管理部门和相关部门领导提出。一般而言，企业管理当局和企业高层管理人员提出的项目投资多是具有战略意义的项目投资或扩大生产能力的项目投资，其投资金额巨大，影响深远；由企业各级管理部门和相关部门领导提出的项目投资主要是一些战术性项目投资或维持性项目投资。对于由企业管理当局和企业高层管理人员提出的、具有战略意义的项目投资或扩大生产能力的项目投资一般需要由企业的战略、市场、生产、财务和物资部门参与共同论证；对于企业各级管理部门和相关部门领导提出的战术性项目投资或维持性项目投资，可先由提出部门进行可行性论证。

6.1.2.2 投资项目的评价

投资项目的评价主要涉及以下几项工作：①对提出的投资项目进行适当分类，为分析评价做好准备；②计算有关项目的建设周期。测算有关项目投产后的收入、费用和经济效益，预测有关项目的现金流入和现金流出；③运用各种投资评价指标，将各项投资按可行程度进行排序；④写出详细的评价报告。

6.1.2.3 投资项目的决策

投资项目评价后，应按照管理的决策权限由企业高层管理人员或相关部门经理做最后决策。投资额较小的战术性项目投资或维持性项目投资，一般由部门经理做出，金额较大的项目投资一般要由企业最高管理当局或企业高层管理人员做出，特别重大的项目投资还需要董事会或股东大会批准。不管由谁做出最后决策，其结论一般可分成以下三种：①接受这个投资项目，可以进行投资；②拒绝这个投资项目，不能进行投资；③发还给项目提出部门，重新进行论证后，再进行处理。

6.1.2.4 投资项目的执行

决定对某项目进行投资后，要积极筹措资金，实施项目投资。在投资项目的执行过程中，要对工程进度、工程质量、施工成本和工程概预算进行监督、控制和审核，防止工程建设中出现舞弊行为，确保工程质量，保证按时完成。

6.1.2.5 投资项目的再评价

在投资项目的执行过程中，应注意原来的投资决策是否合理、是否正确。一旦出现新的情况，就要随时根据变化的情况做出新的评价。如果情况发生重大变化，原来投资决策已变得不合理，那么，就要进行是否终止投资或怎样终止投资的决策，以避免更大的损失。

6.1.3 项目计算期的构成和资金构成内容

6.1.3.1 项目计算期

项目计算期是指投资项目从投资建设开始到最终清理报废为止全过程所经历的时间，包括建设期和生产经营期。建设期（记作 S）的第 1 年年初（记作第 0 年）称为建设起点，建设期的最后一年年末（记作第 S 年）称为投产日。项目计算期的最后一年年末（记作第 n 年）称为终结点。从投产日到终结点之间的时间间隔称为经营期（记作 P），生产经营期又包括试产期和达产期。项目计算期与建设期、经营期之间的关系是 $n = S + P$。

6.1.3.2 原始总投资

原始总投资（记作 I）是企业为使项目完全达到设计生产能力、开展正常经营而投入的全部现实资金。

6.1.3.3 投资总额

投资总额（记作 I'）是反映项目投资总体规模的价值指标，它是原始总投资与建设期资本化利息之和。建设期资本化利息是指项目建设期发生的与购建固定资产、无形资产等长期资产有关的借款利息。

【例 6-1】某企业拟购建一项固定资产，预计使用寿命为 15 年。要求：就以下各种不相关情况分别确定该项目的项目计算期。

（1）在建设起点投资并投产；

（2）建设期为 3 年。

解：

（1）项目计算期 $n = 0 + 15 = 15$ （年）。

（2）项目计算期 $n = 3 + 15 = 18$ （年）。

6.1.4 项目投资资金的投入方式

投资主体将原始总投资注入具体项目的方式称为资金投入方式，它包括一次投资和分次投资两种方式。一次投资方式是指投资行为集中一次发生在项目计算期第一个年度的年初或年末。如果投资行为涉及两个或两个以上年度，或虽然只涉及一个年度但分别在该年的年初和年末发生，则属于分次投资方式。

相关链接：什么是政府投资项目"代建制"

国务院出台的《关于投资体制改革的决定》中明确指出"加强政府投资项目管理，改进建设实施方式。……对非经营性政府投资项目加快推行'代建制'"。即选择专业化的项目管理单位负责建设实施，严格控制项目投资、质量和工期，建成后移交给使用单位。

"代建制"是对我国政府投资的公益性建设项目管理模式进行市场化改革的重要举措。"代建制"含有"代建"和"制度"两重含义："代建"是指投资人将建设项目委托给专业化工程项目管理公司代为建设直至交付使用（即建设项目总承包）；"制"是制度，规定在政府投资的公益性建设项目中采用这种项目管理模式。它是结合国情的一项政府管理创新，是对政府投资工程建设组织实施方式进行体制创新，是整顿和规范市场经济秩序的一项治本之策，是保证工程质量、提高投资效益的重要措施。

6.2　现金流量的内容与估算

6.2.1　现金流量的概念

现金流量是指预计投资项目在其计算期内因资本循环而发生的各项现金流入量和现金流出量的总称。它是计算项目投资决策评价指标的主要依据和重要信息之一。值得一提的是，本章所述现金流量与财务会计所述现金流量，在构成内容和计算口径上都是不同的。

6.2.2　确定现金流量的基本假设

确定项目的现金流量就是在收付实现制基础上，预计现实货币资本在项目计算期内各年的收支数额。

在现实经济生活中，不同投资项目的差异，甚至同一项目在不同时间和视角存在的差异，以及影响投资项目的相关因素的不确定性等，都必然会给现金流量估算的准确性带来困难。为方便现金流量的估算，我们做如下基本假设。

1. 投资项目类型假设

假设投资项目类型只包括单纯固定资产投资项目、完整工业投资项目和更新改造投资项目三种。

2. 全投资假设

即便是借入资金也视同自有资金，也就是只考察全部投资的运行情况。

3. 建设期投入全部资金假设

无论原始总投资是一次投资或分次投资，均假设在建设期内投入。

4. 经营期与折旧年限一致假设

假设项目的固定资产折旧年限或使用年限与经营期一致。

5. 时点指标假设

为便于利用资金时间价值观念进行估算，无论现金流量是时点指标还是时期指标，都假设为年初或年末的时点指标。

6. 确定性假设

假设与现金流量有关的价格、产销量、成本、所得税率等因素均是已知的常数。

7. 财务可行性假设

假设各备选方案已经具备国民经济可行性和技术可行性，投资的决策者从企业利益出发，根据投资项目的财务可行性来决定方案的取舍。

8. 产销平衡假设

在项目投资决策中，假设运营期同一年的产量等于该年的销售量。在这个假设下，假定按成本项目计算的当年成本费用等于按要素计算的成本费用。

6.2.3 现金流量的内容及估算

6.2.3.1 现金流入量的内容及估算

现金流入量是指能够使投资方案的现实货币资金增加的项目金额，主要包括以下内容。

1. 营业收入

营业收入指项目投产后每年实现的全部销售收入或业务收入，是经营期现金流入量的最主要项目。应按照项目在经营期内有关产品的各年预计单价的预测销售量进行估算。

2. 回收固定资产余值

回收固定资产余值是指项目的固定资产在终结点报废清理时的净残值或中途转让的变价收入。

3. 回收流动资金

回收流动资金是指新建项目在计算期终结点因不再发生新的替代投资而回收的原垫付的全部流动资金投资额。

回收流动资金和回收固定资产余值统称为回收额。

4. 其他现金流量

其他现金流量指除上述三项外的现金流入量，如营业外收入、补贴收入等。

6.2.3.2 现金流出量的内容及估算

现金流出量是指能够使投资方案的现实货币资金减少的项目金额，主要包括以下内容。

1. 建设投资（含更新改造投资）

建设投资是指在建设期内按一定生产经营规模和建设内容进行的固定资产投资、无形资产投资的总称。它是建设期发生的主要现金流出量。其估算方法如下。

固定资产投资应根据项目规模和投资计划所确定的各项建筑工程费用、设备购置成本、安装工程费用和其他费用进行估算。

无形资产投资应根据需要和可能，逐项按有关的资产评估方法和计价标准进行估算。

2. 流动资金投资

流动资金投资是指在完整工业投资项目中发生的用于生产经营期周转使用的营运资金投资。建设投资与流动资金投资统称为项目的原始总投资。流动资金投资的估算方法为：

某年流动资金投资额＝本年流动资产需用额－本年流动负债可用额－截至上年年末流动资金占用额

3. 经营成本

经营成本是指在经营期内为满足正常生产经营活动需要而动用现实货币资金支付的成本费用，也称为付现成本。它是生产经营过程中最主要的现金流出量。其估算方法为：

某年经营成本＝当年不包括财务费用的总成本费用－折旧、摊销等非付现成本

4. 各项税款

各项税款是指项目投产后依法缴纳的、单独列示的各项税款，包括营业税、资源税、城市维护建设税、教育费附加和所得税等。

进行新建项目投资决策时，通常只估算所得税；更新改造项目还需估算因变卖固定资产发生的营业税。

只有从企业或法人投资主体的角度才能将所得税列为现金流出，如果从国家投资主体的立场出发，便不能将企业所得税列为现金流出量。

6.2.4 净现金流量的确定

6.2.4.1 净现金流量的含义

净现金流量（net cash flow，NCF）是指在项目计算期内由每年现金流入量与该年现金流出量之间的差额所形成的序列指标。

净现金流量具有以下两个特征：①无论在经营期还是在建设期内都存在净现金流量；②各阶段的净现金流量从数值上看会出现不同的特点；建设期内的净现金流量一般小于或大于零，在经营期内的净现金流量则多为正值。其理论公式如下：

净现金流量＝现金流入量－现金流出量

6.2.4.2 单独固定资产投资项目

1. 建设期净现金流量计算的简化公式

假设原始投资都在建设期内投入，则建设期净现金流量＝－原始投资额，即

$$NCF_t = -I_t \quad (t = 0, 1, 2, \cdots, S, S \geqslant 0)$$

2. 经营期净现金流量计算的简化公式

经营期某年所得税前净现金流量＝该年因使用该固定资产新增的息税前利润＋该年因使

用该固定资产新增的折旧＋该年回收的固定资产净残值

经营期某年所得税后净现金流量＝经营期某年所得税前净现金流量－该年因使用该固定资产新增的所得税

6.2.4.3 完整工业投资项目

1. 建设期净现金流量计算的简化公式

假设完整工业投资项目的原始投资都在建设期内投入，则建设期净现金流量＝－原始投资额，即

$$NCF_t = -I_t \quad (t=0, 1, 2, \cdots, S, S \geq 0)$$

式中：I_t——第 t 年原始投资额；

S——建设期年限。

2. 经营期净现金流量计算的简化公式

如果项目在经营期内不追加流动资金投资，则完整工业投资项目净现金流量可按照如下简化公式计算：

经营期某年所得税前净现金流量（NCF_t）＝该年息税前利润＋该年折旧＋该年摊销＋该年回收额－该年维持运营投资

经营期某年所得税后净现金流量（NCF_t）＝该年息税前利润×（1－所得税税率）＋该年折旧＋该年摊销＋该年回收额－该年维持运营投资

6.2.4.4 更新改造投资项目

建设期某年净现金流量＝－（该年发生的新固定资产投资－旧固定资产变现净收入）

建设期末的净现金流量＝因旧固定资产提前报废发生净损失而抵减的所得税税额

如果建设期为零，则经营期所得税后净现金流量的简化公式为：

经营期第一年所得税后净现金流量＝该年因更新改造而增加的息税前利润×（1－所得税税率）＋该年因更新改造而增加的折旧＋因旧固定资产提前报废发生净损失而抵减的所得税税额

经营期其他各年所得税后净现金流量＝该年因更新改造而增加的息税前利润×（1－所得税税率）＋该年因更新改造而增加的折旧＋该年回收新固定资产净残值超过假定继续使用的旧固定资产净残值之差值

6.2.5 净现金流量的计算举例

6.2.5.1 单纯型固定资产投资项目的净现金流量计算举例

【例6-2】连云公司拟购建一项固定资产，需投资210万元，建设期为一年。预计该项固定资产可使用10年，期满后净残值为20万元，按直线法计提折旧。预计经营期内每年可获营业收入50万元，每年付现经营成本12万元。该公司所得税税率为25%。要求：计算该项目计算期内各年的净现金流量。

解：项目计算期 $n=1+10=11$（年）

固定资产年折旧额 $=(210-20)/10=19$（万元）

建设期初净现金流量 $NCF_0=-210$（万元）

建设期末净现金流量 $NCF_1=0$（万元）

经营期每年净现金流量 $NCF_{2\sim10}=(50-12)(1-25\%)+19\times25\%=33.25$（万元）

终结点净现金流量 $NCF_{11}=33.25+20=53.25$（万元）

6.2.5.2　完整工业投资项目的净现金流量计算举例

【例 6-3】东堡公司拟投资一工业项目，预计原始投资 280 万元，其中：固定资产投资 200 万元，购买一项专利技术需投资 30 万元，流动资金投资 50 万元。建设期为 2 年，固定资产的投资分别于建设期第 1 年、第 2 年年初各投入 50%，于建设起点投资购买专利技术，流动资金于建设期末投入。预计此项目可使用 10 年，固定资产期满后有净残值 10 万元，固定资产按直线法计提折旧，无形资产在经营期内平均摊销。预计项目投产后每年可获经营收入 80 万元，付现经营成本 29 万元，所得税税率 25%，于终结点收回全部流动资金。

要求：计算该项目计算期内各年的净现金流量。

解：（1）项目计算期 $n=2+10=12$（年）

（2）固定资产年折旧额 $=(200-10)/10=19$（万元）

（3）无形资产年摊销额 $=30/10=3$（万元）

（4）年税前利润 $=80-(29+19+3)=29$（万元）

（5）年税后利润 $=29\times(1-25\%)=21.75$（万元）

（6）各年净现金流量计算如下：

$NCF_0=-200\times50\%-30=-130$（万元）

$NCF_1=-200\times50\%=-100$（万元）

$NCF_2=-50$（万元）

$NCF_{3\sim11}=21.75+19+3=43.75$（万元）

$NCF_{12}=43.75+10+50=103.75$（万元）

6.2.5.3　固定资产更新改造项目的净现金流量计算举例

【例 6-4】海洋公司拟购进一套新设备来替换一套尚可使用 6 年的旧设备。预计购买新设备的投资为 400 000 元，没有建设期，可使用 6 年，期满时净残值为 10 000 元。变卖旧设备的净收入为 160 000 元，若继续使用旧设备，期满时净残值也是 10 000 元。使用新设备可使公司每年的营业收入从 200 000 元增加到 300 000 元，付现经营成本从 80 000 元增加到 100 000 元。新旧设备均采用直线法折旧。该公司所得税税率为 25%。要求：计算该"售旧购新"方案各年的差量净现金流量（ΔNCF_t）。

解：该售旧购新的方案各年的净现金流量计算如下：

增加投资额 $=400\,000-160\,000=240\,000$（元）

增加净残值 $=10\,000-10\,000=0$

年折旧增加额 $=(240\,000-0)/6=40\,000$（元）

年营业收入增加额 $=300\,000-200\,000=100\,000$（元）

年付现经营成本增加额＝100 000－80 000＝20 000（元）

年总成本增加额＝20 000＋40 000＝60 000（元）

年税前利润增加额＝100 000－60 000＝40 000（元）

年税后利润增加额＝40 000×（1－25％）＝30 000（元）

计算期内各时点的差量净现金流量如下：

ΔNCF_0＝－400 000－（－160 000）＝－240 000（元）

$\Delta NCF_{1\sim6}$＝30 000＋400 000＝70 000（元）

相关链接：保险资金间接投资基础设施项目试点管理办法

为了加强对保险资金间接投资基础设施项目的管理，防范和控制管理运营风险，确保保险资金安全，维护保险人、被保险人和各方当事人的合法权益，促进保险业稳定健康发展，根据《中华人民共和国保险法》《中华人民共和国信托法》《中华人民共和国民法通则》等法律法规，2016 年 4 月 29 日，《保险资金间接投资基础设施项目管理办法》已经中国保险监督管理委员会主席办公会审议通过，经国务院批准，保险资金允许投资基础设施项目。

6.3　项目投资决策评价指标及其运用

6.3.1　非折现评价指标

非折现评价指标是指在计算过程中不考虑资金时间价值因素的指标，也称为静态指标，主要有投资利润率和静态投资回收期两个指标。

6.3.1.1　投资利润率

投资利润率（return on investment，ROI）是指达产期正常年度年息税前利润或年均息税前利润占项目原始总投资的百分比。

$$投资利润率＝\frac{年息税前利润或年均息税前利润}{项目原始总投资}×100\%$$

即

$$ROI＝\frac{P}{I'}×100\%$$

其中，I'＝原始投资额＋资本化利息。

决策标准如下。

（1）ROI≥无风险投资利润率或期望投资利润率 i_t，方案可行；且 ROI 越高，方案越优。

（2）ROI＜无风险投资利润率或期望投资利润率 i_t，方案不可行。

此法的优点在于：①简单、明了、易掌握；②能反映投资方案的收益水平。

但其缺点也是明显的：①未考虑资金时间价值；②分子分母的时间特征不一致，计算口径可比性差；③无法直接利用净现金流量指标。

6.3.1.2 静态投资回收期

静态投资回收期是指以投资项目经营净现金流量抵偿项目原始总投资需要的全部时间。该指标以年为计量单位，包含建设期的回收期 PP′ 和不含建设期的回收期 PP 两种形式，其关系可以表达为：

$$PP' = PP + S$$

1. 简单方法

$$\text{不含建设期的回收期 } PP = \frac{I}{NCF} = \frac{\text{原始总投资}}{\text{年净现金流量}}$$

此法适用于每年净现金流量相等的投资项目，也适用于投产后前若干年（设为 m 年）每年经营净现金流量相等，且下列关系成立的情况：$m \times$ 投资后前 m 年每年相等的净现金流量 NCF ≥ 项目原始总投资

这时

$$PP = \frac{\text{投资后前 } m \text{ 年每年相等的净现金流量}}{\text{项目原始总投资}}$$

2. 一般方法

$$PP = \text{累计 NCF 最后出现负数的年份数} + \frac{\text{该年尚未收回的投资额}}{\text{次年的净现金流量 NCF}}$$

此法适用于经营期内每年净现金流量不相等的项目的静态投资回收期的计算。

【例6-5】假设某一项目的各期现金净流量如表6-1所示，该项目的建设期为1年，预计使用寿命为10年。要求计算该项目的不含建设期的静态投资回收期 PP 和含建设期的静态投资回收期 PP′。

表6-1 各期现金净流量

期数/年	0	1	2	3	4	5
现金流量	−200	0	32.88	32.88	32.88	32.88
期数/年	6	7	8	9	10	11
现金流量	30.25	30.25	30.25	30.25	30.25	50.25

含建设期的静态投资回收期 $PP' = 7 + \dfrac{7.98}{30.25} = 7.26$（年）

不含建设期的静态投资回收期 $PP = 7.26 - 1 = 6.26$（年）

静态投资回收期法的决策标准如下。

（1）投资回收期越短，投资风险越小。

（2）含建设期的静态投资回收期≤项目计算期的一半（即 $PP' \leqslant n/2$），不含建设期的静态投资回收期≤项目经营期的一半（即 $PP \leqslant P/2$），方案可行；且 PP 或 PP′ 越小，方案越优。

（3）$PP'>n/2$，$PP>P/2$，则方案不可行。

静态投资回收期法的优点是容易理解、计算简单。但其缺点在于：①未考虑资金时间价值；②未考虑回收期满后的现金流量变化情况。

6.3.2　折现评价指标

6.3.2.1　净现值

净现值（net present value，NPV）是指在投资项目计算期内，按设定折现率计算的各年净现金流量现值之和，换言之，净现值就是投资项目未来报酬总现值与其原始投资总现值之差。即净现值＝投资项目未来报酬总现值－项目原始总投资现值，公式表示为

$$NPV = \sum_{i=0}^{n} NCF_t(P/F, i, t)$$

其中，$(P/F, i, t)$ 为第 t 年折现率为 i 的复利现值系数。

净现值法的决策标准是：

（1）NPV$\geqslant$0，方案可行；在各方案项目原始总投资相等的条件下，NPV 越大，方案越优。

（2）NPV$<$0，则方案不可行。

值得注意的是，在项目评价中，正确地选择折现率至关重要。若选择的折现率过低，会导致一些经济效益较差的项目得以通过，造成社会资源的浪费；若选择的折现率过高，则会导致一些效益好的项目不能通过，使社会资源不能充分发挥作用。

【**例 6-6**】以表 6-1 的现金流量为例，假设折现率为 10%，用净现值指标说明投资该项目是否可行。

解：项目原始总投资价值＝200（万元）

项目经营期净现金流量现值＝32.88×$(P/A,10\%,4)$×$(P/F,10\%,1)$＋30.25×$(P/A,$
　　　　　　　　　　　　　$10\%,5)$×$(P/F,10\%,5)$＋50.25×$(P/F,10\%,11)$
　　　　　　　　　　＝32.88×3.169 9×0.909 1＋30.25×3.790 8×0.620 9＋50.25×
　　　　　　　　　　　0.350 5
　　　　　　　　　　＝183.56（万元）

净现值＝183.56－200＝－16.44（万元）

由于该项目的净现值小于0，所以不可行。

净现值法的优点主要有：①考虑了资金的时间价值，增强了投资经济性的评价；②考虑了全部净现金流量，体现了流动性与收益性的统一；③考虑了投资风险性，风险性越大，折算率越高。

净现值法的缺点主要有：①不能直接反映项目的实际收益率水平，当投资额不等时无法确定投资方案的优劣；②净现金流量的测量和折现率的确定较困难；③净现值计算麻烦，且较难理解和掌握。

6.3.2.2　净现值率

净现值率（net present value rate，NPVR）是指项目投资的净现值占原始项目总投资现值的比例。

其计算公式如下：

$$净现值率\ NPVR = \frac{净现值}{原始项目总投资现值} \times 100\%$$

决策标准如下。

（1）NPVR≥0，方案可行，且 NPVR 越高，方案越优。

（2）NPVR＜0，则方案不可行。

【**例 6-7**】根据例 6-6 的有关资料及计算结果，试计算该项目的净现值率。

解：净现值率 $NPVR = -\dfrac{16.44}{200} \times 100\% = -8.22\%$

由于 NPVR＜0，所以该项目不可行。

净现值率法的优点：①容易计算；②从动态上反映资金投入与净产出的关系。

净现值率法的缺点：无法直接反映项目的实际收益率。

6.3.2.3　获利指数

获利指数（profitability index，PI）是指项目投产后按设定折现率折算的经营期净现金流量的总现值与项目原始总投资现值之比，也称为现值指数。其计算公式如下：

$$获利指数\ PI = \frac{未来报酬总现值}{项目原始总投资现值} = 1 + NPVR$$

决策标准：

（1）PI≥1，方案可行，且 PI 越大，方案越优。

（2）PI＜1，则方案不可行。

【**例 6-8**】根据例 6-6 的有关资料及计算结果，试计算该项目的获利指数。

解：获利指数 $PI = \dfrac{183.56}{200} = 0.917\,8$

或者 $1 - 8.22\% = 0.917\,8$

由于 PI＜1，所以该项目不可行。

应该注意的是，在运用获利指数法进行互斥方案选优时，在 PI＞1 的条件下，使追加投资所得的追加收入最大化是其决策原则，而不是选择获利指数最大的方案。

获利指数法的优点：与净现值法基本相同。此外，它还能动态反映项目的资金投入与总产出之间的关系，可比性强。

获利指数法的缺点：与净现值法基本相同。此外，它无法直接反映项目投资的实际收益率，比净现值率指标复杂，计算口径也不一致。

6.3.2.4　内部收益率

内部收益率（internal rate of return，IRR）是指项目投资客观上可望达到的内部报酬率，也是指能使项目投资的净现值等于 0 时的折现率，又称为内含报酬率。

其计算方法有以下两种。

1. 简便方法

此法适用于建设起点一次投资，建设期为 0，且经营期净现金流量相等的情况。由于在此种条件下，项目的净现金流量符合普通年金的概念，根据普通年金公式有：

$$(P/A,\ \mathrm{IRR},\ n)=\frac{I}{\mathrm{NCF}}=\frac{\text{项目原始总投资}}{\text{年净现金流量}}$$

简便方法的具体程序如下。

（1）按上式计算 $(P/A,\ \mathrm{IRR},\ n)$ 的值，假设其结果为 c，则 c 值必然等于该方案不包括建设期的回收期。

（2）根据计算的系数 c，查 n 年的年金现值系数表。

（3）若在 n 年的年金现值系数表中正好找到与 c 值相同的数值，则该系数所对应的折现率 r_m 就是所求的内部收益率 IRR。

（4）若在系数表上找不到对应的系数 c，则可以在其附近找出相邻两个系数 c_m 与 c_{m+1}，根据对应的两个折现率 r_m 与 r_{m+1}，采取内插法计算近似的内部收益率。其数学表达式为：

$$(P/A,\ r_m,\ n)=c_m>c$$
$$(P/A,\ r_{m+1},\ n)=c_{m+1}<c$$

根据以下公式可以计算内部收益率 IRR：

$$\mathrm{IRR}=r_m+\frac{c_m-c}{c_m-c_{m+1}}(r_{m+1}-r_m)$$

为了减少计算误差，通常要求 r_m 与 r_{m+1} 之间的间距小于或者等于 5%。

决策标准如下。

（1）内部收益率 IRR≥期望报酬率 R，则方案可行，IRR 越大，则方案越优。

（2）IRR<R，则方案不可行。

（3）若各方案的 IRR 均大于其资金成本，但原始投资额各不相等，则"项目原始总投资×（内部收益率－资金成本）"最大的方案最优。

【例 6-9】根据例 6-4 的有关资料，计算该"售旧购新"方案的差量内部收益率 ΔIRR。

解：$(P/A,\Delta\mathrm{IRR},6)=240\,000/70\,000=3.428\,5$

查年金现值系数表，在 $n=6$ 这一行中，查到 $(P/A,18\%,6)=3.497\,6>3.428\,5$；

$(P/A,20\%,6)=3.325\,5<3.428\,5$。

设 IRR 为 x，于是，用内插法求解：

I	P/A
18%	3.497 6
x	3.428 5
20%	3.325 5

则有

$$\frac{x-18\%}{20\%-18\%}=\frac{3.428\,5-3.497\,6}{3.325\,5-3.497\,6}$$

求得：$x=18.80\%$，即差量 IRR 为 18.80%。

2. 逐次测试法

此法适用于任何情况，其基本原理如下。

(1) 现确立一个折现率 r_1，代入净现值计算公式，求出相应的 NPV_1，并进行判断。

(2) 若净现值 $NPV_1=0$，则内部收益率 $IRR=r_1$，此时完成计算；若净现值 $NPV_1>0$，则内部收益率 $IRR>r_1$，应重新设定 $r_2>r_1$，再将 r_2 代入有关计算净现值的公式，求出净现值 NPV_2，继续进行下一轮判断。

(3) 经过多次测试，有可能找到内部收益率 IRR。每一轮判断的标准相同，若设 r_j 为第 j 次测试的折现率，NPV_j 为按 r_j 计算的净现值，则有：

当 $NPV_j>0$ 时，$IRR>r_j$，继续测试；

当 $NPV_j<0$ 时，$IRR<r_j$，继续测试；

当 $NPV_j=0$ 时，$IRR=r_j$，继续结束。

(4) 若经过多次测试，仍未找到相应的内部收益率 IRR 指标，则可以在净现值为零的附近找出正负相邻两个净现值 NPV_m 与 NPV_{m+1}，根据对应的两个折现率 r_m 与 r_{m+1}，然后采取内插法计算近似的内部收益率。用数学表达式为：

$NPV_m>0$

$NPV_{m+1}<0$

$r_m<r_{m+1}$

$r_{m+1}-r_m\leqslant d$ $(2\%\leqslant d\leqslant 5\%)$

根据如下公式可以计算内部收益率 IRR：

$$IRR=r_m+\frac{NPV_m-0}{NPV_m-NPV_{m+1}}(r_{m+1}-r_m)$$

【例 6-10】承例 6-3 的有关资料及有关净现金流量的计算结果，试求该投资项目的内部收益率。

解：第一次测试：选 $i_1=8\%$，则：

$NPV_1=-130-100\times(P/F,8\%,1)-50\times(P/F,8\%,2)+43.75\times(P/A,8\%,9)\times$
$\qquad(P/F,8\%,2)+103.75\times(P/F,8\%,12)$

$\qquad=-130-100\times0.925\ 9-50\times0.857\ 3+43.75\times6.246\ 9\times0.857\ 3+103.75\times0.397\ 1$

$\qquad=10.045\ 8>0$

第二次测试：选 $i_2=9\%$，则：

$NPV_2=-130-100\times(P/F,9\%,1)-50\times(P/F,9\%,2)+43.75\times(P/A,9\%,9)\times$
$\qquad(P/F,9\%,2)+103.75\times(P/F,9\%,12)$

$\qquad=-130-100\times0.917\ 4-50\times0.841\ 7+43.75\times5.995\ 3\times0.841\ 7+103.75\times0.355\ 5$

$\qquad=-6.168\ 7<0$

设 IRR 为 x，于是，用内插法求解：

I	NPV
8%	10.045 8
x	0
9%	−6.168 7

则有

$$\frac{x-8\%}{9\%-8\%}=\frac{0-10.045\ 8}{-6.168\ 7-10.045\ 8}$$

求得：$x=8.62\%$，即 IRR 为 8.62%。

内部收益率法的优点有：①注重资金时间价值；②能从动态上直接反映项目的实际收益水平；③不受行业基准折现率高低的影响，比较客观。

其缺点主要表现在：①计算过程麻烦；②经营期追加投资时，可能导致多个内部收益率的出现，或偏高或偏低，缺乏实际意义。

■ 本章小结

本章主要学习了项目投资的一些相关概念，项目投资现金流量的估算及项目投资决策评价指标。其中解决好净现金流量的计算和净现值、内含报酬率指标的应用是本章两大难点。

■ 相关术语

现金流量　投资回收期　净现值　获利指数　项目计算期　净现值率　折现率　投资利润率

■ 思政指引

理论背景：项目投资是一项复杂的系统工程，项目投资决策是企业重要的财务决策之一。基于项目投资的重要性与复杂性，项目投资决策需要遵循决策程序，包括从机会认定、提出备选方案、对备选方案进行分析评价、方案比较及选择、项目执行以及决策效果的再评价等决策步骤。在项目投资决策评价中，需要采用科学的方法对现金流量、投资回收期、净现值、投资利润率、净现值率、获利指数、内部收益率等多个指标进行定量计算，进而为投资决策提供科学依据。

思政启示：时代呼唤创新创业精神，大学生是创新创业的主力军，在校期间就需要培养创新精神、创业意识与创业能力，项目投资理论与方法对大学生的创新创业能力培养有着重要的启示。

启示之一：要深刻领会创新创业，项目投资是创新创业的起点，也是创新创业的落实，大学生要有强烈的责任感与使命感，要勇于创新创业，通过创新创业推动社会进步。

启示之二：要提高创新创业的成功率，必须秉持科学精神，遵循科学决策程序，按规办事，否则欲速则不达。

启示之三：创新创业投资决策不能凭主观臆断，要用数据说话，通过科学计算揭示事物"量"的规定性，以实现科学投资、精准投资。

复习思考题

1. 项目投资的含义是什么？有何特点？
2. 企业投资的一般程序如何？
3. 项目投资中现金流量的估算应遵循哪些假设？
4. 投资决策评价指标有哪些？每种评价方法的要点及其优缺点各是什么？

第 7 章

证券投资

◆**学习目标**◆

1. 掌握证券投资的风险与收益率、掌握企业股票投资收益率的计算、掌握股票的估价、掌握股票投资的优缺点、掌握基金投资的种类、掌握基金投资的估价与收益率；

2. 熟悉效率市场假说、熟悉企业债券投资收益率的计算、熟悉债券的估价方法、熟悉债券投资的优缺点、熟悉证券管理的程序；

3. 了解证券的特征与种类、了解证券投资的种类、了解影响证券投资决策的因素、了解基金投资的含义与特征、了解基金投资的优缺点。

7.1 证券投资概述

7.1.1 证券的含义与分类

7.1.1.1 证券的含义与特征

证券是指各类记载并代表了一定权利的法律凭证，用以证明持有人有权按其所持凭证记载内容而取得应有的权益。从一般意义上说，证券是指用以证明或设定权利而形成的书面凭证，它表明证券持有人或第三者有权取得该证券拥有的特定权益，或证明其曾经发生过的行为。证券有广义和狭义之分，广义的证券一般指财物证券（如货运单、提单等）、货币证券（如支票、汇票、本票等）和资本证券（如股票、公司债券、基金凭证等）。狭义的证券仅指资本证券。我国证券法规定的证券为股票、公司债券和国务院依法认定的其他证券，其他证券主要包括投资基金凭证、非公司企业债券、国家政府债券等。

证券的基本特征包括产权性、流通性、收益性、风险性。

（1）产权性。证券的产权性是指有价证券记载着证券持有者的财产权内容，代表着一定的财产所有权，拥有证券就意味着享有财产的占有、使用、收益和处置的权利。在现代经济社会里，财产权利和证券已密不可分，财产权利与证券两者融为一体，证券已成为财产权利的一般形式。虽然证券持有者不实际占有财产，但可以通过持有证券，拥有有关财产的所有权或债权。

（2）流通性。证券的流通性又称变现性，是指证券持有者可按自己的需要灵活地转让证券以换取现金。流通性是证券的生命力所在。流通性不但可以使证券持有人随时把证券转变为现金，而且还使持有者根据自己的偏好选择持有证券的种类。证券的流通是通过承兑、贴现、交易实现的。

（3）收益性。证券的收益性是指持有证券本身可以获得一定数额的收益，这是投资者转让资本使用权的回报。证券代表的是对一定数额的某种特定资产的所有权，而资产是一种特殊的价值，它要在社会经济运行中不断运动、不断增值，形成高于原始投入价值的价值。由于这种资产的所有权属于证券投资者，投资者持有证券也就同时拥有取得这部分资产增值收益的权利。

（4）风险性。证券的风险性是指证券持有者面临着预期投资收益不能实现，甚至使本金也受到损失的可能，这是由未来经济状况的不确定性所致。在现有的社会生产条件下，未来经济的发展变化有些是投资者可以预测的，有些则无法预测，因此，投资者难以确定所持有的证券将来能否取得收益和能获得多少收益，从而使持有证券具有风险。

7.1.1.2 证券的分类

1. 按照证券的性质不同分类

按照证券的性质不同，证券可分为凭证证券和有价证券。

凭证证券是指证券本身不能使持券人或第三者取得一定收入的证券，如收据、借据、提单、保险单、供应证和购物券等。有价证券是指标有票面金额，代表一定财产所有权或债权的书面凭证，本身能为持有人带来一定收入的证券。本章所指的证券为有价证券。

2. 按照证券发行主体的不同分类

按照证券发行主体的不同，证券可分为政府证券、金融证券和公司证券。

政府证券即公债券，是指政府财政部门或其他代理机构为筹集资金，以政府名义发行的证券，包括国家债券和地方政府债券；金融证券是指银行、保险公司、信用社、投资公司等金融机构为筹集经营资金而发行的，承诺支付一定利息并到期偿还本金的债务凭证，包括金融债券、大额可转让存单等；公司证券是指公司为筹集投资资金或与筹集投资资金直接相关的行为而发行的证券，主要有股票、公司债券和商业票据等。

3. 按照证券所体现的权益关系分类

按照证券所体现的权益关系，证券可分为所有权证券和债权证券。

所有权证券一般要承担较大的风险，债权证券风险相对较小。

此外，按证券收益的决定因素，证券可分为原生证券和衍生证券；按照证券收益稳定状况的不同，证券可分为固定收益证券和变动收益证券；按照证券到期日的长短，证券可分为短期证券和长期证券；按照证券是否在证券交易所挂牌交易，证券可分为上市证券和非上市证券；按照募集方式的不同，证券可分为公募证券和私募证券。

7.1.2　证券投资的前提

证券投资是以有效市场假设为前提的。有效市场假设（efficient markets hypothesis）是关于证券市场价格对相关信息反映程度的假定。证券价格对有关信息的反映速度越快、越全面，证券市场就越有效率。根据证券价格对不同信息的反映情况，可以将证券市场的效率程度分为三等，即弱式有效市场、次强式有效市场和强式有效市场。其主要内容如表7-1所示。

表 7-1　有效市场假设的主要内容

分　类	特　点	存在信息的种类
强式有效市场	1. 满足信息公开的有效性 2. 满足信息从被公开到被接收的有效性 3. 满足投资者对信息作出判断的有效性 4. 满足投资者实施投资决策的有效性	公开信息
次强式有效市场	1. 信息公开的有效性受到损害 2. 满足信息从被公开到被接收的有效性 3. 满足投资者对信息作出判断的有效性 4. 满足投资者实施投资决策的有效性	公开信息和内幕信息
弱式有效市场	1. 信息公开的有效性受到损害 2. 满足信息从被公开到被接收的有效性 3. 投资者对信息作出判断的有效性受到损害 4. 满足投资者实施投资决策的有效性	公开信息和内幕信息

7.1.3　证券投资的含义与目的

7.1.3.1　证券投资的含义

所谓投资就是指经济主体购买金融资产或实物资产，以便在未来某个时期获得与承担风险成比例收益的经济行为。证券投资，又称为间接投资，是指经济主体通过购买股票、债券等有价证券，以期获取未来收益的金融投资行为。证券投资在投资活动中占有突出地位，它是目前发达国家最主要和最基本的投资方式。相对于实物投资而言，证券投资具有流动性强、价值不稳定、交易成本低等特点。

7.1.3.2　证券投资的目的

（1）暂时存放闲置资金。证券投资在多数情况下都是出于预防的动机，以备企业的不时之需，或者从事季节性经营企业的季节性需求；同时由于现金性资产的盈利能力非常弱，因此证券投资是企业闲置资金的一个良好的投资渠道。

（2）与筹集长期资金相配合。处于成长期或者扩张期的公司一般每隔一段时间就会发行长期证券，如股票、长期债券等，所获得资金往往不会一次用完，因此可以暂时投资于短期的证券。

（3）满足未来的财务需求。企业根据未来对资金的需求，可以将现金投资于期限和流动性较为恰当的证券，以满足未来需求的同时获得证券带来的收益。

（4）获得对相关企业的控制权。通过大量持有目标企业的权益型证券，可以实现对该企业的控制或者重大影响。

7.1.4　证券投资风险

证券投资风险来源于多个方面。一般情况下，证券投资风险可划分为利率风险、再投资风险、购买力风险、违约风险、流动性风险和破产风险。其中，利率风险、再投资风险、购买力风险为系统性风险，违约风险、流动性风险和破产风险为非系统性风险。其具体含义及其说明如表7-2所示。

表7-2　证券投资风险的具体含义及其说明

风险类型		具体含义	说　明
系统性风险	利率风险	由于利率的变动而引起金融资产价格波动，投资人损失的风险	利率下降，证券价格上升；利率上升，证券价格下降。期限越长，利率风险越大
	再投资风险	由于市场利率下降而造成的无法通过再投资而实现预期收益的风险	购买短期债券，债券到期时，由于市场利率下降，找不到获利较高的投资机会，而产生再投资风险，给投资人带来损失
	购买力风险	由于通货膨胀而使证券到期或出售时所获得的货币资金的购买力降低的风险	变动收益证券比固定收益证券购买力风险小；普通股票比公司债券和其他固定收益证券购买力风险小

续表

风险类型		具体含义	说　明
非系统性风险	违约风险	证券发行人无法按期支付利息或偿还本金的风险	政府发行证券违约风险小，金融机构发行证券次之，工商企业发行的证券风险大
	流动性风险	投资人想出售持有的证券获取现金时，证券不能立即出售的风险	国库券的流动性风险小，小公司的债券流动性风险较大
	破产风险	在证券发行者破产清算时，投资者无法收回应得权益的风险	破产保护会导致投资者无法取得应得的投资收益甚至本金

7.1.5　证券投资管理的程序

证券投资管理是一个系统化的持续过程，基本程序如图 7-1 所示。

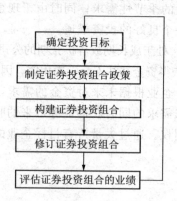

图 7-1　证券投资管理的基本程序

1. 确定投资目标

所谓证券投资管理目标，从大的方面讲，可以是以收入、增长和均衡为目标；从小的方面讲，可以是在大目标下具体设定收益率水平等。

投资管理目标对外是证券投资组合及投资管理者特征的反映，在对外营销（如基金发行）时为投资管理者吸引特定的投资者群体；反过来说则是，便利投资者根据自身的需要和情况选择投资管理者。如养老金基金因其定期有相对固定的货币支出的需要，因此，要求有稳定的资产收入，收入目标就是最基本的。

2. 制定证券投资组合政策

投资政策是为实现投资目标、指导投资活动而设立的原则和方针。证券投资组合的管理政策首先要规定的是投资范围，即确定证券组合所包含的证券市场范围和种类，如是全球化投资、区域性投资还是本土投资；是只包括股票，还是包括股票、债券等多种证券，更具体一些，指要决定投资于哪些行业或板块的股票、哪些种类的债券及资产在它们之间的分配。

确定投资政策还要考虑客户要求和市场监管机构限制，考虑税收因素，如免税基金就应该把避税证券排除在外，此外，投资政策的制定还会受到来自信息公开制的压力，财务报告关于披露投资政策的要求有时会导致机构投资者公布于己不利的政策。

3. 构建证券投资组合

证券投资组合的构建首先取决于组合管理者的投资策略。投资策略大致可分为积极进取型、消极保守型和混合型三类。采取积极进取型投资策略的组合管理者会在选择资产和时机上下大功夫，努力寻找价格偏离价值的资产；采取消极保守型投资策略的组合管理者，则相反，只求获得市场平均的收益率，一般模拟某一主要的市场指数进行投资；混合型的投资管理者介于二者之间。

选择哪一种投资策略主要取决于两个因素：①组合管理者对"市场效率"的看法如何，相信市场是有效率的管理者就会选择消极保守型，反之就会选择积极进取型；②组合负债的性质和特点，如养老金基金就比较适合消极保守型的投资策略。

传统投资管理的组合管理的组合形成过程是不同的。现代组合管理构建证券组合的程序是：确定整体收益和风险目标→进行资源配置→确定个别证券投资比例。资源配置可以利用马科维茨模型，个别证券投资比例的确定可以利用夏普的单一指数模型完成。传统的证券投资管理程序是：证券分析→资产选择→自发形成一种组合。进行证券投资分析的方法主要有基本分析方法和技术分析方法。

4. 修订证券投资组合

证券组合的目标是相对稳定的，但是，个别证券的价格及收益风险特征是可变的，根据上述方法构建的证券组合，在一定时期内应该是符合组合的投资目标的。但是，随着时间的推移，市场条件的变化，证券组合中的一些证券的市场情况与市场前景也可能发生变化，如某一企业可能出现并购事件，导致生产和经营策略发生变化等。当某种证券收益和风险特征的变化足以影响到组合整体发生不利的变动时，就应当对证券组合的资产结构进行修订，或剔除，或增加有抵消作用的证券。

5. 评估证券投资组合的业绩

对证券组合资产的经济效果进行评价是证券组合管理的最后一环，也是十分关键的一环，它既涉及对过去一个时期组合管理业绩的评价，也关系下一个时期组合管理的方向。评价经济效果并不是仅仅比较一下收益率就行了，还要看资产组合所承担的风险。风险度不同，收益率也不同，在同一风险水平上的收益率数值才具有可比性。而资产组合风险水平的高低应取决于投资者的风险承受能力，超过投资者的风险承受力进行投资，即使获得高收益也是不可取的。对于收益的获得也应区分哪些是组合管理者主观努力的结果，哪些是市场客观因素造成的。如在强劲的牛市中，市场平均收益率为50%，那么，即使某资产组合盈利率为35%，组合管理者的经营能力仍然要被评为不合格；而在大熊市中，如果市场指数下跌50%，即使某资产组合资产净值下跌35%，也可以说是表现相当不错的。

7.2 债券投资

7.2.1 债券投资的种类和特征

7.2.1.1 债券投资的种类

债券投资可以获取固定的利息收入，也可以在市场买卖中赚差价。随着利率的升降，投资者如果能适时地买进卖出，就可获取较大收益。目前，国内的债券主要包括国债、金融债券、企业债券、公司债券等数种。

企业债券投资按持有时间的长短可分为短期债券投资和长期债券投资两类。短期债券投资的目的主要是合理利用暂时闲置资金，调节现金余额，获得收益。长期债券投资的目的主要是获得稳定的收益。

投资债券既要有所收益，又要控制风险，因此，根据债券的特点，投资债券原则如下。

1. 收益性原则

不同种类的债券收益大小不同，投资者应根据自己的实际情况选择，例如，国家（包括地方政府）发行的债券，一般认为是没有风险的投资；而企业债券则存在着能否按时偿付本息的风险，作为对这种风险的报酬，企业债券的收益性必然要比政府债券高。

2. 安全性原则

投资债券相对于其他投资工具要安全得多，但这仅仅是相对的，其安全性问题依然存在，因为经济环境有变、经营状况有变、债券发行人的资信等级也不是一成不变。因此，投资债券还应考虑不同债券投资的安全性。例如，就政府债券和企业债券而言，企业债券的安全性不如政府债券。

3. 流动性原则

债券的流动性强意味着能够以较快的速度将债券兑换成货币，同时以货币计算的价值不受损失，反之则表明债券的流动性差。影响债券流动性的主要因素是债券的期限，期限越长，流动性越弱，期限越短，流动性越强。另外，不同类型债券的流动性也不同。如政府债券，在发行后就可以上市转让，故流动性强；企业债券的流动性往往就有很大差别，对于那些资信卓著的大公司或规模小但经营业绩良好的公司，它们发行的债券其流动性是很强的，反之，那些规模小、经营业绩差的公司发行的债券，流动性要差得多。

7.2.1.2 债券投资的特征

债券投资的主要特征如下。

1. 安全性高

由于债券发行时就约定了到期后可以支付本金和利息，故其收益稳定、安全性高。特别是对于国债来说，其本金及利息的给付是由政府做担保的，几乎没有什么风险，是具有较高安全性的一种投资方式。

2. 收益高于银行存款

在我国，债券的利率高于银行存款的利率。投资于债券，投资者一方面可以获得稳定的、高于银行存款的利息收入，另一方面可以利用债券价格的变动，买卖债券，赚取价差。

3. 流动性强

上市债券具有较好的流动性。当债券持有人急需资金时，可以在交易市场随时卖出，而且随着金融市场的进一步开放，债券的流动性将会不断加强。

因此，债券作为投资工具，最适合想获取固定收入的投资人、投资目标属长期的人。

7.2.2 债券价格和债券投资风险

7.2.2.1 债券价格

债券价格可分为发行价格与市场交易价格两类。

1. 发行价格

债券的发行价格是指在发行市场（一级市场）上，投资者在购买债券时实际支付的价格。通常有以下三种不同情况。

（1）按面值发行、面值收回，按期支付利息；

（2）按面值发行，按本息相加额到期一次偿还，我国目前发行债券大多数是这种形式；

（3）以低于面值的价格发行，到期按面值偿还，面值与发行价之间的差额，即为债券利息。

2. 市场交易价格

债券发行后，一部分可流通债券在流通市场（二级市场）上按不同的价格进行交易。交易价格的高低，取决于公众对该债券的评价、市场利率及人们对通货膨胀率的预期等。一般来说，债券价格与到期收益率成反比。也就是说，债券价格越高，从二级市场上买入债券的投资者所得到的实际收益率越低；反之亦然。

不论票面利率与到期收益率的差别有多大，只要离债券到期日愈远，其价格的变动愈大；实行固定的票面利率的债券价格与市场利率及通货膨胀率呈反方向变化，但实行保值贴补的债券例外。

7.2.2.2 债券投资风险

债券投资风险主要包括以下几方面。

1. 利率风险

利率风险是指利率的变动导致债券价格与收益率发生变动的风险。

2. 价格变动风险

债券市场价格常常变动，若它的变动与投资者预测的不一致，那么，投资者的资本必将遭受损失。

3. 通货膨胀风险

债券发行者在协议中承诺付给债券持有人的利息或本金的偿还，都是事先议定的固定金额。当通货膨胀发生时，货币的实际购买能力下降，就会造成在市场上能购买的东西却相对减少，甚至有可能低于原来投资金额的购买力。

4. 信用风险

在企业债券的投资中，企业由于各种原因，存在着不能完全履行其责任的风险。

5. 转让风险

当投资者急于将手中的债券转让出去时，有时候不得不在价格上打点儿折扣，或是要支付一定的佣金。

6. 回收性风险

有回收性条款的债券，因为它常常有被强制收回的可能，而这种可能又常常是市场利率下降、投资者按券面上的名义利率收取实际增额利息的时候，投资者的预期收益就会遭受损失。

7. 税收风险

政府对债券税收的减免或增加都会影响到投资者对债券的投资收益。

8. 政策风险

政策风险是指由于政策变化导致债券价格发生波动而产生的风险。例如，突然给债券实行加息和保值补贴。

7.2.3 债券收益率

7.2.3.1 债券收益率的影响因素

影响债券收益率的因素主要有四个方面。

1. 债券的利率

债券利率越高，债券收益也越高；反之，收益则下降。形成利率差别的主要原因是：利率、残存期限、发行者的信用度和市场性等。

2. 债券价格与面值的差额

当债券价格高于其面值时，债券收益率低于票面利率；反之，则高于票面利率。

3. 债券的还本期限

债券的还本期限越长，投资者承担的风险越大，因此票面利率越高。

4. 市场供求、货币政策和财政政策

市场供求、货币政策和财政政策对债券价格产生影响，就会直接影响投资者的成本，成本越高，则收益率越低；成本越低，则收益率越高。所以除了利率差别会影响投资者的收益，市场供求、货币政策和财政政策也是考虑投资收益时所不可忽略的因素。

7.2.3.2　债券收益率的计算

不同类型的债券收益率的计算公式如表 7-3 所示。

表 7-3　不同类型的债券收益率的计算公式

收益率		计算公式
票面收益率（名义收益率或息票率）		$票面收益率 = \dfrac{债券年利息}{债券面额} \times 100\%$
直接收益率（本期收益率、当前收益率）		$直接收益率 = \dfrac{债券年利息}{债券买入价} \times 100\%$
持有期收益率	息票债券	$持有期收益率 = \dfrac{债券利息收入 + 债券卖出价 - 债券买入价}{债券买入价 \times 持有年限} \times 100\%$
	一次还本付息债券	$持有期收益率 = \dfrac{(债券卖出价 - 债券买入价)/持有年限}{债券买入价} \times 100\%$
	贴现债券	$持有期收益率 = \dfrac{(债券买出价 - 债券买入价)/持有年限}{债券买入价} \times 100\%$
到期收益率	短期债券　息票债券	$到期收益率 = \dfrac{债券利息收入 + 债券面值 - 债券买入价}{债券买入价 \times 剩余到期年限}$
	短期债券　一次还本付息债券	$到期收益率 = \dfrac{\left[债券面值 \times \left(1 + 债券票面利率 \times 债券有效年限\right) - 债券买入价\right] / 债券持有年限}{债券买入价} \times 100\%$
	短期债券　贴现债券	$到期收益率 = \dfrac{\dfrac{债券面值 - 债券买入价}{剩余到期年限}}{债券买入价} \times 100\%$
	长期债券　到期一次还本付息	$y = t\sqrt{\dfrac{M + M \cdot n \cdot i}{PV}} - 1$ 式中：PV——债券买入价；i——票面年利息；n——债券偿还期限；M——债券面值；t——债券的剩余流动期限
	长期债券　分期付息	$PV = \dfrac{I}{(1+y)^1} + \dfrac{I}{(1+y)^2} + \cdots + \dfrac{I}{(1+y)^i} + \dfrac{M}{(1+y)^t}$

【例 7-1】 ABC 公司 20×1 年 2 月 1 日用平价购买一张面额为 1 000 元的债券，其票面利率为 8%，每年 2 月 1 日计算并支付一次利息，并于 5 年后的 1 月 31 日到期。该公司持有该债券至到期日，计算其到期收益率。

$$1\,000 = 80 \times (P/A, i, 5) + 1\,000 \times (P/F, 8\%, 5)$$

解该方程要用"试误法"。

用 $i = 8\%$ 计算：

$$80 \times (P/A, 8\%, 5) + 1\,000 \times (P/F, 8\%, 5)$$
$$= 80 \times 3.993 + 1\,000 \times 0.681$$
$$= 319.44 + 681$$
$$= 1\,000.44(元)$$

可见，平价发行的每年付一次息的债券，其到期收益等于票面利率。

如果债券的价格高于面值，则情况将发生变化。例如，买价是 1 105 元，则：

$$1\,105 = 80 \times (P/A, i, 5) + 10\,00 \times (P/F, i, 5)$$

通过前面试算可知，$i = 8\%$ 时等式右边为 1 000 元，小于 1105 元，可判断收益率低于 8%，降低贴现率进一步试算。

用 $i = 6\%$ 试算：

$$80 \times (P/A, 6\%, 5) + 1\,000 \times (P/F, 6\%, 5)$$
$$= 80 \times 4.212 + 1\,000 \times 0.747$$
$$= 336.96 + 747$$
$$= 1\,083.96(元)$$

由于贴现结果仍小于 1105，还应进一步降低贴现率。用 $i = 4\%$ 试算：

$$80 \times (P/A, 4\%, 5) + 1\,000 \times (P/F, 4\%, 5)$$
$$= 80 \times 4.452 + 1\,000 \times 0.882$$
$$= 356.16 + 822$$
$$= 1\,178.16(元)$$

贴现结果高于 1 105，可以判断，收益率高于 4%。用插补法计算近似值：

$$R = 4\% + \frac{1\,178.16 - 1\,105}{1\,178.16 - 1\,083.96} \times (6\% - 4\%) = 5.55\%$$

试误法比较麻烦，可用下面的简便算法求得近似结果：

$$R = \frac{I + (M - P)/N}{(M + P)/2} \times 100\%$$

式中：I——每年的利息；

　　　M——到期归还的本金；

　　　P——买价；

　　　N——年数。

式中的分母是平均的资金占用，分子是每年平均收益。将数据代入：

$$R = \frac{80 + (1\,000 - 1\,105) / 5}{(1\,000 + 1\,105) / 2} \times 100\% = 5.6\%$$

从此例可以看出，如果买价和面值不等，则收益率和票面利率不同。

如果该债券不是定期付息，而是到期时一次还本付息或用其他方式付息，那么即使平价发行，到期收益率也可能与票面利率不同。

【例 7-2】ABC 公司 20×1 年 2 月 1 日平价购买一张面额为 1 000 元的债券，其票面利率为 8%，按单利计息，5 年后的 1 月 31 日到期，一次还本付息。该公司持有该债券至到期日，计算其到期收益率。

$$1\,000 = 1\,000 \times (1 + 5 \times 8\%) \times (P/F, i, 5)$$

$$(P/F, i, 5) = 1\,000 / 1\,400 = 0.714$$

查附录 B：1 元复利现值系数表知，5 年期的现值系数等于 0.714 时，$i = 7\%$。

到期收益率是指导选购债券的标准，它可以反映债券投资按复利计算的真实收益率。如果高于投资人要求的收益率，则应买进债券，否则就放弃。其结论和计算债券的真实价值相同。

7.2.4 债券的估价

债券的估价是债券投资管理的重要内容，对于债券的估价主要采用现金流折现技术。因此影响债券价值的因素主要有两大类，即债券所能产生的现金流量状况和与债券风险相适应的折现利率。如果购买价格大于债券的估价，则实际收益率会低于预期的债券收益率；如果购买价格小于债券的估价，则实际收益率会高于预期的债券收益率。债券估价的计算公式如表 7-4 所示。

表 7-4　债券估价的计算公式

	计　算　公　式
一般情况下（复利方式按年付息）	$$P = \sum_{t=1}^{n} \frac{i \cdot M}{(1+K)^t} + \frac{M}{(1+K)^n}$$ 式中：P——债券价格；i——债券票面利率；M——债券面值；K——市场利率或投资人要求的必要收益率；n——付息期数
一次还本付息且不计复利	$$P = \frac{M + M \cdot i \cdot n}{(1+K)^n} = M(1 + i \times n) \times (P/F, K, n)$$ 式中符号含义同上式
票面利率为零	$$P = \frac{M}{(1+K)^n} = M \times (P/F, K, n)$$ 式中符号含义同上式

【例 7-3】ABC 公司拟于 20×1 年 2 月 1 日购买一张面额为 1 000 元的债券，其票面利率为 8%，每年 2 月 1 日计算并支付一次利息，并于 5 年后的 1 月 31 日到期。当时的市场利率

为 10%，债券的市价是 920 元，应否购买该债券？

$$V = \frac{80}{(1+10\%)^1} + \frac{80}{(1+10\%)^2} + \frac{80}{(1+10\%)^3} + \frac{80}{(1+10\%)^4} + \frac{80}{(1+10\%)^5} + \frac{1\,000}{(1+10\%)^5}$$
$$= 80 \times (P/A, 10\%, 5) + 1\,000 \times (P/F, 10\%, 5) = 80 \times 3.791 + 1\,000 \times 0.621$$
$$= 303.28 + 621 = 924.28(元)$$

由于债券的价值大于市价，如不考虑风险问题，购买此债券是合理的。它可获得大于 10% 的收益。

7.3　股票投资

7.3.1　股票投资的种类和目的

股票投资主要分为两种：普通股投资和优先股投资。

普通股是指在公司的经营管理和盈利及财产的分配上享有普通权利的股份，代表满足所有债权偿付要求及优先股东的收益权与求偿权要求后对企业盈利和剩余财产的索取权。它构成公司资本的基础，是股票的一种基本形式，也是发行量最大、最为重要的股票。目前在上海和深圳证券交易所上市交易的股票，都是普通股。普通股股票持有者按其所持有股份比例享有以下基本权利。

（1）公司决策参与权。普通股股东有权参与股东大会，并有建议权、表决权和选举权，也可以委托他人代表其行使股东权利。

（2）利润分配权。普通股股东有权从公司利润分配中得到股息。普通股的股息是不固定的，由公司盈利状况及其分配政策决定。普通股股东必须在优先股股东取得固定股息之后才有权享受股息分配权。

（3）优先认股权。如果公司需要扩张而增发普通股股票，现有普通股股东有权按其持股比例，以低于市价的某一特定价格优先购买一定数量的新发行股票，从而保持其对企业所有权的原有比例。

（4）剩余资产分配权。当公司破产或清算时，若公司的资产在偿还欠债后还有剩余，其剩余部分按先优先股股东、后普通股股东的顺序进行分配。

优先股是公司在筹集资金时，给予投资者某些优先权的股票。这种优先权主要表现在两个方面：①优先股有固定的股息，不随公司业绩好坏而波动，并且可以先于普通股股东领取股息；②当公司破产进行财产清算时，优先股股东对公司剩余财产有先于普通股股东的要求权。但优先股一般不参加公司的红利分配，持股人亦无表决权，不能借助表决权参加公司的经营管理。因此，优先股与普通股相比较，虽然收益和决策参与权有限，但风险较小。

相对优先股投资而言，普通股投资具有股利收入不稳定、价格波动大、投资风险高、投资收益高的特点。

企业进行股票投资的目的主要有两种：①获利，即作为一般的证券投资，获取股利收入及股票买卖差价；②控股，即通过购买某企业的大量股票达到控制该企业的目的。

7.3.2 股票投资的程序

7.3.2.1 开设股票账户

股票账户是指投资者开设的进行股票交易的账户，开设股票账户是投资者进入股票市场的通行证，只有拥有它，才具备股票买卖的资格。

1. 个人股票开户分为现场开户和网上开户

（1）现场开户。本人携带有效二代身份证以及同名银行卡前往证券公司（俗称"券商"）营业厅申请办理即可，不可代办。

（2）网上开户。通过券商官网或者手机应用商城下载开户券商的 APP，自助完成开户手续。一般流程包括上传身份证照片、风险测评、密码设置、银行卡绑定、视频认证、协议签署等。

2. 法人开设股票账户需要现场开户

法人需要到证券公司营业厅开户，法人开户须提供以下资料：

①营业执照原件及复印件；②法定代表人证明书；③法定代表人授权委托书；④法定代表人身份证复印件；⑤经办人身份证原件及复印件。

7.3.2.2 开设资金账户

办理了股票账户后，要进行股票买卖还需办理资金账户。资金账户是投资者开立的用于结算股市交易的专用账户，可在银行和证券公司之间进行资金流转。

投资者需要到证券公司现场或者采用线上形式开立资金账户，将股票交易所需资金通过关联的第三方存管银行存入证券交易账户，开立资金账户所需材料基本上与开设股票账户相同。有了资金账户后，投资者就可以通过资金账户从事股票交易。

7.3.2.3 委托买卖

投资者开立了股票账户和资金账户后，就可以办理委托买卖。由于证券交易所只认可符合条件的证券公司的交易行为，即只有符合条件的证券公司才有权利在证券交易所进行股票交易，投资者无权直接参与证券交易所的股票交易，因此，进行股票买卖必须采用委托买卖方式。所谓委托买卖是指券商接受投资者委托，代理投资者买卖股票，从中收取佣金的交易行为。委托买卖的形式有柜台和非柜台委托两种。

柜台委托是指投资者亲自或由其代理人到证券公司营业部交易柜台，根据委托程序填写委托单并签章的形式。买卖股票的委托单是投资者与券商之间确定代理关系的文件，具有法律效力。柜台委托是传统的委托形式。

非柜台委托主要有电话委托、函电委托、自助委托、网上委托等形式。

电话委托是指委托人通过电话方式表明委托意向，提出委托要求。投资者可通过普通的双音频电话，按照该系统发出的指示，借助电话机上的数字和符号键输入委托指令，以完成证券买卖的一种委托形式。

传真委托或函电委托是指委托人填写委托内容后，将委托书采用传真或函电的方式表达委托意向，提出委托要求。采用此方式，投资者必须在证券经纪商处开设委托专户。

　　自助委托是指委托人通过证券营业部设置的专用委托电脑终端，凭证券交易磁卡或交易密码进入电脑交易系统委托状态，自行将委托内容输入电脑系统，以完成证券交易的一种委托形式。

　　网上委托是指基于互联网或移动通信网络的网上交易系统，委托人利用任何可以上网的电脑终端或者手机，通过互联网完成委托股票买卖。网上委托是目前委托人常用的委托形式。

7.3.2.4　证券商受理委托

　　证券商受理委托包括审查、申报与输入三个基本环节。目前除这三种传统的环节外，还有两种方式。

　　(1) 审查、申报、输入三环节一气呵成，客户采用自动委托方式输入计算机，计算机进行审查确认后，直接进入场所内计算机主机。

　　(2) 证券商接受委托审查后，直接进行计算机输入。

7.3.2.5　撮合成交

　　现代证券市场的运作是以交易的自动化和股份清算与过户的无纸化为特征，计算机撮合集中交易作业程序是：证券商的买卖申报由终端机输入，每一笔委托由委托序号（即客户委托时的合同序号）、买卖区分（输入时分别由 0、1 表示）、证券代码（输入时用指定的 4 位或 6 位数字、而回显时用汉字列出证券名称）、委托手续、委托限价、有效天数等几项信息组成。计算机根据输入的信息进行竞价处理（分集合竞价和连续竞价），按"价格优先，时间优先"的原则自动撮合成交。

7.3.2.6　清算与交割

　　清算是指证券买卖双方在证券交易所进行的证券买卖成交之后，通过证券交易所将证券商之间证券买卖的数量和金额分别予以抵消，计算应收、应付证券和应付股金的差额的一种程序。目前深证交易所采用"集中清算与分散登记"模式，上证交易所采用"集中清算与集中登记"模式，在此不作详细介绍。

　　交割是指投资者与受托证券商就成交的买卖办理资金与股份清算业务的手续，深沪两地交易均根据集中清算净额交收的原则办理。

7.3.2.7　过户

　　所谓过户就是办理清算交割后，将原卖出证券的户名变更为买入证券的户名。对于记名证券来讲，只有办妥过户者才算完成整个交易过程，才表明拥有完整的证券所有权。目前在两个证券交易所上市的股票通常不需要股民亲自去办理过户手续。A 股买卖交易即按上述规程完成。

7.3.3　股票的收益率

7.3.3.1　股票收益的来源及影响因素

　　股票的收益是指投资者从购入股票开始到出售股票为止整个持有期间的收入，由股利和资本利得两方面组成。股票收益主要取决于股份公司的经营业绩和股票市场的价格变化及公司的股利政策，但与投资者的经验与技巧也有一定关系。

7.3.3.2 股票收益率的计算

股票收益率主要有本期收益率和持有期收益率。

1. 本期收益率

本期收益率，是指股份公司以现金派发股利与本期股票价格的比率。用下列公式表示：

$$本期收益率 = \frac{年现金股利}{本期股票价格} \times 100\%$$

2. 持有期收益率

持有期收益率是指投资者买入股票持有一定时期后又卖出该股票，在投资者持有该股票期间的收益率。

如果投资者持有股票时间不超过一年，不用考虑资金的时间价值，其持有期收益率可按以下公式计算：

$$持有期收益率 = \frac{(出售价格 - 购买价格)/持有年限 + 年现金股利}{本期股票价格} \times 100\%$$

如果投资者持有股票时间超过一年，需要考虑资金的时间价值，其持有期收益率可按以下公式计算：

$$V = \sum_{t=1}^{n} \frac{D_t}{(1+i)^t} + \frac{F}{(1+i)^n}$$

式中：V——股票的购买价格；

$\quad F$——股票的出售价格；

$\quad D_t$——股票投资报酬（各年获得的股利）；

$\quad n$——投资期限；

$\quad i$——股票持有期收益率。

7.3.4 股票的估价

股票本身是没有价值的，它之所以有价格、可以买卖，是因为它能给持有人带来预期收益。所以，股票的价值是指股票期望提供的所有未来收益的现值。如果假设股票价格是公平的市场价格，证券市场处于均衡状态，在任一时点证券价格都能完全反映有关该公司的任何可获得的公开信息，而且证券价格对新信息能迅速作出反应。对股票进行估价可以采用现金流折现模型或市价比率模型。

7.3.4.1 现金流折现模型

对股票进行估价的主要技术就是现金流折现模型，其计算公式如表 7-5 所示。

表 7-5 现金流折现模型的计算公式

	计 算 公 式
短期持有、未来准备出售	$$V = \sum_{t=1}^{n} \frac{d_t}{(1+K)^t} + \frac{V_n}{(1+K)^n}$$ 式中：V——股票内在价值；V_n——未来出售时预计的股票价格；K——投资人要求的投资收益率；d_t——第 t 期的预期股利；n——预计持有股票的期数
长期持有、股利稳定不变	$$V = \frac{D}{K}$$ 式中：V——股票内在价值；D——每年固定股利；K——投资人要求的投资收益率
长期持有、股利固定增长	设上年股利为 D_0，每年股利比上年增长率为 g，则：$$V = \frac{D_0(1+g)}{(K-g)} = \frac{D_1}{(K-g)}$$ 式中：D_1——第 1 年的预期股利

下面结合上述计算公式举例说明。

【例 7-4】A 公司刚刚派发每股 2 元的现金股利。投资者对这种投资所要求的收益率为 16%。如果预期股利会以每年 8% 的比率稳定地增长，那么目前的股票价值是多少？5 年后的价值是多少？

解：上一笔股利 D_0 为 2 元，预期股利以 8% 的比率增长，而且必要收益率为 16%，根据股利增长模型，目前的股价为：

$$P_0 = \frac{D_0 \times (1+g)}{(R-g)} = \frac{2 \times (1+8\%)}{(16\%-8\%)} = 27 \text{（元）}$$

可以计算 5 年后的股利，然后利用股利增长模型求出 5 年后的股价。还可以根据股价每年增长 8%，直接计算 5 年后的股价。两种方法都可以。

首先，5 年后股利为：

$$D_5 = D_0 \times (1+g)^5$$
$$= 2 \times 1.08^5$$
$$= 2.9387$$

因此，5 年后的股价为：

$$P_5 = \frac{D_5 \times (1+g)}{(R-g)} = \frac{2.9387 \times (1+8\%)}{(16\%-8\%)}$$
$$= \frac{3.17}{0.08} = 39.625 \text{（元）}$$

在股利增长模型中，股价的增长率就等于股利的增长率 g，所以也可以这样计算：

$$P_5 = P_0 \times (1+g)^5 = 27 \times (1+8\%)^5 = 39.67 \text{（元）}$$

注意 这两种方法计算的股价是相等的。

【例 7-5】根据例 7-4，如果预期接下来 3 年的股利将以 20% 的比率增长，然后就降为一直是每年 8%，那么目前股票应该卖多少钱？

解：在这种情况下，前 3 年有超常报酬，这 3 年的股利为：

$$D_1 = 2 \times 1.20 = 2.4$$
$$D_2 = 2.4 \times 1.20 = 2.88$$
$$D_3 = 2.88 \times 1.20 = 3.456$$

3年后，股利增长率无限期地降为8%，因此当时的股价为：

$$P_3 = \frac{D_3 \times (1+g)}{(R-g)} = \frac{3.456 \times 1.08}{(0.16-0.08)}$$
$$= 46.625（元）$$

为了计算股票的当前价值，必须确定这3年股利和未来价格的现值：

$$P_0 = \frac{D_1}{(1+R)^1} + \frac{D_2}{(1+R)^2} + \frac{D_3}{(1+R)^3} + \frac{P_3}{(1+R)^3}$$
$$= \frac{2.40}{1.16} + \frac{2.88}{1.16^2} + \frac{3.456}{1.16^3} + \frac{46.66}{1.16^3}$$
$$= 2.07 + 2.14 + 2.21 + 29.89$$
$$= 36.31（元）$$

7.3.4.2　市价比率模型

市价比率模型就是将市价比率作为股票估价的基本比率，用相应的指标乘以市价比率即可以得到股票的市价。

1. 市盈率

市盈率又称市价盈利率、股价盈利比率、价盈比、盈利比、本益比，亦简称 P/E 值。其计算公式如下：市盈率＝每股市价/每股盈利。其中，每股市价指某一期间的平均市价或上市股票每股当日成交加权平均价及每股当日收盘价；每股盈利则指平均每股上一年的税后利润或预期的每股税后利润。用此比率乘以每股盈利即得每股市价，就可由此求出股票应有的价格。

例如，假设某种股票目前每股市价120元，平均每股税后利润为20元，代入公式计算，所得结果为6倍。换句话说，投资于此种股票，必须投资6元，才能获得盈利1元。反之，如果上例比率为3倍，每股税后利润不变，则投资者只需投资60元。当然，这种分析只能作为一种参考，并无绝对意义，因为其中还涉及投机与投资的区别，以及公司经营的发展状况等。

计算这一比率时首先必须与当前的利率标准相比较，然后才能确定是否属于有利的投资。此外，运用这一比率衡量股价时，应分别考虑各种不同的股票，而且随时注意究竟多少倍率才是合理的投资。

2. 价格股利率

价格股利率也称本利比。价格盈利率（本益比）是以目前每股市价除以每股股利得到的结果。本利比的公式如下：价格股利率＝每股市价/每股股利。本利比与本益比的不同点在于：本益比的重点在每股盈余，本利比的重点在每股股利。经常参考发行公司财务报告的投资人，总会发现每股盈利比每股股利大。这是因为在盈利即税后利润中还需按照规定提取公积金（包括法定公积金或特别公积金等），有的公司还从中提出一部分作为特别奖金，然后将余额分配给股东作为股息、红利（股利）。因此，每股股利数额总是较每股盈利少。

从本利比来衡量股价，仍然离不开利率环境，而利率环境的标准通常是以银行存放款利率及政府发行的公债利率为依据的。根据美国、日本等专家计算，股票的本利比在8倍与

10 倍应是很正常的，但必须是在经济正常的环境下，而在通货膨胀的环境下，本利比的倍数必然提高。

此外，可供选择的市价比率还有市价/主营业务收入、市价/总资产、市价/经营现金净流量等，应结合实际情况进行分析。

7.4　基金投资

7.4.1　证券投资基金的含义

证券投资基金指一种利益共享、风险共担的集合证券投资方式，即通过发行基金单位，集中投资者的资金，由基金托管人托管，由基金管理人管理和运用资金，从事股票、债券等金融工具投资。国际经验表明，基金对引导储蓄资金转化为投资、稳定和活跃证券市场、提高直接融资的比例、完善社会保障体系、完善金融结构具有极大的促进作用。我国证券投资基金的发展历程也表明，基金的发展与壮大，推动了证券市场的健康稳定发展和金融体系的健全完善，在国民经济和社会发展中发挥日益重要的作用。

我国证券投资基金开始于 1998 年 3 月，在较短的时间内就成功地实现了从封闭式基金到开放式基金、从资本市场到货币市场、从内资基金管理公司到合资基金管理公司、从境内投资到境外理财的几大历史性的跨越，走过了发达国家几十年甚至上百年走过的历程，取得了举世瞩目的成绩。证券投资基金目前已经具有相当规模，成为我国证券市场的最重要机构投资力量和广大投资者的最重要投资工具之一。

7.4.2　基金的种类

1. 根据组织形态不同分类

根据组织形态的不同，基金可分为契约型基金和公司型基金，如表 7-6 所示。

表 7-6　契约型基金和公司型基金的比较

比较项目	契约型基金	公司型基金
资金的性质	信托财产	公司法人的资本
投资者的地位	投资者是受益人，没有管理基金资产的权利	投资者是股东，通过股东大会和董事会享有管理基金公司的权利
基金的运营依据	依据基金契约运营基金	依据基金公司章程运营基金

2. 根据变现方式不同分类

根据变现方式的不同，基金可分为封闭式基金和开放式基金，如表 7-7 所示。

表 7-7　封闭式基金和开放式基金的比较

比较项目	封闭式基金	开放式基金
期限	有固定的封闭期	没有固定的期限
基金单位的发行规模要求	在招募说明书中列明其基金规模	没有发行规模限制
基金单位转让方式	基金单位在封闭期内不能要求基金公司赎回	可以在首次发行结束一段时间后，随时向基金管理人或中介机构提出购买或赎回申请
基金单位的交易价格计算标准	买卖价格受市场供求关系的影响，并不必然反映公司的净资产值	交易价格取决于基金每单位资产净值的大小，基本不受市场供求影响
投资策略	基金单位数不变，资本不会减少，可进行长期投资	基金单位可随时赎回，为应付投资者随时赎回兑现，基金资产不能全部用来投资，必须保持基金资产的流动性

3. 根据投资标的不同分类

根据投资标的不同，基金可分为股票基金、债券基金、货币基金、期货基金、期权基金、认股权证基金、专门基金等。顾名思义，股票基金以股票投资为主，货币市场基金以货币市场工具为投资对象。在我国现行法规的规定下，60%以上的基金资产投资于股票的，为股票型基金；80%以上的基金资产投资于债券的，为债券型基金；仅投资于货币市场工具的，为货币市场型基金；投资于股票、债券和货币市场工具，并且股票投资和债券投资比例不符合股票基金、债券基金规定的为混合型基金。由于投资对象不同，以上分类的基金在各自的投资风险与预期收益方面也有明显的区别，股票型基金的预期收益和投资风险都是最高的，混合型基金次之，债券型基金较低，而货币市场型基金的预期收益和投资风险都是最低的。

4. 根据投资理念不同分类

根据投资理念不同，基金可以分为主动型基金和被动（指数）型基金。主动型基金是一类力图超越基准组合表现的基金。被动型基金则不主动寻求取得超越市场的表现，而是试图复制指数的表现，并且一般选取特定的指数作为跟踪的对象，因此通常又被称为指数型基金。相比较而言，主动型基金比被动型基金的风险更大，但取得的收益也可能更大。

7.4.3　基金的价值与基金收益率

7.4.3.1　基金的价值

1. 基金单位净值

基金单位净值是在某一时点每一基金单位（或基金股份）所具有的市场价值，计算公式为：

$$基金单位净值 = \frac{基金净资产价值总额}{基金单位总份额}$$

其中，基金净资产价值总额＝基金资产总额－基金负债总额。

【例 7-6】 某基金持有的三种股票的数量分别为 10 万股、50 万股和 100 万股，每股的市价分别为 30 元、20 元和 10 元，银行存款为 1 000 万元，该基金负债有两项：对托管人或管理人应付未付的报酬为 500 万元、应付税金为 500 万元，已售出的基金单位为 2 000 万股。要求：计算基金单位净值。

$$基金单位净值＝（基金资产总额－基金负债总额）/基金单位总份额$$
$$＝（10×30＋50×20＋100×10＋1\ 000－500－500）/2\ 000$$
$$＝1.15（元）$$

2. 基金的报价

开放型基金的柜台交易价格完全以基金单位净值为基础，通常采用两种报价形式：认购价（卖出价）和赎回价（买入价）。

$$基金认购价＝基金单位净值＋首次认购费$$
$$基金赎回价＝基金单位净值－基金赎回费$$

7.4.3.2 基金收益率

基金收益率用以反映基金增值的情况，它通过基金净资产的价值变化来衡量。

$$基金收益率＝\frac{年末持有份数×年末基金单位净值－年初持有份数×年初基金单位净值}{年初持有份数×年初基金单位净值}$$

7.4.4 股票投资与基金投资的区别

股票投资与基金投资的区别如下。

1. 发行主体不同

股票是由股份有限公司募集股本时发行的，非股份公司不能发行股票。基金是由投资基金公司发行的，它不一定就是股份有限公司，且各国的法律都有规定，投资基金公司的是非银行金融机构，在其发起人中必须有一家金融机构。

2. 投资股票与投资基金的期限不同

股票是股份有限公司的股权凭证，它的存续期是和公司相始终的，股东在中途是不能退股的。而投资基金公司是代理公众投资理财的，不管基金是开放型还是封闭型的，投资基金都有限期的限定，到期时要根据基金的净资产状况，依投资者所持份额按比例偿还投资。

3. 投资股票与投资基金的风险及收益不同

股票是一种由股票购买者直接参与的投资方式，它的收益不但受上市公司经营业绩和市场价格波动的影响，而且还受股票交易者综合素质的影响，其风险较高，收益也难以确定。而投资基金则由专家经营、集体决策，它的投资形式主要是各种有价证券及其他投资方式的组合，其收益就比较平均和稳定。由于基金的投资面相对分散，因此其投资风险就较小，虽然它的收益可能会低于某些优质股票，但其平均收益不比股票的平均收益差。

4. 投资者的权益有所不同

股票和基金虽然都以投资份额享受公司的经营利润，但基金投资者是以委托投资人的面目出现的，他可以随时撤回自己的委托，但不能参与所投资基金的经营管理，而股票的持有人是可以参与股份公司的经营管理的。

5. 流通性不同

基金中有两类，一类是封闭型基金，它有点类似于股票，大部分都在股市上流通，其价格也随股市行情波动，它的操作与股票相差不大。另一类是开放型基金，这类基金随时可在基金公司的柜台买进卖出，其价格与基金的净资产基本等同。所以基金的流动性要强于股票。

7.4.5　基金投资的优缺点

7.4.5.1　基金投资的优点

基金投资的最大优点是能够在不承担太大风险的情况下获得较高收益。原因在于投资基金具有专家理财优势和资金规模优势。

7.4.5.2　基金投资的缺点

（1）无法获得很高的投资收益。投资基金在投资组合过程中，在降低风险的同时，也丧失了获得巨大收益的机会。

（2）在大盘整体大幅度下跌的情况下，投资人可能承担较大风险。

本章小结

证券投资是财务管理的一项重要内容，对企业发展和资金有效利用有重要的影响。本章要求掌握证券投资的风险与收益率、企业股票投资收益率的计算、股票的估价、股票投资的优缺点、基金投资的种类、基金投资的估价与收益率。熟悉效率市场假说、企业债券投资收益率的计算、债券的估价方法、债券投资的优缺点、证券管理的程序。了解证券的特征与种类、证券投资的种类、影响证券投资决策的因素、基金投资的含义与特征、基金投资的优缺点。

相关术语

证券　证券投资　证券投资管理程序　债券　股票　基金　利率风险　再投资风险　购买力风险　违约风险　流动性风险　破产风险　普通股　优先股　基金净值

思政指引

　　　　理论背景：证券投资是企业投资理财的渠道之一，包括债券投资、股票投资、基金投资几种主要方式。证券投资管理的程序包括确立投资目标、制定证券投资组合政策、构建证券组合投资、修订证券组合投资以及评估证券组合业绩等。证券投资的风险分系统性风险和非系统性风险，前者包括利率风险、再投资风险、购买力风险，后者包括违约风险、流动性风险及破产风险等。进行证券投资时，需要综合权衡，根据各类证券风险与收益特点进行组合投资。证券投资在追求收益的同时，要有风险意识，不要把所有鸡蛋放在一个篮子里，慎重理财。

　　　　思政启示：在市场经济下，证券投资不仅是企业理财的重要途径，也是个人理财的重要途径。证券投资理论给我们的启示：第一，作为投资者追求高收益无可厚非，但要强化风险意识，追求高收益的同时往往要承担高风险，这要求我们对风险要有敏感性，增强风险的识别能力，时常提醒自己及身边的朋友"投资有风险，入市需谨慎"。第二，要建立起有效的风险防范机制，譬如，组合投资方法就是应对风险的有效机制，也是平衡风险的科学方法。第三，要树立法治思维，做到合法投资，拒绝非法投资。

复习思考题

1. 如何评价证券投资的绩效？
2. 如何选择合理的证券投资组合？
3. 如何理解证券投资的风险？
4. 分析股票估价的现金流折现模型和市价比率模型的关系。

第 8 章

营运资金管理

◆学习目标◆

1. 掌握现金的持有动机与成本，掌握最佳现金持有量的计算：成本分析模式、存货模式；

2. 掌握应收账款的功能与成本；

3. 掌握信用政策的构成要素与决策方法；

4. 掌握存货资金需要量的确定方法，掌握最佳采购批量的确定方法；

5. 熟悉现金日常管理的内容和方法，熟悉存货日常管理的内容和方法；

6. 了解营运资金的含义与特点；

7. 了解应收账款日常管理的内容。

8.1　营运资金概述

营运资金管理是为了保证企业日常生产经营活动正常运行而实施的财务管理活动。企业现金流入与流出的非同步性,使营运资金成为企业生产经营活动的重要组成部分,它关系到企业日常的运营和支付能力。企业在一定时期内,营运资金周转速度越快,资金的利用效率就越高,企业就能获取更多的利润;对营运资金进行科学管理,可以减少企业资金成本,降低企业风险,提高企业效益。

8.1.1　营运资金的概念

营运资金是指在企业日常生产经营活动中流动资产所占用的资金。广义的营运资金又称毛营运资金,是指一个企业流动资产的总额;狭义的营运资金,又称净营运资金,是指流动资产减去流动负债后的余额。营运资金的管理既包括流动资产的管理,又包括流动负债的管理。

8.1.1.1　流动资产

流动资产是指可以在 1 年以内或超过 1 年的一个营业周期内变现或运用的资产。流动资产具有占用时间短、周转快、易变现等特点。企业拥有较多的流动资产,可在一定程度上降低财务风险。流动资产按照不同的标准可进行不同的分类。

1. 按其实物形态分类

按其实物形态,可把流动资产分为现金、交易性金融资产、应收及预付款项和存货。

(1) 现金是指企业可以立即用来购买物品、支付各项费用或用来偿还债务的交换媒介或支付手段,主要包括库存现金、银行存款和其他货币资金。现金是流动资产中流动性最强的资产,拥有大量现金的企业具有较强的偿债能力和承担风险的能力,但因为现金不能带来报酬或只有极低的报酬,因而在财务管理比较健全的企业,都不会保留较多的现金。

(2) 交易性金融资产主要是指企业为了近期出售而持有的金融资产,例如,企业以赚取差价为目的从二级市场购入的股票、债券、基金等。企业持有交易性金融资产,一方面能带来较好的收益,另一方面又能增强企业资产的流动性,降低企业的财务风险,因此,适当持有交易性金融资产是一种较好的财务策略。

(3) 应收及预付款项是指企业在生产经营的过程中所形成的应收而未收的或预先支付的款项,包括应收账款、应收票据、其他应收款和预付货款。在商品经济条件下,为了加强市场竞争能力,企业拥有一定量的应收及预付款项是不可避免的,企业应力求加速账款的回收,减少坏账损失。

(4) 存货是指企业在生产的过程中为销售或者耗用而存储的各种资产,包括商品、产成品、半成品、在产品、原材料、辅助材料、低值易耗品、包装物等。存货在流动资产中占的比重较大,加强存货的管理与控制,使存货保持在最优水平,是财务管理的一项重要内容。

2. 按其在生产经营过程中的作用分类

按其在生产经营过程中的作用，可把流动资产分为生产领域中的流动资产和流通领域中的流动资产。

（1）生产领域中的流动资产，是指产品在生产过程中发挥作用的流动资产，如原材料、辅助材料、低值易耗品等。

（2）流通领域中的流动资产，是指商品在流动过程中发挥作用的流动资产，如工业企业中的产成品、现金、外购商品等。

8.1.1.2 流动负债

流动负债是指需要在一年或超过一年的一个营业周期内偿还的债务。流动负债具有成本低、偿还期短的特点，必须认真管理。流动负债按照不同的标准可进行不同的分类。

1. 按其应付金额是否确定分类

按其应付金额是否确定，可把流动负债分为应付金额确定的流动负债和应付金额不确定的流动负债。

（1）应付金额确定的流动负债是指那些根据合同或法律规定，到期必须偿付，并有确定金额的流动负债，如短期借款、应付票据、应付账款、应付短期融资券等。

（2）应付金额不确定的流动负债是指那些要根据企业生产经营状况，到一定时期才能确定的流动负债或应付金额需要估计的流动负债，如应交税金、应交利润等。

2. 按流动负债的形成情况分类

按流动负债的形成情况，可把流动负债分为自然性流动负债和人为性流动负债。

（1）自然性流动负债是指不需要正式安排，由于结算程序的原因自然形成的那部分流动负债。

（2）人为性流动负债是指由财务人员根据企业对短期资金的需求情况，通过人为安排所形成的流动负债，如银行短期借款、应付短期融资券等。

8.1.2 营运资金的特点

1. 营运资金的周转具有短期性

企业在流动资产上占用的资金，周转一次所需时间较短，通常会在 1 年或 1 个营业周期内收回，对企业产生影响的时间比较短。

2. 营运资金的实物形态具有易变现性

交易性金融资产、应收账款、存货等流动资产一般具有较强的变现能力，如果遇到意外情况，企业出现资金周转不灵、现金短缺时，便可迅速变卖这些资产，以获取现金。

3. 营运资金的数量具有波动性

流动资产的数量会随企业内外条件的变化而变化，时高时低，波动很大。随着流动资产数量的变动，流动负债的数量也会相应发生变动。

4. 营运资金的实物形态具有动态性

企业营运资金的实物形态是经常变化的，一般在现金、原材料、产品、产成品、应收账款、现金之间顺序转化。

5. 营运资金的来源具有灵活多样性

企业筹集营运资金的方式较为灵活多样，通常有银行短期借款、短期融资券、商业信用、应交税金、应交利润、应付工资、应付费用、预收货款、票据贴现等。

8.1.3 营运资金的周转

营运资金的周转，是指企业的营运资金从现金投入生产经营开始，到最终转化为现金为止的过程。营运资金的周转通常与现金周转密切相关，现金的周转过程包括：

（1）存货周转期，是指将原材料转化成产成品并出售所需要的时间；

（2）应收账款周转期，是指将应收账款转换为现金所需要的时间；

（3）应付账款周转期，是指从收到尚未付款的材料开始到现金支出之间所需要的时间。营运资金数额的多少与现金循环周期的变化密切相关。

一般而言，存货周转期和应收账款周转期越长，应付账款周转期越短，营运资金数额就越大；相反，存货周转期和应收账款周转期越短，应付账款周转期越长，营运资金数额就越小。此外，营运资金周转的数额还受偿债风险、收益要求和成本约束等因素的制约。

相关链接：零营运资金管理

"零营运资金管理"的基本原理，就是从营运资金管理的重点出发，在满足企业对流动资产基本需求的前提下，尽可能地降低企业在流动资产上的投资额，并大量地利用短期负债进行流动资产的融资。"零营运资金管理"是一种极限式的管理，它并不是要求营运资金真的为零，而是在满足一定条件下，尽量使营运资金趋于最小的管理模式。"零营运资金管理"属于营运资金管理决策方法中的风险性决策方法，这种方法的显著特点是：能使企业处于较高的盈利水平，但同时企业承受的风险也大，即所谓的高盈利、高风险。

8.2 现金管理

现金是指在生产过程中暂时停留在货币形态的资金，包括库存现金、银行存款、其他货币资金等。现金是变现能力最强的非营利资产，现金管理的过程就是在现金的流动性和收益性之间进行权衡选择的过程，其目的就是在保证企业经营活动现金需要的同时，降低企业闲置的现金数量，提高资金的收益率。

8.2.1 企业持有现金的动机和成本

8.2.1.1 企业持有现金的动机

1. 交易动机

交易动机，是企业持有现金的首要动机，指企业为维持正常生产经营而需要具备的现金支付能力。为了组织日常生产经营活动，企业必须保持一定数额的现金余额，用于购买原材料、支付工资、缴纳税款、偿还到期债务、派发现金股利等。一般来说。企业为满足交易动机而持有的现金余额主要取决于企业的销售水平。随着企业销售水平提升，生产量随之增加，所需现金余额也增加。

2. 预防动机

预防动机，即企业持有现金，以应付意外事件对现金的需求。因为市场行情瞬息万变及不确定的因素太多，使企业很难对未来现金流量的预期准确把握，一旦企业未来所需现金偏离实际情况，必然会对企业的正常经营秩序产生极为不利的扰乱。企业为应付紧急情况所持有的现金余额主要取决于三个方面：①企业愿意承担风险的程度；②企业临时举债能力的强弱；③企业对现金流量预测的可靠程度。

3. 投机动机

投机动机，即企业为抓住各种瞬息即逝的市场机会，获取较大利益而准备的现金。其持有量大小与企业在金融市场的投资机会及企业对待风险的态度有关。

企业除以上三种原因持有现金外，也会基于满足将来某一特定需要或者为在银行维持补偿性余额等原因而持有现金。企业在确定现金余额时，一般应综合考虑各方面的持有动机。但要注意的是，由于各种动机所需的现金可以调剂使用，企业持有的现金总额并不等于各种动机所需现金余额的简单相加，前者通常小于后者。另外，上述各种动机所需保持的现金，并不要求必须是货币形态，也可以是能够随时变现的有价证券及能够随时转换成现金的其他各种存在形态，如可随时借入的银行信贷资金等。

8.2.1.2 企业持有现金的成本

企业持有现金的成本通常由以下三部分组成。

1. 持有成本

持有成本是指企业因保留一定的现金余额而增加的管理费用及放弃的再投资收益。

企业保留现金，对现金进行管理，会发生一定的管理费用，如现金管理人员的工资及保管现金发生的必要安全措施费用。这部分成本具有固定成本的性质，它在一定范围内与现金持有量的多少关系不大，是决策无关成本。再投资收益是指企业不能同时用该现金进行有价证券投资所产生的机会成本，它与现金持有量成正比例关系，现金持有量越大，机会成本越高，反之就越低。通常可以用有价证券的收益率来衡量现金的机会成本。

2. 转换成本

转换成本是指企业用现金购入有价证券或转让有价证券换取现金时所需要付出的交易费

用，即现金与有价证券之间相互转换的成本，如委托买卖佣金、委托手续费、证券过户费、实物交割手续费等。严格地讲，转换成本并不都是固定费用，有的具有变动成本的性质，如委托买卖佣金、委托手续费，这些费用通常是按照委托成交金额计算的。在证券总金额既定的条件下，无论变现次数怎样变动，所需支付的委托成交金额都是相同的。因此，那些依据委托成交金额计算的转换成本与证券变现次数关系不大，属于决策无关成本，这样，与证券变现次数密切相关的转换成本便只包括其中的固定性交易费用。固定性转换成本与现金持有量成反比例关系，即在现金需要量既定的前提下，现金持有量越少，进行证券变现的次数越多，相应的转换成本就越大；反之，现金持有量越多，证券变现的次数就越少，需要的转换成本开支也就越小。

3. 短缺成本

短缺成本是指因现金持有量不足而又无及时变现的有价证券加以补充，给企业所带来的损失。现金的短缺成本与现金持有量呈反方向变动关系。现金持有量越大，现金的短缺成本就越小。

8.2.2　最佳现金持有量的确定

最佳现金持有量是指使持有现金发生的总成本最少的一个现金持有量。即持有成本、转换成本、短缺成本之和最低时的现金持有量。确定最佳现金持有量的方法主要有成本分析模式和存货模式。

8.2.2.1　成本分析模式

成本分析模式是根据现金有关成本，分析预测其总成本最低时现金持有量的一种方法。在成本分析模式下，只考虑因持有一定量现金而产生的机会成本及短缺成本，而不予考虑转换成本和管理费用。成本分析模式下的最佳现金持有量，就是持有现金而产生的机会成本与短缺成本之和最小时的现金持有量，如图 8-1 所示。

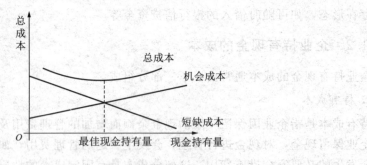

图 8-1　成本分析模式图

最佳现金持有量的具体计算步骤是：先分别计算出各种方案的机会成本、短缺成本之和，然后从中选出总成本之和最低的现金。

$$机会成本＝现金持有量×有价证券利率（或收益率）$$

【例 8-1】某企业有四种现金持有方案，它们各自的机会成本、短缺成本如表 8-1 所示。

表 8-1　某企业最佳现金持有量测算　　　　　　　　单位：元

方案及现金持有量	机会成本（12%）	短缺成本	总成本
A（10 000）	1 200	5 600	6 800
B（20 000）	2 400	2 500	4 900
C（30 000）	3 600	1 000	4 600
D（40 000）	4 800	0	4 800

通过分析比较上表中各方案的总成本可知，C 方案的相关总成本最低，因此企业持有 30 000 元的现金时，各方面的总成本最低，30 000 元为最佳的现金持有量。

8.2.2.2　存货模式

存货模式也称鲍莫尔模式，是由美国经济学家威廉·J. 鲍莫尔（Milliam J. Baumol）于 1952 年首先提出。存货模式将存货经济进货批量模型原理用于确定目标现金持有量。此模式下的相关成本是机会成本与转换成本，其他成本不予考虑。能使机会成本与转换成本之和最低的现金持有量，即为最佳现金持有量，如图 8-2 所示。

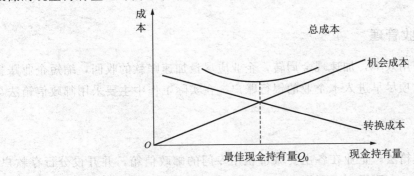

图 8-2　存货模式图

利用存货模式确定最佳现金持有量的基本假设是：

（1）企业预算期内现金需要量可以较为准确地预测；

（2）企业所需要的现金可通过证券变现取得，且证券变现的不确定性很小；

（3）现金支出过程比较稳定或波动较小，而且每当现金余额降至零时，均能够通过部分证券变现得以补足；

（4）证券的利率或报酬率及每次固定性交易费用可以获悉。

最佳现金持有量下的相关参数如下：

最佳现金持有量：
$$Q_0 = \sqrt{\frac{2TF}{K}}$$

转换次数：
$$N = \frac{T}{Q_0} = \sqrt{\frac{TK}{2F}}$$

最低相关总成本：
$$TC = \sqrt{2TFK}$$

式中：T——一个周期内现金总需求量；

　　　F——每次转换的固定成本；

Q_0——最佳现金持有量；

K——有价证券利率（机会成本）；

TC——现金管理相关总成本。

【例 8-2】某公司现金收支平衡，预计全年（按 360 天计算）现金需要量为 250 000 元，现金与有价证券的转换成本为每次 500 元，有价证券年利率为 10%，则：

$$最佳现金持有量 Q_0 = \sqrt{\frac{2TF}{K}} = \sqrt{\frac{2 \times 250\,000 \times 500}{10\%}} = 50\,000（元）$$

全年现金管理总成本 $= \sqrt{2TFK} = \sqrt{2 \times 250\,000 \times 500 \times 10\%} = 5\,000（元）$

全年现金转换成本 $=(250\,000/50\,000) \times 500 = 2\,500（元）$

全年现金持有机会成本 $=(50\,000/2) \times 10\% = 2\,500（元）$

全年有价证券交易次数 $= 250\,000/50\,000 = 5（次）$

有价证券交易间隔期 $= 360/5 = 72（天）$

8.2.3　现金的日常管理

8.2.3.1　现金的回收管理

为了提高现金的使用效率，加速现金周转，企业应尽量加速账款的收回，缩短企业账款的回收时间，使应收款项尽早进入本企业的银行账户。在实际工作中主要采用邮政信箱法与银行业务集中法。

1. 邮政信箱法

邮政信箱法又称锁箱法，企业在各主要城市租用专门的邮政信箱，并开设分行存款户，授权当地银行定期开箱，在取得客户票据后立即予以结算，并通过电子汇兑等最快捷的汇兑方式将货款及时拨回企业总部所在地银行。该方法缩短了支票邮寄及在企业的停留时间，但是成本较高。因此，是否采用邮政信箱法，需视提前回笼现金产生的收益与增加的成本的大小而定。

2. 银行业务集中法

企业指定一个主要开户行（通常是指定企业总部所在地的基本结算开户行）为集中银行，然后在收款额较为集中的各营业网点所在区域设立收款中心，客户收到账单后直接与当地收账中心联系，办理货款结算，收账中心收到货款后立即存入当地银行，当地银行在进行票据交换后，立即转给企业总部所在地的集中银行。该方法缩短了现金从客户到企业的中间周转时间，但在多处设立收账中心，增加了相应的费用支出。为此企业应在权衡利弊得失的基础上，通过计算分散收账收益净额，做出是否采用银行业务集中法的决策。

分散收账收益净额 =（分散收账前应收账款投资额 - 分散收账后应收账款投资额）×
企业综合资金成本率 - 因增设收账中心每年增加费用额

银行业务集中法能加速现金回收，但只有当分散收账的收益净额为正数的情况下才能采用，否则得不偿失。

【例 8-3】某企业若采用银行业务集中法增设收款中心，可使企业应收账款平均余额由现在的 500 万元减至 200 万元。企业综合资金成本率为 10%，因增设收账中心每年将增加相关费用 10 万元，则：

$$该企业分散收账收益净额＝(500－200)×10\%－10＝20(万元)$$

除上述方法外，还可以采用折扣、折让激励法、大额款项专人处理、电子汇兑、企业内部往来多边结算、减少不必要的银行账户等方法加速现金回收。

8.2.3.2 现金支出管理

与现金收入的管理相反，现金支出管理的主要任务是尽可能地延缓现金的支出时间以控制企业现金持有量。企业应根据风险与收益权衡原则，选择适当方法延期支付账款。

（1）推迟支付应付账款法。企业在不影响信誉的前提下，尽量推迟支付供应商货款的时间。

（2）汇票付款法。在支付账款时，可以采用汇票付款的尽量使用汇票，而不采用支票或银行本票，更不要直接支付现钞。

（3）合理利用现金"浮游量"。现金的浮游量是指企业现金账户上现金金额与银行账户上所示的存款额之间的差额，但应注意预测的现金浮游量必须充分接近实际值，否则容易开出空头支票。

（4）分期付款法。在企业出现现金周转困难时，采用大额分期付款、小额按时足额支付的方法；另外，分期付款时，一定要妥善拟订分期付款计划，并将计划告之客户，且必须确保按计划履行付款义务，这样就不会失信于客户。

8.2.3.3 闲置现金投资管理

可将闲置现金投入流动性高、风险性低、交易期限短且变现及时的投资上，如金融债券投资、可转让大额存单、回购协议等，以获取更多的利益。不提倡投资于风险较大的股票、基金、期货等。

相关链接：现金持有量的随机模式

确定最佳现金持有量的方法还有随机模式，它是在现金需求量难以预知的情况下进行现金持有量控制的方法。有些企业的现金需求量往往波动大且难以预知，但企业可以根据历史经验和现实需要，测算出一个现金持有量的控制范围，即制定出现金持有量的上限和下限，将现金量控制在上下限之内。当现金量达到控制上限时，用现金购入有价证券，使现金持有量下降；当现金量降到控制下限时，则抛售有价证券换回现金，使现金持有量回升。若现金量在控制的上下限之内，便不必进行现金与有价证券的转换，保持它们各自的现有存量。随机模式建立在企业的现金未来需求总量和收支不可预测的前提下，因此计算出来的现金持有量比较保守。

8.3 应收账款管理

8.3.1 应收账款的概念

应收账款是因为企业对外赊销产品、材料、供应劳务等应向对方收取而未收取的款项，包括应收销货款、其他应收款、应收票据等。

在竞争激烈的市场经济条件下，促销已经成为企业的一项重要工作内容。企业促销的手段虽然多种多样，但在银根紧缩、市场疲软、资金匮乏的情况下，赊销的促销作用是十分明显的，特别是在企业销售新产品、开拓新市场时，赊销就更加具有重要的意义。由于赊销具有促销功能，可以加速产品的销售，从而可降低存货中产成品的数额。这有利于缩短产成品的库存时间，降低产成品存货的管理费用、仓储费用和保险费用等各方面的支出。企业在采取赊销方式促进销售、减少存货的同时，会因持有应收账款而付出一定的代价，即须支付相应的成本。

8.3.2 应收账款的成本

1. 机会成本

应收账款的机会成本是指企业的资金投放在应收账款上而必然放弃其他投资机会而丧失的收益，这一成本可用企业投资报酬率或有价证券收益率来计算，它的大小通常与企业维持赊销业务所需要的资金数量、平均收现期、变动成本率、资本成本率等因素相关。其计算公式为：

$$应收账款的机会成本＝维持赊销业务所需要的资金×资本成本率$$

资本成本一般可按有价证券收益率计算：

$$应收账款平均余额＝\frac{赊销收入净额}{应收账款周转率}$$

$$＝\frac{赊销收入净额}{360}×平均收账天数$$

$$维持赊销业务所需要的资金＝应收账款平均余额×\frac{变动成本}{销售收入}$$

$$＝应收账款平均余额×变动成本率$$

【例8-4】某企业年赊销额5 000 000元（一年按360天计算），应收账款平均收账天数为36天，变动成本率为60%，资金成本率为8%，则企业的应收账款机会成本计算如下：

$$应收账款平均余额＝\frac{5\ 000\ 000}{360}×36＝500\ 000（元）$$

$$维持赊销业务所需要的资金＝500\ 000×60\%＝300\ 000（元）$$

即 应收账款机会成本＝300 000×8％＝24 000（元）

上述计算表明，企业投放 300 000 元的资金可维持 5 000 000 元的赊销业务，达到垫支资金的十几倍。这一较高的倍数在很大程度上取决于应收账款的收账速度。在正常情况下，应收账款收账天数越少，一定数量资金所维持的赊销额就越大；应收账款收账天数越多，一定数量资金所维持的赊销额就越小，维持相同赊销额所需要的资金数量就越大。

2. 管理成本

应收账款的管理成本是指企业对应收账款进行管理而耗费的开支，主要包括对顾客信用情况调查的费用、收集信息的费用、催收账款的费用、账簿记录的费用等。

3. 坏账成本

坏账成本是指由于某种原因导致应收账款不能收回而给企业造成的损失。坏账成本一般与应收账款数量成正比，即应收账款越多，坏账成本也越多。坏账的发生会给企业带来不稳定与风险，企业可按有关规定以应收账款余额的一定比例提取坏账准备。

8.3.3 信用政策

应收账款赊销的效果好坏，依赖于企业的信用政策。制定合理的信用政策，是加强应收账款管理，提高应收账款投资效益的重要前提。信用政策是企业对应收账款进行规划与管理而制定的基本原则和行为规范，一般由信用标准、信用条件和收账政策三部分组成。

8.3.3.1 信用标准

信用标准是企业同意向客户提供商业信用而要求对方必须具备的最低条件。通常以预计的坏账损失率表示。如果客户达不到信用标准，便不能享受或只能较少享受公司的信用。公司信用标准的高低将会直接影响公司的销售收入和销售利润。如果公司的信用标准定得较高，一方面可以降低坏账损失，应收账款的机会成本降低，但另一方面也会丧失一部分客户的销售收入和销售利润。因此，信用标准的制定需要公司权衡得失，对实施信用的成本与收益进行比较，较为客观地对不同客户规定相应的信用标准。

企业在信用标准的确定上，面临着两难的选择。其实，这也是风险、收益、成本的对称性关系在企业信用标准制定方面的客观反映。因而必须对影响信用标准的因素进行分析。公司在制定信用标准时，应考虑三个基本因素。①同行业竞争对手的情况。如果对手实力很强，企业欲取得或保持优势地位，就需采取较低（相对于竞争对手）的信用标准。反之，其信用标准可以相应严格一些。②公司承担违约风险的能力。当企业具有较强的承担违约风险的能力时，就可以以较低的信用标准提高竞争力，争取客户，扩大销售。反之，企业承担违约风险能力比较脆弱，就只能选择较严格的信用标准以尽可能降低违约风险的程度。③客户的资信程度。客户资信程度的高低通常决定于五个方面，即客户的信用品质（character）、偿付能力（capacity）、资本（capital）、抵押品（collateral）和经济状况（conditions），即"5C"系统。

（1）信用品质，指客户履约或违约的可能性，常被视为评价顾客信用的首要因素。

（2）偿付能力，指客户支付货款的能力。即其流动资产的数量和质量及与流动负债的比例，应注意顾客流动资产的质量，看是否会出现存货过多、质量下降及影响其变现和支付能力的情况。

（3）资本，指客户的经济实力和财务状况。表明顾客可能偿还债务的背景。

（4）抵押品，指客户拒付或无力支付款项时能被用作抵押的资产。

（5）经济状况，指可能影响客户付款能力的经济环境，包括一般经济发展趋势和某些地区的特殊发展情况。

信用标准的确定，主要分为以下三个步骤。

1. 设定信用等级的评价标准

即根据对客户信用资源的调查分析，确定评价信用优劣的数量标准，以一组具有代表性、能够说明付款能力和财务状况的若干比率（如流动比率、速动比率、应收账款平均收账天数、存货周转率、产权比率或资产负债率、赊购付款履约情况等）作为信用风险指标，根据数年内最坏年景的情况，分别找出信用好和信用差两类顾客的上述比率的平均值，依次作为比较其他顾客的信用标准。

【例 8-5】按照上述方法确定的某行业的信用标准如表 8-2 所示。

表 8-2   某行业信用标准一览表

相关指标	信用标准	
	信用好	信用差
流动比率	2.5：1	1.6：1
速动比率	1.1：1	0.8：1
现金比率	0.4：1	0.2：1
产权比率	1.8：1	4：1
已获利息倍数	3.2：1	1.6：1
有形净值负债率	1.5：1	2.9：1
应收账款平均收账天数	26	40
存货周转率/次	6	4
总资产报酬率/％	35	20
赊购付款履约情况	及时	拖欠

2. 利用既有或潜在客户的财务报表数据，计算各自的指标值，并与上述标准比较

比较的方法是：若某客户的某项指标值等于或低于差的信用标准，则该客户的拒付风险系数（即坏账损失率）增加 10 个百分点；若客户的某项指标值介于好与差的信用标准之间，则该客户的拒付风险系数（坏账损失率）增加 5 个百分点；当客户的某项指标值等于或高于好的信用标准时，则视该客户的这一指标无拒付风险，最后，将客户的各项指标的拒付风险系数累加，即作为该客户发生坏账损失的总比率。

【例 8-6】甲客户的各项指标值及拒付风险系数如表 8-3 所示。

表 8-3　甲客户的各项指标值及拒付风险系数

相关指标	指标值	拒付风险系数/%
流动比率	2.6：1	0
速动比率	1.2：1	0
现金比率	0.3：1	5
产权比率	1.7：1	0
已获利息倍数	3.2：1	0
有形净值负债率	2.3：1	5
应收账款平均收账天数	36	5
存货周转率/次	7	0
总资产报酬率/%	35	0
赊购付款履约情况	及时	0
累计拒付风险系数		15

在表 8-3 中，甲客户的流动比率、速动比率、有形净值负债率、已获利息倍数、存货周转率、总资产报酬率、赊购付款履约情况等指标均等于或高于好的信用标准值，因此，这些指标产生拒付的风险系数为 0；而现金比率、产权比率、应收账款平均收账天数三项指标值则介于信用好与信用差标准值之间，各自发生拒付风险的系数为 5%，累计 15%。这样即可认为该客户预期可能发生的坏账损失率为 15%。

当然，企业为了能够更详尽地对客户的拒付风险做出准确的判断，也可以设置并分析更多的指标数值，如评价指标增为 20 项，各项最高的坏账损失率为 5%，介于信用好与信用差之间的，每项增加 2.5% 的风险系数，等等。

3. 进行风险排队，并确定各有关客户的信用等级

依据上述风险系数的分析数据，按照客户累计风险系数由小到大进行排序。然后，结合企业承受违约风险的能力及市场竞争的需要，具体划分客户的信用等级，如累计拒付风险系数在 5% 以内的为 A 级客户，在 5% 与 10% 之间的为 B 级客户，等等。对于不同信用等级的客户，分别采取不同的信用政策，包括拒绝或接受客户信用订单，以及给予不同的信用优惠条件或附加某些限制条款等。

8.3.3.2　信用条件

一旦企业决定给予客户信用优惠，就需要考虑具体的信用条件。信用条件是指企业向对方提供商业信用时要求其支付赊销款项的条件，包括信用期限、折扣期限、现金折扣率。信用条件的基本表现形式如"2/10，n/45"，其意思是：在 10 天内付款，给予 2% 的现金折扣；如果放弃折扣优惠，则全部款项必须在 45 天内付清，在此，45 天为信用期限，10 天为折扣期限，2% 为现金折扣率。企业还可以根据需要，采取阶段性的现金折扣期限和不同的现金折扣率，如"2/10，1/20，n/30"，意思是：在 10 天内付款，给予 2% 的现金折扣；在 11~20 天付款，给予 1% 的现金折扣；30 天内必须付款，不给予现金折扣。

1. 信用期限

信用期限是企业允许客户从购货到付清货款的最长时间，是企业评价客户等级、决定给

予顾客的付款期间。企业产品销量与信用期限之间存在着一定的依存关系。通常，延长信用期限，可以在一定程度上扩大销售量，从而增加毛利。但不适当地延长信用期限，可能会使平均收账期延长，引起机会成本增加；同时引起坏账损失和收账费用增加。信用期的确定，主要是分析改变现行信用期对收入和成本的影响。

2. 现金折扣和折扣期限

许多企业为了加速资金周转，及时收回货款，减少坏账损失，往往在延长信用期限的同时采取一定的优惠措施，即在规定的时间内提前偿付货款的客户可按销售收入的一定比率享受折扣。如"2/10，n/45"表示在 10 天内付款，给予 2％的现金折扣；现金折扣实际上是产品售价的扣减。

企业究竟应当核定多长的折扣期限，以及给予客户多大程度的现金折扣优惠，必须将信用期限及加速收款所得到的收益与付出的现金折扣成本结合起来考虑。采取现金折扣方式会在增加销售量的同时给企业造成一定的损失，如果加速收款的机会收益不能补偿现金折扣成本的话，现金优惠条件便被认为是不恰当的。

3. 信用条件的选择

比较不同的信用条件的销售收入及相关成本，最后计算出各自的净收益，并选择净收益最大的信用条件。

【例 8-7】某企业预测本年度赊销额为 3 600 万元，信用条件是 n/30，变动成本率 60％，资金成本率 10％。假设企业收账政策不变，固定成本总额不变。该企业准备了三个信用条件的备选方案：

A. 维持 n/30 的信用条件；

B. 将信用条件放宽到 n/60；

C. 将信用条件放宽到 n/90。

为各种备选方案估计的赊销水平、坏账百分比和收账费用等有关数据如表 8-4 所示。

表 8-4　某企业信用条件备选方案　　　　　　　　　　　　　　单位：万元

项　目	方案		
	A	B	C
	（n/30）	（n/60）	（n/90）
年赊销额	3 600	3 960	4 200
应收账款平均收账天数	30	60	90
应收账款平均余额	3 600÷360×30＝300	3 960÷360×60＝660	4 200÷360×90＝1 050
维持赊销业务所需资金	300×60％＝180	660×60％＝396	1 050×60％＝630
坏账损失/年赊销额	2％	3％	6％
坏账损失	3 600×2％＝72	3 960×3％＝118.8	4 200×6％＝252
收账费用	36	80	144

根据以上资料，可计算以下指标，如表 8-5 所示。

表 8-5 A、B、C方案信用条件分析评价表 单位：万元

项　目	方案		
	A	B	C
	（n/30）	（n/60）	（n/90）
年赊销额	3 600	3 960	4 200
变动成本	2 160	2 376	2 520
信用成本前收益	1 440	1 584	1 680
信用成本			
应收账款机会成本	180×10％＝18	396×10％＝39.6	630×10％＝63
坏账损失	72	118.8	252
收账费用	36	80	144
小计	126	238.4	459
信用成本后收益	1 314	1 345.6	1 221

从表 8-5 中的资料可知，在这三种方案中，B 方案（n/60）的获利最大，它比 A 方案（n/30）增加收益 31.6 万元；比 C 方案（n/90）的收益要多 124.6 万元。因此，在其他条件不变的情况下，应选择 B 方案。

【例 8-8】仍以例 8-7 所列资料为例，如果企业为了加速应收账款的回收，决定在 B 方案的基础上将赊销条件改为"2/10，1/20，n/60"（D 方案），估计约有 60％的客户（按赊销额计算）会利用 2％的折扣；15％的客户将利用 1％的折扣。坏账损失率降为 1.5％，收账费用降为 42 万元。根据上述资料，有关指标可计算如下：

应收账款平均收账天数＝60％×10＋15％×20＋（1－60％－15％）×60＝24（天）

应收账款平均余额＝3 960÷360×24＝264（万元）

维持赊销业务所需要资金＝264×60％＝158.4（万元）

应收账款机会成本＝158.4×10％＝15.84（万元）

坏账损失＝3 960×1.5％＝59.4（万元）

现金折扣＝3 960×（2％×60％＋1％×15％）＝53.46（万元）

根据以上资料可以编制表 8-6。

表 8-6 B、D方案信用条件分析评价表 单位：万元

项　目	方案	
	B	D
	（n/60）	（2/10，1/20，n/60）
年赊销额	3 960	3 960
减：变动成本	2 376	2 376
减：现金折扣	—	53.46
信用成本前收益	1 584	1 530.54

项　目	方案	
	B	D
	（n/60）	（2/10，1/20，n/60）
减：信用成本		
应收账款机会成本	39.6	15.84
坏账损失	118.8	59.4
收账费用	80	42
小计	238.4	117.24
信用成本后收益	1 345.6	1 413.3

　　计算结果表明，实行现金折扣以后，企业的收益增加了 67.7 万元，因此，企业最终应选择 D 方案（2/10，1/20，n/60）作为最佳方案。

8.3.3.3　收账政策

　　收账政策是指客户超过信用期限而仍未付款或拒付账款时，企业采取的收账策略与措施。收账政策是通过一系列收账程序来完成的，包括给客户打电话、发传真、拜访客户、诉诸法律等。

　　企业向客户提供商业信用时必须考虑的三个问题：①客户是否会不讲信用拖欠账款或拒付账款，程度如何；②怎样最大限度地防止客户拖欠账款；③一旦账款遭到拖欠甚至拒付时，企业应采取怎样的对策。前两个问题主要靠信用调查和严格信用审批制度进行控制，第三个问题则必须通过制定完善的收账方针，采取有效的收账措施予以解决。通常的步骤是：①如果是由于企业的信用标准及信用审批制度存在问题，则应立即加以改进，防止此类情况再次发生；②如果是信息收集有误或对方的最近信息收集不全而导致对对方的信用等级评定有问题，则应重新收集有关最新信息并重新评定其信用等级；③对于偶然的拖欠，可以先通过信函、电话、电传或派员前往等方式进行催收，力争能使问题得到妥善的解决，当然有时也需要做出必要的让步；④如果双方经过多次协商仍然无法达成协议，最后可以考虑通过法律途径解决问题。

　　企业对不同的客户应制定不同的收账政策。但不论企业采取何种方式催收账款，都需要付出一定的代价，即收账费用。在一定范围内，收账费用与坏账损失率呈反向变动，收账费用适当增加，坏账损失会减少，但二者并非线性关系。初期投入一定的收账费用只能减少很少的坏账损失，此后，随着收账业务的展开，坏账损失明显减少；随着收账费用的逐渐增加，坏账损失继续减少，但速度减慢；到一定限度时，继续增加收账费用对减少坏账损失的作用会变得非常微弱。

　　在实际操作中，企业可以根据收账费用、坏账损失及应收账款的平均收回天数三者的关系制定收账政策。另外，在制定收账政策时，还要考虑收账政策对客户积极性的影响。如果企业制定的收账政策过宽，会导致逾期未付款项的客户拖欠时间更长，对企业不利；如果企业制定的收账政策过严，催收过急，又可能伤害无意拖欠的客户。因此，企业在制定收账政策时必须十分谨慎，做到宽严适度。

　　收账费用与坏账损失呈反向变化关系。加速收回货款，可以减少坏账损失，减少应收账款机会成本，但会增加收账费用。总之，在制定收账政策时，应权衡增加收账费用与减少应收账款机会成本和坏账损失之间的得失，即收回应收账款的收益大于所付出的代价，收账政策才可行。

【例8-9】某企业对过期的应收账款，提出三种收账方案，如表8-7所示。

表8-7　某企业收账方案备选表

项目	甲方案	乙方案	丙方案
收账费用	12 000 元	25 000 元	50 000 元
应收账款平均收款期	3 个月	2 个月	1 个月
坏账率	3%	2%	1%
资金成本率	10%	10%	10%

其中的平均收款期是指从催款之日起至收回货款的时间。三种不同的收账方案，其收账结果及应收账款总成本计算如下：

$$应收账款周转次数＝12 个月/平均收款期$$
$$平均应收账款＝销售额/应收账款周转次数$$

假定目前的销售额是 1 200 000 元，并保持不变，则三个方案的综合评价如表8-8所示。

表8-8　收账方案综合评价表

项目	甲方案	乙方案	丙方案
销售额/元	1 200 000	1 200 000	1 200 000
应收账款周转次数/次	4	6	12
平均应收账款/元	300 000	200 000	100 000
收账成本：			
应收账款机会成本/（10%）	30 000	20 000	10 000
坏账损失/元	36 000	24 000	12 000
收账费用/元	12 000	25 000	50 000
应收账款总成本/元	78 000	69 000	72 000

从表8-8可见，乙方案的应收账款总成本最小，所以应选择乙方案。

影响企业信用标准、信用条件及收账政策的因素很多，如销售额、赊销期限、收账期限、现金折扣、坏账损失、过剩生产能力、信用部门成本、机会成本、存货投资等的变化。这就使得信用政策的制定更为复杂。一般说来，理想的信用政策就是企业采取或松或紧的信用政策所带来的收益最大的政策。

8.3.4　应收账款的日常管理

8.3.4.1　应收账款的跟踪分析

应收账款一旦形成，企业就必须考虑如何按期足额收回欠款而不是消极地等待对方付款。要达到这样的目的，赊销企业就有必要在收款之前，对该项应收账款的运行过程进行追踪分析，既然应收账款是存货变现过程的中间环节，对应收账款实施追踪分析的重点要放在赊销商品的变现方面。客户以赊购方式购入商品后，迫于获利和付款的动力与压力，必然期望迅速地实现销售并收回账款。如果这一期望能够顺利地实现，而客户又有良好的信用品质，则企业如期足额地收回客户欠款一般不会有多大的问题。然而，市场供求关系的瞬变性，使得客户所赊购的商品不能顺利地销售与变现，经常出现的情形有两种：积压与赊销。但无论哪一种情形，对客户而言，都意味着与应付账款相对应的现金支付能力匮乏。因而，应收账款问题并不仅仅是交易双方的问题，常常会涉及第三方。在商品的流通过程中，有一个环节出了问题，将可能导致一系列的信用危机。如果有必要并且可能，赊销企业也可以对客户（赊购者）的信用品质与偿债能力进行延伸性调查与分析。

总之，企业要对赊购者今后的经营情况、偿付能力进行追踪分析，及时了解客户现金的持有量与调剂程度能否满足兑现的需要。应将那些挂账金额大、挂账时间长、交易次数频繁或信用品质有疑问、经营状况差的客户的欠款作为考察的重点，以防患于未然。必要时可采取一些措施，如要求这些客户提供担保等来保证应收账款的回收。

8.3.4.2　应收账款账龄分析

应收账款的账龄是指未收回的应收账款所拖欠的时间。分析应收账款的账龄是因为客户逾期付款的时间长短不一。一般来讲，逾期拖欠的时间越长，账款催收的难度越大，成为坏账的可能性越高。应收账款账龄分析的重点是已超过信用期拖欠的应收账款。具体分析方法是：首先，将应收账款按账龄分类，尤其是按被拖欠的时间分类，密切关注应收账款的回收情况。其次，从应收账款账龄结构分析入手，应收账款账龄分析就是考察研究应收账款的账龄结构。所谓应收账款的账龄结构，是指各账龄应收账款的余额占应收账款总计余额的比重。通过各类不同账龄的应收账款余额占应收账款总体余额的百分比，可以清楚地看出企业应收账款的分布和被拖欠情况，便于企业加强对应收账款的管理。若逾期的应收账款比重较大，则首先分析产生这种情况的原因，如果属于企业信用政策的问题，应立即进行信用政策的调整；其次具体分析拖欠客户的情况，搞清这些客户发生拖欠的原因是什么，拖欠的时间有多长，拖欠的金额有多少；再次针对不同的情况采取不同的收账方法，制定出经济可行的收账方案；最后应注意对尚未过期的应收账款也应该加强管理和账龄分析，防止发生新的逾期拖欠。

【例 8-10】已知某企业的应收账款账龄分析表如表 8-9 所示。

表 8-9　某企业应收账款账龄分析表

应收账款	账龄账户数量	金额/万元	比重/%
信用期内（设平均为 3 个月）	100	60	60
超过信用期 1 个月内	50	10	10
超过信用期 2 个月内	20	6	6
超过信用期 3 个月内	10	4	4
超过信用期 4 个月内	15	7	7
超过信用期 5 个月内	12	5	5
超过信用期 6 个月内	8	2	2
超过信用期 6 个月以上	16	6	6
应收账款余额总计	—	100	100

表 8-9 表明，该企业应收账款余额中，有 60 万元尚在信用期内，占全部应收账款的 60%，过期数额 40 万元，占全部应收账款的 40%，其中逾期在 1、2、3、4、5、6 个月内的，分别为 10%、6%、4%、7%、5%、2%。另有 6% 的应收账款已经逾期半年以上。此时，企业应分析预期账款具体属于哪些客户，这些客户是否经常发生拖欠情况，发生拖欠的原因何在。一般而言，账款的逾期时间越短，收回的可能性越大，亦即发生坏账损失的程度相对越小；反之，收账的难度及发生坏账损失的可能性也就越大。因此，对不同拖欠时间的账款及不同信用品质的客户，企业应采取不同的收账方法，制定出经济可行的不同收账政策、收账方案；对可能发生的坏账损失，需提前有所准备，充分估计这一因素对企业损益的影响。对尚未过期的应收账款，也不能放松管理与监督，以防发生新的拖欠。

8.3.4.3　应收账款收现保证率分析

应收账款收现保证率是指在一定会计期间内必须收现的应收账款占全部应收账款的比重。必须收现的应收账款是指在一定会计期间内，为了保证企业正常的现金流转，特别是满足具有刚性约束的纳税及偿付不能展期的到期债务的需要，而必须通过应收账款收现来补充的现金，其数值等于当期必要现金支付总额与当期其他稳定可靠的现金流入总额之间的差额。即

应收账款收现保证率＝（当期必要现金支付总额－当期其他稳定可靠的现金流入总额）／
当期应收账款总计金额

当期其他稳定可靠的现金流入总额是指从应收账款收现以外可以取得的其他稳定可靠的现金流入数额，主要包括短期有价证券变现净额、可随时取得的银行贷款额等。

应收账款收现保证率指标反映了企业既定会计期间预期现金支付数额扣除各种可靠、稳定性来源后的差额，必须通过应收款项有效收现予以弥补的最低保证程度，其意义在于：应收款项未来是否可能发生坏账损失对企业并非最为重要，更为关键的是实际收现的账款能否满足同期必需的现金支付要求，特别是满足具有刚性约束的纳税债务及偿付不能展期或调换的到期债务的需要。

【例 8-11】某企业预期必须以现金支付的款项有：支付工人工资 50 万元，应纳税款 35 万元，支付应付账款 60 万元，其他现金支出 3 万元。预计该期稳定的现金收回数是 70 万元。记载在该期"应收账款"明细期末账上的客户有 A（欠款 80 万元）、B（欠款 100 万元）、C（欠款 20 万元），应收账款收现保证率的计算如下：

当期必要现金支付总额＝50＋35＋60＋3＝148（万元）

当期应收账款总计金额＝80＋100＋20＝200（万元）

应收账款收现保证率＝（148－70）／200×100%＝39%

以上计算结果表明，该企业当期必须收回应收账款的 39%，才能最低限度地保证当期必要的现金支出，否则企业可能面临支付危机。因而，企业应定期计算应收账款收现保证率，看其是否达到了既定的控制标准，如果发现实际收现率低于应收账款收现保证率，应查明原因，采取相应措施，确保企业有足够的现金满足同期必需的现金支付要求。

8.3.4.4　建立应收账款坏账准备金制度

不管企业采用怎样严格的信用政策，只要存在商业信用行为，坏账损失的发生总是不可

避免的。因此，企业要遵循稳健性原则，对坏账损失的可能性预先进行估计，积极建立弥补坏账损失的准备金制度。企业发生的坏账损失的处理方法有直接转销法和备抵法。按照新的企业会计制度规定，企业因坏账而遭受的坏账损失，只能采用备抵法，即企业可按应收账款余额百分比法、销货百分比法、账龄分析法等按期估计坏账损失，计入当期费用；同时建立坏账准备，等坏账实际发生时，冲销已计提的坏账准备和相应的应收账款，这样体现了会计的配比原则，又避免了企业的明盈实亏。当然，由于不同的行业和不同规模的企业，其应收账款水平不一样，产生坏账损失的可能性也不一样，所以企业应根据具体情况，自行确定计提坏账准备的方法、计提比例等。如果企业历史上发生坏账损失的记录较少，且债务人的信用较好，则企业在较低的水平上计提坏账准备，当然，企业应收账款发生坏账损失后，并不表明企业已放弃了收款的权利，而且为了避免人为操纵利润，任意计提坏账准备，企业会计制度还规定了企业在对应收款计提坏账准备时，不得设置秘密准备，即企业利用制度提供的选择空间，超过资产实际损失金额而计提的坏账准备。

8.4 存货管理

存货是指企业在生产经营过程中为了生产或销售而储备的物资。为生产而储备的存货，主要包括企业的库存原材料、辅助材料、包装物、低值易耗品等；为销售而储备的存货，主要包括库存商品、产成品等。存货具有保证生产经营的连续性、增加企业在生产和销售方面的机动性、降低采购成本、维持均衡生产、及时满足企业产品的销售等功能。存货在流动资产中所占的比重为 $40\%\sim60\%$ ，存货管理水平的高低，对企业生产经营的顺利与否具有直接的影响，并且最终会影响企业收益、风险和流动性的综合水平，因此，存货管理在整个流动资产管理中具有重要的地位。

8.4.1 存货的成本

1. 进货成本

进货成本是指企业取得存货时的成本费用支出，主要由存货进价和进货费用两个方面构成。其中，存货进价又称购置成本，是指存货本身的价值，等于采购量与单位存货的采购单价的乘积。在一定时期进货总量既定的条件下，无论企业采购次数如何变动，存货的进价成本通常是保持相对稳定的，因而属于决策无关成本。进货费用又称订货成本，是指企业为组织进货而开支的有关费用，如办公费、差旅费、邮资、运输费、检验费、入库搬运费等。进货费用中有一部分与订货次数无关，如常设采购机构的基本开支等，这类变动性进货费用属于决策的无关成本；进货费用有一部分与订货次数成正比例变动关系，如差旅费、邮资等，这类变动性进货费用属于决策的相关成本。

2. 储存成本

储存成本是指企业为持有存货而发生的成本费用支出，主要包括存货资金占用的机会成本、仓储费用、保险费用、存货库存损耗等。有一部分储存成本随存货的储存数量的增减成正比例变动关系，如存货资金占用的机会成本、保险费用等。这类变动性储存成本属于决策的相关成本。另一部分储存成本则与存货的储存数量没有密切的关系，如仓库折旧费用、仓库职工的固定工资等。这类固定性储存成本属于决策的无关成本。

3. 缺货成本

缺货成本是指因存货不足而给企业造成的损失，主要包括由于原材料供应中断造成的停工待料损失、产品供应中断导致延误发货的信誉损失及丧失市场机会的有形与无形损失等。缺货成本能否作为决策的相关成本，应视企业是否允许出现存货短缺的不同情形而定。若允许缺货，则缺货成本便与存货数量反向相关，即属于决策相关成本；若不允许缺货，则缺货成本为零，无须加以考虑。

8.4.2 存货控制的方法

8.4.2.1 存货经济批量采购的控制

存货的经济批量是指能够使一定时期存货的总成本达到最低的采购数量。通过以上分析可知，与经济批量采购决策相关的成本包括变动性进货成本、变动性储存成本及允许缺货时的缺货成本。

1. 经济进货批量基本模型

经济进货批量基本模型以下七个假设为前提条件：①企业一定时期的进货总量可以较为准确地预测；②存货的流转比较均衡；③存货的价格稳定，且不考虑商业折扣；④进货日期完全由企业自行决定，并且采购不需要时间；⑤仓储条件及所需现金不受限制；⑥不允许出现缺货；⑦所需存货市场供应充足，并能集中到货。由于企业不允许缺货，此时与存货批量、批次直接相关的仅仅是变动性的进货费用（简称进货费用）与变动性的储存成本（简称储存成本）。即

$$存货相关总成本 = 相关进货费用 + 相关储存成本$$
$$= \frac{存货的全年需要量}{每次进货批量} \times 每次进货费用 +$$
$$\frac{每次进货批量}{2} \times 单位存货年储存成本$$

假设 TC 为存货相关总成本，Q_0 为存货的经济批量，A 为某种存货的全年需要量，B 为平均每次进货费用，C 为单位存货年度平均储存成本，P 为进货单价。则：

存货的经济批量（Q_0）$= \sqrt{\dfrac{2AB}{C}}$

存货相关总成本（TC）$= \sqrt{2ABC}$

最佳进货次数（N）$= A/Q_0$

经济批量的资金平均占用额（W）$= Q_0 P/2$

【例 8-12】某公司本年度需耗用乙材料 36 000kg，该材料采购成本为 200 元/kg，年度

储存成本为 16 元/kg，平均每次进货费用为 20 元，则：

$$经济进货批量(Q_0) = \sqrt{\frac{2AB}{C}} = \sqrt{\frac{2 \times 36\,000 \times 20}{16}} = 300 \ (kg)$$

$$存货相关总成本(TC) = \sqrt{2ABC} = \sqrt{2 \times 36\,000 \times 20 \times 16} = 4\,800(元)$$

经济进货批量下的平均资金占用额$(W) = Q_0 P/2 = 300 \times 200/2 = 30\,000(元)$

本年度最佳进货次数$(N) = A/Q_0 = 36\,000/300 = 120(次)$

2. 基本模型的扩展

经济进货批量基本模型是在前述各假设条件下建立的，但现实生活中能够满足这些假设条件的情况十分罕见。为了使模型更接近于实际情况，具有较高的实用价值，需逐一放宽假设，同时改进模型。

（1）实行数量折扣条件下的经济进货批量模型。在实际工作中，购买存货通常还存在着数量优惠，购买越多，企业可获得的价格优惠会越大。因此，在存在商业折扣的情况下，计算经济进货批量时，既要考虑存货的进货和储存成本，又要考虑存货的买价。因为此时的存货进价成本已经与进货数量的大小有了直接的联系，属于决策的相关成本，存货的总成本应等于进价、进货费用及储存成本之和。

存货相关总成本＝存货进价＋相关进货费用＋相关储存成本

其中，存货进价＝进货数量×进货单价。

享受数量折扣条件下经济进货批量模型计算的基本步骤是：

① 按照基本模型确定出无数量折扣情况下的经济进货批量及其总成本；

② 根据不同的折扣，计算不同批量下的存货总成本；

③ 通过比较确定出成本总额最低的进货批量。

【例 8-13】某公司甲材料的年需要量为 3 600kg。销售企业规定：客户每批购买量不足 900kg 的，按照单价为 8 元/kg 计算；每批购买量 900kg 以上，1 800kg 以下的，价格优惠 3％；每批购买量 1 800kg 以上的，价格优惠 5％。已知每批进货费用 25 元，单位材料的年储存成本 2 元。要求计算实行数量折扣时的最佳经济进货批量。

则按经济进货批量基本模式确定的经济进货批量为：

$$Q_0 = \sqrt{\frac{2AB}{C}} = \sqrt{\frac{2 \times 3\,600 \times 25}{2}} = 300 \ (kg)$$

每次进货 300kg 时的存货相关总成本为：

$$存货相关总成本 = 3\,600 \times 8 + \frac{3\,600}{300} \times 25 + \frac{300}{2} \times 2 = 28\,800 + 300 + 300 = 29\,400(元)$$

每次进货 900kg 时的存货相关总成本为：

$$存货相关总成本 = 3\,600 \times 8 \times (1-3\%) + \frac{3\,600}{900} \times 25 + \frac{900}{2} \times 2$$
$$= 27\,936 + 100 + 900 = 28\,936(元)$$

每次进货 1 800kg 时的存货相关总成本为：

$$存货相关总成本 = 3\,600 \times 8 \times (1-5\%) + \frac{3\,600}{1\,800} \times 25 + \frac{1\,800}{2} \times 2$$

$$=27\ 360+50+1\ 800=29\ 210(元)$$

通过比较可以看出，每次进货为900kg时的存货相关总成本最低，所以最佳经济进货批量为900kg。

（2）允许缺货时的经济进货批量模型。允许缺货的情况下，企业对经济进货批量的确定，就不仅要考虑进货费用与储存费用，而且还必须对可能的缺货成本加以考虑，即能够使三项成本总和最低的批量就是经济进货批量。

允许缺货时的经济进货批量为：

$$Q_0=\sqrt{\frac{2AB}{C}\times\frac{C+R}{R}}$$

$$S=Q_0\times C/(C+R)$$

式中：S——缺货量；

R——单位缺货成本；

其他符号同上。

【例8-14】某企业本年度需耗用甲材料32 000kg，该材料年度储存成本为4元/kg，平均每次进货费用为60元，单位缺货成本为8元，则允许缺货时的经济进货批量和平均缺货量为：

$$Q_0=\sqrt{\frac{2AB}{C}\times\frac{C+R}{R}}=\sqrt{\frac{2\times32\ 000\times60}{4}\times\frac{4+8}{8}}=1\ 200\ (kg)$$

$$平均缺货量=1\ 200\times4/(4+8)=400(kg)$$

（3）再订货点（RP）。一般情况下，企业的存货不能做到随用随时补足，因此不能等存货用完再去订货，而需要在存货没有用完时提前订货。在提前订货的情况下，企业发出订货指令时尚存的原料数量称为再订货点。其计算公式为：

再订货点＝原材料使用率×原材料的在途时间

原材料使用率是指每天消耗的原材料数量。

【例8-15】某企业生产周期为一年，甲种原材料年需要量500 000kg，则企业的原材料使用率为：

$$R=500\ 000/360=1\ 389\ (kg)$$

如上述企业订购原材料的在途时间为2天，则企业的再订货点为：

$$RP=1\ 389\times2=2\ 778\ (kg)$$

也就是说，当该企业的库存原材料数量降低到2 778kg时，就需要发出订货指令。

（4）订货提前期。订货提前期，即从发出订单到货物验收完毕所用的时间。其计算公式为：

订货提前期＝预计交货期内原材料的用量/原材料使用率

【例8-16】某企业预计交货期内原材料的用量为100kg，原材料使用率为10kg/天，无延期交货情况，则该企业的订货提前期为：

$$T=100/10=10\ (天)$$

也就是说，当该企业的库存原材料还差10天用完时，就需要发出订货指令。

（5）保险储备。按照某一订货批量（如经济进货批量）和再订货点发出订货指令后，如果面临需求增大或送货延迟等不确定情况，就会发生缺货或供货中断。为防止由此造成的损失，就需要多储备一些存货以备不时之需，称为保险储备。这些存货在正常情况下不动用，只有当存货过量使用或送货延迟时才使用。保险储备，即为防止耗用量突然增加或交货延期等意外情况而进行的储备。其计算公式为：

$$保险储备量=\frac{1}{2}\times（预计每天的最大消耗量\times预计最长订货提前期-$$

$$平均每天的正常耗用量\times订货提前期）$$

【例 8-17】某企业平均每天的正常耗用甲材料 10kg，订货提前期为 10 天，预计每天最大耗用量为 12kg，预计最长订货提前期为 15 天，则保险储备量为：

$$保险储备量=\frac{1}{2}\times（12\times15-10\times10）=40（kg）$$

一般而言，从一方面看，企业面临的不确定性越大，需要的保险储备量就越多，但是，从另一方面看，保险储备虽然保证了企业在不确定情况下的正常生产，但保险储备的存在需要企业支付更多的储存成本。所以，管理人员应在存货的缺货成本和保持保险储备耗费的储存成本之间做出权衡。

保险储备的存在不会影响经济进货批量的计算，但会影响再订货点的确定，考虑保险储备情况下的再订货点计算公式为：

$$RP=R\times DT+SS$$

式中：SS——保险储备；

    R——原材料使用率；

  DT——原材料在途时间。

依据上例，该企业考虑保险储备情况下的再订货点为：

再订货点$=10\times10+40=140（kg）$

保险储备的存在虽然可以减少缺货成本，但增加了储存成本。最优的存货政策就是在这些成本之间进行权衡，选择使总成本最低的再订货点和保险储备量。

8.4.2.2　存货 ABC 分类管理控制

ABC 分类（ABC classification），又称帕累托分析法，是在 1951 年由美国通用电气公司应用的。ABC 分类管理就是按照一定的标准，将企业的存货划分为 A、B、C 三类，分别实行分品种重点管理、分类别一般控制和按总额灵活掌握的存货管理方法。

企业经营商品品种繁多，不同的品种对库存的资金占用和库存周转的影响存在较大的差异。有的存货尽管品种数量较少，但金额巨大，如果管理不善，将会给企业造成很大损失；相反，有的存货尽管品种数量较多，但金额微小，即使管理不当，也不会给企业造成很大影响。如果采取"平等对待"的方法，不但工作量很大，效果也难以保证。因此有必要对商品品种进行分类，实施不同的管理方法。ABC 分类管理控制正是基于这一考虑而提出的。

1. 存货 ABC 的分类标准

存货 ABC 的分类标准主要有两个：一是金额标准；二是品种数量标准。其中金额标准是最基本的，品种数量标准仅作为参考。A 类存货的特点是金额很大，但品种数量较少；B 类存货金额一般，品种数量相对较多；C 类存货品种数量繁多，但价值金额很小。如超市、高档皮货、珠宝首饰、名烟名酒、家用电器、家具、摩托车、大型健身器械等商品的品种数量并不很多，但价值额相当大。大众化的服装、鞋帽、床上用品、布匹、文具用具等商品品种数量比较多，但价值金额相对 A 类商品要小得多。至于各种小百货，如针线、纽扣、化妆品、日常卫生用品及其他日杂用品等品种数量则非常多，单位价值却很小。一般而言，三类存货的金额比重大致为 A∶B∶C＝0.7∶0.2∶0.1，而品种数量比重大致为 A∶B∶C＝0.1∶0.2∶0.7，如表 8-10 所示。

表 8-10　存货 ABC 分类标准

存货类别	标　准	存货金额 占整个存货金额比重	品种数量 占整个存货品种数量的比重
A 类	存货金额很大，存货的品种数量很少	70％左右	10％左右
B 类	存货金额较大，存货的品种数量较多	20％左右	20％左右
C 类	存货金额较小，存货的品种数量繁多	10％左右	70％左右

通过对存货进行 ABC 分类，可以使企业分清主次，采取相应的对策进行有效的管理、控制。由于 A 类存货占用企业绝大多数的资金，所以 A 类存货是企业存货管理的重点。A 类存货的品种数量又较少，企业完全有能力按照每一个品种进行管理。B 类存货金额相对较少，企业不必像对待 A 类存货那样花费太多的精力，同时，由于 B 类存货的品种数量远远多于 A 类存货，企业通常没有能力对每个具体品种进行控制，因此可以通过划分类别的方式进行管理。C 类存货尽管品种数量繁多，但其所占金额却很小，对此，管理层只要掌握一个总金额就可以了。

2. 存货 ABC 的具体分类方法与步骤

存货 ABC 分类管理的具体过程可以分三个步骤进行。

(1) 列示企业全部存货的明细表，并计算出每种存货的价值总额及占全部存货金额的百分比。

(2) 按照金额标志由大到小进行排序并累加金额百分比。

(3) 当金额百分比累加到 70％左右时，以上存货视为 A 类存货，百分比介于 70％～90％的存货视为 B 类存货，其余则视为 C 类存货。

【例 8-18】某企业共有 20 种材料，总金额为 200 000 元，按金额多少的顺序排列并按上述原则将其划分为 A、B、C 三类，如表 8-11 所示。

表 8-11　存货 ABC 分类表

材料编号	金额/元	金额比重	累计金额比重	类别	各类存货金额比重
1	80 000	40%	40%	A	70%
2	60 000	30%	70%		
3	15 000	7.5%	77.5%	B	20%
4	12 000	6%	83.5%		
5	8 000	4%	87.5%		
6	5 000	2.5%	90%		
7	3 000	1.5%	91.5%	C	10%
8	2 500	1.25%	92.75%		
9	2 200	1.1%	93.85%		
10	2 100	1.05%	94.9%		
11	2 000	1%	95.9%		
12	1 800	0.9%	96.8%		
13	1 350	0.68%	97.48%		
14	1 300	0.65%	98.13%		
15	1 050	0.53%	98.66%		
16	700	0.35%	99%		
17	600	0.3%	99.3%		
18	550	0.28%	99.58%		
19	450	0.22%	99.8%		
20	400	0.2%	100%		
合计	200 000	100%	—	—	100%

3. 存货 ABC 分类在存货管理中的应用

使用 ABC 分类可以分清主次、抓住重点、区别对待，使存货控制更方便有效。

A、B、C 三类物资区分以后，再权衡管理力量与经济效果，对三类对象进行有区别的管理。对重点的 A 类物资，要严格控制，尽可能降低订购量，减少库存量，一般采用定期库存控制法进行管理。对于 B 类物资的管理可适当放宽一些，可用选择补充库存制度进行控制；对 C 类物资的管理，可适当加大订购批量、提高保险储备量、采用定量库存控制进行控制，如库存量等于或低于再订购点时，就补充订购，以减少日常的管理工作。

8.4.2.3　及时生产的存货系统

及时生产系统（just-in-time system，JIT），是指通过合理规划企业的产供销过程，使从原材料采购到产成品销售每个环节都能紧密衔接，减少制造过程中不增加价值的作业，减少库存，消除浪费，从而降低成本，提高产品质量，最终实现企业效益最大化。

及时生产的存货系统的基本原理是：只有在使用之前才从供应商处进货，从而将原材料或配件的库存数量减少到最小；只有在出现需求或接到订单时才开始生产，从而避免产成品的库存。及时生产的存货系统要求企业在生产经营的需要与材料物资的供应之间实现同步，使物资传送与作业加工速度处于同一节拍，最终将存货降低到最小限度，甚至零库存。

及时生产的存货系统的优点是降低库存成本；减少从订货到交货的加工等待时间，提高生产效率；降低废品率、再加工和担保成本。但及时生产的存货系统要求企业内外部全面协调与配合，一旦供应链破坏，或企业不能在很短的时间内根据客户需求调整生产，企业生产经营的稳定性将会受到影响，经营风险加大。此外，为了保证能够按合同约定频繁小量配送，供应商可能要求额外加价，企业因此丧失了从其他供应商那里获得更低价格的机会收益。

相关链接：海尔的"零库存管理"

在市场全球化的激烈竞争中，随着世界家电制造中心的转移，使得中国的家电产业高速发展、充分市场化，成就了中国成为全球家电制造基地的不可替代的地位，以及像海尔这样优秀的国际化企业集团。作为成功地走向国际化的海尔，海尔的库存管理理念与方法出类拔萃，值得关注。

1. 目标——零库存
借助先进的信息技术，海尔发动了一场管理革命，以市场链为纽带、以订单信息流为中心，带动物流和资金流的流动。通过整合全球供应链资源和用户资源，海尔逐步向"零库存、零营运资本和与用户零距离"的终极目标迈进。

2. 现代化的高效库存管理系统——ERP、CRM
海尔认为，企业之间的竞争已经从过去直接的市场竞争转向对客户的竞争。海尔 CRM 联网系统就是要实现端对端的零距离销售。海尔已经实施的 ERP 系统和正在实施的 CRM 系统，都是要拆除影响信息同步沟通和准确传递的阻隔。ERP 是拆除企业内部各部门的"墙"，CRM 是拆除企业与客户之间的"墙"，从而达到快速获取客户订单，快速满足用户需求。

3. 追求极限的采购方式——JIT 采购
传统管理下的企业根据生产计划进行采购，由于不知道市场在哪里，所以是为库存而采购，造成企业里有许许多多"水库"。海尔现在实施信息化管理，通过三个 JIT 打通这些水库，把它变成一条流动的河，不断地流动。JIT 采购就是按照计算机系统的采购计划，需要多少，采购多少。JIT 送料指各种零部件暂时存放在海尔立体库，然后由计算机进行配套，把配置好的零部件直接送到生产线。海尔在全国建有物流中心系统，无论在全国什么地方，海尔都可以快速送货，实现 JIT 配送。

库存不仅仅是资金占用的问题，最主要的是会形成很多的积压库存。现在电子产品更新速度很快，一旦产品换代，原材料和产成品价格跌幅均较大，产成品积压的最后出路就只有降价，所以会形成现在市场上的价格战。不管企业说得多么好听，降价的压力就来自库存。海尔用及时配送的时间来满足用户的要求，最终消灭库存的空间。

■ 本章小结

　　企业经营的过程就是现金—资产—现金（增值）的循环，企业要维持运转，就必须保持这个循环良性地不断运转。这个循环维持的资金链，称为营运资金。加强营运资金管理就是加强对流动资产和流动负债的管理；就是加快现金、存货和应收账款的周转速度，尽量减少资金的过分占用，降低资金占用成本；就是利用商业信用，解决资金短期周转困难，同时在适当的时候向银行借款，利用财务杠杆，提高权益资本报酬率。

■ 相关术语

　　营运资金　机会成本　最佳现金持有量　信用政策 5C 系统　信用条件　经济进货批量保险储量　ABC 分类

■ 思政指引

　　理论背景：营运资金管理主要包括现金、应收账款、存货管理等方面。营运资金管理的目的在于加速资金周转、降低资金成本、合理利用商业信用、保障资金安全、提高资金使用效率与效益。进行最佳现金持有量、存货经济采购批量决策时，要权衡营运效率与成本；进行应收账款信用政策决策时，要权衡收益与信用风险，优选应收账款信用方案，要有风险意识与担当责任。应收账款管理强调企业信誉建设，存货 ABC 管理强调分清主次、抓住重点。

　　思政启示：资金是企业的血液，是企业生存发展的基础。营运资金管理的相关理论给我们的启示是：第一，使用任何资金都需要付出成本，要树立节约意识，在实践中要精打细算、提质增效。第二，信用高的企业能够获取更多的营运机会，同样，对个人而言也应该树立"人无信不立"的理念。第三，借鉴存货 ABC 管理，在实践中，运用抓主要矛盾的方法来分析与解决实际问题，突出重点、统筹兼顾。

复习思考题

1. 什么是营运资金？它有哪些特点？
2. 简述企业持有现金的动机与成本。
3. 简述现金管理的目标和内容。
4. 简述应收账款的功能和成本。
5. 什么是5C评估法？
6. 什么是信用政策？包括哪些内容？
7. 简述存货的功能和成本。
8. 简述存货ABC分类管理控制的步骤。
9. 如何制定应收账款政策？

第 9 章

收益分配

◆学习目标◆

1. 掌握税后利润分配的原则、税后利润的分配顺序及可供企业选择的股利政策；

2. 熟悉股利理论及确定股利政策时应考虑的因素；

3. 了解股票分割概念及作用和股票回购的概念、动机、影响、方式。

9.1　收益分配概述

收益分配是将企业所实现的经营成果在各个相关利益者之间进行分配。收益分配涉及国家、企业、投资者以及职工等多方面的利益关系，收益政策的制定对企业长远发展具有重要影响。收益分配包括广义和狭义之分。广义的收益分配是指对企业的各资本要素带来的收益之和——息税前利润的分配；狭义的收益分配是指对企业税后利润的分配，其实质主要是确定投资者分红与企业留存收益的比重。本章所讨论的收益分配是指狭义的收益分配，即税后利润的分配。

9.1.1　收益分配的原则

收益分配是企业的一项重要财务活动，它关系到企业相关各方的利益，因此，企业进行收益分配时，应遵循以下原则。

9.1.1.1　依法分配原则

企业涉及国家、企业、股东、债权人等多方面利益。为了正确处理各方之间的利益关系，协调各方面的利益矛盾，企业的税后利润分配必须依法进行。

9.1.1.2　资本保全原则

企业的税后利润分配是对投资者投入资本的增值部分的分配，不是投资者资本金的返还。企业的税后利润分配必须以资本的保全为前提。企业只有在有可供分配留存收益的情况下，进行税后利润分配，税后利润分配不能侵蚀企业的资本，只有这样才能充分保护投资者的利益。

9.1.1.3　兼顾各方面利益的原则

1. 企业股东的利益要求

（1）控股股东及关联股东的利益要求。当现实的股利分配会影响企业的长远发展或股东对企业的影响权利，这类股东通常更关注企业的长远发展和对企业的影响，而对现实股利的偏好相对有限。而当现实的股利分配与企业的长远发展或股东对企业影响相关性不大时，他们才会看重现实的股利分配。

（2）零星股东的利益要求。相对于控股股东和关联股东而言，零星股东主要看重现实的股利分配及近期的股票变现收益（即资本利得）。

2. 企业债权人的利益要求

（1）短期债权人的利益要求。企业支付股利后的留存盈余足以能够偿还企业的短期债务。

（2）长期债权人的利益要求。企业股利的分配不影响企业的长期发展后劲及长期偿债能力。

3．企业员工和管理当局的利益要求

通常倾向于企业支付较低的现金股利，以维持企业的长期发展后劲。

企业除依法纳税外，在进行税后利润分配时应当统筹兼顾，维护各利益相关团体的合法权益。

9.1.1.4　分配和积累并重原则

企业获取的净利润，一部分对投资者进行分配，另一部分形成企业的积累。企业积累起来的留存收益仍归企业所有者所有，只是暂时未进行分配。积累的留存收益不仅为企业扩大再生产筹措了资金，同时也增强了企业抵抗风险的能力，提高了企业经营的稳定性和安全性，有利于企业所有者的长远利益。正确处理分配和积累的关系，还可以达到以丰补歉，稳定股利的效果。

9.1.1.5　投资与收益对等原则

企业进行税后利润分配时应当体现"谁投资谁受益"，收益大小与投资比例相适应的原则。投资与收益对等原则是正确处理投资者利益关系的关键。我国《公司法》规定除了公司章程另有规定，应按照投资者投入资本的比例进行税后利润分配。

9.1.2　税后利润的分配

由于资本收益分配的核心是对税后利润的分配，因此，此处主要介绍税后利润的分配。

9.1.2.1　股份公司税后利润分配的项目

（1）弥补以前年度的亏损。税法规定，企业的年度亏损，可以由下一年度的税前利润弥补，下一年度税前利润尚不够弥补的，可以由以后年度的税前利润继续弥补，但用税前利润弥补以前年度亏损的期限为5年，超过5年仍未弥补的亏损，只能用税后利润弥补。

（2）提取法定盈余公积金。

（3）向投资者分配利润。

9.1.2.2　税后利润分配的顺序

（1）计算可供分配利润。

$$可供分配利润＝本年净利润＋年初未分配利润$$

可供分配利润为负，则后续不分配；可供分配利润为正，则后续分配。

（2）弥补超过用所得税前利润弥补期限，按规定须用净利润弥补的亏损。

（3）提取法定盈余公积金。盈余公积金从净利润中提取形成，用于弥补公司亏损、扩大公司生产经营或者转为增加公司资本。盈余公积金分为法定盈余公积金和任意盈余公积金。按抵减年初累计亏损后的本年净利润计提法定盈余公积金。提取盈余公积金的基数，不是可供分配利润，也不一定是本年的税后利润。只有在不存在年初累计亏损时，才能按本年税后利润计算提取数。应当按照 10％的比例提取法定盈余公积金。当盈余公积金累计额达到公司注册资本的 50％时，可不再继续提取。任意盈余公积金的提取由股东大会根据需要决定。

（4）向投资者分配利润（股利）。公司向股东（投资者）支付股利（分配利润），要在提取盈余公积金之后。股份有限公司原则上应从累计盈利中分派股利，无盈利不得支付股利，即所谓"无利不分"的原则。若公司用盈余公积金抵补亏损以后，为维护其股票信誉，经股东大会特别决议，也可用盈余公积金支付股利，但支付股利后留存的法定盈余公积金不得低于分配前注册资本的 25％。

公司股东会或董事会违反上述利润分配顺序，在抵补亏损和提取法定盈余公积金之前向股东分配利润的，必须将违反规定发放的利润退还公司。

9.2　股利理论与股利政策

9.2.1　股利理论

股利是指企业从净利润中支付给股东的报酬。企业在股利分配时往往面临应支付多少股利、股利发放是否影响企业股价、股东对股利分配的态度怎样等问题，许多学者从不同的角度进行研究和探讨，提出了很多不同的观点，并形成不同的股利理论。股利理论主要包括股利无关论、股利相关论、所得税差异理论、代理理论。

9.2.1.1　股利无关论

股利无关论，也称 MM 理论，由米勒（M. H. Miller）和莫迪格莱尼（F. Modigliani）于 1961 年首先提出。该理论认为，在一定的假设条件限定下，股利政策不会影响企业的价值或股票的价格；一个企业的价值或股票价格增加与否，完全由企业的投资决策的获利能力和风险组合决定；在投资政策既定的情况下，企业的股利政策对股票价格不产生任何影响。该理论的假定条件包括：①市场具有强式效率；②不存在任何企业或个人所得税；③不存在任何筹资费用（包括发行费用和各种交易费用）；④企业的投资决策与股利政策彼此独立（企业的股利政策不影响投资决策）。上述假定条件实际上是完美的资本市场条件，因此该理论又称为完全市场理论。

股利无关论认为，投资者并不关心企业股利的分配，股利的支付比率不影响公司的价值，投资者对股利和资本利得并无偏好。

9.2.1.2　股利相关论

股利相关论认为，企业的股利政策会影响股票价格。主要观点包括以下两种。

1. 股利重要论

股利重要论（又称"在手之鸟"理论）认为，用留存收益再投资给投资者带来的收益具有较大的不确定性，并且投资的风险随着时间的推移会进一步增大。因此，投资者更喜欢现金股利，不愿意将收益留存在公司内部，而去承担未来的投资风险。又根据证券投资中风险和收益正相关的理论，当公司提高股利支付时，投资者由于需要承担的风险较小，所要求的投资报酬率也较低，所以会使公司股票的价格上升；而当公司降低股利支付时，投资者相对承担较高的投资风险，所要求的报酬率也较高，就会导致公司股票价格下降。因此该理论认为公司的股票价格和股利政策是密切相关的。

2. 信号传递理论

信号传递理论认为，在信息不对称的情况下，公司可以通过股利政策向市场传递有关公司未来盈利能力的信息，从而会影响公司的股价。一般来讲，预期未来盈利能力强的公司往往愿意通过相对较高的股利支付水平，把自己同预期盈利能力差的公司区别开来，以吸引更多的投资者。对市场投资者来说，股利政策成为反映公司未来获利能力的信号。如果公司能够连续保持较为稳定的股利支付水平，那么投资者就可能对公司未来的获利能力与现金流量抱有较乐观的预期。如果公司的股利支付水平在过去一个较长的时期内相对稳定，而现在却有所改变，那么投资者就会把这种现象看成公司未来收益率将改变的信号，股票价格将会对股利的变动做出反应。

9.2.1.3 所得税差异理论

所得税差异理论认为，由于普遍存在的税率的差异及纳税时间的差异，资本利得收入比股利收入更有助于实现收益最大化目标，企业应当采用低股利政策。资本利得收入和股利收入是不同类型的收入。由于资本利得收入风险较大，一般地，对资本利得收入征收的税率低于对股利收入征收的税率。即使两者的税率相同，资本利得收入和股利收入在纳税的时间上也是存在差异的。股利收入在派发股利时纳税，资本利得收入在股票卖出时纳税，投资者可以选择纳税的时间。延迟纳税可能带来收益差异。

因此，在其他条件不变的情况下投资者更偏爱资本利得收入而不是股利收入，导致资本市场上的股票价格与股利支付水平呈反向变化，而权益资本成本与股利支付水平呈正向变化的情况。

9.2.1.4 代理理论

代理理论认为，股利政策有助于减缓管理者与股东之间的代理冲突，股利政策是协调股东与管理者之间代理关系的一种约束机制。较多地派发现金股利至少具有以下几点好处：①公司管理者将公司的盈利以股利的形式支付给投资者，则管理者自身可以支配的"闲余现金流量"就相应地减少了，这在一定程度上可以抑制公司管理者过度地扩大投资或进行特权消费，从而保护外部投资者的利益；②较多地派发现金股利，减少了内部融资，导致公司进入资本市场寻求外部融资，从而公司可以经常接受资本市场的有效监督，这样便可以通过资本市场的监督减少代理成本。因此，高水平的股利支付政策有利于降低企业的代理成本，但同时也增加了企业的外部融资成本。理想的股利政策是使两者成本之和最小。

9.2.2 股利政策

股利政策是指在法律允许的范围内，企业是否发放股利，发放多少股利及何时发放股利的方针及对策。企业的净收益可以支付给股东，也可以留存在企业内部。股利政策的关键问题是确定收益和留存的比例。股利政策不仅会影响股东财富，而且会影响企业在资本市场的形象及企业股票的价格，也会影响企业的长短期利益。因此，合理的股利政策应当是各种利益平衡的结果，合理的股利政策对企业和股东来讲都是非常重要的。

常见的股利分配政策主要有以下四种类型。

9.2.2.1　剩余股利政策

剩余股利政策是指企业有盈余首先用于满足可接受投资项目的资金需要，若还有剩余，企业才能将剩余部分作为股利发放给股东；若没有剩余，则不派发股利。这是一种投资优先的股利政策，采用该政策的前提是企业有良好的投资机会。

剩余股利政策依据的是股利无关论，根据股利无关论，企业价值取决于投资前景的好坏，派发多少股利不会影响股东财富，投资者对股利无偏好。

采用剩余股利政策时，应遵循以下四个步骤。

（1）确定公司的目标资本结构，即确定权益资本与债务资本的比率，在此资本结构下，加权平均资本成本将达到最低水平。

（2）确定目标资本结构下投资所需的权益资金。

（3）最大限度地使用留存收益，满足投资项目所需的权益资金。

（4）满足投资项目所需的权益资金后，若还有剩余，再将剩余部分作为股利发放给股东。

【例 9-1】 东方公司是一家正处于初创期的企业，2020 年税后净利润为 2 000 万元，2021年的投资计划需要资金 3 000 万元，公司的目标资本结构为权益资金占 70%，债务资金占30%，公司采用剩余股利政策。

要求：（1）计算公司投资所需权益资金数额；

（2）计算公司 2020 年度可分配的股利；

（3）计算公司投资需从外部筹集的资金数额；

（4）计算公司的股利支付率。

解：（1）投资所需权益资金数额＝3 000×70%＝2 100（万元）

（2）在剩余股利政策下，企业盈余优先满足投资项目的权益性资金需求，该公司 2020年净利润为 2 000 万元，2021 年投资所需权益资金为 2 100 万元，大于 2020 年度净利润2 000 万元，因此，该公司 2020 年净利润应全部留存用于下一年投资所需，故该公司 2020年度不分配股利。即：

2020 年度可分配的股利＝0

（3）由于净利润不能满足投资所需权益资金，投资需从外部筹集的资金包括债务资金与权益资金。

债务资金＝3 000×30%＝900（万元）

权益性资金＝2 100－2 000＝100（万元）

投资需向外筹集资金合计＝900＋100＝1 000（万元）

（4）股利支付率＝（股利÷净利润）×100%＝（0/2 000）×100%＝0

【例 9-2】 东方公司 2021 年税后净利润为 2 000 万元，2022 年的投资计划需要资金 1 200

万元，公司的目标资本结构为权益资金占 70％，债务资金占 30％，公司采用剩余股利政策。

要求：（1）计算公司投资所需权益资金数额；

（2）计算公司 2021 年度可分配的股利；

（3）计算公司投资需从外部筹集的资金数额；

（4）计算公司的股利支付率。

解：（1）投资所需权益资金数额＝1 200×70％＝840（万元）

（2）2021 年度可分配的股利＝2 000－840＝1 160（万元）

（3）由于净利润能满足投资所需权益资金，从外部筹集的资金仅为债务资金。

债务资金＝1 200×30％＝360（万元）

（4）股利支付率＝（股利/净利润）×100％＝（1 160/2 000）×100％＝58％

从例 9-1 与例 9-2 可以看出，东方公司 2020 年税后利润与 2021 年税后利润均为 2 000 万元，但由于投资机会不同，投资计划所需资金不同，在采用剩余股利政策的情况下，导致两年分配的股利不同。

1. 剩余股利政策的优点

有利于保持最佳资本结构，降低再投资的资本成本。在企业财务风险较大或外部融资能力较低的情况下，利用留存收益优先保证再投资的需要，可以减少外部筹资的资金需求量，降低外部融资的交易成本。

2. 剩余股利政策的缺点

如果严格执行剩余股利政策，每年的股利发放额将会随投资机会和盈利水平的变化而变化，在某种程度上造成了股利支付的不确定性。股利支付的不确定，一方面不利于投资者安排收入和支出，另一方面会向市场传递企业盈利不稳定的信息，导致公司股价不稳定，不利于公司树立良好的形象。剩余股利政策一般适用于公司初创阶段。

9.2.2.2　低正常股利加额外股利政策

低正常股利加额外股利政策是指在一般情况下，公司每年支付一个固定的、数额较低的股利，在公司盈余比较多、资金充裕且不需留存过多盈余的年份，再向股东增加发放额外的股利。低正常股利加额外股利政策的理论依据是股利相关论。

1. 低正常股利加额外股利政策的优点

（1）向股东发放稳定的正常股利，可以增强股东对企业的信心，稳定公司股票的现有价格。而当公司发放额外股利时，传递的信息则有助于公司股票的上涨。

（2）给企业以较大的财务弹性，即使企业盈利很少或需要多留成盈利时，企业仍可发放固定的正常股利，有助于完善公司的资本结构，实现公司的财务目标。

2. 低正常股利加额外股利政策的缺点

（1）当公司较长时期发放额外股利后，可能给股东产生"正常股利"的错觉，而一旦取消额外股利，传递出去的信息可能会使股东认为公司的财务状况恶化进而影响公司的股票价格。

（2）由于各年度间公司的盈利波动使得额外股利不断变化造成每年分派的股利不同，容易给投资者造成公司收益不稳定的感觉。

低正常股利加额外股利政策既保障了股东对投资收益的要求，又能够使股利与盈利水平相结合，同时还能够满足投资对资金的多样化需求，因此，在资本市场上颇受投资者和公司欢迎。该股利政策一般适用于快速发展阶段的公司和盈利水平随经济周期波动较大的公司。

【例 9-3】某公司是一家正处于快速发展阶段的高新技术企业，公司普通股股数 6 000 万股，2021 年税后净利润为 6 500 万元，该公司采用低正常股利加额外股利政策，规定每股正常股利为 0.25 元，并按净利润超过低正常股利部分的 20% 发放额外股利。

要求：计算公司 2021 年度应发放多少股利？

解：低正常股利＝0.25×6 000＝1 500（万元）

额外股利＝（6 500－1 500）×20%＝1 000（万元）

本年发放的股利＝1 500＋1 000＝2 500（万元）

9.2.2.3　固定或稳定增长股利政策

固定或稳定增长股利政策是指每年发放的股利额固定在一定的水平上，并在较长时间内保持不变，当公司认为未来盈余将会显著地、不可逆转地增长时，再提高股利发放额。在固定或稳定增长股利政策下，首先应确定的是股利分配额，而且该分配额一般不随资金需求的波动而波动。

1. 固定或稳定增长股利政策的优点

（1）有利于树立良好的企业形象，稳定公司股价。固定或稳定增长股利政策可以传递给股票市场和投资者一个公司经营状况稳定、管理层对未来充满信心的信号，可以消除投资者内心的不确定性，增强投资者信心。

（2）便于投资者安排收入和支出，许多依靠固定股利收入生活的股东更喜欢稳定的股利支付方式。

2. 固定或稳定增长股利政策的缺点

（1）股利支付与公司盈利相脱离。固定或稳定增长股利政策下，股利分配只升不降，不论公司盈利多少，均要按固定的乃至稳定增长的比率派发股利。

（2）公司财务压力大。在公司的发展过程中，难免会出现公司的经营状况不好或短暂的困难时期，如果仍执行固定或稳定增长股利政策，那么派发的股利金额就会大于公司实现的盈利，这将对公司的财务运作带来很大的压力，最终影响公司正常的生产经营活动。

采用固定或稳定增长股利政策，要求能够对公司未来的盈利和支付能力做出较准确的判断。固定或稳定增长股利政策一般适用于经营比较稳定或处于成长期的企业，且很难被长期采用。

9.2.2.4　固定股利支付率政策

固定股利支付率政策是企业确定一个股利占净利润的比率，并长期按此比率支付股利的政策。在这一股利政策下，各年股利额随企业经营的好坏而上下波动，获得较多盈余的年份股利额高，反之获得盈余少的年份股利额就低。在这一股利政策下，只要公司的税后利润一经计算确定，所派发的股利也就相应确定了。

固定股利支付率政策的理论依据是股利相关论。该理论认为，用留存利润再投资带给投资者的收益具有很大的不确定性，并且投资风险随着时间的推移将进一步增大，因此，投资者更倾向于获得现在的固定比率的股利收入。

1. 固定股利支付率政策的优点

（1）股利与公司盈余紧密结合，体现多盈多分、少盈少分、不盈不分的原则。

（2）由于公司的盈余在年度间是经常变动的，保持分配和留存收益间一定的比例关系，从企业支付能力的角度看，是一种稳定的股利支付政策。

2. 固定股利支付率政策的缺点

（1）确定合适的股利支付率难度大。股利支付率较低，不能满足投资者对投资收益的要求；股利支付率较高，在没有足够的现金派发股利时，会给公司带来较大的支付压力。

（2）不利于稳定股价。若各年股利波动，则容易使外界对公司产生经营不稳定的印象，对公司股票价格稳定不利。

固定股利支付率政策适用于稳定发展且财务状况也比较稳定的公司。

【例 9-4】某公司 2020 年度的税后利润为 1 000 万元，该年分配股利 500 万元。该公司 2021 年税后利润为 1 200 万元，2022 年拟投资 1 000 万元引进一条生产线以扩大生产能力，该公司目标资本结构为自有资金占 80%，借入资金占 20%。

要求：

（1）如果该公司执行的是固定或稳定增长股利政策，并保持资金结构不变，则 2022 年度该公司为引进生产线需要从外部筹集多少自有资金？

（2）如果该公司执行的是固定股利支付率政策，并保持资金结构不变，则 2022 年度该公司为引进生产线需要从外部筹集多少自有资金？

（3）如果该公司执行的是剩余股利政策，则 2021 年度该公司可以发放多少股利？

解：（1）2021 年度公司留存收益 = 1 200 - 500 = 700（万元）

2022 年自有资金需要量 = 1 000 × 80% = 800（万元）

2022 年外部自有资金需要量 = 800 - 700 = 100（万元）

（2）2020 年股利支付率 = 500/1 000 = 50%

2021 年留存收益 = 1 200 ×（1 - 50%）= 600（万元）

2022 年自有资金需要量 = 1 000 × 80% = 800（万元）

2022 年外部自有资金需要量 = 800 - 600 = 200（万元）

（3）2022 年自有资金需要量 = 1 000 × 80% = 800（万元）

2021 年发放的股利 = 1 200 - 800 = 400（万元）

9.2.3 确定股利政策时应考虑的因素

9.2.3.1 法律因素

1. 资本保全限制

即规定企业不能用资本发放股利，股利发放不能侵蚀资本。公司不能因股利发放而引起资本减少。资本保全的目的在于防止企业任意减少资本结构中所有者权益的比例，以保护债权人的利益。

2. 资本积累限制

即规定企业必须按税后利润的一定比例提取法定公积金，股利只能从企业可供分配收益中支付，企业当期的净利润按照规定提取各种公积金后和过去累积的留存收益形成企业的可供分配收益。一般地，企业年度累计净利润必须为正数时才可以发放现金股利，以前年度亏损必须足额弥补。

3. 偿债能力限制

美国有些州的法律规定，禁止缺乏偿债能力的企业支付现金股利。无偿债能力包括两种含义：一是企业的负债总额超过了资产的公允价值总额；二是企业不能向债权人偿还到期债务。无偿债能力限制在我国尚未纳入法律规范的范畴，但在企业长期借款或发行企业债券的相关条款中已有所涉及。因此公司在确定股利分配数量时，考虑现金股利分配对公司偿债能力的影响，保证在现金股利分配后公司仍能保持较强的偿债能力，以维护公司信誉，保证公司正常的资金周转。

4. 超额累积利润限制

由于股东接受现金股利交纳的所得税率高于其进行股票交易的资本利得税（我国暂未征收），公司通过保留利润来提高其股票价格，则可使股东避税。于是一些国家规定企业不得超额累积利润，一旦企业保留的盈余超过法律许可的水平，将被加征额外税收。我国法律对此尚未做出规定。

9.2.3.2 企业因素

1. 现金流量

由于股利代表现金流出，企业的现金状况和资产流动性越好，其支付股利的能力就越强。股利分配不应影响公司正常的资金周转。企业在进行税后利润分配时，必须充分考虑企业的现金流量，而不仅仅是企业的净收益。

2. 盈余的稳定性

盈余相对稳定的企业有可能支付较高的股利，而盈余不稳定的企业一般采用低股利政策。因为盈余不稳定的企业，低股利政策可以减少因盈余下降而造成的股利无法支付、股价急剧下降的风险，还可将更多的盈余用于再投资，以提高企业的权益资本比重，减少财务风险。

3. 筹资能力

具有较强举债能力的企业，由于能够及时地筹措到所需资金，有可能采用较为宽松的股利政策；而筹资能力弱的企业则不得不留存盈余，因而采用较紧的股利政策。

4. 投资机会

有着良好投资机会的企业需要强大的资金支持，因而往往少发放现金股利，将大部分盈余留存下来进行再投资；缺乏良好投资机会的企业，保留大量盈余的结果必然是大量资金闲置，于是倾向于支付较高的现金股利。

5. 资本成本

与增发普通股相比，保留盈余不需花费筹资费用，其资本成本较低，是一种比较经济的筹资渠道。因此很多企业在确定税后利润分配政策时，往往将企业的净收益作为首选的筹资渠道，特别是在负债较多、资本结构欠佳时期。

6. 偿债需要

具有较高债务偿还需要的企业，可能通过举借新债、发行新股筹集偿债需要的资金，也可以用保留盈余偿还债务。当举借新债的资本成本高或受其他限制而难以进入资本市场时，企业也应当减少现金股利的支付。

7. 股利政策惯性

一般情况下，企业不应经常改变其股利分配政策。如果企业历年采取的股利政策具有一定的连续性和稳定性，那么重大的股利政策调整有可能对企业的声誉、股票价格、负债能力、信用等产生影响。

9.2.3.3 股东因素

1. 稳定的收益

股利重要论认为，用留存收益再投资给投资者带来的收益具有较大的不确定性，因此，投资者更喜欢现金股利，而不愿意将收益留存在公司内部，而去承担未来的投资风险。另外有的股东依赖公司发放的现金股利维持生活，他们往往要求公司发放稳定的股利，反对公司留存过多的收益。

2. 股东的税负

（1）公司所得税与个人所得税的差异。当股东与公司投资的预期报酬率相同时，若公司所得税率大于个人所得税率，则宜多派股利，反之，则宜多留少派股利。

（2）股利收益税与资本利得税的差异。若股利收益税率大于资本利得税率，宜多留少派股利，反之，则宜少留多派股利。

3. 股东的投资机会

股东的投资机会，也是公司制定股利政策时必须考虑的一个因素。当股东有较好的投资机会，且预期投资收益率高于企业以留存收益进行再投资的预期收益率时，宜少留多派股利，反之，则宜多留少派股利。

4. 控制权

一般而言，高现金股利，可能导致留存收益减少，这意味着企业发行新股的可能性较大，进而可能导致原有股东控制权的稀释。以现有股东为基础组成的董事会，就会倾向于低股利支付水平，以便从内部留存收益中取得所需资金，防止控制权被稀释。

9.2.3.4 其他因素

1. 债务合同约束

一般来说，股利支付水平越高，留存收益越少，公司的破产风险加大，就越有可能损害到债权人的利益。债权人通常会在公司的借款合同、债务契约、租赁合同中加入限制借款公司股利发放的条款，以保护债权人的利益。

这些条款通常包括以下几个方面：①未来股利只能以签订合同后产生的收益发放；②营运资金低于某一特定水平时不得发放股利；③将利润的一部分以偿债基金的形式留存下来；④利息保障倍数低于一定水平时不得发放股利。

2. 机构投资者的投资限制

机构投资者作为企业的战略合作伙伴，更注重企业的长远发展，公司在向机构投资者定向发行股票时，机构投资者往往对公司的股利政策提出附加条款。

3. 通货膨胀

通货膨胀会带来货币购买力水平下降、固定资产重置资金来源不足。企业应考虑多留存一些利润以弥补购买力下降而造成的固定资产重置资金缺口。一般来说，企业在通货膨胀时期会采取偏紧的税后利润分配政策。

9.3 股利支付的程序和方案

9.3.1 股利支付的程序

股份有限公司向股东支付股利，其过程主要经历：股利宣告日、股权登记日、除权（息）日和股利支付日。

9.3.1.1 股利宣告日

股利宣告日，即公司董事会将股利支付情况予以公告的日期。公告中将宣布每股支付的股利、股权登记日、除权（息）日、股利支付日期等事项。

9.3.1.2 股权登记日

股权登记日，是由公司在宣布分红预案时确定的一个具体日期。凡是在该日收盘时，持有公司股票的投资者，都有权领取股利。在此日之后取得公司股票的股东则无权享受已宣布的股利。

9.3.1.3 除权（息）日

除权（息）日，在除权（息）日，股票的所有权和领取股利的权利分离，股利权利不再附属于股票，除权（息）日的股票价格会下跌，下跌的幅度约等于分派的股息。除权（息）日一般是股权登记日后一个交易日。

9.3.1.4 股利支付日

股利支付日，公司在这一日按公布的分红方案向股权登记日在册的股东发放股利。

股利支付程序可举例说明如下。

【**例 9-5**】某公司 2022 年 4 月 18 日发布公告，本公司 2021 年度股利分配方案为：每股发放 3.5 元人民币现金股利（含税），本公司将于 2022 年 5 月 5 日将上述股利支付给 2022 年 4 月 28 日登记为本公司股东的人士。

本例中，2022 年 4 月 18 日为股利宣告日；2022 年 4 月 28 日为股权登记日；2022 年 4 月 29 日为除权（息）日；2022 年 5 月 5 日为股利支付日。

9.3.2　股利分配方案

9.3.2.1　选择股利政策

股利政策不仅会影响股东的利益，也会影响公司的正常运营和未来发展。由于各种股利政策各有利弊，所以公司在制定股利政策时，要综合考虑公司面临的各种具体影响因素，遵循税后利润分配的原则，以保证公司目标的实现。

处于企业生命周期不同阶段的公司所面临的财务、经营等问题也会有所不同，所以公司在制定股利政策时还要与其所处的发展阶段相适应。

公司在不同发展阶段所采用的股利政策可用表 9-1 来表示。

表 9-1　不同发展阶段所采用的股利政策

公司发展阶段	特　点	适用的股利政策
初创阶段	公司经营风险高，有投资需求而融资能力差	剩余股利政策
快速发展阶段	公司快速发展，投资需求大	低正常股利加额外股利
稳定增长阶段	公司业务稳定增长投资需求减少，净现金流入量增加，每股净收益上升	稳定性股利政策
成熟阶段	公司盈利水平稳定，公司通常已经积累了一定的留存收益和资金	固定股利支付率政策
衰退阶段	公司业务锐减，获利能力和现金获得能力下降	剩余股利政策

9.3.2.2　确定股利支付水平

股利支付水平通常用股利支付率来衡量。股利支付率是当年发放股利与当年净利润之比，或每股股利除以每股收益。股利支付水平的高低应综合多方面的因素进行统筹安排。

9.3.2.3　确定股利支付形式

股利支付的形式有多种，常见的有以下几种。

1. 现金股利

现金股利是以现金支付的股利，它是股利支付的主要方式。公司支付现金股利除了要有累计盈余（特殊情况下可用弥补亏损后的盈余公积金支付），还要有足够的现金，因此公司在支付现金股利前需要筹集充足的现金。

2. 财产股利

财产股利是以现金以外的资产支付的股利，主要是以公司所拥有的其他企业的有价证券，如债券、股票，作为股利支付给股东。

3. 负债股利

负债股利是公司以负债支付的股利，通常以公司的应付票据支付给股东，不得已情况下也有发行公司债券抵付股利的。财产股利和负债股利实际上是现金股利的替代。这两种股利支付方式目前在我国公司实务中很少使用，但并非法律所禁止。

4. 股票股利

股票股利是公司以增发的股票作为股利的支付方式。股票股利对公司来说，并没有现金流出企业，也不会导致公司资产减少，而只是将公司的留存收益转化为股本。股票股利会增加流通在外的股票数量，同时降低股票的每股价值。它不会改变公司股东权益总额，但会改变股东权益的构成。

【例9-6】 东方公司发放股票股利前的股东权益情况如表9-2所示。

表9-2　发放股票股利前的股东权益　　单位：万元

股本（面值1元已发行300万股）	300
资本公积	500
盈余公积	100
未分配利润	1 500
股东权益合计	2 400

假定公司宣布发放10%的股票股利，若当时该股票市价为9元，计算发放股票股利后的股东权益各项目的情况。

解：由于发放股票股利增加的普通股股票股数＝300×10%＝30（万股）

由于发放股票股利增加的普通股股本＝30×1＝30（万元）

由于发放股票股利增加的资本公积＝30×（9－1）＝240（万元）

发放股票股利后的股本＝300＋30＝330（万元）

发放股票股利后的资本公积＝500＋240＝740（万元）

由于发放股票股利减少的未分配利润＝30×9＝270（万元）

发放股票股利后未分配利润＝1500－270＝1 230（万元）

发放股票股利后的股东权益合计＝330＋740＋100＋1 230＝2 400（万元）

发放股票股利后的股东权益情况如表9-3所示。

表9-3　发放股票股利后的股东权益　　单位：万元

股本（面值1元已发行330万股）	330
资本公积	740
盈余公积	100
未分配利润	1 230
股东权益合计	2 400

假设：某投资者发放股票股利前持有公司的普通股 3 000 股。那么，他拥有的股权比例为：

3 000/3 000 000＝0.1%

派发股票股利后，他拥有的股权比例为：

(3 000＋300)/3 300 000＝0.1%

由派发股票股利后投资者持有股票的总价值不变，可得：

派发股票股利后的每股价格（除权价格）＝3 000×9/(3 000＋3 000×10%)
$$＝9/(1＋10\%)$$
$$＝8.18（元）$$

从表面上看，似乎发放股票股利没有给股东带来任何收益，但事实并非如此。因为市场和投资者普遍认为，公司发放股票股利往往预示着公司会有较大的发展和成长，这样的信息传递，可以增强投资者信心，可能使股票价格高于除权价格。此外，如果股东出售股票股利，将其变成现金收入，还可以获得纳税上的好处。所以股票股利并非毫无意义。

对公司来讲股票股利的优点如下。

(1) 发放股票股利不需要向股东支付现金，但可从心理上给股东获得投资回报的感觉。在公司投资机会较多的情况下，公司可以为再投资提供成本较低的资金，从而有利于公司的发展。

(2) 发放股票股利可以降低公司股票的价格，一些公司在其股票价格较高，不利于股票交易和流通时，可通过发放股票股利降低公司的股票价格，促进公司股票的交易和流通。如果公司以发行股票的方式筹集资金，则可以降低发行价格，有利于吸引投资者。

(3) 发放股票股利可以传递公司未来发展前景良好的信息，增强投资者信心。

(4) 股票股利在降低股票价格的同时，会吸引更多的投资者成为公司的股东，从而分散公司的股权，防止公司被恶意控制。

9.4 股票分割与股票回购

9.4.1 股票分割

1. 股票分割的概念及特点

股票分割是指企业管理当局将某一特定数额的新股按一定比例交换一定数量的流通在外普通股的行为。例如，两股换一股的分割是指用两股新股换取一股旧股。股票分割对企业的财务结构和股东权益不会产生任何影响，它只是使发行在外普通股的数量翻番，使得每股面值、每股盈余、每股净资产和每股市价降低一半。

2. 股票分割的作用

(1) 降低股票市价，吸引更广泛的散户投资者；股票分割可以促进公司股票的流通和交易。

(2) 促使企业兼并、合并政策的实施。当一个企业兼并或合并另一个企业时，如果将自已企业的股票进行分割，那么将增加对被兼并方股东的吸引力。

（3）传递盈利能力增强的先导信号。一般地，只有当公司的股票价格过高，并且这种趋势不可逆转时，才进行公司股票的分割。其向投资者传递出的信号就是公司的盈利能力增强。

（4）股票分割可以为公司发行新股做准备。公司股票价格过高，会使许多潜在的投资者放弃对公司股票投资。在新股发行之前，利用股票分割降低股票价格，可以促进新股的发行。

另外，如果公司认为其股票价格过低，不利于其在市场上的声誉和未来的再筹资，那么为提高其股票价格，可采取反分割措施。实质上就是将公司的股票按比例进行合并。

【例9-7】某公司2021年年末有关股东权益账户资料如表9-4所示。

表 9-4 某公司 2021 年年末有关股东权益账户资料

股本（面值10元已发行300万股）	3 000
资本公积	500
盈余公积	100
未分配利润	1 500
股东权益合计	5 100

假设该公司按照1∶5的比例进行股票分割。股票分割后，股东权益有何变化？每股净资产为多少？

解：（1）发放股票股利后股东权益情况如表9-5所示。

表 9-5 发放股票股利后股东权益情况

股本（面值2元已发行1 500万股）	3 000
资本公积	500
盈余公积	100
未分配利润	1 500
股东权益合计	5 100

（2）股票分割前每股净资产 $=\dfrac{5\ 100}{300}=17$（元/股）

股票分割后每股净资产 $=\dfrac{5\ 100}{1\ 500}=3.4$（元/股），为分割前的1/5。

3. 股票分割和股票股利的比较

比较结果如表9-6所示。

表 9-6 股票分割和股票股利的比较表

	股票分割	股票股利
股东的现金流量	不增加	不增加
股票市场价格	下降	下降
股东权益总额	不变	不变
流通股股数	增加	增加
股东权益结构	不变	变化
收益限制程度	无限制	有限制

9.4.2 股票回购

9.4.2.1 股票回购的概念

股票回购是指上市公司从股票市场上购回本公司一定数额的发行在外的股票。公司在股票回购完成后可以将所回购的股票注销，但在绝大多数情况下，公司将回购的股份作为"库藏股"保留，仍属于发行在外的股份，但不参与每股收益的计算和税后利润分配。库藏股日后可移作他用（例如，雇员福利计划、发行可转换债券等），或在需要资金时将其出售。

9.4.2.2 股票回购的动机

1. 分配企业超额现金

对公司来讲，派发现金股利会对公司产生未来的派现压力。当公司有富余资金但又不希望通过派现方式进行分配时，股票回购可以作为现金股利的一种替代。

2. 改善企业的资本结构，提高每股收益

回购一部分股份后，可以提高财务杠杆水平，改变公司的资本结构。当公司认为权益资本比例在资本结构中所占比例较大时，会为了调整资本结构而进行股票回购，从而在一定程度上降低整体资金成本。在公司的资本得到了充分利用的同时，由于流通在外的股份数额减少，每股收益提高了。

3. 防止敌意收购

股票回购有助于公司管理者避开竞争对手企图收购的威胁，因为它可以使公司流通在外的股份数变少，股价上升，从而使收购方要获得控制公司的法定持股比例变得更为困难。而且，股票回购可能会使公司的流动资金大为减少，财务状况恶化。这样的结果也会减少收购方的兴趣。

4. 满足认股权的行使

在企业发行可转换债券、认股权证或施行经理人员股票期权计划及员工持股计划的情况下，采用股票回购的方式可以提高公司股价。从而，满足认股权行使条件。

5. 满足企业兼并与收购的需要

在进行企业的收购与兼并时，支付方式主要有现金和股票。如果公司有库藏股，则可以用公司的库藏股来交换被并购公司的股权，这样可以减少公司的现金支出。

9.4.2.3 股票回购的影响

（1）股票回购需要公司支付大量现金，容易造成公司资金紧张，资产流动性降低，影响公司的发展。

（2）公司进行股票回购，无异于股东退股和公司资本的减少，在一定程度上削弱了对公司债权人的利益保障。

（3）股票回购可能使公司的发起人股东更注重创业利润的兑现，而忽视公司长远发展，损害公司的根本利益。

（4）股票回购容易导致公司操纵公司股价。

（5）对于投资者来说，与现金股利相比，股票回购不仅可以节约个人税收，而且具有更大的灵活性。

9.4.2.4 股票回购的方式

股票回购包括公开市场回购、要约回购及协议回购三种方式。

1. 公开市场回购

公开市场回购，是指公司在股票的公开交易市场上以等同于任何潜在投资者的地位，按照公司股票当前市场价格回购股票。这种方式的缺点是在公开市场回购时很容易推高股价，从而增加回购成本，另外交易税和交易佣金也是不可忽视的成本。

2. 要约回购

要约回购，是指公司在特定期间向市场发出的以高出股票当前市场价格的某一价格，回购既定数量股票的要约。这种方式赋予所有股东向公司出售其所持股票的均等机会。与公开市场回购相比，要约回购通常被市场认为是更积极的信号，原因在于要约价格存在高出股票当前价格的溢价。但是，溢价的存在也使得回购要约的执行成本较高。

3. 协议回购

协议回购，是指公司以协议价格直接向一个或几个主要股东回购股票。协议价格一般低于当前的股票市场价格，尤其是在卖方首先提出的情况下。但是有时公司也会以超常溢价向其认为有潜在威胁的非控股股东回购股票，显然，这种过高的回购价格将损害继续持有股票的股东的利益，公司有可能为此而涉及法律诉讼。

相关链接：公司法（节选）

第八章 公司财务、会计

第一百六十三条 公司应当依照法律、行政法规和国务院财政部门的规定建立本公司的财务、会计制度。

第一百六十四条 公司应当在每一会计年度终了时编制财务会计报告，并依法经会计师事务所审计。

财务会计报告应当依照法律、行政法规和国务院财政部门的规定制作。

第一百六十五条 有限责任公司应当依照公司章程规定的期限将财务会计报告送交各股东。

股份有限公司的财务会计报告应当在召开股东大会年会的二十日前置备于本公司，供股东查阅；公开发行股票的股份有限公司必须公告其财务会计报告。

第一百六十六条 公司分配当年税后利润时，应当提取利润的百分之十列入公司法定公积金。公司法定公积金累计额为公司注册资本的百分之五十以上的，可以不再提取。

公司的法定公积金不足以弥补以前年度亏损的，在依照前款规定提取法定公积金之前，应当先用当年利润弥补亏损。

公司从税后利润中提取法定公积金后，经股东会或者股东大会决议，还可以从税后利润中提取任意公积金。

公司弥补亏损和提取公积金后所余税后利润，有限责任公司依照本法第三十四条的规定分配；股份有限公司按照股东持有的股份比例分配，但股份有限公司章程规定不按持股比例分配的除外。

股东会、股东大会或者董事会违反前款规定，在公司弥补亏损和提取法定公积金之前向股东分配利润的，股东必须将违反规定分配的利润退还公司。

公司持有的本公司股份不得分配利润。

第一百六十七条　股份有限公司以超过股票票面金额的发行价格发行股份所得的溢价款以及国务院财政部门规定列入资本公积金的其他收入，应当列为公司资本公积金。

第一百六十八条　公司的公积金用于弥补公司的亏损、扩大公司生产经营或者转为增加公司资本。但是，资本公积金不得用于弥补公司的亏损。

法定公积金转为资本时，所留存的该项公积金不得少于转增前公司注册资本的百分之二十五。

第一百六十九条　公司聘用、解聘承办公司审计业务的会计师事务所，依照公司章程的规定，由股东会、股东大会或者董事会决定。

公司股东会、股东大会或者董事会就解聘会计师事务所进行表决时，应当允许会计师事务所陈述意见。

第一百七十条　公司应当向聘用的会计师事务所提供真实、完整的会计凭证、会计账簿、财务会计报告及其他会计资料，不得拒绝、隐匿、谎报。

第一百七十一条　公司除法定的会计账簿外，不得另立会计账簿。

对公司资产，不得以任何个人名义开立账户存储。

■■■ 本章小结

从财务学意义上讲，利润是销售收入扣除成本费用后的余额；从经济学意义上讲，是劳动者为社会所创造的剩余产品价值的货币表现。利润是反映企业经营绩效的核心指标，是企业相关者进行利益分配的基础，是企业可持续发展的基本源泉。利润分配必须遵循正确的原则，按照国家法律规定进行分配。

利润分配要以股利分配理论为指导，制定和执行好企业股利分配政策。股票股利、股票分割和股票回购，其对股东的利益效应是建立在企业持续发展的基础之上的。

■■■ 相关术语

剩余股利政策　固定股利支付率政策　稳定性股利政策　低正常股利加额外股利政策

现金股利　财产股利　负债股利　股票股利　股票分割　股票回购

思政指引

　　理论背景：收益分配涉及国家、企业、投资者等多方利益，影响企业的可持续发展。因此，收益分配应遵循依法分配、资本保全、兼顾各方利益、分配和积累并重、投资与收益对等原则。制定收益分配政策时要有大局意识，全局观念，遵循首先国家（依法纳税）、其次企业（盈余公积金）、最后股东（股利）分配思路，注重长远利益与近期利益，整体利益与局部利益的协调，做到公开、公平、公正。

　　思政启示：马克思劳动价值论认为，企业收益即利润，是劳动者为社会创造的剩余价值或剩余产品。党的二十大报告指出，要完善分配制度，坚持按劳分配为主体、多种分配方式并存，报告为收益分配指明了方向。一要确立公平正义的收益分配观，在实践中，在对各利益主体分配时要做到公平正义，关注弱势群体利益；二要树立大局观，收益分配要按照国家、集体、个人的分配路径，收益分配不以损害国家利益为代价；三要树立系统观与全局观，要兼顾利益相关者的整体利益；四要贯彻科学发展观，注重长远与可持续化，不能只关注眼前利益。

复习思考题

1. 试述税后利润分配的原则。
2. 税后利润分配应处理好哪些方面的关系？
3. 试述股利分配理论的主要内容及其指导意义。
4. 试述股利政策的主要形式及其选择标准。

第 *10* 章

财务预算

◆**学习目标**◆

1. 掌握弹性预算、零基预算及滚动预算的编制方法与优缺点；

2. 掌握现金预算的编制依据、编制流程和编制方法；

3. 掌握预计利润表和预计资产负债表的编制方法；

4. 熟悉固定预算、增量预算及定期预算的编制方法与优缺点；

5. 了解财务预算的含义及作用。

10.1 财务预算概述

10.1.1 全面预算体系的构成

全面预算（master budget）是指企业为了实现预定期内的战略规划和经营目标，按照一定程序编制、审查、批准的，企业在预定期内经营活动的总体安排。它是关于企业在一定时期内经营、资本、财务等各方面的总体计划，它将企业全部经济活动用货币形式表示出来。全面预算的最终反映是一整套预计的财务报表和其他附表，主要是用来规划计划期内企业的全部经济活动及其相关财务结果。全面预算是企业在对历史的运营结果和对未来进行充分分析、论证的基础上，对未来的经营活动进行的量化表述；是围绕企业战略规划和经营目标，对预算期内资金取得和投放、各项收入和支出、经营成果与分配等资金运作的统筹安排。

全面预算可以按其涉及的业务活动领域分为财务预算和非财务预算。其中财务预算是关于资金筹措和使用的预算；非财务预算主要是指业务预算，用于预测和规划企业的基本经济行为。

全面预算包括日常业务预算、特种决策预算和财务预算（financial budget）。

日常业务预算，是指与企业日常经营活动直接相关的经营业务的各种预算。主要包括：①销售预算；②生产预算；③直接材料预算；④应交增值税、销售税金及附加预算；⑤直接人工预算；⑥制造费用预算；⑦产品成本预算；⑧期末存货预算；⑨销售费用预算；⑩管理费用预算等内容。

特种决策预算，是指企业不经常发生的、需要根据特定决策临时编制的一次性预算。特种决策预算包括经营决策预算和投资决策预算两种类型。

经营决策预算是指与短期经营决策密切相关的特种决策预算。该类预算的主要目标是通过制定最优生产经营决策和存货控制决策来合理地利用或调配企业经营活动所需要的各种资源。

经营决策预算通常是在短期经营决策确定的最优方案基础上编制的，正因如此，有人认为应将其纳入日常业务预算体系。本节将经营决策预算作为特种决策预算，不作为日常业务预算。

投资决策预算是指与项目投资决策密切相关的特种决策预算，又称资本支出预算。由于这类预算涉及长期建设项目的投资投放与筹措等，并经常跨年度，因此，除个别项目外一般不纳入日常业务预算，但应计入与此有关的现金预算与预计资产负债表。

10.1.2 财务预算的含义及作用

财务预算（financial budget）是一系列专门反映企业未来一定预算期内预计财务状况和

经营成果，以及现金收支等价值指标的各种预算的总称，包括现金预算、财务费用预算、预计利润表和预计资产负债表等内容。

财务预算的编制需要以财务预测的结果为根据，并受到财务预测质量的制约；财务预算必须服从决策目标的要求，使决策目标具体化、系统化、定量化。

财务预算是企业全面预算体系中的组成部分，它在全面预算体系中具有重要的作用，主要表现在以下几个方面。

10.1.2.1　财务预算使决策目标具体化、系统化和定量化

在现代企业财务管理中，财务预算必须服从决策目标的要求，尽量做到全面地、综合地协调、规划企业内部各部门、各层次的经济关系与职能，使之统一服从于未来经营总体目标的要求。同时，财务预算又能使决策目标具体化、系统化和定量化，能够明确规定企业有关生产经营人员各自职责及相应的奋斗目标，做到人人事先心中有数。

10.1.2.2　财务预算是总预算，其余预算是辅助预算

财务预算作为全面预算体系中的最后环节，可以从价值方面总括地反映特种决策预算与业务预算的结果，使预算执行情况一目了然。

10.1.2.3　财务预算有助于财务目标的顺利实现

通过财务预算，可以建立评价企业财务状况的标准，以预算数作为标准的依据，将实际数与预算数对比，及时发现问题和调整偏差，使企业的经济活动按预定的目标进行，从而实现企业的财务目标。

编制财务预算，并建立相应的预算管理制度，可以指导与控制企业的财务活动，提高预见性，减少盲目性，使企业的财务活动有条不紊地进行。

10.2　财务预算的编制方法

10.2.1　固定预算与弹性预算

10.2.1.1　固定预算

固定预算（fixed budget）又称静态预算，是指把企业预算期的业务量固定在某一预计水平上，以此为基础来确定其他项目预计数的预算方法，也就是说，将预算期内正常的、可实现的某一业务量水平作为唯一基础来编制预算的方法。

固定预算存在适应性差和可比性差的缺点。固定预算是以未来固定不变的业务量水平来编制的预算，赖以存在的前提条件必须是预计业务量与实际业务量相一致（或相差很小），才比较适合。但是，在实际工作中，预计业务量与实际业务量相差甚远，这必然导致有关成

本费用及利润的实际水平与预算水平因基础不同而失去可比性，不利于开展控制与考核。而且有时会引起人们的误解。例如，编制财务预算时，预计业务量为生产能力的 90%，其成本预算总额为 40 000 元，而实际业务量为生产能力的 110%，其实际成本总额为 55 000 元，实际成本与预算业务量的成本相比，则超支很大，但是，实际成本脱离预算成本的差异，包括因业务量增长而增加的成本差异，而业务量差异对成本分析来说是无意义的。

10.2.1.2　弹性预算

弹性预算（flexible budget）又称变动预算法、滑动预算法，是在变动成本法的基础上，把所有的成本按其性质划分为变动成本与固定成本两大部分，以未来不同业务量、成本和利润之间的依存关系为依据，以预算期可预见的各种业务量水平为基础，编制能够适应多种情况预算的一种方法。

弹性预算是以预算期间可能发生的多种业务量水平为基础，分别确定与之相应的费用数额，能分别反映在各业务量的情况下所应开支（或取得）的费用（或利润）水平。在编制预算时，变动成本随业务量的变动而予以增减，固定成本则在相关的业务量范围内稳定不变。

与固定预算方法相比，弹性预算方法具有适用范围宽、可比性强和便于考核的优点。

由于未来业务量的变动会影响到成本费用和利润各个方面，因此，弹性预算理论上讲适用于全面预算中与业务量有关的各种预算。但从实用角度看，主要用于编制制造费用、销售及管理费用等半变动成本（费用）的预算和利润预算。

下面以弹性成本预算和弹性利润预算为例介绍弹性预算的编制。

1. 弹性成本预算的编制

（1）弹性成本预算的基本公式。用弹性预算的方法来编制成本预算时，其关键在于把所有的成本划分为变动成本与固定成本两大部分。变动成本主要根据单位业务量来控制，固定成本则按总额控制。

成本的弹性预算公式如下：

成本的弹性预算 = 固定成本预算数 + $\sum$（单位变动成本预算数 × 预计业务量）

（2）业务量的选择。业务量范围一般可定在正常生产能力的 70%～120%，或以历史上最高业务量和最低业务量为上下限。

（3）弹性成本预算编制的具体方法。编制弹性成本预算可以采用公式法、列表法和图示法等。

① 公式法。编制弹性成本预算的公式法是指通过成本公式来编制成本预算的方法。公式如下：

$$y_i = a_i + b_i x_i$$

式中：a_i——固定成本；

$b_i x_i$——变动成本。

公式法的优点是在一定范围内不受业务量波动的影响，缺点是逐项甚至按照细目分解成本比较麻烦，同时又不能直接查出特定业务量下的总成本预算额，并有一定误差。

【例 10-1】A 公司第一车间，生产能力为 40 000 机器工作小时，按生产能力 80%、90%、100%、110% 编制 2021 年 9 月该车间制造费用弹性预算，如表 10-1 所示。

表 10-1 制造费用弹性预算表（公式法）

部门：第一车间　　　　　　　　　预算期：2021 年 9 月　　　　　　　　　单位：元

费用项目	变动费用率/（元/小时）	生产能力（机器工作小时）			
		80％	90％	100％	110％
		32 000	36 000	40 000	44 000
变动费用：					
间接材料	0.60	19 200	21 600	24 000	26 400
间接人工	1.20	38 400	43 200	48 000	52 800
维修费用	1.80	57 600	64 800	72 000	79 200
电 力	0.50	16 000	18 000	20 000	22 000
水 费	0.40	12 800	14 400	16 000	17 600
电话费	0.20	6 400	7 200	8 000	8 800
小 计	4.70	150 400	169 200	188 000	206 800
固定费用：					
间接人工		4 500	4 500	4 500	5 500
维修费用		5 500	5 500	5 500	6 800
电话费		1 500	1 500	1 500	1 500
折 旧		11 000	11 000	11 000	15 000
小 计		22 500	22 500	22 500	28 800
合 计		172 900	191 700	210 500	235 600
小时费用率		5.40	5.33	5.26	5.35

从表 10-1 可知，当生产能力超过 100％达到 110％时，固定费用中的有些费用项目将发生变化，间接人工增加 1 000 元，维修费用增加 1 300 元，折旧增加 4 000 元。这就说明固定成本超过一定的业务量范围，成本总额也会发生变化，并不是一成不变的。

从弹性预算中也可以看到，当生产能力达到 100％时，小时费用率为最低（5.26 元），它说明企业充分利用生产能力，且产品销路没有问题时，应向这个目标努力，从而使成本降低，利润增加。

假定该企业 9 月的实际生产能力达到 110％，有了弹性预算，就可以据以与实际成本进行比较，衡量其业绩，并分析其差异。

实际成本与预算成本，可通过编制弹性预算执行报告进行比较，如表 10-2 所示。

表 10-2 制造费用弹性预算执行报告

部门：第一车间　　　　　　　　　　　　　正常生产能力（100%）40 000 机器工作小时
预算期：2021 年 9 月　　　　　　　　　　实际生产能力（110%）44 000 机器工作小时

单位：元

费用项目	预算	实际	差异
间接材料	26 400	26 000	−400
间接人工	58 300	59 000	700
维修费用	86 000	95 000	9 000
电力	22 000	21 500	−500
水费	17 600	18 000	400
电话费	10 300	10 100	−200
折旧费	15 000	15 000	0
合计	235 600	244 600	9 000

② 列表法。编制弹性成本预算的列表法是指通过列表的方式，在相关范围内每隔一定业务量计算相关数值预算来编制成本预算的方法。列表法的主要优点是在一定程度上能克服公式法无法直接查到的不同业务量下总成本预算的弱点，而且结果会比公式法更精确，其缺点是工作量大。

【例 10-2】对上述 A 公司第一车间按列表法编制的制造费用弹性预算如表 10-3 所示。

表 10-3 制造费用弹性预算表（列表法）

部门：第一车间　　　　　　　　　预算期：2021 年 9 月　　　　　　　　　单位：元

费用项目	生产能力（机器工作小时）							
	50%	60%	70%	80%	90%	100%	110%	120%
	20 000	24 000	28 000	32 000	36 000	40 000	44 000	48 000
变动费用								
间接材料	12 000	14 400	16 800	19 200	21 600	24 000	26 400	28 800
间接人工	24 000	28 800	33 600	38 400	43 200	48 000	52 800	57 600
维修费用	36 000	43 200	50 400	57 600	64 800	72 000	79 200	86 400
电力	10 000	12 000	14 000	16 000	18 000	20 000	22 000	24 000
水费	8 000	9 600	11 200	12 800	14 400	16 000	17 600	19 200
电话费	4 000	4 800	5 600	6 400	7 200	8 000	8 800	9 600
小计	94 000	112 800	131 600	150 400	169 200	188 000	206 800	225 600
固定费用								
间接人工	4 500	4 500	4 500	4 500	4 500	4 500	5 500	6 800
维修费用	5 500	5 500	5 500	5 500	5 500	5 500	6 800	8 800
电话费	1 500	1 500	1 500	1 500	1 500	1 500	1 500	1 500
折旧	11 000	11 000	11 000	11 000	11 000	11 000	15 000	15 000
小计	22 500	22 500	22 500	22 500	22 500	22 500	28 800	32 100
合计	116 500	135 300	154 100	172 900	191 700	210 500	235 600	257 700

③ 图示法。编制弹性成本预算的图示法是指把各种业务量的预算成本，用描绘图像的形式表示出来，以反映弹性预算成本水平的方法。

2. 弹性利润预算的编制

成本的弹性预算编制出来以后，就可以编制利润的弹性预算。它是以预算的各种销售收入为出发点，按照成本的性态，扣减相应的成本，从而反映企业预算期内各种业务量水平上应该获得的利润指标。

编制弹性利润预算能够反映不同销售业务量条件下相应的预算利润水平，其编制方法有如下两种。

（1）因素法。本法是根据影响利润的有关因素与收入成本的关系，列表反映这些因素分别变动时相应的预算利润水平。这种方法主要适用于单一品种经营或采用分算法处理固定成本的多品种经营的企业。

【例 10-3】假设 A 公司只生产销售 1 种商品，销售单价预计为 100 元/件，单位变动成本为 60 元/件。当销售量为 2 000 件及以下时固定费用为 30 000 元，当销售量为 2 000 件以上时固定费用为 40 000 元。要求编制 2021 年 9 月该公司的利润弹性预算。编制的利润弹性预算如表 10-4 所示。

表 10-4　A 公司利润弹性预算表

预算期：2021 年 9 月　　　　　　　　　　　　　　　　　　　　　　单位：元

销售量/件	1 800	1 900	2 000	2 100
单价/（元/件）	100	100	100	100
销售收入	180 000	190 000	200 000	210 000
单位变动成本	60	60	60	60
变动成本	108 000	114 000	120 000	126 000
边际贡献	72 000	76 000	80 000	84 000
固定费用	30 000	30 000	30 000	40 000
利润	42 000	46 000	50 000	44 000

从表 10-4 中可知，利润的弹性预算，是以成本的弹性预算为其编制的基础。现假定实际销售量为 1 800 000 元，为了考核利润预算完成情况，评价工作成绩，还须编制利润弹性预算执行报告，如表 10-5 所示。

表 10-5　利润弹性预算执行报告

预算期：2021 年 9 月　　　　　　　　　　　　　　　　　　　　　　单位：元

项　目	预　算	实　际	差　异
销售量	1 900	1 900	0
单价	100	95	−5
销售收入	190 000	180 500	−9 500
单位变动成本	60	58	−2
变动成本	114 000	110 200	−3 800
边际贡献	76 000	70 300	−5 700
固定费用	30 000	32 000	2 000
利润	46 000	38 300	−7 700

（2）百分比法。本法又称销售额百分比法，是指按不同销售额的百分比编制弹性预算的方法。本方法主要适用于多品种经营的企业，比较简单，在实际工作中，许多企业多品种经营，分别按品种逐一编制弹性利润预算是不现实的，这就要求使用一种综合的方法——销售额百分比法对全部商品或按商品大类编制弹性利润预算。

有人认为该方法必须假定销售收入百分比的上下限均不突破相关范围，即固定成本在固定预算的基础上不变动和变动成本随销售收入变动百分比而同比例变动，但本书认为销售收入在突破一定范围后固定成本发生变动仍可以采用此方法。

【例10-4】 假设A公司共生产销售100种商品，预算期的销售业务量达到100%时的销售收入为2 000 000元，变动生产成本为1 000 000元，变动销售费用为200 000元，固定制造费用为400 000元，固定销售费用为50 000元。当销售收入突破2 000 000元时固定费用会发生变化，固定制造费用为580 000元，固定销售费用为60 000元。要求编制2021年9月该公司所有商品的利润弹性预算。编制的利润弹性预算如表10-6所示。

表10-6　A公司利润弹性预算表

预算期：2021年9月　　　　　　　　　　　　　　　　　　　　　　　　　　　单位：元

销售收入百分比	80%	90%	100%	110%
一、销售收入	1 600 000	1 800 000	2 000 000	2 200 000
减：变动生产成本	810 000	900 000	1 000 000	1 100 000
变动销管费用	162 000	180 000	200 000	220 000
二、边际贡献	628 000	720 000	800 000	880 000
减：固定制造费用	400 000	400 000	400 000	580 000
固定销管费用	50 000	50 000	50 000	60 000
三、利润	178 000	270 000	350 000	240 000

现假定实际销售收入为1 800 000元，编制利润弹性预算执行报告，如表10-7所示。

表10-7　利润弹性预算执行报告

预算期：2021年9月　　　　　　　　　　　　　　　　　　　　　　　　　　　单位：元

项　目	预　算	实　际	差　异
一、销售收入	1 800 000	1 800 000	0
减：变动生产成本	900 000	950 000	50 000
变动销管费用	180 000	160 000	−20 000
二、边际贡献	720 000	690 000	−30 000
减：固定制造费用	400 000	375 000	−25 000
固定销管费用	50 000	55 000	5 000
三、利润	270 000	260 000	−10 000

10.2.2　增量预算与零基预算

10.2.2.1　增量预算

增量预算（incremental budget）又称调整预算方法，是指以基期成本费用水平为基础，结合预算期业务量水平及有关影响成本因素的未来变动情况，通过调整有关原有费用项目而编制预算的一种方法。增量预算法源于以下假定：

（1）现有的业务活动是企业必需的；

（2）原有的各项开支都是合理的；

（3）增加费用预算是值得的。

这种预算方法比较简单，但它是以过去的水平为基础，实际上就是承认过去是合理的，无须改进。因此往往不加分析地保留或接受原有成本项目，或按主观臆断平均削减，或只增不减，这样容易造成预算的不足，或者是安于现状，造成预算不合理的开支。

10.2.2.2　零基预算

美国得克萨斯仪器公司的彼得·A.菲尔于 1970 年提出了"零基预算"（zero-base budgeting，ZBB）的概念。美国的政府部门，特别是佐治亚州政府最早采用 ZBB，并取得了成效。随后，企业组织也相应采用。零基预算的全称为"以零为基础编制计划和预算的方法"，是指在编制预算时对于所有的预算支出，均以零为基底，不考虑以往情况如何，从根本上研究分析每项预算有否支出的必要和支出数额的大小。这种预算不以历史为基础，修修补补，而是以零为出发点，一切推倒重来，零基预算即因此而得名。

零基预算编制需要以下五个步骤。

1. 划分和确定基层预算单位

企业里各基层业务单位通常被视为能独立编制预算的基层单位。

2. 编制本单位的费用预算方案

由企业提出总体目标，然后各基层预算单位根据企业的总目标和自身的责任目标，编制本单位为实现上述目标的费用预算方案，在方案中必须详细说明提出项目的目的、性质、作用，以及需要开支的费用数额。

3. 进行成本-效益分析

基层预算单位按下达的"预算年度业务活动计划"，确认预算期内需要进行的业务项目及其费用开支后，管理层对每一个项目的所需费用和所得收益进行比较分析，权衡轻重，区分层次，划出等级，选出先后。基层预算单位的业务项目一般分为三个层次：第一层次是必要项目，即非进行不可的项目；第二层次是需要项目，即有助于提高质量、效益的项目；第三层次是改善工作条件的项目。进行成本效益分析的目的在于判断基层预算单位各个项目费用开支的合理程度、先后顺序及对本单位业务活动的影响。

4. 审核分配资金

根据预算项目的层次、等级和次序，按照预算期可动用的资金及其来源，依据项目的轻重缓急次序，分配资金，落实预算。

5. 编制并执行预算

资金分配方案确定后，就制定零基预算正式稿，经批准后下达执行。执行中遇有偏离预算的地方要及时纠正，遇有特殊情况要及时修正，遇有预算本身问题要找出原因，总结经验加以提高。

零基预算的优点是不受现有条条框框限制，对一切费用都以零为出发点，这样不仅能压缩资金开支，而且能切实做到把有限的资金，用在最需要的地方，从而调动各部门人员的积极性和创造性，量力而行，合理使用资金，提高效益。其缺点是由于一切支出均以零为起点进行分析、研究，势必带来繁重的工作量，有时甚至得不偿失，难以突出重点。为了弥补零基预算这一缺点，企业不是每年都按零基预算来编制预算，而是每隔若干年进行一次零基预算，以后几年内略做调整，这样既减轻了预算编制的工作量，又能适当控制费用。

【例 10-5】某公司预对销售管理费用预算的编制采用零基预算的编制方法，预算编制人员提出的预算年度开支水平如表 10-8 所示。

表 10-8　零基预算表

费用项目	开支金额/万元
业务招待费	200
广告费	180
办公费	80
保险费	50
职工福利费	40
劳动保护费	30
合计	580

假定公司预算年度对上述费用可动用的财力资源只有 500 万元，经过充分论证，认为上述费用中广告费、保险费和劳动保护费必须得到全额保证，业务招待费、办公费和职工福利费可以适当压缩，按照去年历史资料得出的业务招待费、办公费和职工福利费的成本收益分析如表 10-9 所示。

表 10-9　成本收益分配表　　　　　　　　　　单位：万元

费用项目	成本金额	收益金额
业务招待费	1	6
办公费	1	3
职工福利费	1	1

要求：（1）确定不可避免项目的预算金额；

（2）确定可避免项目的可供分配资金；

（3）按成本收益比重分配确定可避免项目的预算金额。

分析：

（1）不可避免项目的预算金额＝180＋50＋30＝260（万元）

（2）可避免项目的可供分配资金＝500－260＝240（万元）

（3）业务招待费预算额＝240×6/(6＋3＋1)＝144(万元)

办公费预算额＝240×3/(6＋3＋1)＝72(万元)

职工福利费预算额＝240×1/(6＋3＋1)＝24(万元)

10.2.3　定期预算与滚动预算

10.2.3.1　定期预算

定期预算（periodie budget，regular budget）是指在编制预算时以不变的会计期间（如日历年度）作为预算期的一种预算编制的方法。定期预算的唯一优点是能够使预算期间与会计年度相配合，便于考核和评价预算的执行结果。定期预算主要有以下缺点。

1. 盲目性

由于定期预算往往是在年初甚至提前两三个月编制的，对于整个所预算年度的生产经营活动很难作出准确的预算，尤其是对预算后期的预算只能进行笼统的估算，数据笼统含糊，缺乏远期指导性，给预算的执行带来很多困难，不利于对生产经营活动的考核与评价。

2. 滞后性

由于定期预算不能随情况的变化及时调整，当预算中所规划的各种活动在预算期内发生重大变化时（如预算期临时中途转产），就会造成预算滞后过时，使之成为虚假预算。

3. 间断性

由于受预算期间的限制，致使经营管理者们的决策视野局限于本期规划的经营活动，通常不考虑下期。例如，一些企业提前完成本期预算后，以为可以松一口气，其他事等来年再说，形成人为的预算间断。因此，按固定预算方法编制的预算不能适应连续不断的经营过程，从而不利于企业的长远发展。为了克服定期预算的缺点，在实践中可采用滚动预算的方法编制预算。

10.2.3.2　滚动预算

滚动预算（rolling budget），又称永续预算，其主要特点在于：不将预算期与会计年度挂钩，而始终保持12个月，每过去一个月，就根据新的情况进行调整和修订后几个月的预算，并在原预算基础上增补下一个月预算，从而逐期向后滚动，连续不断地以预算形式规划未来经营活动。这种预算要求一年中，头几个月的预算要详细完整，后几个月可以略粗一些。随着时间的推移，原来较粗的预算逐渐由粗变细，后面随之又补充新的较粗的预算，以此不断滚动。如某企业2021年1月和2月滚动预算的编制方式如图10-1所示。

滚动预算可以保持预算的连续性和完整性。企业的生产经营活动是连续不断的，因此，企业的预算也应该全面地反映这一连续不断的过程，使预算方法与生产经营过程相适应，同时，企业的生产经营活动是复杂的，而滚动预算便于随时修订预算，确保企业经营管理工作秩序的稳定性，充分发挥预算的指导与控制作用。滚动预算能克服传统定期预算的盲目性、不变性和间断性，从这个意义上说，编制预算已不再仅仅是每年年末才开展的工作了，而是与日常管理密切结合的一项措施。当然，滚动预算采用按月滚动的方法，预算编制工作比较繁重，所以，也可以采用按季度滚动来编制预算。

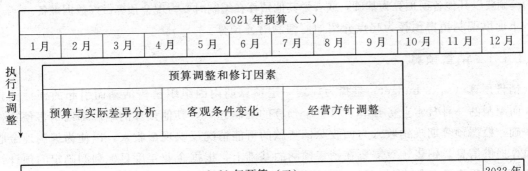

图 10-1 滚动预算示例图

10.3 现金预算与预计财务报表的编制

现金预算和预计财务报表的编制是以日常业务预算、特种决策预算为基础的。本节介绍如何编制现金预算和预计财务报表。

10.3.1 现金预算的编制

现金预算（cash budget）又称为现金收支预算，是反映预算期企业全部现金收入和全部现金支出的预算。现金预算是以特种决策预算和日常业务预算为基础编制的反映现金收支情况及收支差额平衡措施的具体计划。现金预算的编制要以其他各项预算为基础，现金预算由四部分组成：现金收入、现金支出、现金多余或不足、现金的筹措和运用。

（1）"现金收入"部分包括期初现金余额和预算期现金收入，销货取得的现金收入是其主要来源。期初的"现金余额"是在编制预算时预计的，"销货现金收入"的数据来自销售预算，"或供使用现金"是期初余额与本期现金收入之和。

（2）"现金支出"部分包括预算期和各项现金支出。"直接材料""直接人工""制造费用""销售及管理费用"的数据分别来自前述有关预算。此外，还包括所得税费用、购置设备、股利分配等现金支出，有关的数据分别来自另行编制的专门预算。

（3）"现金多余或不足"部分列示现金收入合计与现金支出合计的差额。差额为正，说明收大于支，现金有多余，可用于偿还过去向银行取得的借款，或者用于短期投资。差额为负，说明支大于收，现金不足，要向银行取得新的借款。

（4）"现金的筹措和运用部分"以各项营业预算和资本预算为基础，它反映各预算期的收入款项和支出款项，并作为对比说明。其目的在于资金不足时筹措资金，资金多余时及时安排现金余额，并且提供现金收支的控制限额，发挥现金管理的作用。

　　现金预算实际上是其他预算有关现金收支部分的汇总，以及收支差额平衡措施的具体计划。它的编制要以其他各项预算为基础，或者说其他预算在编制时要为现金预算做好数据准备。

　　下面以编制销售预算为起点介绍如何编制财务预算。

10.3.1.1　销售预算

　　销售预算（sales budget）是指为规划一定预算期内因组织销售活动而引起的预计销售收入而编制的一种日常业务预算，是整个预算的编制起点，其他预算的编制都以销售预算作为基础，根据预算期现销收入与回收赊销货款的可能情况反映现金收入，以便为编制现金收支预算提供信息。销售预算需要在销售预测的基础上，根据企业年度目标利润确定的预计销售量与销售价格等参数进行编制，该预算同时以实物量指标和价值量指标分别反映企业经营收入和相关现金收入。

　　【例 10-6】假定淮海有限公司生产和销售甲产品，根据 2021 年度各季度的销售量及售价的有关资料编制"销售预算表"，如表 10-10 所示。

表 10-10　淮海有限公司销售预算表

2021 年度　　　　　　　　　　　　　　　　　　　　　单位：元

项　　目	第一季度	第二季度	第三季度	第四季度	合　计
预计销售量/件	6 000	7 000	11 000	9 000	33 000
预计单位售价/（元/件）	30	30	30	30	30
预计销售收入	180 000	210 000	330 000	270 000	990 000

　　在实际工作中，产品销售往往不是现购现销的，即产生了很大数额的应收账款，所以，销售预算中通常还包括预计现金收入的计算，其目的是为编制现金预算提供必要的资料。

　　假设本例中，每季度销售收入在本季度收到现金 60%，其余赊销在下一季度收账。淮海有限公司 2021 年度预计现金收入表如表 10-11 所示。

表 10-11　淮海有限公司预计现金收入表

2021 年度　　　　　　　　　　　　　　　　　　　　　单位：元

项　　目	应收款项及本期收入发生额	现金收入			
		第一季度	第二季度	第三季度	第四季度
期初数	50 000	50 000			
第一季度	180 000	108 000	72 000		
第二季度	210 000		126 000	84 000	
第三季度	330 000			198 000	132 000
第四季度	270 000				162 000
期末数	108 000				
合　计	932 000	158 000	198 000	282 000	294 000

　　注：① 期初数 50 000 元是根据 2020 年期末余额而来，对本例题来讲为已知条件。

　　② 第一季度预计收到现金 158 000 元，其中 50 000 元为上一季度销售收入中剩余的 40%，本期全部收到，另外的 108 000 元为本季度销售收入 180 000 元的 60%。其他几个季度预计现金收入计算相同，略。

　　③ 期末余额 108 000 元为第四季度销售收入的 40%。

10.3.1.2 生产预算

生产预算（production budget）指为规划一定预算期内预计生产量水平而编制的一种日常业务预算，是以销售预算为基础编制的。生产预算是所有日常业务预算中唯一只使用实物量计量单位的预算，可以为进一步编制有关成本和费用预算提供实物量数据。

通常，企业的生产和销售不能做到"同步同量"，生产数量除了满足销售数量，还需要设置一定的存货，以保证能在发生意外需求时按时供货，并可均衡生产，节省赶工的额外开支。

预计生产量可用下列公式计算：

$$预计生产量 = 预计销售量 + 预计期末存货量 - 预计期初存货量$$

【例10-7】 假设例10-6中，淮海有限公司希望能在每季末保持相当于下一季度销售量10％的期末存货。已知期初存货成本为13元/件，预计2022年第一季度销售量为10 000件，淮海有限公司2021年度生产预算如表10-12所示。

表10-12 淮海有限公司生产预算表

2021年度 单位：件

项　　目	第一季度	第二季度	第三季度	第四季度	全年合计
预计销售量	6 000	7 000	11 000	9 000	33 000
加：期末存货	700	1 100	900	1 000	1 000
合　计	6 700	8 100	11 900	10 000	34 000
减：期初存货	600	700	1 100	900	600
预计生产量	6 100	7 400	10 800	9 100	33 400

注：① 预计2022年第一季度销售量＝10 000（件）。

② 本例中，因为公司希望能在每季末保持相当于下一季度销售量10％的期末存货，所以本年第一季度的期初存货量＝6 000×10％＝600（件），实际工作中这个数据也可根据上年余额直接得到。

③ 第一季度的期末存货量＝7 000×10％＝700（件）；其他季度计算略。

10.3.1.3 直接材料预算

直接材料预算是指为规划一定预算期内因组织生产活动和材料采购活动可能发生的直接材料需用量、采购数量和采购成本而编制的一种经营预算。

在生产预算的基础上，可以编制直接材料预算，但同时还要考虑期初、期末原材料存货的水平。直接材料预算包括生产需要量预算和采购预算两个部分，直接材料上的生产需要量同预计采购量之间的关系可按下列公式计算：

$$预计采购量 = 生产需要量 + 期末库存量 - 期初库存量$$

期末库存量一般是按照下期生产需要量的一定百分比来计算的。

$$生产需要量 = 预计生产量 \times 单位产品材料耗用量$$

【例10-8】 根据例10-7资料，假设甲产品只耗用一种材料，淮海有限公司期望前三季度每季度末材料库存量为下一季度生产需要量的10％，第四季度末材料库存量为前三季度末材料库存量的平均数。已知 2020 年年末库存材料 2 000kg。淮海有限公司 2021 年度直接材料预算如表 10-13 所示。

表 10-13 淮海有限公司直接材料预算

2021 年度

项　目	第一季度	第二季度	第三季度	第四季度	全年合计
预计生产量/件	6 100	7 400	10 800	9 100	33 400
单位产品材料用量/(kg/件)	3	3	3	3	3
生产需用量/kg	18 300	22 200	32 400	27 300	100 200
加：预计期末存量/件	2 220	3 240	2 730	2 730	2 730
合　计	20 520	25 440	35 130	30 030	102 930
减：预计期初存量	2 000	2 220	3 240	2 730	2 000
预计采购量/件	18 520	23 220	31 890	27 300	100 930
单价/(元/kg)	2	2	2	2	2
预计采购金额/元	37 040	46 440	63 780	54 600	201 860

材料的采购与产品的销售有相类似之处，即货款也不是马上用现金全部支付的，这样就可能存在一部分应付款项，所以，对于材料采购还需编制现金支出预算，目的是便于编制现金预算。

假设本例材料采购的货款有 50% 在本季度内付清，另外 50% 在下季度付清。淮海有限公司 2021 年度预计现金支出表如表 10-14 所示。

表 10-14 淮海有限公司预计现金支出表

2021 年度　　　　　　　　　　　　　　　　　　　　　　　　单位：元

项　目	应付款项及本期采购发生额	现金支出			
		第一季度	第二季度	第三季度	第四季度
期初数	20 000	20 000			
第一季度	37 040	18 520	18 520		
第二季度	46 440		23 220	23 220	
第三季度	63 780			31 890	31 890
第四季度	54 600				27 300
期末数	27 300				
合　计	174 560	38 520	41 740	55 110	59 190

10.3.1.4　直接人工预算

直接人工预算也是以生产预算为基础编制的。其主要内容有预计生产量、单位产品工时、人工总工时、每小时人工成本和人工总成本。直接人工预算也能为编制现金预算提供资料。

由于各期直接人工成本中的直接工资一般均由现金开支，因此在西方国家，通常不单独编制列示与此相关的预计现金支出预算。

【例10-9】淮海有限公司2021年度直接人工预算如表10-15所示。

表 10-15　淮海有限公司直接人工预算

2021 年度

项　目	第一季度	第二季度	第三季度	第四季度	全年合计
预计生产量/件	6 100	7 400	10 800	9 100	33 400
单位产品工时/h	0.50	0.50	0.50	0.50	0.50
人工总工时/h	3 050	3 700	5 400	4 550	16 700
每小时人工成本/元	15	15	15	15	15
人工总成本/元	45 750	55 500	81 000	68 250	250 500

10.3.1.5　制造费用预算

制造费用预算指除了直接材料和直接人工预算的其他一切生产成本的预算。制造费用按其成本性态可分为变动制造费用和固定制造费用两部分。变动制造费用以生产预算为基础来编制，即根据预计生产量和预计的变动制造费用分配率来计算；固定制造费用是期间成本直接列入损益作为当期利润的一个扣减项目，与本期的生产量无关，一般可以按照零基预算的编制方法编制。

【例10-10】淮海有限公司2021年度制造费用预算如表10-16所示。

表 10-16　淮海有限公司制造费用预算

2021 年度　　　　　　　　　　　　　　　　　　　　　　　单位：元

项　目	每小时费用分配率/（元/h）	第一季度	第二季度	第三季度	第四季度	全年合计
预计人工总工时/h		3 050	3 700	5 400	4 550	16 700
变动制造费用						
间接材料	1	3 050	3 700	5 400	4 550	16 700
间接人工	0.6	1 830	2 220	3 240	2 730	10 020
修理费	0.4	1 220	1 480	2 160	1 820	6 680
水电费	0.5	1 525	1 850	2 700	2 275	8 350
小　计	2.5	7 625	9 250	13 500	11 375	41 750
固定制造费用						
修理费		4 000	4 000	4 000	4 000	16 000
水电费		1 500	1 500	1 500	1 500	6 000
管理人员工资		6 000	6 000	6 000	6 000	24 000

项　目	每小时费用分配率/（元/h）	第一季度	第二季度	第三季度	第四季度	全年合计
折　旧		5 000	5 000	5 000	5 000	20 000
保险费		1 500	1 500	1 500	1 500	6 000
小　计		18 000	18 000	18 000	18 000	72 000
合　计		25 625	27 250	31 500	29 375	113 750
减：折旧		5 000	5 000	5 000	5 000	20 000
现金支出费用		20 625	22 250	26 500	24 375	93 750

在制造费用预算中，除了折旧费都须支付现金。为了便于编制现金预算，需要预计现金支出，将制造费用预算额扣除折旧费后，调整为"现金支出费用"。

10.3.1.6　产品生产成本预算

产品成本预算是指为规划一定预算期内每种产品的单位产品成本、生产成本、销售成本等项内容而编制的一种日常业务预算。

为了计算产品的销售成本，必须先确定产品的生产总成本和单位成本。产品生产成本预算是生产预算、直接材料预算、直接人工预算、制造费用预算的汇总。

【例 10-11】淮海有限公司 2021 年度产品生产成本预算如表 10-17 所示。

表 10-17　淮海有限公司产品生产成本预算

2021 年度

成本项目	全年生产量 33 400 件			
	单耗/（kg/件或 h/件）	单价/（元/kg 或元/h）	单位成本/元	总成本/元
直接材料	3	2	6	200 400
直接人工	0.5	15	7.5	250 500
变动制造费用	0.5	2.5	1.25	41 750
合　计			14.75	492 650
库存产品存货	数量/件	单位成本/元	总成本/元	
年初存货	600	13	7 800	
年末存货	1 000	14.75	14 750	
本年销售	33 000		485 700	

注：① 变动制造费用的单耗＝16 700÷33 400＝0.5（h/件）。

② 由于期初存货的单位成本为 13 元，而本年生产产品的单位成本为 14.75 元，两者不一致，本例题计算本期销售存货的成本采用先进先出法。本年销售产品的总成本＝7 800＋（33 000－600）×14.75＝485 700（元）。

10.3.1.7 销售及管理费用预算

销售及管理费用预算，是指为了实现产品销售和维持一般管理业务所发生的各项费用。它是以销售预算为基础，按照成本的性态分为变动销售费用及管理费用和固定销售费用及管理费用。其编制方法与制造费用预算相同。

【例 10-12】淮海有限公司 2021 年度销售及管理费用预算如表 10-18 所示。

表 10-18　淮海有限公司销售及管理费用预算
2021 年度　　　　　　　　　　　　　　　　　　单位：元

项　目	变动费用率 （按销售收入）	第一季度	第二季度	第三季度	第四季度	全年合计
预计销售收入		180 000	210 000	330 000	270 000	990 000
变动销管费用						
销售佣金	1.50%	2 700	3 150	4 950	4 050	14 850
运输费	2.00%	3 600	4 200	6 600	5 400	19 800
广告费	4.00%	7 200	8 400	13 200	10 800	39 600
小　计	7.50%	13 500	15 750	24 750	20 250	74 250
固定销管费用						
薪　金		30 000	30 000	30 000	30 000	120 000
办公用品		5 500	5 500	5 500	5 500	22 000
杂　项		6 000	6 000	6 000	6 000	24 000
小　计		41 500	41 500	41 500	41 500	166 000
合　计		55 000	57 250	66 250	61 750	240 250

10.3.1.8 现金预算

在日常业务预算和投资决策预算的基础上，企业可编制现金预算。上面介绍了七种日常业务预算，在实际工作中，日常业务预算还包括应交税费预算、期末存货预算、财务费用预算等，本书不再一一介绍。

现金预算以各项日常业务预算和特种决策预算为基础来反映各预算的收入款项和支出款项。其目的在于资金不足时如何筹措资金，资金多余时怎样运用资金，并且提供现金收支的控制限额，以便发挥现金管理的作用。

【例 10-13】根据例 10-6 至例 10-12 所编制的各种预算提供的资料，并假设淮海有限公司根据以往经验或数据判断每季度末保持现金余额 10 000 余元最为理想，若资金不足或多余，则可以以 2 000 元为单位进行借入或偿还，借款年利率为 6%，假设借款时间为季度初，还款时间为季度末，借款利息于偿还本金时一起支付，2021 年年初公司无借款。同时，在 2021 年度淮海有限公司准备投资 200 000 元购入设备，于第二季度与第三季度分别支付价款 50%；第一季度预交所得税 15 000 元，第二季度至第四季度预交所得税 20 000 元；预算在第三季度发放现金股利 30 000 元；第四季度购买国库券 10 000 元。

依上述资料编制淮海有限公司 2021 年度现金预算表如表 10-19 所示。

表 10-19　淮海有限公司现金预算表

2021 年度　　　　　　　　　　　　　　　　　　单位：元

项　目	第一季度	第二季度	第三季度	第四季度	全年合计
期初现金余额	10 000	13 105	10 365	11 505	10 000
加：销货现金收入	158 000	198 000	282 000	294 000	932 000
可供使用现金	168 000	211 105	292 365	305 505	942 000
减：现金支出					
直接材料	38 520	41 740	55 110	59 190	194 560
直接人工	45 750	55 500	81 000	68 250	250 500
制造费用	20 625	22 250	26 500	24 375	93 750
销售及管理费用	55 000	57 250	66 250	61 750	240 250
预交所得税	15 000	20 000	20 000	20 000	75 000
购买国库券				10 000	10 000
发放股利			30 000		30 000
购买设备		100 000	100 000		200 000
支出合计	174 895	296 740	378 860	243 565	1 094 060
现金收支差额	−6 895	−85 635	−86 495	61 940	−117 085
向银行借款	20 000	96 000	98 000		214 000
归还银行借款				48 000	48 000
借款利息（年利 6%）				2 460	2 460
期末现金余额	13 105	10 365	11 505	11 480	11 480

注：① 年初现金余额 10 000 元在本例中是给定的，在实际工作中应根据相应账户的余额。第一季度末现金余额为 −6 895 元，低于 10 000 元，此时应向银行借款 20 000 元。

② 通过预算可知，第二季度现金短缺 85 635 元，故第二季度初安排短期借款 96 000 元较合适（按 2 000 元整数倍借款，且期末余额应为 10 000 余元）。第三季度现金仍短缺，故第三季度初仍安排短期借款，金额为 98 000 元或 96 000 元较合适，本例采取 98 000 元。

③ 根据预算可知第四季度有现金多余，应在季度末安排还款，还款额为 50 000 元或 48 000 元较合适，本例采取还 48 000 元；同时还利息 20 000×6%×（48 000−20 000）×$\frac{9}{12}$×6%＝2 460（元）。

10.3.2　预计财务报表的编制

预计财务报表是财务管理的重要工具，包括预计利润表、预计资产负债表和预计现金流量表。

10.3.2.1　预计利润表

预计利润表的格式可按现行会计准则、财务报告条例等规定的格式编制，本书按变动成本法格式介绍预计利润表的编制。

【例 10-14】根据前述的各种预算，淮海有限公司 2021 年度的预计利润表如表 10-20 所示。

表 10-20　淮海有限公司预计利润表

2021 年度　　　　　　　　　　　　　单位：元

项　目	第一季度	第二季度	第三季度	第四季度	全年合计
销售收入	180 000	210 000	330 000	270 000	990 000
减：变动生产成本	87 450	103 250	162 250	132 750	485 700
变动销管费用	13 500	15 750	24 750	20 250	74 250
边际贡献	79 050	91 000	143 000	117 000	430 050
减：固定制造费用	18 000	18 000	18 000	18 000	72 000
固定销管费用	41 500	41 500	41 500	41 500	166 000
利息支出				2 460	2 460
税前利润	19 550	31 500	83 500	55 040	189 590
减：所得税（25%）	4 887.5	7 875	20 875	13 760	47 397.5
税后利润	14 662.5	23 625	62 625	41 280	142 192.5

注：第一季度预计销售量 6 000 件的变动生产成本＝600×13＋(6 000－600)×14.75＝87 450(元)。

10.3.2.2　预计资产负债表

预计资产负债表是以货币单位反映预算期末财务状况的总括性预算。编制时，以期初资产负债表为基础，根据销售、生产、资本等预算的有关数据加以调整编制。

【例 10-15】 淮海有限公司 2021 年度的预计资产负债表如表 10-21 所示。

表 10-21　淮海有限公司预计资产负债表

2021 年度　　　　　　　　　　　　　单位：元

资　产	期初数	期末数	负债和权益	期初数	期末数
流动资产			流动负债		
现金	10 000	11 480	短期借款		166 000
应收账款	50 000	108 000	应付账款	20 000	27 300
原材料	4 000	5 460	应交所得税		－27 602.5
库存商品	7 800	14 750	流动负债合计	20 000	165 697.5
交易性金融资产		10 000			
流动资产合计	71 800	149 690			
固定资产原值	890 000	1 090 000	股东权益		
减：累计折旧	158 000	178 000	普通股	650 000	650 000
固定资产净值	732 000	912 000	留存收益	133 800	245 992.5
资产总计	803 800	1 061 690	负债和权益总计	803 800	1 061 690

注：为减少报表占用篇幅，在不影响财务分析结果的情况下，公司期初、期末均无余额的项目未在报表中列示。

① 交易性金融资产的期末数为购买的国库券 10 000 元。

② 固定资产原值的期初数在本例中为给定值，其期末数为期初数加本期购买的 200 000 元设备。

③ 累计折旧的期初数在本例中为给定值，其期末数为期初数加本期计提的折旧额（见制造费用预算表）。

④ 周期借款期末数为前三个季度借款合计数减去第四季度还款后的余额。

⑤ 应交所得税期末数为全年应交所得税减去全年预交所得税后的余额。

⑥ 留存收益期末数为期初数加本期税后利润减支付的股利。

10.3.2.3 预计现金流量表

现金流量表是三个基本财务报表之一，现金流量表以现金及现金等价物的流入和流出来反映企业一定时期内的经营活动、投资活动和筹资活动情况。该表能说明企业一定期间内现金流入和流出的原因、偿债能力和支付股利的能力，能够为企业管理部门控制财务收支和提高经济效益提供有用的信息。本书例题略。

相关链接：关于预算的不同认识

"预算"（budget）一词起源于法文 bougette，意思是用皮革制成的公文包。在 19 世纪中期，英国财政大臣有一种习惯，即在提出下年度税收计划时，常在英国议员们面前打开公文包，展示他所需要的数字，因此，财政大臣的"公文包"就逐渐用来指下年度的岁入岁出预算数。大约在 1870 年，budget 一词正式出现在财政大臣公文包中的文件上，这就是预算制度最初的来源。近代预算制度产生于英国，发展于美国，首先应用于政府机构，后来逐渐被应用到企业管理中。

预算管理在中国是从 20 世纪 90 年代开始被广泛推广和应用的，至今方兴未艾。关于预算及预算管理的概念很多，分别从不同角度对预算进行定义，但主要特征基本被大家所接受，因此提到预算，在企业界基本都有一个框架性的解释。下面把一些关于预算的解释罗列下来，我们在研读这些定义的同时，会加深对预算的理解，如果为了定义而定义，类似文字游戏，则失去了实际意义。管理理论来自管理实践，然后又用于指导实践，因此理论探讨的目的就是为管理实践服务，达不到这个目标，就是失败。

比较典型的观点列举如下。

克里斯·阿吉里斯（Chris Argyris）把预算定义为一种由人来控制成本的会计技术。

哈罗德·比尔克曼（Harold Bierman）则认为有两类预算：一类为预测，告诉经理人员他在未来将可能处于何种地位；另一类为标准，告诉经理人员预定的效率水准是否已经维持或达成。

弗雷姆根（Fremgen）认为预算是一种广泛而协调的计划，以财务条件来表达。

查尔斯·T. 霍恩格里（Charles T. Horngren）认为预算是行动计划的数量表达。

格伦·A. 韦尔什（Glenm A. Welsh）认为企业预算是一种涵盖未来一定期间内所有营运活动过程的计划，它是企业最高管理者为整个企业及其部门预先设定的目标、策略、方案的正式表达。

以上是王化成、佟岩、李勇编著的《全面预算管理》（中国人民大学出版社）一书中所列举的几种观点。财政部企业司编著的企业财务管理指导系列丛书之《企业全面预算管理的理论与案例》（经济科学出版社）一书则从一些法律法规性的文件角度对预算的定义做了综合盘点，内容如下。

第一类观点。按照一般管理会计教科书的解释，预算是对企业未来一定时期经营活动的数量说明。广义上的预算是指全面预算，它是所有以货币及其他数量形式反映的有关企业未来一段期间内全部经营活动各项目标的行动计划与相应措施的数量说明，包括专门决策预算、业务预算和财务预算三大类。

（1）专门决策预算最能体现决策的结果，它实际是中选方案的进一步规划。如资本支出预算。

（2）业务预算又称为年度经营计划，是指与企业日常经营活动直接相关的经营业务的各种预算。具体包括市场客户开发计划、成本控制计划、人力资源开发计划、销售计划、生产预算、直接材料消耗及采购预算、直接工资及其他直接支出预算、制造费用预算、销售费用预算、管理费用预算等。这些预算前后衔接，相互钩稽，既有实物量指标，又有价值量指标和时间量指标。

（3）财务预算是一系列专门反映企业未来一定预算期内预计财务状况和经营成果，以及现金收支等价值指标的各种预算的总称，具体包括现金预算、预计利润表、预计资产负债表和预计现金流量表等内容。财务预算作为全面预算体系中的最后环节，可以从价值方面总括地反映经营期决策预算与业务预算的结果，亦称总预算，其余预算则相应成为辅助预算或分预算。

第二类观点。根据财政部《企业国有资本与财务管理暂行办法》的解释，企业财务预算是在预测和决策的基础上，围绕企业战略目标，对一定时期内企业资金取得和投放、各项收入和支出、企业经营成果及其分配等资金运作所作的具体安排。财务预算与业务预算、资本预算、筹资预算共同构成企业的"全面预算"。企业财务预算应当围绕企业的战略要求和发展规划，以业务预算、资本预算为基础，以经营利润为目标，以现金流为核心进行编制，并主要以财务报表形式予以充分反映。

第三类观点。预算就其实质来看，就是预先确定的行动方案，主要有四个特征：它一定是涉及未来的；它一定涉及行动；存在一个关于个人或团体行动原因的要素；它是以价值为主的。即未来性、行动性、个人或团体的行动动因、价值性是每个预算的必要因素。全面预算管理就是这样一种集系统化、战略化、人本化理念为一体的现代企业管理模式，它通过业务、资金、信息的整合，明确、适度的分权、授权，战略驱动的业绩评价等，来实现资源的合理配置、作业高度协同、战略有效贯彻、经营持续改善、价值稳步增加的目标。

第四类观点。预算不是会计师为会计目的准备的会计工具，而是为确保集团战略目标实现的组织手段。

第五类观点。预算是收集和整理有关的预算数据，并且尽可能地按照预算内容和要求实现预算管理目标的过程。预算是一种财务计划，它具体地提出了某企业或某部门在下一个经营阶段所期望的经营收入或所预计的费用支出计划。

第六类观点。从计划制定到预算编制的循环连接，也就是战略阐述和该战略的定量描述之间的三种连接形式：内容连接（计划与预算数据的连接）；组织连接（负责计划和预算单位间的连接）；定时连接（涉及计划与预算的排序）。

美国的唐·R.汉森（Don R. Hansen）和玛丽安·M.莫文（Maryanne M. Mowen）在他们编著的《管理会计》一书中认为，预算是面向未来的财务计划，它确定了目标及实现这些目标应采取的行动。

英国的斯蒂芬·布鲁克森（Stephen Brookson）在他编写的普及财务管理知识的小册子《预算管理》中写道，预算是预先安排未来一段时期的资金计划。通常的预算仅仅包括计划收入和支出（即损益账户），它反映了企业中的每个部门的未来收入和允许发生的成本。然而，好的预算还应当包括企业的资产和负债计划（预算平衡表）及对现金收支的估计（预算现金流）。

实际上，预算是一个综合的管理体系，它包括预算管理思想和预算管理工具两个方面。预算管理思想主要指委托代理中的授权与控制的关系处理，预算管理工具则是指具体的预算管理办法、流程、实施等一系列以预算管理为核心纽带的综合管理行为。预算以未来的财务计划为核心，将组织的战略管理、人力资源管理、业务管理等主要管理模块紧密联系在一起，是对现代委托代理关系的规范化的一种实践。委托代理关系是现代企业治理结构的基础，但在这种高效率的机制下，也存在着诸如道德风险、逆向选择、内部人控制等不确定因素带来的各种风险，而预算管理则是解决这类矛盾的最好办法，是在授权与控制之间寻求的一种平衡关系。

预算管理适用范围广泛，从国家、政府、企业、NGO 组织到家庭及个人，均可以用预算思想和预算方法进行管理，其实我们每个人都在不知不觉中用预算思想和方法来指导生活与工作，只是没有那么严格地上升到理论层面，预算与预算管理所体现的重要思想将对人们生活产生积极的影响。

——摘自 MBA 智库百科网 http：//wiki. mbalib. com

本章小结

财务预算是一系列专门反映企业未来一定预算期内预计财务状况和经营成果，以及现金收支等价值指标的各种预算总称，包括现金预算、预计利润表、预计资产负债表和预计现金流量表。

财务预算的作用，包括财务预算使决策目标具体化、系统化和定量化；财务预算是总预算，其余预算是辅助预算；财务预算有助于财务目标的顺利实现。

固定预算和弹性预算的特点：固定预算是针对某一特定业务量编制的；弹性预算是针对一系列可能达到的预计业务量水平编制的。

增量预算和零基预算的特点：增量预算是以基期成本费用水平为基础；零基预算是一切从零开始。

定期预算和滚动预算的特点：定期预算一般以会计年度为单位定期编制；滚动预算的要点在于不将预算期与会计年度挂钩，而是始终保持在 12 个月。

现金预算的内容包括现金收入、现金支出、现金收支差额和资金的筹集及应用。现金预算实际上是销售预算、生产预算、直接材料预算、直接人工预算、制造费用预算、产品生产成本预算、销售及管理费用预算等预算中有关现金收支部分的汇总。现金预算的编制，要以其他各项预算为基础。

预计财务报表的编制包括预计利润表的编制、预计资产负债表的编制和预计现金流量表的编制。

相关术语

全面预算　财务预算　固定预算　弹性预算　增量预算　零基预算　定期预算　滚动预算　现金预算　销售预算　生产预算　直接材料预算　直接人工预算　制造费用预算　产品生产成本预算　销售及管理费用预算　预计利润表　预计资产负债表

思政指引

理论背景：财务预算是全面预算管理的重要组成部分。财务预算以财务预测为前提，以决策目标为依据，是决策目标的具体化、系统化和定量化。从不同的视角，财务预算方法分为固定预算和弹性预算、增量预算和零基预算、定期预算和滚动预算等。现金预算与预计财务报表编制是财务预算工作的重中之重。现金预算包括销售预算、直接材料预算、直接人工预算、生产预算、制造费用预算、产品成本预算、销售费用及管理费用预算等。预计财务报表包括预计利润表、预计资产负债表和预计现金流量表。

思政启示：财务预算的科学性、严密性直接决定着企业财务管理的质量与水平。面对高质量发展的时代主题，实践中应做到：第一，坚持系统原则，立足全面预算开展财务预算。第二，树立科学、精准思维，提升财务预算的预见性、准确性、客观性。第三，养成一丝不苟的敬业精神，做到财务预算工作无缺项、零缺陷。第四，树立民主管理思想，在预算编制中要充分调查研究，听取各方面的意见和建议，实事求是地开展财务预算工作。第五，发挥预算杠杆作用，引导企业向绿色可持续发展转型。第六，要有人文情怀，保障企业党建、群团、职工福利、环境改善等方面的预算支出。

复习思考题

1. 财务预算的作用主要表现在哪些方面？
2. 什么是弹性预算？有哪些优点？
3. 什么是零基预算？有哪些优点？
4. 什么是滚动预算？有哪些优点？
5. 现金预算的编制依据有哪些？
6. 如何编制预计资产负债表？

第11章

财务控制

◆**学习目标**◆

1. 熟练掌握财务控制的分类；

2. 掌握财务控制的基本要素、掌握财务控制的方式；

3. 掌握成本中心、利润中心和投资中心的含义、类型、特点及考核指标；

4. 熟悉财务控制的含义与特征；

5. 熟悉内部结算价格、结算方式和责任成本的内部结转；

6. 熟悉责任预算、责任报告的编制方法和责任考核的要求；

7. 了解财务控制的基本原则。

11.1 财务控制概述

11.1.1 财务控制的含义与特征

所谓控制（control），是指监视各项活动以保证它们按计划进行，并纠正各种偏差的过程。亨利·法约尔（Henri Fayol）认为，控制在于检验每一件事情是否同所拟订的计划、发出的指示和确定的原则相符合，旨在发现、纠正和防止错误。对人、对行动都可以进行控制。美国著名管理学家哈罗德·孔茨（Harold Koontz）认为，控制就是按照计划标准衡量计划的完成情况并纠正计划执行中的偏差，以确保计划目标的实现。在某些情况下，控制可能导致确立新的目标、提出新计划、改变组织机构、改变人员配备，或在指挥和领导方法上作出重大的改变等。

财务控制（financial control）是指按照一定的程序与方法，确保企业及其内部机构和人员全面落实和实现财务预算的过程。财务控制是内部控制的一个重要组成部分，是内部控制的核心，是内部控制在资金和价值方面的体现。从实质上看，财务控制是以企业资本运动为主体内容的、具有特定对象的控制活动。它是为了实现一定的目标，通过控制者对被控制者的作用，使被控制者的行为尽可能按照控制者的意图进行的一系列动态的活动。财务控制是财务管理的重要环节，它与财务预测、财务决策、财务预算和财务分析一起构成财务管理系统，是财务管理系统的重要组成内容。财务控制具有以下特征。

1. 财务控制以价值控制为手段

财务控制对象是以实现财务预算为目标的财务活动，是企业财务管理的重要内容。财务管理以资金运动为主线，以价值管理为特征，这决定了财务控制必须实行价值控制。

2. 财务控制以综合经济业务为控制对象

财务控制以价值为手段，可以将不同部门、不同层次和不同岗位的各种业务活动综合起来，实行目标控制。

3. 财务控制以控制日常现金流量为主要内容

日常的财务活动过程表现为一个组织现金流量的过程，为此，企业要编制现金流量，作为评估现金流量状况的依据。

在财务管理作为价值增值的主要手段、财务状况事关每个企业的生存壮大的命脉、财务技术备受社会各界和每个企业关注的今天，需要专业人员在不断创新的理念下，重新审视财务管理的方方面面，尤其是财务控制的功能及其在整个财务管理系统中的地位。

11.1.2 财务控制的基本原则

财务控制的基本原则如下。

1. 目的性原则

财务控制是为达成某种或某些目的而进行的活动，目的的设定是管理过程的一个重要部分，是财务控制的先决条件，也是促成实施财务控制的要件。制定目标的过程不是控制活动，但对财务控制的意义重大，它直接影响到财务控制存在的必要性。

2. 充分性原则

财务控制应当有充分的控制手段来保证财务控制目标的实现。

3. 及时性原则

财务控制的及时性要求及时发现偏差，并能及时采取措施加以纠正。

4. 认同性原则

财务控制的目标、标准和措施必须为相关人士所认同。

5. 经济性原则

实施财务控制总是有成本发生的，企业应根据财务管理目标要求，有效地组织企业日常财务控制，只有当财务控制所取得的收益大于其代价时，这种财务控制措施才是必要的、可行的。

6. 客观性原则

管理者对绩效的评价应当客观、公正，防止主观片面。

7. 灵活性原则

财务控制应当含有足够灵活的要素，以便在任何失常情况下，都能保持对运行过程的控制，不受环境变化、计划疏忽、计划变更的影响。

8. 适应性原则

财务控制的目标、内容和方法应与组织结构中的职位相适应。

9. 协调性原则

财务控制的各种手段在功能、作用、方法和范围方面不能相互制约，而应相互配合，在单位内部形成合力，产生协同效应。

10. 简明性原则

控制目标应当明确，控制措施与规章制度应当简明易懂，易为执行者所理解和接受。

11.1.3　财务控制的种类

1. 按照财务控制的内容分类

按照财务控制的内容，财务控制可分为一般控制和应用控制两类。一般控制是指对企业财务活动赖以进行的内部环境所实施的总体控制，包括组织控制、人员控制、财务预算、业绩评价、财务记录等内容。这类控制的特征是并不直接作用于企业的财务活动，而是通过应用控制对企业财务活动产生影响。应用控制，是指作用于企业财务活动的具体控制，包括业务处理程序中的批准与授权、审查与复核及为保证资产安全而采取的限制措施。

2. 按照财务控制的功能分类

按照财务控制的功能，财务控制可分为预防性控制、侦查性控制、纠正性控制、指导性控制和补偿性控制。预防性控制是为防范风险、错弊和非法行为的发生，或减少其发生机会所进行的控制。侦查性控制是为及时识别已存在的风险、已发生的错弊和非法行为，或增强识别风险能力所进行的控制。纠正性控制是对那些由侦查性控制查出来的问题所进行的调整和纠正。指导性控制是为实现有利结果而进行的控制，这种控制在实现有利结果的同时，也避免了不利结果的发生。补偿性控制是针对某些环节的不足或缺陷而采取的控制措施。

3. 按照财务控制的时序分类

按照财务控制的时序，财务控制可分为事前控制、事中控制和事后控制三类。事前控制是为防止财务资源在质和量上发生偏差，而在行为发生前所实施的控制。事中控制是财务收支发生过程中所进行的控制。事后控制是对财务收支活动的结果进行评价、分析、考核。

4. 按照财务控制的主体分类

按照财务控制的主体，财务控制可分为出资者的财务控制、经营者的财务控制和财务部门本身的控制。出资者的财务控制是为了实现其资本保全和资本增值目标而对经营者的财务收支活动所进行的控制，如对成本开支范围和标准的规定等。经营者的财务控制是为了实现财务预算目标而对企业及责任中心财务收支活动所进行的控制。财务部门本身的财务控制是财务部门为了有效地组织现金流动，通过编制现金预算，执行现金预算，对企业日常财务活动所进行的控制。通常认为出资者财务控制是一种外部控制，而经营者和财务部门的财务控制是一种内部控制。

5. 按照财务控制的依据分类

按照财务控制的依据，财务控制可分为预算控制和制度控制。预算控制，是以财务预算为依据所进行的财务控制；制度控制，是通过制定企业内部规章制度所进行的财务控制。预算控制具有激励性特征，制度控制具有保护性特征。

6. 按照财务控制的对象分类

按照财务控制的对象，财务控制可分为收支控制和现金控制。收支控制是对企业和各责任中心的财务收入活动和财务支出活动所进行的控制。现金控制是对企业和各责任中心的现金收入和现金流出活动所进行的控制。

7. 按照财务控制的手段分类

按照财务控制的手段，财务控制可分为定额控制（绝对控制）和定率控制（相对控制）。

11.1.4　财务控制的要素

11.1.4.1　控制环境

控制环境是指对企业财务控制的建立和实施有重大影响的各种环境因素的统称，包括企业风险管理观念、风险文化、诚信与价值观、员工的胜任能力、董事会或审计委员会的组成、管理哲学和经营方式、企业组织结构、企业授予权利和明确责任的方式及人力资源政策和实务等。

11.1.4.2 目标设定

财务控制的目标主要包括以下内容。

(1) 合理配置和使用财务资源，提高财务资源的使用效率，实现企业价值最大化。

(2) 保护资产的安全与完整。

(3) 保证财务信息的可靠性。

(4) 遵循有关财务会计法规和企业已制定的财务会计政策。

11.1.4.3 事件识别

事件是指有可能影响企业财务目标实现的事项，如银行信贷、利率、汇率等政策的调整，新的竞争对手的出现，市场价格水平的变化，企业组织结构和高层管理人员的变化，等等。财务管理人员必须关注事件可能带来的积极或消极的影响，对财务活动进行调整，对财务关系进行协调。

11.1.4.4 风险评估

风险评估指管理层分析、评价和估计对企业目标有影响的内部或外部风险的过程。管理者应当从可能性和影响这两个角度评估事项，并采用定性与定量相结合的方法。

11.1.4.5 风险应对

风险应对包括规避风险、减少风险、转移风险和接受风险。

11.1.4.6 控制活动

控制活动是指确保管理阶层的指令得以执行的政策及程序，如核准、授权、验证、调节、复核经营绩效、保障资产安全及职务分工等。

11.1.4.7 信息与沟通

信息主要是指会计系统所提供的内部与外部信息，它是公司为汇总、分析、分类、记录、报告业务处理的各种方法和记录，包括文件预先编号、业务复核、定期调节等。

沟通是指企业的信息系统提供有效信息给适当的人员，通过沟通，使各级管理人员和员工能够熟悉其在财务控制中的责任。

11.1.4.8 监控

监控是由适当的人员，在适当及时的基础上，评估控制的设计和运作情况的过程。包括以下内容。

(1) 持续的监督活动。

(2) 个别评估。

(3) 报告缺陷。

11.1.5 财务控制的方式

财务控制的方式主要包括授权批准控制、职务分离控制、全面预算控制、财产保全控制、独立检查控制和业绩评价控制等。

11.1.5.1 授权批准控制

授权是指对某一大类业务或某项具体业务的政策决策。授权通常包括一般授权和特别授权两种方式。批准是检查已确立的授权条件得到满足的实际步骤。

11.1.5.2 职务分离控制

职务分离控制是指将处理某种经济业务所涉及的职责分派给不同的人员，使每个人的工作都是对其他有关人员工作的一种自动的检查。

职务分离控制的主要目的是预防和及时发现职工在履行职责过程中产生的错误和舞弊行为。

常见的不相容职务包括以下几个环节：业务授权与执行职务相分离；业务执行与记录职务相分离；财产保管与记录职务相分离；记录总账与明细账职务相分离；经营责任与记账责任相分离；财产保管与财产核对职务相分离。对一项经济业务处理全过程的各个步骤也要分派给不同的部门和人员负责。

11.1.5.3 全面预算控制

全面预算控制是以全面预算为手段对企业财务收支和现金流量所进行的控制。全面预算控制主要包括以下几个环节：建立预算体系；编制和审定预算；下达预算指标；授权预算执行；监督预算执行；分析预算差异、考核预算业绩等。

11.1.5.4 财产保全控制

财产保全控制的措施主要包括以下几个环节：

（1）限制接触财产；

（2）定期盘点清查；

（3）记录保护；

（4）财产保险；

（5）财产记录监控。

11.1.5.5 独立检查控制

独立检查控制是指由业务执行者以外的人员对已执行业务的正确性所进行的验证，又称内部稽核。

一个有效的独立检查控制应当满足以下三个条件：

（1）检查工作由一个和原业务活动、记录、保管相独立的人员来执行；

（2）不管采用全部复核或抽样复核，复核工作均须经常进行；

（3）错误和例外须迅速地传达给有关人员以便更正。

11.1.5.6 业绩评价控制

业绩评价，是指将实际业绩与其他标准，如前期业绩、预算和外部基准尺度进行比较，对经营业绩进行评价。业绩评价本身是对企业过去经营情况的概括和总结。一方面是企业用来奖惩的主要依据，另一方面是为了给事前开展财务控制提供有用的信息。业绩评价是企业进行事前控制和事后控制的基础。业绩评价的过程，本身就是财务控制的过程。因此，将业绩评价体系作为财务控制体系的重要组成内容。

11.2 责任中心

责任中心的观念，产生于20世纪60年代美国企业管理制度的改变。由于组织规模扩大，产品种类复杂，销售地区广阔，员工人数众多，科技进步，竞争激烈等因素影响，传统的集权组织与管理方式，不足应付企业内外环境变化的决策需要，因此必须采取分权组织与管理。以美国通用电气公司为例，该公司在1964年销售各种不同产品种类达400余种，各种类产品项目多达300万项以上，每年营业额高达49.4亿余美元，员工人数达262 000人，如此大的生产规模，要求企业必须改变管理方式，因此美国企业于1960年年初采取分权式管理，先由生产部门开始，授予管理者经营管理与决策权，实施分层负责。授权以后，如何使被授权单位主管所作决策能与企业管理当局授权的决策一致，必须有一套管理控制制度。责任中心是管理控制制度中的重要执行单位，认为企业管理成功必须以人为本。重视员工工作潜力与意愿，通过责任中心组织，激励员工自我发展，培育责任感、成就感与荣誉感。此种思想，虽历经60多年，至今仍为先进的管理组织与制度。

11.2.1 责任中心概述

责任中心（responsibility center）是指承担一定经济责任，并享有一定权利的企业内部（责任）单位。

分权管理思想和部门化企业组织结构的发展，使企业日常的经营决策权不断地向下属部门或各地区经营管理机构下放，从而使决策达到最大限度的有效性。但与此同时，企业经营管理的责任也随着经营决策权的下放落实到各级管理部门，使各级管理部门在充分享有经营决策权的同时，也对其经营管理的有效性承担经济责任，这种承担与其经营决策权相适应的经济责任的部门，即责任中心，所以责任中心是为完成某种责任而设立的特定部门。责任中心的基本特征是权、责、利相结合。具体内容如下。

1. 它是一个责权利相结合的实体

在管理原理中，责任与权力可以说是一对孪生兄弟，有什么样的决策权，就有什么样的经济责任。当一个部门被授予其经济决策权时，就必须对其决策的"恰当性"承担经济责任，这是对有效地使用其权力的一种制约。所以每个责任中心，必须根据授予其经营决策权的范围承担与其相应的经济责任。为了保证企业各部门管理人员有效地行使其权力并勇于承担责任，就必须建立与其责任相配套的利益机制，以便将其个人利益与管理业绩联系起来，这是激励管理人员和所有职工的工作热情和积极负责态度的最一般的手段。如果忽视这一点，管理人员与普通职工的工作热情和认真负责的工作态度就无法长期维持下去。从某种角度说，这一点可能是人们最为关心的。

2. 具有承担责任的条件

它有两方面的含义：①责任中心要有履行经济责任中各条款的行为能力；②责任中心一旦不能履行经济义务，能对其后果承担责任。

3. 责任和权利皆可控

每个责任中心只能对其责权范围内可控的成本、收入、利润和投资负责，在责任预算和业绩考评中也只应包括能控制的项目。可控是相对不可控而言的，不同的责任层次，其可控的范围并不一样。一般而言，责任层次越高，其可控范围也就越大。

4. 有一定的经营业务和财务收支活动

它是确定经济责任的客观对象，是责任中心得以存在的前提条件。

5. 便于进行责任会计核算

责任中心不仅要划清责任，而且要单独核算，划清责任是前提，单独核算是保证。只有既划清责任又能进行单独核算的企业内部单位，才能作为一个责任中心。

责任中心按其责任权限范围及业务活动的特点不同，可分为成本中心、利润中心和投资中心三大类。

11.2.2　成本中心

11.2.2.1　成本中心的定义

成本中心（cost center）有广义和狭义之分，这里的成本中心是指广义的成本中心。成本中心是指只对成本或费用负责的责任中心。也就是说，一个责任中心，如果不形成或者不考核其收入，而着重考核其所发生的成本和费用，这类中心称为成本中心。成本中心是责任中心中应用最为广泛的一种责任中心形式。只要有成本费用发生的地方，都可以建立成本中心，大的成本中心可以是一个分公司、分厂，小的成本中心可以是车间、工段、班组，甚至个人都可以划分为成本中心。成本中心的规模不一，一个成本中心可以由若干个更小的成本中心组成，从而在企业中可以形成一个逐级控制、层层负责的成本中心体系。

11.2.2.2　成本中心的类型

成本中心包括技术性成本中心和酌量性成本中心。

1. 技术性成本中心

技术性成本是指发生的数额通过技术分析可以相对可靠地估算出来的成本，如产品生产过程中发生的直接材料、直接人工、间接制造费用等。技术性成本在投入量与产出量之间有着密切联系，可以通过弹性预算予以控制。通常技术性成本中心的典型代表是制造业工厂、车间、工段、班组等。

2. 酌量性成本中心

酌量性成本是否发生及发生数额的多少是由管理人员的决策所决定的，主要包括各种管理费用和某些间接成本项目，如研究开发费用、广告宣传费用、职工培训费用等。在技术上，酌量性成本的多少与产出量之间没有直接关系，可以计量投入，但无法用货币计量产出，所以不能用弹性预算加以控制，而应着重于预算总额的审批上。典型的酌量性成本中心是企业行政管理部门，如企业的财务部、人力资源部、计划部等。

11.2.2.3 成本中心的特点

成本中心具有只考虑成本费用、只对可控成本承担责任、只对责任成本进行考核和控制的特点。

1. 只考评成本费用而不考评收益

成本中心是对成本或费用承担责任的中心，它不会形成可以用货币计量的收入，因而不对收入、利润或投资负责。成本中心的特点是这个中心往往没有收入，或者有少量收入，但从整体上讲，其产出与投入之间不存在密切的对应关系，所以收入不作为主要的考核内容。

2. 只对可控成本承担责任

可控成本是指责任单位在特定时期内，能够直接控制其发生的成本。作为可控成本必须同时具备以下条件。

(1) 可以预计。成本中心能够事先知道将发生哪些成本及在何时发生。

(2) 可以计量。成本中心能够对发生的成本进行计量。

(3) 可以控制。成本中心能够通过自身的行为来调节成本。

(4) 可以落实责任。成本中心能够将有关成本的控制责任分解落实，并进行考核评价。凡不能同时满足上述条件的成本就是不可控成本。对于特定成本中心来说，它不应当承担不可控成本的相应责任。

正确判断成本的可控性是成本中心承担责任成本的前提。可控成本具有相对性，即空间的相对性和时间的相对性。从空间的相对性而言，可控与否总是针对特定责任中心来说的；从时间的相对性而言，时间跨度的大小直接影响成本的可控性。所以，从整个企业的空间范围和很长的时间跨度来看，所有成本都是可控成本。

(1) 成本的可控性总是与特定责任中心相关，与责任中心所处管理层次的高低、管理权限及控制范围的大小有直接关系。

同一成本项目，受责任中心层次高低影响，其可控性不同。就整个企业而言，所有的成本都是可控成本；而对于企业内部的各部门、车间、工段、班组和个人来讲，则既有其各自的可控成本又有其各自的不可控成本。有些成本对于较高层次的责任中心来说是可控成本，而对于其下属的较低层次的责任中心来讲，可能就是不可控成本，比如，车间主任的工资，尽管要计入产品成本，但不是车间的可控成本，而它的上级则可以控制。反之，是较低层次责任中心的可控成本，则一定是其所属较高层次责任中心的可控成本。至于下级责任中心的某项不可控成本对于上一级的责任中心来说，就有两种可能，要么仍然是不可控成本，要么是可控成本。

成本的可控性要受到管理权限和控制范围的约束。同一成本项目，对于某一责任中心来讲是可控成本，而对于处在同一层次的另一责任中心来讲却是不可控成本。比如广告费，对于销售部门是可控的，但对于生产部门却是不可控的；又如直接材料的价格差异对于采购部门来说是可控的，但对于生产耗用部门却是不可控的。

（2）成本的可控性要联系时间范围考虑。一般来说，消耗或支付的当期成本是可控的，一旦消耗或支付就不再可控了。如折旧费、租赁费等成本是过去决策的结果，这在添置设备和签订租约时是可控的，而使用设备或执行契约时就无法控制了。成本的可控性是一个动态概念，随着时间推移，成本的可控性还会随企业管理条件的变化而变化。如某成本中心管理人员工资过去是不可控成本，但随着用工制度的改革，该责任中心既能决定工资水平，又能决定用工人数，则管理人员工资成本就转化为可控成本了。

（3）成本的可控性与成本习性和成本可辨认性的关系。一般来讲，一个成本中心的变动成本大多是可控成本，固定成本大多是不可控成本。直接成本大多是可控成本，间接成本大多是不可控成本。但实际上也并不全都如此，需要结合有关情况具体分析，如广告费、科研开发费、教育培训费等酌量性固定成本是可控的。某个成本中心所使用的固定资产的折旧费是直接成本，但不是可控成本。

3. 只对责任成本进行考核控制

责任成本是以具体的责任单位（部门、单位或个人）为对象，以其承担的责任为范围所归集的成本，也就是特定责任中心的全部可控成本。

企业各种活动的结果既要通过其所取得的收入来反映，也要通过其所花费的成本来考核。为了有效评价各管理层的经营业绩，需要对发生的各项费用进行考核。按照"谁负责，谁承担责任"的原则来考核，其考核的依据就是各管理层的责任成本。但在对管理人员进行业绩评价时，不能依据成本总额，而应依其所能控制的成本来进行。因为只有依据各自能够控制的成本进行的评价才是恰当的，所以，责任成本的核心是可控成本。

一个成本中心的责任成本指该成本中心的各项可控成本所汇集成的总和。作为产品制造的技术性成本中心，必然会同时面对责任成本和产品成本两个问题，承担责任成本还必须了解这两个成本的区别与联系。责任成本和产品成本的主要区别如下。

（1）成本归集的对象不同。责任成本是以责任成本中心为归集对象；产品成本则以产品为归集对象。

（2）遵循的原则不同。责任成本遵循"谁负责谁承担"的原则，承担责任成本的是"人"；产品成本则遵循"谁收益谁负担"的原则，负担产品成本的是"物"。

（3）核算的内容不同。责任成本的核算内容是可控成本；产品成本的构成内容是指应归属于产品的全部成本，它既包括可控成本，又包括不可控成本。

（4）核算的目的不同。责任成本的核算目的是实现责权利的协调统一，考核评价经营业绩，调动各个责任中心的积极性；产品成本的核算目的是反映生产经营过程的耗费，规定配比的补偿尺度，确定经营成果。

责任成本和产品成本的联系是：两者内容同为企业生产经营过程中的资金耗费。就一个企业而言，一定时期发生的广义产品成本总额应当等于同期发生的责任成本总额。

11.2.2.4 成本中心的考核指标

成本中心的考核指标主要采用相对指标和比较指标，包括成本（费用）变动额和成本（费用）变动率两项指标。其计算公式如下：

成本（费用）变动额＝实际责任成本（费用）－预算责任成本（费用）

$$成本（费用）变动率＝\frac{成本（费用）变动额}{预算责任成本（费用）}×100\%$$

在进行成本中心考核时，如果预算产量与实际产量不一致，应注意按弹性预算的方法先行调整预算指标，然后再代入公式计算。假设预算产量为 1 000 件，实际产量为 800 件，则在计算预算责任成本（费用）时，应当按照 800 件计算。

【例 11-1】 某企业内部某车间为成本中心，生产 A 产品，预算产量 1 000 件，单位成本 125 元，实际产量 800 件，单位成本 120 元。计算成本变动额和变动率。

解： 成本变动额＝120×800－125×800＝－4 000（元）

成本变动率＝［－4 000/(125×800)］×100%＝－4%

从计算结果可以看出，该成本中心的成本降低额为 4 000 元，降低率为 4%。

【例 11-2】 某车间为成本中心，其 4 月的成本预算资料如下：可控成本总额为 20 万元，其中固定成本为 10 万元；不可控成本为 15 万元，全部为固定成本，预算产量为 10 000 件。4 月的实际成本资料如下：可控成本为 20.5 万元，其中固定成本为 10.5 万元；不可控成本为 18 万元，实际产量为 11 000 件。

要求：(1) 计算预算单位变动成本；(2) 计算其责任成本变动额和变动率。

解： (1) 计算预算单位变动成本。

预算单位变动成本＝(200 000－100 000)/10 000＝10(元/件)

(2) 计算其责任成本变动额和变动率。

实际产量的预算责任成本＝$a+bx$＝100 000＋10×11 000＝210 000（元）

责任成本变动额＝20.5－21＝－0.5（万元）

责任成本变动率＝－0.5/21＝－2.38%

该车间固定成本比预算超支了，但变动成本节约较多，总体成本控制业绩较好。

11.2.3 利润中心

11.2.3.1 利润中心的定义

利润中心（profit center）是指既对成本负责又对收入和利润负责的责任中心，它有独立或相对独立的收入和生产经营决策权。从战略和组织角度，利润中心被称为战略经营单位（strategic business unit，SBU）或事业部。在公司内部，利润中心视同一个独立的经营个体，在原材料采购、产品开发、制造、销售、人事管理、流动资金使用等经营上享有很高的独立性和自主权，能够编制独立的利润表，并以其盈亏金额来评估其经营绩效。

利润中心往往处于企业内部的较高层次，一般具有独立的收入来源或可视同一个有独立收入的部门，一般还具有独立的经营权。通常，利润中心被看成一个可以用利润衡量其一定时期业绩的组织单位。但是，并不是可以计量利润的组织单位都是真正意义上的利润中心。从根本目的上看，利润中心是指管理人员有权对其供货的来源和市场的选择进行决策的单位。尽管某些企业也采用利润指标来计算各生产部门的经营成果，但这些部门不一定就是利润中心。把不具有广泛权力的生产或销售部门定位为利润中心，并用利润指标去评价它们的业绩，往往会引起内部冲突或次优化，对加强管理反而是有害的。

利润中心特点是：能同时控制生产和销售；既要对成本负责，又要对收入负责；但没有责任或没有权力决定该中心资产投资的水平。

11.2.3.2　利润中心的类型

利润中心分为自然利润中心和人为利润中心两种。自然利润中心是指直接向企业外部出售产品，在市场上进行购销业务的利润中心。这类利润中心一般具有全面的产品销售权、价格制定权、材料采购权及生产决策权。它虽然是企业内部的一个部门，但具有很大的独立性，其功能同独立企业近似。人为利润中心主要是指在企业内部按照内部转移价格出售产品的利润中心。这种利润中心一般不直接对外销售产品，只能在企业内部各责任中心之间按照内部转移价格相互提供产品或劳务。这类责任中心一般也具有相对独立的经营管理权，即能自主决定本利润中心的产品品种（含劳务）、产品产量、作业方法、人员调配、资金使用等。一般地说，只要能够制定出合理的内部转移价格，就可以将企业大多数生产半成品或提供劳务的成本中心改造成人为利润中心。公司中的各个事业部属于典型的自然利润中心；而大型钢铁公司内部的采矿、炼铁、炼钢、轧钢等则可以称为人为利润中心。

11.2.3.3　利润中心的成本计算

利润中心对利润负责，必然要考核和计算成本，以便正确计算利润，作为对利润中心业绩评价与考核的可靠依据。对利润中心的成本计算，通常有以下两种方式可供选择。

（1）在共同成本难以合理分摊或无须共同成本分摊的情况下，只计算可控成本，而不分担不可控成本，人为利润中心通常采取这种计算方式。

（2）在共同成本易于合理分摊或者不存在共同成本分摊的情况下，不只计算可控成本，也应分担不可控成本，自然利润中心通常采取这种计算方式。

11.2.3.4　利润中心的考核指标

对于利润中心进行考核的指标主要是利润。通过比较一定期间实际实现的利润与责任预算所确定的利润，可以评价其责任中心的业绩。但是由于成本计算方式不同，各利润中心的利润指标表现形式也不同。

（1）当利润中心不计算共同成本或不可控成本时，其考核指标是利润中心边际贡献总额，人为利润中心适合采用这种方式。该指标等于利润中心销售收入总额与利润中心可控成本总额（或变动成本总额）的差额。

利润中心边际贡献总额＝利润中心销售收入总额－利润中心可控成本总额（或变动成本总额）

（2）当利润中心计算共同成本或不可控成本，并采取变动成本法计算成本时，其考核指标包括：利润中心边际贡献总额；利润中心负责人可控利润总额；利润中心可控利润总额。自然利润中心适合采用这种方式。

① 利润中心边际贡献总额。利润中心边际贡献总额＝该利润中心销售收入总额－该利润中心变动成本总额。

边际贡献总额对于理解部门内部本量利的关系是非常重要的，它适用于短期决策（如特殊订单的定价及利用短期促销以增加现有生产能力的使用）。但是这一指标对于业绩的评估并没有用。部门经理至少可以控制某些固定成本，并且在固定成本和变动成本的划分上有一定的选择余地。因此，部门经理的业绩评价指标至少应该包括可控的固定成本。

② 利润中心负责人可控利润总额。利润中心负责人可控利润总额＝该利润中心边际贡献总额－该利润中心负责人可控的固定成本（考核利润中心负责人的业绩）。

利润中心负责人可控利润总额主要用于评价利润中心负责人的经营业绩，因而应针对经理人员的可控成本费用进行评价。为此，应将各利润中心的固定成本进一步区分为可控成本和不可控成本。这主要考虑有些成本费用可以规划、分摊到有关利润中心，但是不能为利润中心负责人所控制，如广告费、保险费等。在评价利润中心负责人业绩时，应将其不能控制的固定成本从中剔除。它是评价利润中心部门经理工作业绩的最佳标准，因为它反映了部门经理在其权限和控制范围内有效使用资源的能力。但是这一评价指标的重要不足在于可控固定成本和不可控固定成本有时很难加以区分。

③ 利润中心可控利润总额。利润中心可控利润总额＝该利润中心负责人可控利润总额－该利润中心负责人不可控的固定成本（考核利润中心对公司的贡献）。

利润中心可控利润总额主要用于对责任中心的业绩分析和评价，因而还需从利润中心负责人可控利润总额中再扣除不可控固定成本。其所反映的是部门补偿共同性固定成本及提供企业利润所作的贡献。如果要决定该部门的取舍，部门可控利润总额是有重要意义的信息。部门的一些与生产能力有关的成本，如工厂场地成本、仓库成本、行政人员成本、机器成本，可能是过去高级管理层所制定投资决策的结果。而且，部门管理人员的工资也可能是企业制定的。这些成本都不是部门经理所能控制的。利润中心可控利润总额很明显是计量部门获利水平的重要数据，但除非部门经理有权调整这些投资和关键人员，否则这些成本都是不可控的，因而在评价部门经理业绩时是不相关的。

④ 公司利润总额。公司利润总额＝各利润中心可控利润总额之和－公司不可分摊的各种管理费用、财务费用等。

很多公司把所有在公司层次上发生的与生产能力有关的成本都分配到各部门。这样做是为了提醒部门经理注意这些共同成本，并且使他们明白，只有当各部门都产生了足够的边际贡献来弥补这些成本时，整个企业才有可能盈利。因为只有当各部门利润超过公司的共同成本时，才可能获利。所以，将这些成本分配到各部门以明确它们对公司的贡献也是有一定道理的。但不能使用这一指标评价部门或部门经理的工作业绩。这是因为：①这些成本在部门一级是不可控制的；②分配给各部门的公司管理费用计算方法常常是任意的，这时部门活动对这些管理费用高低的影响并无因果关系。普遍采用的分配方法有销售百分比法和资产百分比法等，这样的分配成本是部门的不可控成本。因为，如果其他部门的分配基数（如销售额或资产额）发生变化，即使本部门的业务量并未变化，分配到本部门成本的比例也会变化。

【例11-3】某公司有两个利润中心，A利润中心负责人可控利润总额为15 000元，中心可控利润总额10 000元。B利润中心2021年的有关数据如下：销售收入40 000元，已销产品变动成本和变动销售费用15 000元，利润中心负责人可控固定间接费用4 000元，利润中心不可控固定间接费用6 000元。该公司不可分摊的管理费用、财务费用等总计5 000元。

解：则该公司的考核指标分别为：

(1) B利润中心：

边际贡献总额＝40 000－15 000＝25 000（元）

利润中心负责人可控利润总额＝25 000－4 000＝21 000（元）

利润中心可控利润总额＝21 000－6 000＝15 000（元）

(2) 公司利润总额＝15 000＋10 000－5 000＝20 000（元）

但是，也应当看到，任何一个单独的业绩衡量指标都不能够反映出某个组织单位的所有经济效果，利润指标也是如此。因此，尽管利润指标具有综合性，利润计算具有强制性和较好的规范化程度，但仍然需要一些非货币的衡量方法作为补充，包括生产率、市场地位、产品质量、职工态度、社会责任、短期目标和长期目标的平衡等。

11.2.4 投资中心

11.2.4.1 投资中心的含义

投资中心（investment center）是指既对成本、收入和利润负责，又对投资效果负责的责任中心。投资中心是最高层次的责任中心，它拥有最大的决策权，也承担最大的责任。投资中心必然是利润中心，但利润中心并不都是投资中心。利润中心没有投资决策权，而且在考核利润时也不考虑所占用的资产。

在组织形式上，成本中心一般不是独立法人，利润中心可以是独立法人，也可以不是独立法人，而投资中心一般是独立法人。投资中心与利润中心的区别主要体现在以下两方面：①权利不同，利润中心没有投资决策权；②考核办法不同，投资中心不仅要衡量其利润，而且要衡量其资产，并把利润与其所占用的资产联系起来。

11.2.4.2 投资中心的考核指标

投资中心是指某些分散经营的单位或部门，其经理所拥有的自主权不仅包括制定价格、确定产品和生产方法等短期经营决策权，而且还包括投资规模和投资类型等投资决策权。投资中心的经理不仅能控制成本和收入，而且能控制占用的资产。所以，除考核利润指标外，投资中心主要考核能集中反映利润与投资额之间关系的指标，包括投资利润率和剩余收益。

1. 投资利润率

投资利润率又称投资收益率，是指投资中心所获得的利润与投资额之间的比率，可用于评价和考核由投资中心掌握、使用的全部净资产的盈利能力。其计算公式为：

$$投资利润率＝\frac{利润}{投资额}×100\%$$

投资利润率这一指标，还可以进一步展开：

$$投资利润率 = \frac{销售收入}{投资额} \times \frac{成本费用}{销售收入} \times \frac{利润}{成本费用} \times 100\%$$

$$= 资本周转率 \times 销售成本率 \times 成本费用利润率$$

其中，投资额是指投资中心的总资产扣除对外负债后的余额，即投资中心的净资产。所以该指标也称净资产利润率，它主要说明投资中心运用"公司产权"供应的每元资产对整体利润贡献的大小，或投资中心对所有者权益等贡献程度。

为了评价和考核由投资中心掌握、使用的全部资产的总体盈利能力，还可以使用总资产息税前利润率指标。其计算公式为：

$$总资产息税前利润率 = \frac{息税前利润}{总资产} \times 100\%$$

由于利润和息税前利润是时期数，而净资产和总资产是时点数，所以，要将时点数通过求平均数的方式转化成时期数，分子分母口径一致，以保证指标的可比性。

投资利润率指标的优点有：①投资利润率能反映投资中心的综合获利能力。②投资利润率具有横向可比性。投资利润率根据现有的会计资料计算，比较客观，将各投资中心的投入与产出进行比较，剔除了因投资额不同而导致的利润差异的不可比因素，有利于进行各投资中心经营业绩的比较。③投资利润率可以作为选择投资机会的依据，有利于调整资产的存量，优化资源配置。④以投资利润率作为评价投资中心经营业绩的尺度，可以正确引导投资中心的经营管理行为，使其行为长期化。由于该指标反映了投资中心运用资产并使资产增值的能力，如果投资中心资产运用不当，会增加资产或投资占用规模，也会降低利润。因此，以投资利润率作为评价与考核的尺度，将促使各投资中心盘活闲置资产，减少不合理资产占用，及时处理过时、变质、毁损的资产等。

总体来说，投资利润率能促使管理者像控制费用一样地控制资产占用或投资额的多少，综合反映一个投资中心全部经营成果。但是该指标也有一定的局限性。该指标的局限性表现在以下几个方面：①使用投资利润率往往会使投资中心只顾本身利益而放弃对整个企业有利的投资机会，造成投资中心的近期目标与整个企业的长远目标相背离。部门经理会放弃高于资金成本而低于目前部门投资报酬率的机会，或者减少现有的投资报酬率较低但高于资金成本的某些资产，使部门的业绩获得较好评价，但伤害了企业整体的利益。所以从部门经理采取与企业总体利益一致的决策来看，投资报酬率并不是一个很好的指标。②世界性的通货膨胀，使企业资产账面价值失真、失实，以致相应的折旧少计，利润多计，使计算的投资利润率无法揭示投资中心的实际经营能力。③投资利润率的计算与资本支出预算所用的现金流量分析方法不一致，不便于投资项目建成投产后与原定目标的比较。④从控制角度看，由于一些共同费用无法为投资中心所控制，投资利润率的计量不全是投资中心所能控制的。

2. 剩余收益

剩余收益是指投资中心获得的利润，扣减其投资额（或净资产占用额）按规定（或预期）的最低收益率计算的投资收益后的余额，是一个绝对数指标。其计算公式为：

剩余收益 = 利润 - 投资额（或净资产占用额）× 预期的最低投资收益率

如果预期指标是总资产息税前利润率，则剩余收益计算公式应作相应调整，其计算公式如下：

剩余收益 = 息税前利润 - 总资产占用额 × 预期总资产息税前利润率

比如，某投资中心是一个纺织行业的公司，2021 年投资额是 1 000 万元，总资产息税前利润率是 20%，纺织行业平均总资产息税前利润率是 16%，那么这个投资中心获得了高于行业平均水平的利润 1 000×(20%−16%)＝40 万元，这里 40 万元就称为投资中心的剩余收益。在计算剩余收益指标时，所采用的预期最低投资报酬率的高低对剩余收益的影响很大，通常可以采用公司的平均利润率（或加权平均利润率）作为基准收益率。

只要投资中心本身的投资利润率高于行业平均投资利润率（或要求的最低投资利润率），那么剩余收益就是大于零的，此时面临的投资机会是可行的。剩余收益指标能够反映投入产出的关系，克服了投资利润率指标的局限性，能避免本位主义，使个别投资中心的利益与整个企业的利益统一起来。可以使业绩评价与企业目标协调一致，克服了由于使用比率来衡量部门业绩带来的次优化问题。剩余收益指标一个很大的缺点就是作为绝对数指标，通常不能用于不同规模投资中心的横向比较。

下面举例说明投资利润率和剩余收益两个指标的差别。

【例 11-4】某公司下设 A、B 两个投资中心，有关资料如表 11-1 所示，现有两个追加投资的方案可供选择：①若 A 中心追加投入 1 500 000 元经营资产，则每年将增加 120 000 元息税前利润；②若 B 中心追加投入 2 000 000 元经营资产，则每年将增加 290 000 元息税前利润。假定资产供应有保证，剩余资金无法用于其他方面，暂不考虑剩余资金的机会成本。

表 11-1　A、B 投资中心相关财务指标值　　　　　单位：元

投资中心	A 中心	B 中心	总公司
息税前利润	120 000	450 000	570 000
经营总资产平均占用额	2 000 000	3 000 000	5 000 000
总公司规定的总资产息税前利润率	10%	10%	

要求：(1) 计算追加投资前 A、B 中心及总公司的投资报酬率和剩余收益指标；(2) 计算 A 中心追加投资后，各中心及总公司的投资报酬率和剩余收益指标；(3) 计算 B 中心追加投资后，各中心及总公司的总资产息税前利润率和剩余收益指标；(4) 根据总资产息税前利润率指标，分别从 A 中心、B 中心和总公司的角度评价上述追加投资方案的可行性，并据此评价该指标；(5) 根据剩余收益指标，分别从 A 中心、B 中心和总公司的角度评价上述追加投资方案的可行性，并据此评价该指标。

解：(1) 追加投资前：

A 中心的投资报酬率＝(120 000/2 000 000)×100%＝6%

B 中心的投资报酬率＝(450 000/3 000 000)×100%＝15%

A 中心的剩余收益＝120 000−2 000 000×10%＝−80 000（元）

B 中心的剩余收益＝450 000−3 000 000×10%＝150 000（元）

$$总公司的投资报酬率＝\frac{120\ 000＋450\ 000}{2\ 000\ 000＋3\ 000\ 000}×100\%＝11.4\%$$

总公司的剩余收益＝−80 000＋150 000＝70 000（元）

(2) 追加投资于 A 中心：

$$A 中心的投资报酬率＝\frac{120\ 000＋120\ 000}{2\ 000\ 000＋1\ 500\ 000}×100\%＝6.86\%$$

A 中心的剩余收益＝120 000＋120 000−(2 000 000＋1 500 000)×10%＝−110 000（元）

B中心的指标不变。

$$总公司的投资报酬率 = \frac{240\,000 + 450\,000}{3\,500\,000 + 3\,000\,000} \times 100\% = 10.62\%$$

$$总公司剩余收益 = -110\,000 + 150\,000 = 40\,000（元）$$

（3）追加投资于B中心：

$$B中心的投资报酬率 = \frac{450\,000 + 290\,000}{3\,000\,000 + 2\,000\,000} \times 100\% = 14.8\%$$

B中心的剩余收益 = （450\,000 + 290\,000）－（3\,000\,000 + 2\,000\,000）× 10\% = 240\,000（元）
A中心的指标不变。

$$总公司的投资报酬率 = \frac{120\,000 + 450\,000 + 290\,000}{2\,000\,000 + 3\,000\,000 + 2\,000\,000} \times 100\% = 12.29\%$$

总公司的剩余收益 = （120\,000 + 450\,000 + 290\,000）－（2\,000\,000 + 3\,000\,000 + 2\,000\,000）× 10\% = 160\,000（元）

（4）从投资利润率指标看。如果A中心追加投资，将使其投资报酬率增加0.86%（6%～6.86%），该中心会认为该投资方案具有可行性，但从总公司的角度看，投资报酬率下降了0.78%（10.62%～11.4%），可见，A中心追加投资的方案是不可行的。

如果B中心追加投资，将使其投资报酬率减少0.2%（14.8%～15%），该中心会认为该投资方案是不可行的，但从总公司的角度看，投资报酬率上升了0.89%（11.4%～12.29%），可见，B中心追加投资的方案是可行的。

由此可见，采用投资报酬率作为投资中心的考核指标，将导致下级投资中心与总公司的利益不一致。

（5）从剩余收益指标看。如果A中心追加投资，将使其剩余收益减少30\,000元，使总公司的剩余收益也减少30\,000元，可见，无论从A中心的角度，还是从总公司的角度，这个方案都是不可行的。

如果B中心追加投资，将使该中心和总公司的剩余收益都增加90\,000元，该方案是可行的。

由此可见，采用剩余收益作为投资中心的考核指标，将使下级投资中心与总公司的利益相一致。

【例11-5】 某集团公司下设A、B两个投资中心。A中心的投资额为500万元，投资利润率为12%；B中心的投资利润率为15%，剩余收益为30万元；集团公司要求的平均投资利润率为10%。集团公司决定追加投资200万元，若投向A公司，每年增加利润25万元；若投向B公司，每年增加利润30万元。要求计算下列指标：

解：（1）追加投资前A中心的剩余收益。

$$剩余收益 = 投资额 \times （投资利润率 － 预期最低投资利润率）$$

$$A中心的剩余收益 = 500 \times （12\% － 10\%） = 10（万元）$$

（2）追加投资前B中心的投资额。

$$剩余收益 = 投资额 \times （投资利润率 － 预期最低投资利润率）$$

B中心的剩余收益为30万元，则

$$B中心的投资额 = 30/（15\% － 10\%） = 600（万元）$$

（3）追加投资前集团公司的投资利润率及剩余收益。

A 中心的利润＝投资额×投资利润率＝500×12％＝60（万元）

B 中心的利润＝投资额×投资利润率＝600×15％＝90（万元）

集团公司的利润＝60＋90＝150（万元）

集团公司的总投资额＝500＋600＝1 100（万元）

集团公司的投资利润率＝（集团公司的利润÷集团公司的总投资额）×100％

＝（150÷1 100）×100％＝13.64％

集团公司的剩余收益＝150－1100×10％＝40（万元）

或，集团公司的剩余收益＝A 中心的剩余收益＋B 中心的剩余收益

＝10＋30＝40（万元）

（4）若追加投资 A 中心，A 中心的投资利润率、A 中心的剩余收益、集团公司的投资利润率、集团公司的剩余收益分别为：

A 中心的投资利润率＝[（60＋25）/（500＋200）]×100％＝12.14％

A 中心的剩余收益＝（60＋25）－（500＋200）×10％＝15（万元）

B 中心的指标不变。

集团公司的投资利润率＝[（60＋25＋90）/（500＋200＋600）]×100％＝13.46％

集团公司的剩余收益＝（60＋25＋90）－（500＋200＋600）×10％＝45（万元）

或，集团公司的剩余收益＝A 中心的剩余收益＋B 中心的剩余收益

＝15＋30＝45（万元）

（5）若追加投资 B 中心，B 中心的投资利润率、B 中心的剩余收益、集团公司的投资利润率、集团公司的剩余收益分别为：

B 中心的投资利润率＝[（90＋30）/（600＋200）]×100％＝＝15％

B 中心的剩余收益＝（90＋30）－（600＋200）×10％＝40（万元）

A 中心的指标不变。

集团公司的投资利润率＝[（60＋90＋30）/（500＋600＋200）]×100％＝13.85％

集团公司的剩余收益＝（60＋90＋30）－（500＋600＋200）×10％＝50（万元）

或，集团公司的剩余收益＝A 中心的剩余收益＋B 中心的剩余收益

＝10＋40＝50（万元）

（6）从表 11－2 中可以看出，如果以投资利润率作为考核指标，若追加投资 A 中心，A 中心的投资利润率由 12％提高到 12.14％；若追加投资 B 中心，B 中心的投资利润率则维持 15％不变，按此考核指标应该追加投资 A 中心。如果以剩余收益作为考核指标，若追加投资 A 中心，A 中心的剩余收益由原来的 10 万元变成 15 万元，增加了 5 万元，B 中心的剩余收益由原来的 30 万元变成 40 万元，增加了 10 万元，B 中心的剩余收益增加较多，按此考核指标应该追加投资 B 中心。如果从整个集团角度进行评价，若追加投资 A 中心，集团公司的剩余收益由原来的 40 万元变成 45 万元，增加了 5 万元，但是集团公司的投资利润率由 13.64％下降到 13.46％；若追加投资 B 中心，集团公司的投资利润率由 13.64％上升到 13.85％，剩余收益由原来的 40 万元变成 50 万元，增加了 10 万元，由此应该追加投资 B 中心。综合以上分析可以看出，从整个集团角度进行评价的结果与以剩余收益作为考核指标评价各投资中心业绩的结果是一致的，所以，以剩余收益作为评价指标，可以保持各投资中心的获利目标与集团公司的获利目标达成一致。

表 11-2　投资中心指标计算表　　　　　　　　　　　　单位：万元

项　目		投资额	利润	投资利润率	剩余收益
追加投资前	A	500	60	12%	10
	B	600	90	15%	30
	Σ	1 100	150	13.64%	40
向 A 投资中心追加投资 200 万元	A	700	85	12.14%	15
	B	600	90	15%	30
	Σ	1 300	175	13.46%	45
向 B 投资中心追加投资 200 万元	A	500	60	12%	10
	B	800	120	15%	40
	Σ	1 300	180	13.85%	50

11.3　责任预算、责任报告与业绩考核

11.3.1　责任预算

11.3.1.1　责任预算的含义

责任预算（responsibility budget）是指以责任中心为主体，以可控成本、收入、利润和投资等为对象编制的预算。它是企业总预算的补充和具体化。

责任预算由各种责任指标组成。责任预算指标，就是通过对总预算中所规定的有关指标加以分解，并落实到企业内部各责任单位的经济责任指标。这些经济责任预算指标均是各责任单位在其责权范围内可加以控制的，因为各责任单位只对其可控的经济责任指标承担责任。一般来说，责任预算指标是通过编制责任预算来确定的。责任预算指标包括主要责任指标（即各个责任中心的考核指标）和其他责任指标（如劳动生产率、设备完好率、出勤率、材料消耗率、职工培训等）。

11.3.1.2　责任预算的编制

责任预算编制程序有两种：①以责任中心为主体，自上而下地将企业总预算在各责任中心之间层层分解。②各责任中心自行列示各自的预算指标，自下而上、层层汇总，最后由企业专门机构或人员进行汇总和调整。实际工作中，责任预算最终确定前，需要上下结合，反复沟通。

在集权组织结构形式下，通常采用第一种程序；在分权组织结构形式下，多采用第二种程序。

11.3.2　责任报告

责任报告是指根据责任会计记录编制的反映责任预算实际执行情况，揭示责任预算与实

际执行情况差异的内部会计报告。通过编制责任报告，可完成责任中心的业绩评价和考核。

责任报告是自下而上逐级编报的，随着责任中心的层次由低到高，其报告的详略程度从详细到总括。

11.3.3 业绩考核

业绩考核是指以责任报告为依据，分析、评价各责任中心责任预算的实际执行情况，找出差距，查明原因，借以考核各责任中心工作成果，实施奖罚，促使各责任中心积极纠正行为偏差，完成责任预算的过程。

业绩考核应根据不同责任中心的特点进行。成本中心只考核其权责范围内的责任成本（各项可控成本）；利润中心只考核其权责范围内的收入和成本，重点在于考核销售收入、边际贡献和息税前利润；投资中心除了要考核其权责范围内的成本、收入和利润，还应重点考核投资利润率和剩余收益。

11.4 责任结算与核算

11.4.1 内部转移价格

内部转移价格（internal transfer price）是指企业内部各责任中心之间进行内部结算和责任结转时所采用的价格标准。例如，上道工序加工完成的产品转移到下道工序继续加工；辅助生产部门为基本生产车间提供劳务等，都是一个责任中心向另一个责任中心"出售"产品或提供劳务，都必须采用内部转移价格进行结算。又如，某工厂生产车间与材料采购部门是两个成本中心，若生产车间所耗用的原材料由于质量不符合原定标准，而发生的超过消耗定额的不利差异，也应由生产车间以内部转移价格结转给采购部门。企业内部各责任单位，既相互联系又相互独立开展各自的活动，它们经常相互提供产品和劳务。为了正确评价企业内部各责任中心的经营业绩，明确区分各自的经济责任，使各责任中心的业绩考核建立在客观而可比的基础上，企业必须根据各自责任中心业务活动的具体特点，正确制定企业内部的转移价格。在任何企业中，各责任中心之间相互结算，以及责任成本的转账业务都是经常发生的，它们都需要依赖一个公正、合理的内部转移价格作为计价的标准。由于内部转移价格对于提供产品或劳务的生产部门来说表示收入，对于使用这些产品或劳务的购买部门来说则表示成本，所以，内部转移价格有以下两个明显的特征。

（1）在内部转移价格一定的情况下，卖方（产品或劳务的提供方）必须不断改善经营管理，降低成本和费用，以其收入抵偿支出，取得更多利润。买方（产品或劳务的接受方）则必须在一定的购置成本下，千方百计地降低再生产成本，提高产品或劳务的质量，争取较高的经济效益。

（2）内部转移价格所影响的买卖双方都存在于同一企业，在其他条件不变的情况下，内部转移价格的变化会使买卖双方的收入或内部利润向相反方向变化，但就企业整体来看，内部转移价格无论怎样变化，企业总利润都是不变的，变动的只是内部利润在各责任中心之间的分配份额。制定内部转移价格时，必须考虑全局性原则、公平性原则、自主性原则、重要性原则。

内部转移价格的种类主要有市场价格、协商价格、双重价格和以"成本"作为内部转移价格四种。

1. 市场价格

市场价格是根据产品或劳务的市场价格作为基价的价格。它最能体现市场经济的要求，也最能客观地评价各责任中心的业绩。但是，以市场价格作为内部转移价格并不等于直接将外部的市场价格用于企业内部的结算，要将销售费、广告费及运输费等扣除。市场价格是理想的转移价格。

以市场价格作为内部转移价格的责任中心，应该是独立核算的利润中心。通常是假定企业内部各责任中心都处于独立自主的状态，即有权决定生产的数量、出售或购买的对象及其相应的价格。

在西方国家，通常认为市场价格是制定内部转移价格的最好依据。因为市场价格客观公正，对买卖双方无所偏袒，而且还能激励卖方努力改善经营管理，不断降低成本，在企业内部创造一种竞争的市场环境，让每个利润中心都成为名副其实的独立生产经营单位，以利于相互竞争，最终通过利润指标来考核和评价其工作成果。

在采用市价作为计价基础时，为了保证各责任中心的竞争建立在与企业的总目标相一致的基础上，企业内部的买卖双方一般应遵守以下的基本原则：①若卖方愿意对内销售，且售价不高于市价时，则买方有购买的义务，不得拒绝；②若卖方售价高于市价，则买方有改向外界市场购入的自由；③若卖方宁愿对外界销售，则买方应有不对内销售的权利。

然而，以市场价格作为内部转移价格的计价基础，也有其自身的局限性。这是因为企业内部相互转让的产品或提供的劳务，往往是本企业专门生产的，具有特定的规格，或需经过进一步加工才能出售的中间产品，因而往往没有相应的市价作为依据。

2. 协商价格

协商价格，简称议价，它是指买卖双方以正常的市场价格为基础，定期共同协商，确定出一个双方都愿意接受的价格作为计价标准。成功的协商价格依赖于两个条件。①要有一个某种形式的外部市场，两个部门的经理可以自由地选择接受或是拒绝某一价格。如果根本没有可能从外部取得或销售中间产品，就会使一方处于垄断状态，这样的价格不是协商价格，而是垄断价格；②当价格协商的双方发生矛盾不能自行解决，或双方谈判可能导致企业非最优决策时，企业的高一级管理阶层要进行必要的干预，当然这种干预是有限的、得体的，不能使整个谈判变成由上级领导裁决一切问题。

协商价格的上限是市价，下限是单位变动成本，具体价格应由买卖双方在其上下限范围内协商议定，这是由于：①外部售价一般包括销售费、广告费及运输费等，这是内部转移价格中所不包含的，因而内部转移价格会低于外部售价；②内部转移的中间产品一般数量较大，故单位成本较低；③售出单位大多拥有剩余生产能力，因而议价只需略高于单位变动成本就行。

采用协商价格的缺陷是：在双方协商过程中，不可避免地要花费很多人力、物力和时间，当买卖双方的负责人协商相持不下时，往往需要企业高层领导进行裁决。这样就丧失了分权管理的初衷，也很难发挥激励责任单位的作用。

3. 双重价格

双重价格就是针对责任中心各方分别采用不同的内部转移价格所制定的价格。如对产品（半成品）的"出售"部门，可按协商的市场价格计价；而对"购买"部门，则按"出售"部门的单位变动成本计价；其差额由会计部门进行调整。西方国家采用的双重价格通常有两种形式。①双重市场价格。即当某种产品或劳务在市场上出现几种不同价格时，买方采用最低的市价，卖方则采用最高的市价。②双重转移价格。即卖方按市价或协议价作为计价基础，而买方则按卖方的单位变动成本作为计价基础。

采用双重价格的好处是：既可较好地满足买卖双方不同的需要，也便于激励双方在生产经营上充分发挥其主动性和积极性。

4. 以"成本"作为内部转移价格

以产品或劳务的成本作为内部转移价格，是制定转移价格的最简单方法。由于成本的概念不同，以"成本"作为内部转移价格也有多种不同形式，它们对转移价格的制定、业绩评价将产生不同的影响。用途较为广泛的成本转移价格有以下三种。

（1）标准成本。即以各中间产品的标准成本作为内部转移价格。这种方法适用于成本中心产品（半成品）或劳务的转移，其最大优点是能将管理和核算工作结合起来。由于标准成本在制定时就已排除无效率的耗费，因此，以标准成本作为转移价格能促进企业内买卖双方改善生产经营，降低成本。其缺点是不一定使企业利益最大化，如中间产品标准成本为 30 元，单位变动成本为 24 元，卖方有闲置生产能力，当买方只能接受 26 元以下的内部转移价格时，此法不能促成内部交易，从而使企业整体丧失一部分利益。

（2）标准成本加成。即根据产品（半成品）或劳务的标准成本加上一定的合理利润作为计价基础。当转移产品（半成品）或劳务涉及利润中心或投资中心时，可以将标准成本加利润作为转移价格，以分清双方责任。但利润的确定，难免带有主观随意性。

（3）标准变动成本。标准变动成本以产品（半成品）或劳务的标准变动成本作为内部转移价格，符合成本习性，能够明确揭示成本与产量的关系，便于考核各责任中心的业绩，也利于经营决策。不足之处是产品（半成品）或劳务中不包含固定成本，不能鼓励企业内卖方进行技术革新，也不利于长期投资项目的决策。

制定转移价格的目的有两个：①防止成本转移带来的部门间责任转嫁，使每个利润中心都能作为单独的组织单位进行业绩评价；②作为一种价格引导下级部门采取明智的决策，生产部门据此确定提供产品的数量，购买部门据此确定所需要的产品数量。为了兼顾业绩评价和制定决策，很难找到理想的转移价格，而只能根据企业的具体情况选择基本满意的解决办法。

11.4.2 内部结算

内部结算是指企业各责任中心清偿因相互提供产品或劳务所发生的、按内部转移价格计算的债权、债务。

按照内部结算的手段不同，可分别采取内部支票结算、转账通知单结算和内部货币结算等方式。

1. 内部支票结算方式

内部支票结算方式是指付款一方签发内部支票通知内部银行从其账户中支付款项的结算方式。内部支票结算方式主要适用于收、付款双方直接见面进行经济往来的业务结算。它可以使收、付款双方都明确责任。

2. 转账通知单结算方式

转账通知单结算方式是指由收款方根据有关原始凭证或业务活动证明签发转账通知单，通知内部银行将转账通知单转给对方，让其付款的一种结算方式。转账通知单一式三联，第一联为收款方的收款凭证，第二联为付款方的付款凭证，第三联为内部银行的记账凭证。

这种结算方式适用于质量与价格较稳定的往来业务，它手续简便，结算及时，但因转账通知单是单项发出指令，付款方若有异议，可能拒付，需要进一步交涉。

3. 内部货币结算方式

内部货币结算方式是使用内部银行发行的限于企业内部流通的货币（包括内部货币、资金本票、流通券、资金券等）进行内部往来结算的一种方式。

这一结算方式比银行支票结算方式更为直观，可强化各责任中心的价值观念、核算观念、经济责任观念。但是，它也带来携带不便、清点麻烦、保管困难的问题。所以，一般情况下，小额零星往来业务以内部货币结算，大宗业务以内部银行结算。

上述各种结算方式都与内部银行有关，所谓内部银行是将商业银行的基本职能与管理方法引入企业内部管理而建立的一种内部资金管理机构。它主要处理企业日常的往来结算和资金调拨、运筹，旨在强化企业的资金管理，更加明确各责任中心的经济责任，完善内部责任核算，节约资金使用，降低筹资成本。

11.4.3　责任成本的内部结转

责任成本的内部结转（责任转账）是指在生产经营过程中，对于因不同原因造成的各种经济损失，由承担损失的责任中心对实际发生或发现损失的责任中心进行损失赔偿的账务处理过程。

企业内部各责任中心在生产经营过程中，常常有这样的情况：发生责任成本的中心与应承担责任成本的中心不是同一责任中心，为划清责任，合理奖惩，就需要将这种责任成本相互结转。最典型的实例是企业内的生产车间与供应部门都是成本中心，如果生产车间所耗用的原材料是由于供应部门购入不合格的材料所致，则多耗材料的成本或相应发生的损失，应由生产车间成本中心转给供应中心负担。

责任转账的目的是划定各责任中心的成本责任，使不应承担损失的责任中心在经济上得到合理补偿。进行责任转账的依据是各种准确的原始记录和合理的费用定额。在合理计算出损失金额后，应编制责任成本转账表，作为责任转账的依据。

责任转账的方式可采取内部货币结算方式和内部银行转账方式。前者是以内部货币直接支付给损失方，后者只是在内部银行所设立的账户之间划转。

各责任中心在往来结算和责任转账过程中，有时因意见不一致而产生一些责、权、利不协调的纠纷，为此，企业应建立内部仲裁机构，从企业整体利益出发对这些纠纷作出裁决，以保证各责任中心正常、合理地行使权力，保证其权益不受侵犯。

相关链接：中航油事件

中国航空油料是一个高度垄断的市场，中国航油集团唯一的一家海外公司——中国航油（新加坡）股份有限公司（以下简称中航油）在这个市场中占有重要的地位，采购量每年大约占中航集团总采购量的1/3，几乎占据了中国航油供应的全部市场，同时享有独家进口权。该公司自1997年以来，凭借其对国内进口航油市场的实质性垄断，净资产由16.8万美元增加至2003年的1.48亿美元，6年增长762倍，成为股市上的明星，其总裁陈久霖也被《世界经济论坛》评为"亚洲经济新领袖"。但2004年12月1日，中航油"炒油"上演了让人心惊肉跳的"滑铁卢"，因投机性石油衍生产品交易导致的损失达5.54亿美元（合人民币45亿元），几乎相当于其全部市值。

事实上，中航油有一个完善的风险控制体系，公司开始进入石油期货市场时就聘请当时"五大"之一的永安会计师事务所制定了《风险管理手册》，公司内部专门设有由7人组成的风险管理委员会及软件监控系统。根据公司内部规定，损失20万美元以上的交易，都要提交给公司的风险管理委员会评估；而累计损失超过35万美元的交易，必须得到总裁的同意才能继续；而任何将导致50万美元以上损失的交易，都将自动平仓。据统计，按照中航油的风险控制体系的内部规定，最终的亏损额足以报告250次，足以斩仓110次，最终所有这些斩仓都没完成。相关人士认为，一直没有执行斩仓有如下三个原因：①投机衍生产品是公司熟悉的业务，虽然陈久霖并不是很精通它，但它像海潮一样有涨也有落的道理陈久霖是知道的；②公司的国际咨询机构高盛和日本三井一致认为斩仓并不可取，挪盘是唯一的也是最佳的措施；③交易员和风险管理委员会自始至终在隐瞒亏损的数额。巨大的亏损导致2004年12月中航油向新加坡法院申请破产保护。

2008年6月28日财政部、证监会、审计署、银监会、保监会联合发布了我国第一部《企业内部控制基本规范》，于2009年7月1日起首先在上市公司范围内施行。

本章小结

本章阐述了财务控制的基本理论，由于分权，决策者就需要进行控制，而控制的一个途径就是进行财务控制。财务控制是指按照一定的程序与方法，确保企业及其内部机构和人员全面落实和实现财务预算的过程。

财务控制的基础就是责任中心。责任中心是指承担一定经济责任，并享有一定权利的企业内部（责任）单位。责任中心按其责任权限范围及业务活动的特点不同，可分为成本中心、利润中心和投资中心三大类。每个责任中心都有相应的评价指标，各评价指标有其自身的特点，所以运用不同的指标进行评价可能得到不同的结果。

转移价格是用来分配责任中心收入的一个重要工具，它可以以市场价格、成本或谈判为基础来确定。

总之，财务控制是财务管理的重要环节，它与财务预测、财务决策、财务预算和财务分析一起构成财务管理系统。

▨▏相关术语

财务控制 责任中心 成本中心 利润中心 投资中心 剩余收益 责任预算 内部转移价格 内部结算

▨▏思政指引

理论背景：财务控制是企业内控的核心，财务控制的目的旨在通过分析与纠偏来实现预算目标。财务控制需要遵循控制原则，建立一套有效的控制方法体系，如授权批准控制、职务分离控制、全面预算控制、财产保全控制、独立检查控制、业绩评价控制等。财务控制本身是一个系统，包括控制环境、目标设定、事件识别、风险评估与应对、信息与沟通、控制活动及监控等要素。责任中心是财务控制的基础，分为成本中心、利润中心和投资中心三种，企业可通过责任预算、责任报告以及业绩考核等方式对其进行财务控制。

思政启示：财务控制与财务预算相伴相随，财务预算需要财务控制来落实。实施财务控制，需要培育特定的专业素养：一是秉持全面预算控制的思想，做到全面、全系统、全过程控制，预算控制不留死角；二是培育整体思维、科学思维，一体化推进财务预算与财务控制；三是学会抓主要矛盾的工作方法，针对关键领域、关键项目、关键环节实施重点控制；四是养成严谨的工作态度，培养敏锐的洞察力，知微见著，防微杜渐，实施苗头控制与趋势控制；五是培育强烈的社会责任感，对责任中心的控制要强化责任意识与担当能力。

▨▏复习思考题

1. 什么是财务控制？财务控制有哪些要素？
2. 财务控制的方式有哪些？
3. 什么是责任中心？责任中心有哪些特征？
4. 成本中心与利润中心有什么不同？
5. 什么是利润中心？什么是投资中心？两者有什么区别？
6. 成本中心、利润中心和投资中心的业绩评价指标分别是什么？
7. 投资报酬率和剩余收益的优缺点是什么？
8. 什么是内部转移价格？应怎样根据企业内外环境正确地制定内部转移价格以适应企业经营管理上的不同需要？

第 12 章

财务分析与综合绩效评价

◆学习目标◆

1. 掌握财务分析方法，包括比率分析法、趋势分析法和因素分析法；

2. 掌握财务指标分析，包括偿债能力指标、营运能力指标、获利能力指标、发展能力指标及杜邦财务分析体系；

3. 熟悉综合绩效评价指标体系，包括定性与定量指标分析；

4. 了解综合绩效评价的其他方法，如平衡记分卡。

12.1　财务分析基础

12.1.1　财务分析的意义

财务分析是指特定的主体为实现一定的目标，通常以企业财务报告及其他相关资料为主要依据，运用科学合理的方法与程序，对企业的财务状况和经营成果进行分析与评价，反映企业在营运过程中的利弊得失和发展趋势，从而为改善企业财务管理工作和优化经济决策提供重要的决策信息。

财务分析是评价企业财务状况、衡量经营成果的重要依据；是改进工作、挖掘潜力、实现财务目标的重要手段；是正确进行投资决策的重要步骤。

12.1.2　财务分析的主体与内容

财务分析的主体主要有企业所有者、债权人、经营管理者和政府相关部门等。相关利益主体出于不同的动机，对财务分析信息的要求有所侧重。

企业所有者作为投资方，对资产的保值和增值状况更为关注，因此较为重视企业的获利能力指标。

企业债权人作为资金的提供方，首先关注的是其资金的安全性，因此更重视企业偿债能力指标。

企业经营管理者作为代理方，必须全面了解和掌握企业经营理财的各个方面，包括营运能力、偿债能力、获利能力及发展能力等。

政府相关部门兼具多重身份，既是宏观经济管理者，又是国有企业的所有者和重要的市场参与者，对企业财务分析的侧重点因其所扮演角色不同而异。

总之，财务分析的基本内容包括偿债能力分析、营运能力分析、获利能力分析、发展能力分析及财务综合分析，它们构成财务分析的主要内容。

12.1.3　财务分析的方法

进行财务分析，需要借助于一定的统计方法，常用的财务分析方法主要有比率分析法、趋势分析法和因素分析法。

12.1.3.1　比率分析法

比率分析法是指通过计算各种比率指标来反映经济活动变化的分析方法。比率是一种相对数，采用该方法能够把某些条件下的不可比指标变成可比指标，以利于不同指标间的分析与比较。

根据比率指标所反映的内容不同，可以将其划分为三类：①构成比率；②相关比率；

③效率比率。

1. 构成比率

构成比率又称结构比率，它是指某项财务指标的各组成部分数值占总体数值的百分比，体现部分与总体的关系。其计算公式为：

$$构成比率 = \frac{某个组成部分数值}{总体数值} \times 100\%$$

例如，企业流动资产中货币资金、应收账款和存货占流动资产总额的百分比（流动资产构成比率），企业流动负债中短期借款、应付账款、应付票据占流动负债总额的百分比（流动负债构成比率）等。利用构成比率，可以考察总体中某个部分的组成和安排是否合理，以便作出合理的财务决策。

2. 相关比率

相关比率是以相同时期两个性质不同但又相互关联的指标加以对比后的比率，反映有关经济活动的相互关系。利用相关比率指标，可以考察企业有联系的相关业务安排是否合理，以保障经营活动顺利进行。例如，将负债总额与资产总额加以比较，计算出资产负债率，据以判断企业的长期偿债能力。

3. 效率比率

效率比率反映的是某项财务活动中投入与产出的关系。借助于效率比率，可以进行得失比较，衡量经营成果，评价经营效益。例如，将营业利润与营业成本、净利润与销售收入财务指标加以对比，可计算出营业成本利润率、销售净利润率等指标，可以从不同角度分析比较企业获利能力的高低及其增减变化趋势情况。

比率分析法的优点是计算简便，计算结果也比较容易判断，由于比率指标反映的是相对数，因此可以在不同规模的企业之间进行比较，甚至在一定程度上超越行业间的差异进行比较。但采用这一方法应该注意以下几点。

（1）对比指标的相关性。计算比率的分子项和分母项必须具有相关性，不相关指标的对比是没有意义的。在构成比率指标中，部分指标必须是总体指标这个集合中的一个子集；在效率比率指标中，投入与产出必须有前因后果关系；在相关比率指标中，两个对比指标也要有内在联系，才能评价有关经济活动之间是否协调均衡，财务决策是否合理。

（2）对比口径一致性。计算比率的分子项和分母项必须在计算时间、范围等方面保持口径一致。在进行财务指标计算时，有些财务指标的分子、分母项会涉及不同的会计报表数据。例如，存货周转率，分子数据来源于损益表，是一区间指标，而分母数据来源于资产负债表，是一时点指标，因此计算时要注意时间上的匹配。

（3）衡量标准的科学性。运用比率分析，需要选用一定的标准，以便对企业的财务状况作出评价。一般来说，科学合理的对比标准有：①经验标准，财务分析中通常采用经验标准数据，而经验数据的形成须经过大量实际工作的检验，例如，流动比率、速动比率的经验数据分别为200%和100%；②预定标准，如预算指标、设计指标、定额指标、理论指标等；③历史标准，如上期实际、上年同期实际、历史先进水平及有典型意义时期的实际水平等；④行业标准，如主管部门或行业协会颁布的技术标准、国内外同类企业的先进水平、国内外同类企业的平均水平等。

12.1.3.2　趋势分析法

趋势分析法又称水平分析法，是通过对比两期或连续数期财务报告中相同指标，确定其增减变动的方向、数额和幅度，来说明企业财务状况或经营成果的变动趋势的一种方法。采用这种方法，可以分析引起变化的主要原因、变动的性质，并预测企业未来的发展前景。趋势分析法的具体运用主要有以下三种方式。

1. 重要财务指标的比较

这是将不同时期反映财务成果中的相同指标或比率进行比较，直接观察其增减变动情况及变动幅度、观察其发展的趋势，预测其发展前景。

（1）定基动态比率。定基动态比率是以某一分析期的数额为固定参照点即基期数额而计算出来的动态比率。其计算公式为：

$$定基动态比率 = \frac{分析期数额}{固定基期数额} \times 100\%$$

（2）环比动态比率。环比动态比率是以某一分析期的前期数额为参照点并不断变化参照点而计算出来的动态比率。其计算公式为：

$$环比动态比率 = \frac{分析期数额}{前期数额} \times 100\%$$

2. 会计报表的比较

这是将连续数期的会计报表的某些项目排列起来，比较相同指标的增减变动数值及变动幅度，据以判断企业财务状况和经营成果发展变化趋势的一种方法。会计报表的比较，具体包括资产负债表比较、利润表比较和现金流量表比较等。会计报表比较过程中，既要计算出有关项目增减变动的绝对数，又要计算出其增减变动的相对数。

3. 会计报表项目构成的比较

该方法是在会计报表比较的基础上发展而来的，它是以会计报表中的某个总体指标为分母，计算出各组成指标占该总体指标的百分比，从而来比较各个项目百分比的增减变动，以此来判断有关财务活动的变化趋势。这种方法由于采用了结构比率这一相对指标，既可用于同一企业不同时期财务状况的纵向比较，又可用于不同企业之间的横向比较；同时能消除不同时期（不同企业）之间业务规模差异的影响，有利于分析企业的耗费水平和获利水平，因此比前述两种方法更能准确地分析企业财务活动的发展趋势。

但在采用趋势分析法时，必须注意以下问题：①用于进行对比的各个时期的指标，在计算口径上必须一致；②剔除异常性因素的影响，使作为分析的数据能反映正常的经营状况；③应运用例外原则，对某项目有显著变动的指标应作重点分析、研究其产生的原因，以便采取合理对策，达到趋利避害。

12.1.3.3　因素分析法

因素分析法是依据分析指标与其影响因素的关系，从数量上确定各因素对分析指标影响方向和程度的一种方法。采用这种方法的前提是，当有若干因素对分析指标产生影响作用时，假定某一因素发生变化，其余各个因素都保持不变，然后顺序确定某一因素单独变化时所产生的影响。

因素分析法具体形式有两种：①连环替代法；②差额分析法。

1. 连环替代法

连环替代法是将分析指标分解为各个关联的因素，同时根据各个因素之间的相互依存关系，顺次用各因素的比较值（通常是实际值）替代基准值（通常是标准值或计划值），据以测定各因素对分析指标的影响程度。

2. 差额分析法

差额分析法是连环替代法的一种简化形式，它是利用各个因素的比较值与基准值之间的差额，来计算各因素对分析指标的影响程度。

因素分析法既可以全面分析各因素对某一经济指标的影响，又可以单独分析某个因素对某一经济指标的影响，在财务分析中应用比较广泛。但是应用该方法时必须注意以下几个问题。

（1）分析前提的假定性。在运用因素分析过程中，假设某个影响因素变化时，其余影响因素保持不变。事实上，通常影响财务指标的因素是多方面的，而且这些因素往往是同时作用的，因而计算结果不免带有假定性。由于因素分析法会因替代计算顺序的不同而有差别，因此因素分析的结果具有一定的假定性，离开了这种假定前提条件，也就不会是这种影响结果。

（2）因素分解的相关性。即确定构成财务指标的因素，必须在客观上存在一定的因果关系，要能够反映形成该项指标差异的内在动因，否则就失去了其分解的意义。

（3）因素替代的顺序性。分解因素的排列次序是决定因素分析结果的关键，因此必须按照某种因素的依存关系，按照一定的规则进行排序，不可随意加以颠倒，否则就会得出不同的计算结果。对于因素排列顺序学术界存在不同的看法，传统的排序规则通常采用数量指标在前、质量指标在后，现在有学者提出根据重要程度进行排序，即主要因素在前、次要因素在后，但上述两种排列方法均缺乏一定的理论依据。

（4）顺序替代的连环性。因素分析法在计算某一因素变动影响时，都是在上一次计算的基础上进行的，并采用连环比较的方法确定因素变化影响结果。因为只有保持计算程序上的连环性，才能清晰地反映各个因素变动对分析对象的影响程度，同时也有利于对分析结果进行检验。

12.1.4　财务分析的局限性

从整个体系上看，财务分析的局限性主要表现为资料来源的局限性、分析方法的局限性和分析指标的局限性。其中，资料来源的局限性包括数据缺乏可比性、缺乏可靠性和存在滞后性等。

从技术层面上看，财务分析的局限性主要表现为会计报表计量的局限性、会计报表内容的局限性和会计报表时间的局限性。

12.2　财务指标分析

总结和评价企业财务状况与经营成果的分析指标包括偿债能力指标、营运能力指标、获利能力指标和发展能力指标。

现将以后举例时需要的 XYZ 公司的资产负债表（见表 12-1）和利润表（见表 12-2）相关资料列示如下。

表 12-1　资产负债表

编制单位：XYZ 公司　　　　　　　2021 年 12 月 31 日　　　　　　　　　　　单位：万元

资　产	期末余额	年初余额	负债和所有者权益	期末余额	年初余额
流动资产：			流动负债：		
货币资金	1 000	860	短期借款	2 000	1 900
交易性金融资产	450	700	应付账款	1 450	1 260
应收账款	1 200	1 050	预收款项	300	200
预付款项	40	50	其他应付款	50	40
存货	4 800	4 500	流动负债合计	3 800	3 400
其他流动资产	60	40	非流动负债：		
流动资产合计	7 550	7 200	长期借款	2 600	1 000
非流动资产：			非流动负债合计	2 600	1 000
债权投资	350	350	负债合计	6 400	4 400
固定资产	17 950	14 600	所有者权益：		
无形资产	500	450	实收资本（股本）	12 800	12 800
非流动资产合计	18 800	15 400	盈余公积	2 200	2 200
			未分配利润	4 950	1 200
			所有者权益合计	19 950	16 200
资产合计	26 350	22 600	负债和所有者权益	26 350	22 600

注：为减少报表占用篇幅，在不影响财务分析结果情况下，公司期初、期末均无余额的项目未在报表中列示。

表 12-2　利润表

编制单位：XYZ 公司　　　　　　　　2021 年　　　　　　　　　　　单位：万元

项　目	本期金额	上期金额
一、营业收入	22 000	19 600
减：营业成本	11 800	10 200
税金及附加	1 250	1 060
销售费用	1 950	1 720
管理费用	980	840
财务费用	270	260
加：投资收益	280	200
二、营业利润	5 470	5 320
加：营业外收入	230	180
减：营业外支出	700	340
三、利润总额	5 000	4 800
减：所得税费用（25%）	1 250	1 200
四、净利润	3 750	3 600

12.2.1 偿债能力指标

偿债能力指标是指企业偿还到期债务（包括本息）的能力，包括短期偿债能力指标和长期偿债能力指标。

12.2.1.1 短期偿债能力指标

短期偿债能力是指企业流动资产对流动负债及时足额偿还的保证程度，是评价企业当前财务能力，特别是流动资产变现能力的重要标志。

衡量企业短期偿债能力的指标主要有流动比率、速动比率和现金流动负债比率三个指标。

1. 流动比率

流动比率是流动资产与流动负债的比率，它表明企业每单位流动负债有多少流动资产作为偿还保证，反映企业运用短期内转变为现金的流动资产偿还到期流动负债的能力。其计算公式为：

$$流动比率 = \frac{流动资产}{流动负债} \times 100\%$$

一般情况下，流动比率越高，反映企业短期偿债能力越强，债权人的权益越有保证。通常经验认为，流动比率等于200%时较为适当，它表明企业财务状况稳定可靠，除了满足日常生产经营的流动资金需要，还有足够的财力偿付到期短期债务。如果比例过低，则表示企业可能难以如期偿还债务。但是，流动比率也不宜过高，过高则表明企业流动资产存量较多，会影响资金的使用效率和企业的筹资成本，进而影响盈利能力。

【例12-1】根据表12-1资料，计算该公司2021年的流动比率（计算结果保留小数2位，以下例题要求相同）。

解：年初流动比率：$\frac{7\ 200}{3\ 400} = 211.76\%$

年末流动比率：$\frac{7\ 550}{3\ 800} = 198.68\%$

该公司2021年年初和年末的流动比率均在200%左右，反映该公司具有良好的短期偿债能力。

运用流动比率时，必须注意以下几个问题。

（1）从短期债权人的角度看，流动比率越高，企业偿还短期债务的流动资产保证程度越强，但这并不肯定企业一定有足够的现金类资产用来偿债。流动比率偏高也可能是存货滞销、应收账款增加且收账周期延长所致。所以，企业应在分析流动比率的基础上，进一步对现金流量进行考察。

（2）从企业经营角度看，过高的流动比率通常意味着企业沉淀的现金等流动资产过多，必然造成企业机会成本的增加和盈利能力的降低。因此，企业应尽可能将流动比率保持在合理的水平。

2. 速动比率

速动比率是企业速动资产与流动负债的比值。所谓速动资产，是指流动资产减去变现能力较差且不稳定的存货、预付款项、一年内到期的非流动资产和其他流动资产等之后的余额。由于剔除了存货等变现能力较弱且不稳定的资产，因此，速动比率较之流动比率能够更加准确、可靠地评价企业资产的流动性及其偿还短期负债的能力。其计算公式为：

$$速动比率 = \frac{速动资产}{流动负债} \times 100\%$$

其中：

$$\frac{速动}{资产} = \frac{货币}{资金} + \frac{交易性}{金融资产} + \frac{应收}{账款} + \frac{应收}{票据}$$

$$= \frac{流动}{资产} - 存货 - \frac{预付}{款项} - \frac{一年内到期的}{非流动资产} - \frac{其他流}{动资产}$$

在具体计算分析时，报表中如有应收利息、应收股利和其他应收款项目，可视情况归入速动资产项目。

一般情况下，速动比率越高，表明企业偿还流动负债的能力越强。经验通常认为，速动比率等于 100% 时较为适当。如果速动比率小于 100%，可能会使企业面临很大的偿债风险；如果速动比率大于 100%，尽管债务偿还的安全性很高，但可能因企业现金及应收账款资金存量过多而增加企业的机会成本。

【例 12-2】 根据表 12-1 资料，计算该公司 2021 年年初及年末的速动比率。

解： 年初速动比率 $= \dfrac{860 + 700 + 1\ 050}{3\ 400} = 76.76\%$

年末速动比率 $= \dfrac{1\ 000 + 450 + 1\ 200}{3\ 800} = 69.74\%$

通过分析计算表明，尽管流动比率比较理想，但由于流动资产中存货所占比重过大，导致速动比率偏低，表明公司的短期偿债能力可能出现问题，需要采取相应的对策。

在分析时需注意的是：尽管速动比率较之流动比率更能反映流动负债偿还的安全性和稳定性，但并不能断定速动比率较低的企业，流动负债到期绝对不能偿还。实际上，如果企业存货流转顺畅，变现能力较强，即使速动比率较低，只要流动比率高，企业仍然有望偿还到期的债务。

3. 现金流动负债比率

现金流动负债比率是企业一定时期的经营现金净流量同流动负债的比率，它可以从现金流量角度来反映企业当期偿付短期负债的能力。其计算公式为：

$$现金流动负债比率 = \frac{年经营现金净流量}{年末流动负债} \times 100\%$$

其中，年经营现金净流量指一定时期内，企业经营活动所产生的现金及现金等价物流入量与流出量的差额。

【例 12-3】 根据表 12-1 资料，假设 2020 年的经营现金净流量 3 200 万元，2021 年的经营现金净流量 4 000 万元，计算该公司 2020 年、2021 年的现金流动负债比率。

解：2020年现金流动负债比率：$\dfrac{3\,200}{3\,400} \times 100\% = 94.12\%$

2021年现金流动负债比率：$\dfrac{4\,000}{3\,800} \times 100\% = 105.26\%$

该公司2021年比2020年现金流动负债比率有一定提高，表明短期偿债能力有所改善。

现金流动负债比率从现金流入和流出的动态角度对企业的实际偿债能力进行考察。该指标越大，表明企业经营活动产生的现金净流量越多，越能保障企业按期偿还到期债务，但也并不是越大越好，该指标过大则表明企业流动资金利用不充分。

由于有利润的年度不一定有足够的现金（含现金等价物）来偿还债务，所以利用以收付实现制为基础计量的现金流动负债比率指标，能充分体现企业经营活动所产生的现金净流量可以在多大程度上保证能偿还当期流动负债，直观地反映出企业偿还流动负债的实际能力，用该指标评价企业偿债能力更加稳健。

12.2.1.2 长期偿债能力指标

顾名思义，长期偿债能力是指企业偿还长期负债的能力。衡量企业偿还长期负债能力的指标主要有资产负债率、产权比率、已获利息倍数、或有负债比率和带息负债比率等。

1. 资产负债率

资产负债率又称负债比率，指企业负债总额与资产总额的比率。它表明企业资产总额中，债权人提供资金所占的比重，以及企业资产对债权人权益的保障程度。其计算公式为：

$$资产负债率（又称负债比率）= \dfrac{负债总额}{资产总额} \times 100\%$$

【例12-4】根据表12-1资料，计算该公司2021年年初及年末的资产负债率。

解：年初资产负债率：$\dfrac{4\,400}{22\,600} \times 100\% = 19.47\%$

年末资产负债率：$\dfrac{6\,400}{24\,400} \times 100\% = 26.23\%$

该公司2021年年初与年末资产负债率均较低，说明公司所承担的负债较轻，公司长期偿债能力较强。

通常资产负债率越小，表明企业长期偿债能力越强。但是也不是说该指标越小越好。从债权人角度来说，该指标越小越好，这样企业偿债越有保证。从企业所有者角度来说，如果该指标较大，则说明利用较少的自有资本，不仅扩大了生产经营规模，而且在投资收益率大于负债利率的情况下，还可以利用财务杠杆原理，得到较多的投资利润。如果该指标过小，则表明企业发挥财务杠杆效用不够。但资产负债率过大，则表明会导致公司债务负担加重，如果企业资金实力不强，不仅对债权人不利，而且企业很可能会遭遇财务危机。此外，企业的长期偿债能力与获利能力密切相关，因此企业的经营决策者应当将偿债能力指标（风险）与获利能力指标（收益）结合起来分析，予以综合平衡考虑。通常认为资产负债率在50%～60%比较合适。

2. 产权比率

产权比率是指负债总额与所有者权益的比率，是企业财务结构是否稳健的重要标志，也称资本负债率。它反映企业所有者权益对债权人权益的保障程度。其计算公式为：

$$产权比率 = \frac{负债总额}{所有者权益总额} \times 100\%$$

【例 12-5】根据表 12-1 资料，计算该公司 2021 年年初及年末的产权比率。

解：年初产权比率：$\frac{4\,400}{16\,200} \times 100\% = 27.16\%$

年末产权比率：$\frac{6\,400}{19\,950} \times 100\% = 32.08\%$

该公司 2021 年年初与年末的产权比率均不高，说明公司所承担的负债较轻，表明公司的长期偿债能力较强。

一般情况下，产权比率越低，表明企业的长期偿债能力越强，债权人权益的保障程度越高，承担的风险越小，但企业不能充分地发挥负债的财务杠杆效应。所以，企业在评价产权比率是否适度时，应从提高获利能力与增强偿债能力两个方面综合进行，即在保障债务偿还安全的前提下，应尽可能提高产权比率。

产权比率与资产负债率对评价偿债能力的作用基本相同，两者的主要区别是：资产负债率侧重于分析债务偿付安全性的物质保障程序，产权比率则侧重于揭示财务结构的稳健程度及自有资金对偿债风险的承受能力。

3. 已获利息倍数

已获利息倍数，是指企业一定时期息税前利润与利息支出的比率，反映了获利能力对债务偿付的保证程度。其中，息税前利润总额指利润总额与利息支出的合计数，利息支出指实际支出的借款利息、债券利息等。其计算公式为：

$$已获利息倍数 = \frac{息税前利润总额}{利息支出}$$

其中，息税前利润总额＝利润总额＋利息支出

＝净利润＋所得税费用＋利息支出

【例 12-6】根据表 12-2 资料，假设表中财务费用均为利息支出，计算 2020 年和 2021 年的已获利息倍数。

解：2020 年已获利息倍数：$\frac{3\,600 + 1\,200 + 260}{260} = 19.46$

2021 年已获利息倍数：$\frac{3\,750 + 1\,250 + 270}{270} = 19.52$

根据以上计算表明，该公司 2020 年和 2021 年的已获利息倍数都很高，说明企业有较强的偿付利息的能力。

已获利息倍数不仅反映了企业获利能力的大小，而且反映了获利能力对偿还到期债务的保证程度，它既是企业举债经营的前提，也是衡量企业长期偿债能力大小的重要标志。一般情况下，已获利息倍数越高，表明企业长期偿债能力越强，利息保障倍数至少应当大于 1，如果利息保障倍数过小，企业将面临亏损，同时会影响偿债的安全性与稳定性。

4. 或有负债比率

或有负债比率是指企业或有负债总额对所有权益总额的比率，反映企业所有者权益对可

能发生的或有负债的保障程度。其计算公式如下：

$$或有负债比率 = \frac{或有负债总额}{所有者权益总额} \times 100\%$$

一般情况下，或有负债比率越低，表明企业的长期偿债能力越强，所有者权益应对或有负债的保障程度越高；或有负债比率越高，表明企业承担的相关风险越大。

5. 带息负债比率

带息负债比率是指企业某一时点的带息负债金额与负债总额的比率，反映企业负债中带息负债的比重，在一定程度上体现了企业未来的偿债（尤其是偿还利息）压力。其计算公式如下：

$$带息负债比率 = \frac{短期借款 + 一年内到期的长期负债 + 长期借款 + 应付债券 + 应付利息}{负债总额} \times 100\%$$

一般情况下，带息负债比率越低，表明企业的偿债压力越低，尤其是偿还债务利息的压力越低；带息负债比率较高，表明企业承担的偿债风险和偿还利息的风险较大。

12.2.2　营运能力指标

企业拥有或控制的生产资料表现为各项资产占用。因此，生产资料的营运能力实际上就是企业的总资产及其各个组成要素的营运能力。

资产营运能力取决于资产的周转速度、资产运行状况、资产管理水平等多种因素。通常资产的周转速度越快，资产的使用效率越高，则资产营运能力越强；反之，则营运能力越差。资产周转速度通常用周转率和周转期表示。所谓周转率，即企业在一定时间内资产的周转额与平均余额的比率，它反映企业资产在一定时期的周转次数。周转次数越多，表明周转速度越快，资产营运能力越强。这一指标的逆指标是周转天数，它是周转次数的倒数与计算期天数的乘积，反映资产周转一次所需要的天数。周转天数越少，表明周转速度越快，资产营运能力越强。两者的计算公式分别如下：

$$周转率（周转次数） = \frac{资产周转额}{资产平均余额}$$

$$周转期（周转天数） = \frac{计算期天数}{周转次数} = 资产平均余额 \times \frac{计算期天数}{周转额}$$

具体地说，生产资料营运能力分析可以从以下几个方面进行：流动资产周转情况、固定资产周转情况及总资产周转情况等。

12.2.2.1　流动资产周转情况

反映流动资产周转情况的指标主要有应收账款周转率、存货周转率和流动资产周转率。

1. 应收账款周转率

它是企业一定时期内营业收入（或销售收入，本章下同）与平均应收账款余额的比率，是反映应收账款周转速度的指标。其计算公式为：

$$应收账款周转率（周转次数） = \frac{营业收入}{平均应收账款余额}$$

$$平均应收账款余额 = \frac{年初应收账款余额 + 年末应收账款余额}{2}$$

$$应收账款周转期（周转次数）= \frac{平均应收账款余额 \times 360}{营业收入}$$

应收账款周转率反映了企业应收账款变现速度的快慢及管理效率的高低，周转率高表明：①收账迅速，账龄较短；②资产流动性强，短期偿债能力强；③可以减少收账费用和坏账损失，从而相对增加企业流动资产的投资收益。同时借助应收账款周转期与企业信用期限的比较，还可以评价购买单位的信用程度，以及企业原订的信用条件是否合适。

【例 12-7】 根据表 12-1 和表 12-2 资料，同时假设该公司 2019 年年末的应收账款余额为 1 000 万元，计算该公司 2020 年、2021 年应收账款周转率。

解： 2020 年应收账款周转率：$\dfrac{19\ 600}{(1\ 000 + 1\ 050)/2} = 19.12$

　　　2021 年应收账款周转率：$\dfrac{22\ 000}{(1\ 050 + 1\ 200)/2} = 19.56$

通过计算表明，该公司 2021 年的应收账款周转率较 2020 年略有改善，说明该公司营运能力有所增强。

利用上述公式计算应收账款周转率时，需要注意以下几个问题。

（1）公式中的应收账款包括会计核算中"应收账款"和"应收票据"等全部赊销账款在内；

（2）如果应收账款余额的波动性较大，应尽可能使用更详尽的计算资料，如按每月的应收账款余额来计算其平均占用额；

（3）分子、分母的数据应注意时间的对应性。

2. 存货周转率

它是企业一定时间营业成本与平均存货余额的比率，是反映企业流动资产流动性的一个指标，也是衡量企业生产经营各环节中存货营运效率的一个综合性指标。其计算公式为：

$$存货周转率（周转次数）= \frac{营业成本}{平均存货余额}$$

$$其中，平均存货余额 = \frac{年初存货余额 + 年末存货余额}{2}$$

$$存货周转期（周转天数）= \frac{平均存货余额 \times 360}{营业成本}$$

存货周转速度的快慢，不仅反映出企业采购、储存、生产、销售各环节管理工作状况的好坏，而且会对企业的偿债能力及获利能力产生决定性的影响。一般来讲，存货周转率越高越好，表明其变现的速度越快，周转额越大，资产占用水平越低。

因此，通过存货周转分析，有利于找出存货管理存在的问题，尽可能降低资金占用水平。存货既不能储存过少，否则可能造成生产中断或销售紧张；又不能储存过多，而形成呆滞、积压。一定要保持结构合理、质量可靠。其次，存货是流动资产的重要组成部分，其质量和流动性对企业流动比率起着举足轻重的影响，并进而影响企业的短期偿债能力。因此，一定要加强存货的管理，来提高其投资的变现能力和获利能力。

【**例12-8**】根据表12-1和表12-2资料，同时假设该公司2019年年末的存货余额为4 000万元，计算该公司2020年、2021年的存货周转率。

解：2020年存货周转率：$\dfrac{10\ 200}{(4\ 000+4\ 500)/2}=2.4$

2021年存货周转率：$\dfrac{11\ 800}{(4\ 500+4\ 800)/2}=2.54$

通过计算表明，该公司2021年的存货周转率较2020年略有改善，说明该公司营运能力有所增强。

在计算存货周转率时应注意以下几个问题。

（1）存货计价方法对存货周转率具有较大的影响，因此，在分析企业不同时期或不同企业的存货周转率时，应注意存货计价方法的口径是否一致；

（2）分子、母子的数据应注意时间上的对应性。

3. 流动资产周转率

它是企业一定时期营业收入与平均流动资产总额的比率，是反映企业流动资产周转速度的指标。其计算公式为：

$$流动资产周转率（周转次数）=\frac{营业收入}{平均流动资产总额}$$

$$平均流动资产总额=\frac{年初流动资产总额+年末流动资产总额}{2}$$

$$流动资产周转期（周转天数）=\frac{平均资产总额\times 360}{营业收入}$$

在一定时期内，流动资产周转次数越多，表明以相同的流动资产完成的周转额越多，流动资产利用效果越好。从流动资产周转天数来看，周转一次所需要的天数越少，表明流动资产在经历生产和销售各阶段时所占用的时间越短。生产经营任何一个环节上的工作改善，都会反映到周转天数的缩短上来。

12.2.2.2　固定资产周转情况

反映固定资产周转情况的主要指标是固定资产周转率，它是企业一定时期营业收入与平均固定资产净值的比值，是衡量固定资产利用效率的一项指标。其计算公式为：

$$固定资产周转率（周转次数）=\frac{营业收入}{平均固定资产总额}$$

$$平均固定资产总额=\frac{年初固定资产总额+年末固定资产总额}{2}$$

$$固定资产周转期（周转天数）=\frac{平均资产总额\times 360}{营业收入}$$

需要说明的是，与固定资产有关的价值指标有固定资产原价、固定资产净值和固定资产净额等。其中，固定资产原价是指固定资产的历史成本。固定资产净值为固定资产原价扣除已计提的累计折旧后的金额（即：固定资产净值＝固定资产原价－累计折旧－已计提减值准备）。

一般情况下，固定资产周转率越高，表明企业固定资产利用越充分，同时也能表明企业固定资产投资得当，固定资产结构合理，能够充分发挥效率。反之，如果固定资产周转率不高，则表明固定资产使用效率不高，提供的生产成果不多，企业的营运能力不强。

运用固定资产周转率时，需要考虑固定资产因计提折旧的影响，其净值在不断地减少，以及因更新重置的影响，其净值突然增加。同时，由于折旧方法的不同，可能影响其可比性。故在分析时，一定要剔除掉这些不可比因素。

12.2.2.3　总资产周转情况

反映总资产周转情况的主要指标是总资产周转率，它是企业一定时期营业收入与平均资产总额的比值，可以用来反映企业全部资产的利用效率。其计算公式为：

$$总资产周转率(周转次数) = \frac{营业收入}{平均资产总额}$$

$$平均资产总额 = \frac{年初资产总额 + 年末资产总额}{2}$$

$$总资产周转期(周转天数) = \frac{平均资产总额 \times 360}{营业收入}$$

总资产周转率越高，表明企业全部资产的使用效率越高；反之，如果该指标较低，则说明企业利用全部资产进行经营的效率较低，最终会影响企业的获利能力。企业应采取各项措施来提高企业的资产利用程度。

需要说明的是，在上述指标的计算中均以年度作为计算期，在实际应用中，计算期应视分析的需要而定，但应保持分子与分母在时间口径上的一致。如果资金占用的波动性较大，那么企业应采用更详细的资料进行计算。如果各期占用额比较稳定，波动性不大，那么季度、年度的平均资金占用额也可以直接用（期初数＋期末数）/2 的公式来计算。

12.2.2.4　其他资产质量指标

不良资产比率和资产现金回收率等指标也能够反映资产的质量状况和资产的利用效率，从而在一定程度上体现生产资料的营运能力。其计算公式分别如下：

$$不良资产比率 = \frac{资产减值准备余额 + 应提未提和应摊未摊的潜亏挂账 + 未处理资产损失}{资产总额 + 资产减值准备余额} \times 100\%$$

$$资产现金回收率 = \frac{经营现金净流量}{平均资产总额} \times 100\%$$

除了对生产资料的运营能力进行分析，还应该对企业财富的原始创造者进行劳动效率的计算与分析。

12.2.3　获利能力指标

对增值的不断追求是企业资金运动的动力源泉与直接目的。获利能力就是企业资金增值的能力，它通常体现为企业收益数额的大小与水平的高低。由于企业会计的六大要素有机地统一于企业资金运动过程，并通过筹资、投资活动取得收入，补偿成本费用，从而实现利润目标。因此，可以按照会计基本要素设置营业利润率、成本费用利润率、盈余现金保障倍数、总资产报酬率、净资产收益率和资本收益率六项指标，借以评价企业各要素的获利能力及资本保值增值情况。

12.2.3.1 营业利润率

营业利润率是企业一定时期营业利润与营业收入的比率。其计算公式为：

$$营业利润率 = \frac{营业利润}{营业收入} \times 100\%$$

营业利润率越高，表明企业市场竞争力越强，发展潜力越大，从而获利能力越强。

【例 12-9】 根据表 12-2 资料，计算该公司 2020 年、2021 年营业利润率。

解： 2020 年营业利润率：$\frac{5\ 320}{19\ 600} \times 100\% = 27.14\%$

2021 年营业利润率：$\frac{5\ 470}{22\ 000} \times 100\% = 24.86\%$

根据计算可知，该公司的营业利润率略有下降。

需要说明的是，从利润表来看，企业的利润包括营业利润、利润总额和净利润三种形式。而营业收入包括主营业务收入和其他业务收入，收入来源有商品销售收入、提供劳务收入和资产使用权让渡收入等。因此，在实务中也经常使用销售净利率、销售毛利率等指标来分析企业经营业务的获利水平。此外，通过考察营业利润占整个利润总额比重的升降，可以发现企业经营理财状况的稳定性、面临的危险或者可能出现的转机迹象。

$$营业净利率 = \frac{净利润}{营业收入} \times 100\%$$

$$营业毛利率 = \frac{营业收入 - 营业成本}{营业收入} \times 100\%$$

12.2.3.2 成本费用利润率

成本费用利润率是指企业一定时期利润总额与成本费用总额的比率。其计算公式为：

$$成本费用利润率 = \frac{利润总额}{成本费用总额} \times 100\%$$

式中：$\frac{成本费用}{总额} = \frac{营业}{成本} + \frac{税金}{及附加} + \frac{销售}{费用} + \frac{管理}{费用} + \frac{财务}{费用}$

该指标越高，表明企业为取得利润而付出的代价越小，成本费用控制得越好，获利能力越强。

【例 12-10】 根据表 12-2 资料，计算该公司 2020 年、2021 年成本费用利润率。

解： 成本费用利润率 $= \frac{利润总额}{成本费用总额} \times 100\%$

成本费用总额 = 营业成本 + 税金及附加 + 销售费用 + 管理费用 + 财务费用

2020 年成本费用总额 = 10 200 + 1 060 + 1 720 + 840 + 260 = 14 080（万元）

2021 年成本费用总额 = 11 800 + 1 250 + 1 950 + 980 + 270 = 16 250（万元）

2020 年成本费用利润率 $= \frac{4\ 800}{14\ 080} \times 100\% = 34.09\%$

$$2021 年成本费用利润率 = \frac{5\ 000}{16\ 250} \times 100\% = 30.77\%$$

从以上计算可知，该公司 2021 年比 2020 年成本费用利润率有所下降，说明该公司应注意改进工作，以便扭转下降局面。

同利润一样，成本费用的计算口径也可以分为不同的层次，例如，主营业务成本、营业成本等。在评价成本费用开支效果时，应当注意成本费用与利润之间在计算层次和口径上的对应关系。

12.2.3.3 盈余现金保障倍数

盈余现金保障倍数是企业一定时期经营现金净流量与净利润的比值，反映了企业当期净利润中现金收益的保障程度，真实反映了企业盈余的质量，是评价企业获利状况的辅助指标。其计算公式为：

$$盈余现金保障倍数 = \frac{经营现金净流量}{净利润}$$

盈余现金保障倍数是从现金流入和流出的动态角度，对企业收益的质量进行评价，在收付实现制的基础上，充分反映出企业当期净利润中有多少是有现金保障的。一般来说，当企业当期净利润大于 0 时，盈余现金保障倍数应当大于 1。该指标越大，表明企业经营活动产生的净利润对现金的贡献越大。

12.2.3.4 总资产报酬率

总资产报酬率是企业一定时期内获得的报酬总额与平均资产总额的比率。它是反映企业资产综合利用效果的指标，也是衡量企业利用债权人和所有者权益总额所取得利润的重要指标。其计算公式为：

$$总资产报酬率 = \frac{息税前利润总额}{平均资产总额} \times 100\%$$

其中，息税前利润总额 = 利润总额 + 利息支出

= 净利润 + 所得税费用 + 利息支出

总资产报酬率全面反映了企业全部资产的获利水平，企业所有者和债权人对该指标都非常关心。一般情况下，该指标越高，表明企业的资产利用效益越好，整个企业获利能力越强，经营管理水平越高。企业还可以将该指标与市场资本利率进行比较，如果前者较后者大，则说明企业可以充分利用财务杠杆，适当举债经营，以获得更多的收益。

12.2.3.5 净资产收益率

净资产收益率是企业一定时期净利润与平均净资产的比率。它是反映自有资金投资收益水平的指标，是企业获利能力指标的核心。其计算公式为：

$$净资产收益率 = \frac{净利润}{平均净资产} \times 100\%$$

$$其中，平均净资产 = \frac{年初所有者权益 + 年末所有者权益}{2}$$

【例 12-11】 根据表 12-1、表 12-2 资料，并假设 2019 年年末净资产为 14 600 万元，该公司 2020 年、2021 年净资产收益率计算如下：

解： $2020 年净资产收益率 = \dfrac{3\,600}{(14\,600 + 16\,200)/2} \times 100\% = 23.38\%$

$2021 年净资产收益率 = \dfrac{3\,750}{(16\,200 + 19\,500)/2} \times 100\% = 21.01\%$

该公司 2021 年比 2020 年净资产收益率有所下降，这是由于分母所有者权益的增幅大于分子净收益增幅，应努力提高净利润增幅，从而保证净资产收益率的增长。

净资产收益率是评价企业自有资本及其积累获取报酬水平的最具综合性与代表性的指标，反映企业资本营运的综合效益。该指标通用性强，适应范围广，不受行业局限，在国际上的企业综合评价中使用率非常高。通过对该指标的综合对比分析，可以看出企业获利能力在同行业中所处的地位，以及与同类企业的差异水平。一般认为，净资产收益率越高，企业自有资本获取收益的能力越强，营运效益越好，对企业投资人和债权人权益的保证程度越高。

12.2.3.6 资本收益率

资本收益率是企业一定时期净利润与平均资本（即资本性投入及其资本溢价）的比率，反映企业实际获得投资额的回报水平。其计算公式为：

$$资本收益率 = \frac{净利润}{平均资本} \times 100\%$$

$$其中，\ 平均资本 = \frac{\left[\dfrac{实收资本（股本）}{年初数} + \dfrac{资本公积}{年初数}\right] + \left[\dfrac{实收资本（股本）}{年末数} + \dfrac{资本公积}{年末数}\right]}{2}$$

资本公积 = 资本公积中的资本溢价（股本溢价）

需要说明的是，企业所有者权益的来源包括所有者投入的资本、直接计入所有者权益的利得和损益、留存收益等。其中，所有者投入的资本，反映在实收资本（股本）和资本公积中；直接计入所有者权益的利得和损益反映在资本公积（其他资本公积）中；留存收益则包括未分配利润和盈余公积。换句话说，并非资本公积中的所有金额都属于所有者投入的资本，只有其中的资本溢价（股本溢价）属于资本性投入。

12.2.3.7 每股收益

每股收益，也称每股利润或每股盈余，反映企业普通股股东持有每份股份所能享有的企业利润和承担的企业亏损，是衡量上市公司获利能力时最常用的财务分析指标。每股收益越高，说明公司的获利能力越强。

每股收益的计算包括基本每股收益和稀释收益。企业应当按照归属于普通股股东的当期净利润除以当期发行在外普通股的加权平均数计算基本每股收益。其计算公式为：

$$基本每股收益 = \frac{归属于普通股股东的当期净利润}{当期发行在外普通股的加权平均数}$$

企业存在稀释性潜在普通股的，应当分别调整归属于普通股股东的当期净利润和当期发行在外普通股的加权平均数（即基本每股收益计算公式中的分子、分母），据以计算稀释每股收益。其中，稀释性潜在普通股，是指假设当期转换为普通股会减少每股收益的潜在普通股，主要包括可转换公司债券、认股权证和股票期权等。

计算稀释每股收益时，对基本每股收益分子的调整项目有：①当期已确认为费用的稀释性潜在普通股的利息；②稀释性潜在普通股转换时将产生的收益或费用。同时，将基本每股收益分母调整为当期发行在外普通股的加权平均数与假定稀释性潜在普通股转换为已发行普通股而增加的普通股股数的加权平均数之和。

12.2.3.8　每股股利

每股股利指上市公司本年发放的普通股现金股利总额与年末普通股总数的比值。其计算公式为：

$$每股股利 = \frac{普通股现金股利总额}{年末普通股总数}$$

12.2.3.9　市盈率

市盈率是上市公司普通股每股市价与每股收益之比，反映投资者对上市公司每单位净利润愿意支付的价格，可以用来估计股票的投资报酬和风险。其计算公式为：

$$市盈率 = \frac{普通股每股市价}{普通股每股收益}$$

市盈率是反映上市公司获利能力的一个重要财务比率，投资者对这个比率十分重视。这一比率是投资者作出投资决策的重要参考因素之一。一般来说，市盈率高，说明投资者对该公司的发展前景看好，愿意出较高的价格购买该公司股票，所以一些成长性较好的高科技公司股票的市盈率通常要高一些。但是，也应该注意，如果某一种股票的市盈率过高，则也意味着这种股票具有较高的投资风险。

12.2.3.10　每股净资产

每股净资产是上市公司年末净资产（即股东权益）与年末普通股总数的比值。其计算公式为：

$$每股净资产 = \frac{年末股东权益}{年末普通股总数}$$

12.2.4　发展能力指标

发展能力是企业在生存的基础上，扩大规模、壮大实力的潜在能力。分析发展能力主要考察以下几项指标：营业收入增长率、资本保值增值率、资本积累率、总资产增长率、营业利润增长率、技术投入比率、营业收入三年平均增长率和资本三年平均增长率。

12.2.4.1　营业收入增长率

营业收入增长率是企业本年营业收入增长额与上年营业收入总额的比率。它反映企业营业收入的增减变动情况，是评价企业成长状况和发展能力的重要指标。其计算公式为：

$$营业收入增长率=\frac{本年营业收入增长额}{上年营业收入总额}\times100\%$$

其中，本年营业收入增长额＝本年营业收入总额－上年营业收入总额

实务中，也可以使用销售增长率来分析企业经营业务收入的增减情况。其计算公式为：

$$销售增长率=\frac{本年销售收入增长额}{上年销售收入总额}\times100\%$$

【例 12-12】根据表 12-2 资料，计算该公司 2021 年的营业收入增长率。

解：$2021 年营业收入增长率=\frac{22\,000-19\,600}{19\,600}\times100\%=12.24\%$

营业收入增长率是衡量企业经营状况和市场占有能力、预测企业经营业务拓展趋势的重要标志。不断增加的营业收入，是企业生存的基础和发展的条件。该指标若大于 0，表示企业本年的营业收入有所增长，指标值越高，表明增长速度越快，企业市场前景越好；若该指标小于 0，则说明产品或服务不适销对路、质次价高，或是在售后服务等方面存在问题，市场份额萎缩。该指标在实际操作时，应结合企业历年的营业收入水平、企业市场占有情况、行业未来发展及其他影响企业发展的潜在因素进行预测，或者结合企业前三年的营业收入增长率作出趋势性分析判断。

12.2.4.2　资本保值增值率

资本保值增值率是企业扣除客观因素后的本年年末所有者权益总额与年初所有者权益总额的比率，反映企业当年在自身努力下的实际增减变动情况。其计算公式为：

$$资本保值增值率=\frac{扣除客观因素后的本年年末所有者权益总额}{年初所有者权益总额}\times100\%$$

【例 12-13】根据表 12-2 资料，并假设不考虑客观因素，计算该公司 2021 年的资本保值增值率。

解：$资本保值增值率=\frac{19\,950}{16\,200}\times100\%=123.15\%$

一般认为，资本保值增值率越高，表明企业的资本保全状况越好，所有者权益增长越快，债权人的债务越有保障。该指标通常应当大于 100%。

12.2.4.3　资本积累率

资本积累率是企业本年所有者权益增长额与年初所有者权益的比率。它反映企业当年资本的积累能力，是评价企业发展潜力的重要指标。其计算公式为：

$$资本累积率=\frac{本年所有者权益增长额}{年初所有者权益}\times100\%$$

其中，本年所有者权益增长额＝年末所有者权益数－年初所有者权益数

资本积累率是企业当年所有者权益总的增长率，反映了企业所有者权益在当年的变动水平，体现了企业资本的积累情况，是企业发展兴旺的标志，也是企业扩大再生产的源泉，展示了企业的发展潜力。资本积累率还反映了投资者投入企业资本的保全性和增长性。该指标

若大于 0，则指标值越高，表明企业的资本积累越多，应付风险、可持续发展的能力越大；该指标若为负值，则表明企业资本受到侵蚀，所有者利益受到损害，应予以充分重视。

12.2.4.4 总资产增长率

总资产增长率是企业本年总资产增长额同年初资产总额的比率，它反映企业本期资产规模的增长情况。其计算公式为：

$$总资产增长率 = \frac{本年总资产增长额}{年初资产总额} \times 100\%$$

其中，本年总资产增长额＝年末资产总额数－年初资产总额数

总资产增长率从企业资产总量扩张方面衡量企业的发展能力，表明企业规模增长水平对企业发展后劲的影响。该指标越高，表明企业一定时期内资产经营规模扩张的速度越快。但在实际分析时，应考虑资产规模扩张的质和量的关系，以及企业的后续发展能力，避免资产盲目扩张。

12.2.4.5 营业利润增长率

营业利润增长率是企业本年营业利润增长额与上年营业利润总额的比率，反映企业营业利润的增减变动情况。其计算公式为：

$$营业利润增长率 = \frac{本年营业利润增长额}{上年营业利润总额} \times 100\%$$

其中，本年营业利润增长额＝本年营业利润总额－上年营业利润总额

12.2.4.6 技术投入比率

技术投入比率是企业本年科技支出（包括用于研究开发、技术改造、科技创新等方面的支出）与本年营业收入净额的比率，反映企业在科技进步方面的投入，一定程度上可以体现企业的发展潜力。其计算公式为：

$$技术投入比率 = \frac{本年科技支出合计}{本年营业收入净额} \times 100\%$$

12.2.4.7 营业收入三年平均增长率

营业收入三年平均增长率表明企业营业收入连续三年的增长情况，体现企业的持续发展态势和市场扩张能力。其计算公式为：

$$营业收入三年平均增长率 = \left(\sqrt[3]{\frac{本年营业收入总额}{三年前营业收入总额}} - 1 \right) \times 100\%$$

其中，三年前营业收入总额指企业三年前的营业收入总额，例如，在评价企业 2007 年的综合绩效状况时，则三年前营业收入总额是指 2004 年的营业收入总额。

实务中，也可以使用销售收入三年平均增长率来分析企业经营业务收入连续三年的增减情况。其计算公式为：

$$销售收入三年平均增长率 = \left(\sqrt[3]{\frac{本年销售收入总额}{三年前销售收入总额}} - 1 \right) \times 100\%$$

营业收入是企业积累和发展的基础，该指标越高，表明企业积累的基础越实，可持续发展能力越强，发展的潜力越大。利用营业（销售）收入三年平均增长率指标，能够反映企业的经营业务增长趋势和稳定程度，体现企业的持续发展状况和发展能力，避免因少数年份业务波动而造成对企业发展潜力的错误判断。一般认为，该指标越高，表明企业经营业务持续增长势头越好，市场扩张能力越强。

12.2.4.8　资本三年平均增长率

资本三年平均增长率表示企业资本连续三年的积累情况，在一定程度上体现了企业的持续发展水平和发展趋势。其计算公式为：

$$资本三年平均增长率=\left(\sqrt[3]{\frac{本年所有者权益总额}{三年前年末所有者权益总额}}-1\right)\times 100\%$$

其中，三年前年末所有者权益总额指企业三年前的所有者权益年末数，例如，在评价2021年企业综合绩效状况时，三年前所有者权益年末数是指2018年年末数。

由于一般增长率指标在分析时具有"滞后"性，仅反映当期情况，而利用该指标，能够反映企业资本积累或资本扩张的历史发展状况，以及企业稳步发展的趋势。一般认为，该指标越高，表明企业所有者权益得到保障程度越大，企业可以长期使用的资金越充足，抗风险和持续发展的能力越强。

12.2.5　综合指标分析

12.2.5.1　综合指标分析的含义及特点

财务分析的最终目的在于全面地了解企业经营理财的状况，并借以对企业经济效益的优劣作出系统的、合理的评价。单独分析任何一项财务指标，都难以全面评价企业的财务状况和经营成果，要想对企业财务状况和经营成果有一个总的评价，就必须进行相互关联的分析，采用适当的标准进行综合性评价。所谓综合指标分析就是将营运能力、偿债能力、获利能力和发展能力指标等诸方面纳入一个有机的整体，全面地对企业经营状况、财务状况进行揭示与披露，从而对企业经济效益的优劣作出准确的评价与判断。

综合指标分析的特点，体现在财务指标体系的要求上。一个健全有效的综合财务指标体系必须具备三个基本要素。

1. 指标要素齐全适当

这是指所设置的评价指标必须能够涵盖企业营运能力、偿债能力和获利能力等诸方面总体考核的要求。

2. 主辅指标功能匹配

这里要强调两个方面：①在确立营运能力、偿债能力和获利能力诸方面评价的主要指标与辅助指标的同时，进一步明晰总体结构中各项指标的主辅地位；②不同范畴的主要考核指标所反映的企业经营状况、财务状况的不同侧面与不同层次的信息有机统一，应当能够全面而翔实地揭示企业经营理财的实绩。

3. 满足多方信息需要

这要求评价指标体系必须能够提供多层次、多角度的信息资料，既能满足企业内部管理当局实施决策对充分而具体的财务信息的需要，同时又能满足外部投资者和政府用以决策和实施宏观调控的要求。

12.2.5.2 杜邦综合财务分析方法

综合指标分析的方法很多，其中应用比较广泛的有杜邦财务分析体系（the du pont system）。

杜邦财务分析体系（简称杜邦体系）是利用各财务指标间的内在关系，对企业综合经营理财及经济效益进行系统分析评价的方法。因其最初由美国杜邦公司创立并成功运用而得名，该体系以净资产收益率为核心，将其分解为若干财务指标，通过分析各分解指标的变动对净资产收益率的影响来揭示企业获利能力及其变动原因。

杜邦体系各主要指标之间的关系如下：

$$\frac{净资产}{收益率}=\frac{总资产}{净利率}\times\frac{权益}{乘数}=\frac{营业}{净利率}\times\frac{总资产}{周转率}\times\frac{权益}{乘数}$$

其中，$营业净利率=\dfrac{净利润}{营业收入}\times100\%$

$$总资产周转率=\frac{营业收入}{平均资产总额}$$

$$权益乘数=\frac{资产总额}{所有者权益总额}=\frac{1}{1-资产负债率}$$

在具体运用杜邦体系进行分析时，可以采用前文所述的因素分析法，首先确定营业净利率、总资产周转率和权益乘数的基准值，然后顺次代入这三个指标的实际值，分别计算分析这三个指标的变动对净资产收益率的影响方向和程度，还可以使用因素分析法进一步分解各个指标并分析其变动的深层次原因，找出解决问题的对策。

【例 12-14】 根据表 12-1 和表 12-2 资料，建立杜邦财务分析体系，并运用连环替代进行分析。

解： 杜邦财务分析体系为：

净资产收益率＝营业净利率×总资产周转率×权益乘数

现采用连环替代法进行计算与分析：

2020 年净资产收益率：$18.37\%\times0.90\times1.41=23.31\%$ ①

第一次替代：$17.05\%\times0.90\times1.41=21.64\%$ ②

第二次替代：$17.05\%\times0.94\times1.41=22.60\%$ ③

第三次替代：$17.05\%\times0.94\times1.37=21.96\%$ ④

②－①＝$21.64\%-23.31\%=-1.67\%$ 营业净利率下降的影响

③－②＝$22.60\%-21.64\%=0.96\%$ 总资产周转率上升的影响

④－③＝$21.96\%-22.60\%=-0.64\%$ 权益乘数下降的影响

注意，在本题的计算中，凡涉及资产负债表项目采用期初与期末平均数进行计算。

【例12-15】 ABC公司杜邦财务分析体系如图12-1所示。

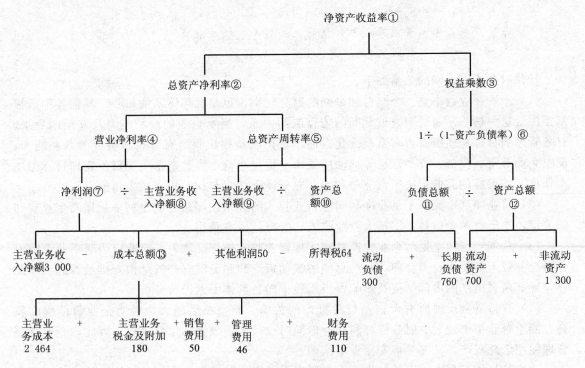

图12-1 ABC公司杜邦财务分析体系

要求：（1）计算并填写①至⑬项；

（2）写出杜邦财务关系式及其计算结果。

解：（1）⑬＝2 464＋180＋50＋46＋110＝2 850

⑦＝3 000－2 850＋50－64＝136

⑧＝⑨＝3 000

⑩＝⑫＝700＋1300＝2 000

⑪＝300＋760＝1 060

$⑥＝\dfrac{1\,060}{2\,000}＝0.53$

$③＝\dfrac{1}{1－0.53}＝2.128$

$④＝\dfrac{136}{3\,000}＝4.53\%$

$⑤＝\dfrac{3\,000}{2\,000}＝1.5$（次）

②＝4.53%×1.5＝6.8%

①＝6.8%×2.128＝14.47%

（2）总资产净利率＝营业净利率×总资产周转率

＝4.53%×1.5＝6.8%

$$净资产收益率＝总资产净利率×权益乘数$$
$$＝6.8\%×2.128＝14.47\%$$

$$净资产收益率＝营业净利率×总资产周转率×权益乘数$$
$$＝4.53\%×1.5×2.128＝14.46\%$$

杜邦财务指标之间的关系如下。

(1) 净资产收益率是一个综合性最强的财务比率，也是杜邦体系的核心。其他各项指标都是围绕这一核心，通过研究彼此间的依存制约关系，揭示企业的获利能力及其前因后果。财务管理的目标是使所有者财富最大化，而净资产收益率反映所有者投入资金的获利能力，反映企业筹资、投资、资产营运等活动的效率。提高净资产收益率是实现财务管理目标的基本保证。该指标的高低取决于营业净利率、总资产周转率与权益乘数三个指标。

(2) 营业净利率反映了企业净利润与营业收入的关系。提高营业净利率是提高企业获利的关键，主要有两个途径：①扩大营业收入；②降低成本费用。

(3) 总资产周转率揭示企业资产总额实现营业收入的综合能力。企业应当联系营业收入分析企业资产的使用是否合理，资产总额中流动资产和非流动资产的结构安排是否适当。此外，还必须对资产的内部结构及影响资产周转率的各具体因素进行分析。

(4) 权益乘数反映所有者权益与总资产的关系。权益乘数越大，说明企业负债程度较高，能给企业带来较大的财务杠杆利益，但同时也带来了较大的偿债风险。因此，企业既要合理使用全部资产，又要妥善安排资本结构。

通过杜邦体系自上而下地分析，不仅可以揭示企业各项财务指标间的结构关系，查明各项主要指标变动的影响因素，而且为决策者优化经营理财决策，提高企业经营效益提供了思路。提高产权资本净利率的根本在于扩大销售、节约成本、合理投资配置、加速资金周转、优化资本结构、确立风险意识等。

杜邦分析方法的指标设计也具有一定的局限性，它更偏重于企业所有者的利益角度。从杜邦指标体系来看，在其他因素不变的情况下，资产负债率越高，净资产收益率就越高。这是因为利用较多负债，从而发挥财务杠杆作用的结果，但是没有考虑财务风险的因素，负债越多，财务风险越大，偿债压力越大。因此，还要结合其他指标进行综合分析。

12.3 综合绩效评价

12.3.1 综合绩效评价的意义

综合绩效评价，是指运用统计学和运筹学的方法，建立定量分析与定性分析相结合的评价指标体系，通过对照相应的评价标准，对企业一定经营期间的获利能力、资产质量、债务风险及经营增长等经营综合绩效和努力程度的各方面进行的综合评价。

科学地评价企业综合绩效，可以为出资者行使经营者的选择权提供重要依据；可以有效地加强对企业经营者的监督和约束；可以为有效地激励企业经营者提供可靠依据；还可以为政府有关部门、债权人、企业职工等利益相关方提供有效的信息支持。

12.3.2　综合绩效评价的内容

综合绩效评价由财务综合绩效定量评价和管理综合绩效定性评价两部分组成。

1. 财务综合绩效定量评价

财务综合绩效定量评价是指对企业一定期间的获利能力、资产质量、债务风险和经营增长等四个方面进行定量对比分析与评价，如表 12-3 所示。

（1）企业获利能力分析与评价。主要通过资本及资产收益水平、成本费用控制水平和经营现金流量状况等方面的财务指标，综合反映企业的投入产出水平及获利质量和现金保障状况。

（2）企业资产质量分析与评价。主要通过资产周转速度、资产营运状态及资产利用的有效性等方面的财务指标，综合反映企业所占用经济资源的利用效率、资产管理水平和资产的安全程度。

（3）企业债务风险分析与评价。主要通过债务承担水平、资产负债结构、或有负债情况、现金偿债能力等方面的财务指标，综合反映企业的债务水平、偿债能力及其所面临的债务风险。

表 12-3　财务综合绩效定量评价指标体系

评价指标类别	财务综合绩效定量评价指标	
	基本指标	修正指标
1. 获利能力状况	净资产收益率 总资产报酬率	销售（营业）利润率 盈余现金保障倍数 成本费用利润率 资本收益率
2. 资产质量状况	总资产周转率 应收账款周转率	不良资产比率 流动资产周转率 资产现金回收率
3. 债务风险状况	资产负债率 已获利息倍数	速动比率 现金流动负债比率 带息负债比率 或有负债比率
4. 经营增长状况	销售（营业）增长率 资本保值增值率	销售（营业）利润增长率 总资产增长率 技术投入比率

（4）企业经营增长分析与评价。主要通过销售增长、资本积累、销售利润增长变化及技术投入等方面的财务指标，综合反映企业的经营增长趋势及发展潜力。

2. 管理综合绩效定性评价

管理综合绩效定性评价是指在企业财务综合绩效定量评价的基础上，通过采取专家评议的方式，对企业一定期间的战略管理、发展创新等方面进行定性分析和综合评价。

(1) 战略管理评价。主要反映企业所制定战略规划的科学性，战略规划是否符合企业实际，员工对战略规划的认知程度，战略规划的保障措施及其执行力，以及战略规划的实施效果等方面的情况。

(2) 发展创新评价。主要反映企业在经营管理创新、工艺革新、技术改造、新产品开发、品牌培育、市场拓展、专利申请及核心技术研发等方面的措施及成效。

(3) 经营决策评价。主要反映企业在决策管理、决策程序、决策方法、决策执行、决策监督、责任追究等方面采取的措施及实施效果，重点反映企业是否存在重大经营决策失误。

(4) 风险控制评价。主要反映企业在财务风险、市场风险、技术风险、管理风险、信用风险和道德风险等方面的管理与控制措施及效果，包括风险控制标准、风险评估程序、风险防范与化解措施等。

(5) 基础管理评价。主要反映企业在制度建设、内部控制、重大事项管理、信息化建设、标准化管理等方面的情况，包括财务管理、对外投资、采购与销售、存货管理、质量管理、安全管理、法律事务等。

(6) 人力资源评价。主要反映企业人才结构、人才培养、人才引进、人才储备、人事调配、员工绩效管理、分配与激励、企业文化建设、员工工作热情等方面的情况。

(7) 行业影响评价。主要反映企业主营业务的市场占有率、对国民经济及区域经济的影响与带动力、主要产品的市场认可程度、是否具有核心竞争能力及产业引导能力等方面的情况。

(8) 社会贡献评价。主要反映企业在资源节约、环境保护、吸纳就业、工资福利、安全生产、上缴税收、商业诚信、和谐社会建设等方面的贡献程度和社会责任的履行情况。

企业管理综合绩效定性评价指标应根据评价工作需要作进一步细化，能够量化的应当采用量化指标进行反映。

12.3.3　定量评价指标

1. 定量指标中的基本指标及计算公式

(1) 净资产收益率，指企业利用投入资本获取收益的能力。其计算公式为：

$$净资产收益率 = \frac{净利润}{平均净资产} \times 100\%$$

其中，平均净资产=（期初所有者权益+期末所有者权益)/2

(2) 总资产收益率，用于衡量企业运用全部资产获利的能力。其计算公式为：

$$总资产收益率 = \frac{利润总额 + 利息支出}{平均资产总额} \times 100\%$$

其中，平均资产总额=（期初资产总额+期末资产总额)/2

(3) 总资产周转率，指企业在一定时期营业收入与平均资产总额的比值，是综合评价企业全部资产经营质量和利用效率的重要指标。其计算公式为：

$$总资产周转率 = \frac{营业收入}{平均资产总额}$$

(4) 应收账款周转率，指企业一定时期营业收入与应收账款平均余额之比。其计算公式为：

$$应收账款周转率 = \frac{营业收入}{应收账款平均余额}$$

其中，应收账款平均余额 =（年初应收账款余额 + 年末应收账款余额）/2

应收账款余额 = 应收账款净额 + 应收账款坏账准备

（5）资产负债率，用于衡量企业负债水平与偿债能力的情况。其计算公式为：

$$资产负债率 = \frac{负债总额}{资产总额} \times 100\%$$

（6）已获利息倍数，指息税前利润与利息支出之间的比率，可用于衡量企业的偿债能力。其计算公式为：

$$已获利息倍数 = \frac{利润总额 + 利息支出}{利息支出}$$

（7）销售（营业）增长率，是反映企业销售（营业）收入增长情况的指标。其计算公式为：

$$销售（营业）增长率 = \frac{本年营业收入 - 上年营业收入}{上年营业收入} \times 100\%$$

（8）资本保值增值率，用于衡量企业所有者权益的保持和增长幅度。其计算公式为：

$$资本保值增值率 = \frac{扣除客观增减因素的年末所有者权益}{年初所有者权益} \times 100\%$$

2. 定量指标中的修正指标及计算公式

（1）$销售（营业）利润率 = \frac{营业利润}{营业收入} \times 100\%$

（2）$盈余现金保障倍数 = \frac{经营现金净流量}{净利润} \times 100\%$

（3）$成本费用利润率 = \frac{利润总额}{成本费用总额} \times 100\%$

其中，成本费用总额 = 营业成本 + 营业税金 + 营业费用 + 管理费用 + 财务费用

（4）$资本收益率 = \frac{净利润}{平均资本} \times 100\%$

其中，平均资本 = [（年初实收资本 + 年初资本公积）+（年末实收资本 + 年末资本公积）] /2

（5）$不良资产比率 = \frac{资产减值准备余额 + 应提未提和应摊未摊的潜亏挂账 + 未处理资产损失}{资产总额 + 资产减值准备余额} \times 100\%$

（6）$流动资产周转率 = \frac{营业收入}{平均流动资产余额}$

其中，平均流动资产余额 =（年初流动资产总额 + 年末流动资产总额）/2

（7）$资产现金回收率 = \frac{经营现金净流量}{平均资产总额} \times 100\%$

（8）$速动比率 = \frac{速动资产}{流动负债} \times 100\%$

(9) 现金流动负债比率 $= \dfrac{\text{经营现金净流量}}{\text{流动负债}} \times 100\%$

(10) 带息负债比率 $= \dfrac{\text{短期借款} + \text{一年内到期的长期负债} + \text{长期借款} + \text{应付债券} + \text{应付利息}}{\text{负债总额}} \times 100\%$

(11) 或有负债比率 $= \dfrac{\text{或有负债余额}}{\text{所有者权益}} \times 100\%$

其中，或有负债余额 $=$ 已贴现承兑汇票 $+$ 担保余额 $+$ 贴现与担保外的被诉事项金额 $+$ 其他或有负债

(12) 销售（营业）利润增长率 $= \dfrac{\text{本年营业利润} - \text{上年营业利润}}{\text{上年营业利润}} \times 100\%$

(13) 总资产增长率 $= \dfrac{\text{年末资产总额} - \text{年初资产总额}}{\text{年初资产总额}} \times 100\%$

(14) 技术投入比率 $= \dfrac{\text{本年科技支出合计}}{\text{营业收入}} \times 100\%$

12.3.4 评价标准

综合绩效评价标准分为财务综合绩效定量评价标准和管理综合绩效定性评价标准，通常由政府等权威部门统一测算和发布。

12.3.4.1 财务综合绩效定量评价标准

财务综合绩效定量评价标准包括国内行业标准和国际行业标准。国内行业标准根据国内企业年度财务和经营管理统计数据，运用数理统计方法，分年度、分行业、分规模统一测算。国际行业标准根据居于行业国际领先地位的大型企业相关财务指标实际值，或者根据同类型企业相关财务指标的先进值，在剔除会计核算差异后统一测算。其中，行业分类按照国家统一颁布的标准结合企业实际情况进行划分。

财务综合绩效定量评价标准按照不同行业、不同规模及指标类别，划分为优（A）、良（B）、中（C）、低（D）和差（E）五个档次。对应这五档评价标准的标准系数分别为1、0.8、0.6、0.4、0.2。表12-4为2021年工业企业财务绩效评价标准。

表12-4 2021年工业企业财务绩效评价标准

评价指标	优（A） （1）	良（B） （0.8）	中（C） （0.6）	低（D） （0.4）	差（E） （0.2）
1. 获利能力状况					
净资产收益率/%	11.6	8.2	5.5	−0.8	−9.4
总资产报酬率/%	7.7	5.3	3.9	−0.9	−5.0
2. 资产质量状况					
总资产周转率/次	0.8	0.6	0.5	0.3	0.2
应收账款周转率/次	19.6	10.7	6.5	2.0	1.2

评价指标	优（A）(1)	良（B）(0.8)	中（C）(0.6)	低（D）(0.4)	差（E）(0.2)
3. 债务风险状况					
资产负债率/%	48.3	53.3	58.3	68.3	83.3
已获利息倍数	8.3	5.3	2.3	1.1	−0.8
4. 经营增长状况					
销售增长率/%	19.3	14.4	−2.9	−10.8	−21.5
资本保值增值率/%	111.5	107.0	104.2	98.4	90.6

12.3.4.2　管理综合绩效定性评价标准

管理综合绩效定性评价标准根据评价内容，结合企业经营管理的实际水平和出资者监管要求等统一测算，并划分为优（A）、良（B）、中（C）、低（D）和差（E）五个档次。

管理综合绩效定性评价标准具有行业普遍性和一般性，在进行评价时，应当根据不同行业的经营特点，灵活把握个别指标的标准尺度。对于定性评价标准没有列示，但对被评价企业经营综合绩效产生重要影响的因素，在评价时也应予以关注。

12.3.5　评价方法

综合绩效评价分为三个主要步骤，首先进行财务综合绩效定量评价，包括财务基本指标计算及根据修正指标对其进行矫正，其次在财务定量评价结果的基础上，进行管理综合绩效定性评价，最后将财务综合绩效定量评价和管理综合绩效定性评价的结果按照一定的比例结合起来，计算综合绩效评价分值，形成综合评价结果。

12.3.5.1　财务综合绩效定量评价方法

财务综合绩效定量评价是运用统计学的功效系数法原理，将企业评价指标实际值比照企业所处行业（规模）标准值，按照规定的评分模型进行定量测算。其基本步骤如下。

（1）收集相关数据，加以调整，计算各项指标实际值。财务综合绩效定量评价的基本数据资料主要为企业评价年度财务会计报表。为了客观、公正地评价企业综合绩效，保证评价基础数据的真实、完整、合理，在实施评价前通常应对基础数据进行核实，按照重要性和可比性原则视实际情况进行适当调整。在此基础上，运用前面列示的各项指标的计算公式，确定各项指标实际值。

（2）确定各项指标标准值。各项指标的标准值是有关权威部门运用数理统计方法，分年度、分行业、分规模统一测算和发布的。企业一般可以根据自身的主营业务范围对照国家规定的行业基本分类，选择适用的行业标准值。

（3）按照既定模型对各项指标评价计分。财务综合绩效定量评价指标包括基本指标和修正指标，两种指标的计分模型是有所差别的。

① 财务综合绩效定量评价基本指标计分是按功效系数法计分原理，将评价指标实际值

对照行业评价标准值，按照下列公式计算各项财务综合绩效定量评价基本指标得分。计算公式为：

$$基本指标总得分＝\sum 单项基本指标得分$$

$$单项基本指标得分＝本档基础分＋调整分$$

$$本档基础分＝指标权数×本档标准系数$$

$$调整分＝功效系数×（上档基础分－本档基础分）$$

$$上档基础分＝指标权数×上档标准系数$$

$$功效系数＝\frac{（实际值－本档标准值）}{（上档标准值－本档标准值）}$$

【例 12-16】根据表 12-3 和表 12-4 的财务指标体系及财务绩效评价标准，计算某工业企业 2021 年财务绩效基本指标的综合得分。

解：先以基本财务指标净资产收益率为例来说明评分过程：

本档基础分＝20×0.8＝16（分）

上档基础分＝20×1＝20（分）

$$功效系数＝\frac{10.5－8.2}{11.6－8.2}＝0.68$$

调整分＝0.68×（20－16）＝2.71（分）

单项指标得分＝16＋2.71＝18.71（分）

其余基本指标的计算过程同上。

基本指标的综合分＝18.71＋10.20＋9＋8.17＋8.5＋8.66＋8.76＋8.66

＝80.66（分）

从表 12-5 计算可知，净资产收益率、已获利息倍数等指标较好，而总资产报酬率、应收账款周转率相对较低，应引起注意，采取措施进行改进。

表 12-5　某工业企业 2021 年财务基本指标评分表

评价指标	权系数	指标值	单项分
1. 盈利能力状况			
净资产收益率/%	20	10.5	18.71
总资产报酬率/%	14	4.8	10.20
2. 资产质量状况			
总资产周转率/次	10	0.7	9
应收账款周转率/次	12	8.2	8.17
3. 债务风险状况			
资产负债率/%	12	55.6	8.5
已获利息倍数	10	6.3	8.66
4. 经营增长状况			
销售增长率/%	12	8.3	8.76
资本保值增值率/%	10	108.5	8.66
财务基本指标合计			80.66

② 财务绩效定量评价修正指标的记分是在基本指标记分的基础上，运用功效系数法原理，分别计算获利能力、资产质量、债务风险和经营增长四个部分的综合修正系数，再据此计算出修正后的分数。计算公式为：

$$修正后总得分 = \sum 各部分修正后得分$$

$$各部分修正后得分 = 各部分基本指标分数 \times 该部分综合修正系数$$

$$某部分综合修正系数 = \sum 该部分各修正指标加权修正系数$$

$$某指标加权修正系数 = \frac{修正指标权数}{该部分权数} \times 该指标单项修正系数$$

$$某指标单项修正系数 = 1.0 + (本档标准系数 + 0.2 \times 功效系数 - 该部分基本指标分析系数)$$

单项修正系数控制修正幅度为 0.7~1.3。

$$某部分基本指标分析系数 = \frac{该部分基本指标得分}{该部分权数}$$

12.3.5.2 管理综合绩效定性评价方法

管理综合绩效定性评价是运用综合分析判断法的原理，根据评价期间企业管理综合绩效状况等相关因素的实际情况，对照管理综合绩效定性评价参考标准，对企业管理综合绩效指标进行分析评议，确定评价分值。其基本步骤如下。

(1) 收集整理相关资料。为了深入了解企业的管理综合绩效状况，可以通过问卷调查、访谈等方式，充分收集并认真整理管理综合绩效评价的有关资料。财务综合绩效定量评价结果也是进行管理综合绩效定性评价的重要资料之一。

(2) 参照管理综合绩效定性评价标准，分析企业管理综合绩效状况。

(3) 对各项指标评价计分。管理综合绩效定性评价指标的计分一般通过专家评议打分完成（聘请的专家通常应不少于 7 名）；评议专家应当在充分了解企业管理综合绩效状况的基础上，对照评价参考标准，采取综合分析判断法，对企业管理综合绩效指标作出分析评议，评判各项指标所处的水平档次，并直接给出评价分数：其计算公式如下：

$$管理综合绩效定性评价指标分数 = \sum 单项指标分数$$

$$单项指标分数 = \frac{(\sum 每位专家给定的单项指标分数)}{专家人数}$$

(4) 计算管理综合绩效评价分值，形成评价结果。管理综合绩效定性评价工作的最后是汇总管理综合绩效定性评价指标得分，形成定性评价结论。

12.3.5.3 计算综合绩效评价分值，形成综合评价结果

根据财务综合绩效定量评价结果和管理综合绩效定性评价结果，按照既定的权重和计分方法，计算出综合绩效评价总分，并考虑相关因素进行调整后，得出企业综合绩效评价分值、其计算公式如下：

综合绩效评价分值＝财务综合绩效定量评价分数×70%＋管理综合绩效定性评价分数×30%

综合评价结果是根据企业综合绩效评价分值及分析得出的评价结论，可以评价得分、评

价类型和评价级别表示。评价类型是根据评价分数对综合绩效评价所划分的水平档次，分为优（A）、良（B）、中（C）、低（D）、差（E）五个等级。评价级别是对每种类型再划分级次，以体现同一评价类型的差异，采用字母和在字母右上端标注"＋＋""＋""－"的方式表示。

12.3.6 综合评价报告

综合评价报告是根据综合绩效评价结果编制、反映被评价企业综合绩效状况的文件，由报告正文和附件构成。

综合评价报告正文应当包括评价目的、评价依据与评价方法、评价过程、评价结果及评价结论、需要说明的重大事项等内容。

综合评价报告附件应当包括企业经营综合绩效分析报告、评价结果计分表、问卷调查结果分析、专家咨询报告、评价基础数据及调整情况等内容。

相关链接：综合绩效平衡计分卡

平衡计分卡（the balanced scorecard）是由美国哈佛商学院教授罗伯特·S.卡普兰（Robert S. Kaplan）和大卫·P.诺顿（David P. Norton）创建的。平衡计分卡是一个综合性的业绩评价系统，它是一套能使高层经理快速而全面地考察企业的测评指标。平衡计分卡既包含财务指标，也包含非财务指标。平衡计分卡把对企业业绩的评价划分为四个部分，即财务、客户、经营过程、学习与成长等方面，如图 12-2 所示。

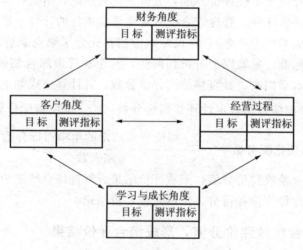

图 12-2 平衡计分卡测试图

1. 财务角度

财务角度即怎样满足股东？财务绩效评价体系显示了企业总体战略计划，以及企业实施与执行是否达到预期目标，是否增加企业利润直至最终是否实现企业价值最大化。而对企业价值最大化的计量是离不开相关财务指标的，例如，经营利润、净资产收益率、现金流量和经济附加值等。对财务评价指标体系的设计不单纯是一个财务问题，更重要的是财务绩效评价成功与否，对企业经营绩效的改善具有重大影响。因此，财务评价指标应考虑：向信息使用者提供哪些有用信息？财务评价指标应如何确定？应采取什么行动才能满足所有者的要求？

2. 顾客角度

顾客角度即顾客有怎样的态度？市场经济条件下，一个企业要想获得生存和发展，必须服务好顾客，一心为顾客提供价值。因此，企业如何从顾客角度去运作企业，已成为管理层首先要考虑的问题之一。平衡计分卡要求企业决策层要把它们为顾客服务的声明转化为具体可行的测评指标，这些测评指标是真正反映与顾客相关的各种因素。一般顾客对企业所关心的要素主要包括时间、质量、性能与服务、成本等。时间指企业能否按顾客要求及时满足其所需，质量指顾客衡量所得到的产品水平或享受的服务好坏；性能与服务可以衡量企业的产品或服务在为顾客提供价值方面能起什么作用，成本是指企业一定时期内投入要素的多少。因此，针对顾客所需，顾客对企业评价的核心指标包括客户满意程度、客户保持程度、新客户的获得、客户获利能力及在目标范围内的市场份额等。

3. 经营过程

经营过程即我们必须擅长什么？这些企业内部营运与技术指标用来反映企业组织是否较好地完成了其核心工作，同时使股东获得预期的财务收益，具体可分为以下三个方面。

（1）创新阶段。要求企业进行充分的市场调查，寻找客户所要求的潜在需要，从而挖掘新的客户，创立新的市场。这是企业成功与否的关键一环。该阶段又可细化为两个阶段，①进行市场调查以确定市场规模、客户偏好及对目标产品的调查；②设计开发新产品。

（2）经营过程。企业进行生产经营提供产品和服务，并将产品及时支付给客户。企业内部经营过程在注重销售收入增长的同时也应考虑企业的盈利率与资金管理效率，以求得收入与报酬率之间的平衡。

（3）售后服务。主要包括产品质量保证书、产品的修理、退货、调换及机器设备使用的培训等。

4. 学习与成长角度

学习与成长角度即能否继续提高并创造价值？该类指标是用来反映企业改进与创新能力。企业应在生产和改进现有产品的同时，开发和创造适应市场需要的新产品。企业还应注重对员工的生产技术水平、劳动积极性及培训方面评价，以提高企业的经营业绩。具体指标有：开发新型产品所需时间、产品成熟过程所需时间、新产品上市时间、员工满意程度、员工流动性、员工培训次数、员工建议数量等。

综上所述，平衡计分卡在保留了传统的财务指标体系的基础上，引进大量能对未来财务业绩进行考评的非财务动因（包括客户、经营过程、学习与成长等），共同融合于企业信息系统。利用平衡计分卡，企业经营管理者可以计量有关经营单位是如何为现在和未来的客户创造价值。如何建立和提高内部生产力，以及如何为提高未来经营而对人员、系统和程序进行投资。当然，平衡计分卡也存在着许多缺陷：①平衡计分卡中非财务指标难以用货币来衡量。非财务计量指标上的改进与利润增长的关系较为模糊，很难辨认出非财务指标上的改进到底引起了利润多大的变化，尤其在短期内利润指标几乎不受影响；②非财务指标之间的关系错综复杂。有些联系很紧密，不易分别确定其重要程度，有些则可能是相互矛盾的，一个指标需要其他指标作出牺牲方能得以改善，容易引起各部门之间的冲突。

本章小结

　　财务分析方法包括比率分析法、趋势分析法和因素分析法。比率分析法是通过计算各种比率指标来确定经济活动变动程度的分析方法。趋势分析法是通过对比两期或连续数期财务报告中相同指标，确定其增减变动的方向、数额和幅度，来说明企业财务状况或经营成果的变动趋势的一种方法。因素分析法是依据分析指标与其影响因素的关系，从数量上确定各因素对分析指标影响方向和程度的一种方法。

　　财务分析指标包括偿债能力指标、营运能力指标、获利能力指标和发展能力指标。将各种指标等诸方面纳入一个有机的整体，全面地对企业经营状况、财务状况进行剖析，称为综合指标分析，本书主要指杜邦财务分析体系。

　　综合绩效评价是指运用统计学和运筹学的方法，通过建立综合评价指标体系，对照相应的评价标准，对企业一定经营期间的获利能力、资产质量、债务风险及经营增长等方面的财务绩效进行的评判。综合绩效评价由财务综合绩效定量评价和管理综合绩效定性评价两部分组成。

相关术语

　　财务分析方法　比率分析法　趋势分析法　因素分析法　财务指标分析　偿债能力指标　营运能力指标　获利能力指标　发展能力指标　杜邦财务分析体系　综合绩效评价指标体系　功效系数　平衡计分卡

思政指引

　　理论背景：财务分析是以财务报告及相关资料为依据，采用专门方法与程序，构建评价指标体系，对经营业绩进行综合评价，为企业经营者、投资者、债权人、政府管理部门等相关各方评价企业现状、预测企业未来，做出正确决策提供依据。企业单项能力评价包括获利能力、营运能力、偿债能力、发展能力等评价指标。综合绩效评价则是运用统计学与运筹学方法，构建定性与定量相结合评价指标体系，对企业获利能力、资产营运质量、偿债风险、持续发展潜力进行综合评判。

　　思政启示：财务分析结论正确与否、是否具有参考价值，取决于财务报告的真实性与完整性、分析方法的可行性与科学性、财务分析者的职业道德与敬业精神等。给我们带来的启示是：第一，要有强烈的使命感和责任感，培养敏锐的职业判断力与担当能力，增强职业道德与法治意识，敢于识别与揭示财务造假，杜绝分析虚假的财务报告。第二，要弘扬科学精神与敬业精神，增强创新意识，科学选择分析方法，创新绿色与协同发展评价指标，定性与定量相结合，借助"量"的评价来揭示"质"的属性，透过现象看本质。第三，要培养辩证思维与系统思维、培养全局观与战略观，站在更高的战略视角，辩证地分析每个单项能力指标，并将单项能力系统、有机地融入综合绩效评价，实事求是地评价财务综合绩效及存在的具体问题，为后续加强经营管理、提高效益提供决策依据。

复习思考题

1. 简述财务分析的意义、主体、内容。
2. 财务分析常采用的方法有哪些？
3. 连环替代分析的特点是什么？
4. 衡量短期偿债能力的指标有哪些？这些指标之间存在什么关系？
5. 衡量长期偿债能力的指标有哪些？这些指标之间存在什么差异？
6. 评价营运能力的指标有哪些？
7. 评价获利能力的指标有哪些？
8. 评价发展能力的指标有哪些？
9. 杜邦财务分析指标体系是什么？
10. 综合绩效评价指标是什么？

附录 A 1 元复利终值系数表

表 A-1 1 元复利终值系数表

n	1%	2%	3%	4%	5%	6%	7%	8%	9%
1	1.0100	1.0200	1.0300	1.0400	1.0500	1.0600	1.0700	1.0800	1.0900
2	1.0201	1.0404	1.0609	1.0816	1.1025	1.1236	1.1449	1.1664	1.1881
3	1.0303	1.0612	1.0927	1.1249	1.1576	1.1910	1.2250	1.2597	1.2950
4	1.0406	1.0824	1.1255	1.1699	1.2155	1.2625	1.3108	1.3605	1.4116
5	1.0510	1.1041	1.1593	1.2167	1.2763	1.3382	1.4026	1.4693	1.5386
6	1.0615	1.1262	1.1941	1.2653	1.3401	1.4185	1.5007	1.5869	1.6771
7	1.0721	1.1487	1.2299	1.3159	1.4071	1.5036	1.6058	1.7138	1.8280
8	1.0829	1.1717	1.2668	1.3686	1.4775	1.5938	1.7182	1.8509	1.9926
9	1.0937	1.1951	1.3048	1.4233	1.5513	1.6895	1.8385	1.9990	2.1719
10	1.1046	1.2190	1.3439	1.4802	1.6289	1.7908	1.9672	2.1589	2.3674
11	1.1157	1.2434	1.3842	1.5395	1.7103	1.8983	2.1049	2.3316	2.5804
12	1.1268	1.2682	1.4258	1.6010	1.7959	2.0122	2.2522	2.5182	2.8127
13	1.1381	1.2936	1.4685	1.6651	1.8856	2.1329	2.4098	2.7196	3.0658
14	1.1495	1.3195	1.5126	1.7317	1.9799	2.2609	2.5785	2.9372	3.3417
15	1.1610	1.3459	1.5580	1.8009	2.0789	2.3966	2.7590	3.1722	3.6425
16	1.1726	1.3728	1.6047	1.8730	2.1829	2.5404	2.9522	3.4259	3.9703
17	1.1843	1.4002	1.6528	1.9479	2.2920	2.6928	3.1588	3.7000	4.3276
18	1.1961	1.4282	1.7024	2.0258	2.4066	2.8543	3.3799	3.9960	4.7171
19	1.2081	1.4568	1.7535	2.1068	2.5270	3.0256	3.6165	4.3157	5.1417
20	1.2202	1.4859	1.8061	2.1911	2.6533	3.2071	3.8697	4.6610	5.6044
21	1.2324	1.5157	1.8603	2.2788	2.7860	3.3996	4.1406	5.0338	6.1088
22	1.2447	1.5460	1.9161	2.3699	2.9253	3.6035	4.4304	5.4365	6.6586
23	1.2572	1.5769	1.9736	2.4647	3.0715	3.8197	4.7405	5.8715	7.2579
24	1.2697	1.6084	2.0328	2.5633	3.2251	4.0489	5.0724	6.3412	7.9111
25	1.2824	1.6406	2.0938	2.6658	3.3864	4.2919	5.4274	6.8485	8.6231
26	1.2953	1.6734	2.1566	2.7725	3.5557	4.5494	5.8074	7.3964	9.3992
27	1.3082	1.7069	2.2213	2.8834	3.7335	4.8223	6.2139	7.9881	10.2450
28	1.3213	1.7410	2.2879	2.9987	3.9201	5.1117	6.6488	8.6271	11.1670
29	1.3345	1.7758	2.3566	3.1187	4.1161	5.4184	7.1143	9.3173	12.1720
30	1.3478	1.8114	2.4273	3.2434	4.3219	5.7435	7.6123	10.0630	13.2680

n	10%	11%	12%	13%	14%	15%	16%	17%	18%
1	1.1000	1.1100	1.1200	1.1300	1.1400	1.1500	1.1600	1.1700	1.1800
2	1.2100	1.2321	1.2544	1.2769	1.2996	1.3225	1.3456	1.3689	1.3924
3	1.3310	1.3676	1.4049	1.4429	1.4815	1.5209	1.5609	1.6016	1.6430
4	1.4641	1.5181	1.5735	1.6305	1.6890	1.7490	1.8106	1.8739	1.9388
5	1.6105	1.6851	1.7623	1.8424	1.9254	2.0114	2.1003	2.1924	2.2878
6	1.7716	1.8704	1.9738	2.0820	2.1950	2.3131	2.4364	2.5652	2.6996
7	1.9487	2.0762	2.2107	2.3526	2.5023	2.6600	2.8262	3.0012	3.1855
8	2.1436	2.3045	2.4760	2.6584	2.8526	3.0590	3.2784	3.5115	3.7589
9	2.3579	2.5580	2.7731	3.0040	3.2519	3.5179	3.8030	4.1084	4.4355
10	2.5937	2.8394	3.1058	3.3946	3.7072	4.0456	4.4114	4.8068	5.2338
11	2.8531	3.1518	3.4785	3.8359	4.2262	4.6524	5.1173	5.6240	6.1759
12	3.1384	3.4985	3.8960	4.3345	4.8179	5.3503	5.9360	6.5801	7.2876
13	3.4523	3.8833	4.3635	4.8980	5.4924	6.1528	6.8858	7.6987	8.5994
14	3.7975	4.3104	4.8871	5.5348	6.2613	7.0757	7.9875	9.0075	10.1470
15	4.1772	4.7846	5.4736	6.2543	7.1379	8.1371	9.2655	10.5390	11.9740
16	4.5950	5.3109	6.1304	7.0673	8.1372	9.3576	10.7480	12.3300	14.1290
17	5.0545	5.8951	6.8660	7.9861	9.2765	10.7610	12.4680	14.4260	16.6720
18	5.5599	6.5436	7.6900	9.0243	10.5750	12.3750	14.4630	16.8790	19.6730
19	6.1159	7.2633	8.6128	10.1970	12.0560	14.2320	16.7770	19.7480	23.2140
20	6.7275	8.0623	9.6463	11.5230	13.7430	16.3670	19.4610	23.1060	27.3930
21	7.4002	8.9492	10.8040	13.0210	15.6680	18.8220	22.5740	27.0340	32.3240
22	8.1403	9.9336	12.1000	14.7140	17.8610	21.6450	26.1860	31.6290	38.1420
23	8.9543	11.0260	13.5520	16.6270	20.3620	24.8910	30.3760	37.0060	45.0080
24	9.8497	12.2390	15.1790	18.7880	23.2120	28.6250	35.2360	43.2970	53.1090
25	10.8350	13.5850	17.0000	21.2310	26.4620	32.9190	40.8740	50.6580	62.6690
26	11.9180	15.0800	19.0400	23.9910	30.1670	37.8570	47.4140	59.2700	73.9490
27	13.1100	16.7390	21.3250	27.1090	34.3900	43.5350	55.0000	69.3450	87.2600
28	14.4210	18.5800	23.8840	30.6330	39.2040	50.0660	63.8000	81.1340	102.9700
29	15.8630	20.6240	26.7500	34.6160	44.6930	57.5750	74.0090	94.9270	121.5000
30	17.4490	22.8920	29.9600	39.1160	50.9500	66.2120	85.8500	111.060	143.3700

n	19%	20%	21%	22%	23%	24%	25%
1	1.1900	1.2000	1.2100	1.2200	1.2300	1.2400	1.2500
2	1.4161	1.4400	1.4641	1.4884	1.5129	1.5376	1.5625
3	1.6852	1.7280	1.7716	1.8158	1.8609	1.9066	1.9531
4	2.0053	2.0736	2.1436	2.2153	2.2889	2.3642	2.4414
5	2.3864	2.4883	2.5937	2.7027	2.8153	2.9316	3.0518
6	2.8398	2.9860	3.1384	3.2973	3.4628	3.6352	3.8147
7	3.3793	3.5832	3.7975	4.0227	4.2593	4.5077	4.7684
8	4.0214	4.2998	4.5950	4.9077	5.2389	5.5895	5.9605
9	4.7854	5.1598	5.5599	5.9874	6.4439	6.9310	7.4506
10	5.6947	6.1917	6.7275	7.3046	7.9259	8.5944	9.3132
11	6.7767	7.4301	8.1403	8.9117	9.7489	10.6570	11.6420
12	8.0642	8.9161	9.8497	10.8720	11.9910	13.2150	14.5520
13	9.5964	10.6990	11.9180	13.2640	14.7490	16.3860	18.1900
14	11.4200	12.8390	14.4210	16.1820	18.1410	20.3190	22.7370
15	13.5900	15.4070	17.4490	19.7420	22.3140	25.1960	28.4220
16	16.1720	18.4880	21.1140	24.0860	27.4460	31.2430	35.5270
17	19.2440	22.1860	25.5480	29.3840	33.7590	38.7410	44.4090
18	22.9010	26.6230	30.9130	35.8490	41.5230	48.0390	55.5110
19	27.2520	31.9480	37.4040	43.7360	51.0740	59.5680	69.3890
20	32.4290	38.3380	45.2590	53.3580	62.8210	73.8640	86.7360
21	38.5910	46.0050	54.7640	65.0960	77.2690	91.5920	108.4200
22	45.9230	55.2060	66.2640	79.4180	95.0410	113.5700	135.5300
23	54.6490	66.2470	80.1800	96.8890	116.9000	140.8300	169.4100
24	65.0320	79.4970	97.0170	118.2100	143.7900	174.6300	211.7600
25	77.3880	95.3960	117.3900	144.2100	176.8600	216.5400	264.7000
26	92.0920	114.4800	142.0400	175.9400	217.5400	268.5100	330.8700
27	109.5900	137.3700	171.8700	214.6400	267.5700	332.9500	413.5900
28	130.4100	164.8400	207.9700	261.8600	329.1100	412.8600	516.9900
29	155.1900	197.8100	251.6400	319.4700	404.8100	511.9500	646.2300
30	184.6800	237.3800	304.4800	389.7600	497.9100	634.8200	807.7900

附录 B 1 元复利现值系数表

表 B-1 1 元复利现值系数表

n	1%	2%	3%	4%	5%	6%	7%	8%	9%
1	0.9901	0.9804	0.9709	0.9615	0.9524	0.9434	0.9346	0.9259	0.9174
2	0.9803	0.9612	0.9426	0.9246	0.9070	0.8900	0.8734	0.8573	0.8417
3	0.9706	0.9423	0.9151	0.8890	0.8638	0.8396	0.8163	0.7938	0.7722
4	0.9610	0.9238	0.8885	0.8548	0.8227	0.7921	0.7629	0.7350	0.7084
5	0.9515	0.9057	0.8626	0.8219	0.7835	0.7473	0.7130	0.6806	0.6499
6	0.9420	0.8880	0.8375	0.7903	0.7462	0.7050	0.6663	0.6302	0.5963
7	0.9327	0.8706	0.8131	0.7599	0.7107	0.6651	0.6227	0.5835	0.5470
8	0.9235	0.8535	0.7894	0.7307	0.6768	0.6274	0.5820	0.5403	0.5019
9	0.9143	0.8368	0.7664	0.7026	0.6446	0.5919	0.5439	0.5002	0.4604
10	0.9053	0.8203	0.7441	0.6756	0.6139	0.5584	0.5083	0.4632	0.4224
11	0.8963	0.8043	0.7224	0.6496	0.5847	0.5268	0.4751	0.4289	0.3875
12	0.8874	0.7885	0.7014	0.6246	0.5568	0.4970	0.4440	0.3971	0.3555
13	0.8787	0.7730	0.6810	0.6006	0.5303	0.4688	0.4150	0.3677	0.3262
14	0.8700	0.7579	0.6611	0.5775	0.5051	0.4423	0.3878	0.3405	0.2992
15	0.8613	0.7430	0.6419	0.5553	0.4810	0.4173	0.3624	0.3152	0.2745
16	0.8528	0.7284	0.6232	0.5339	0.4581	0.3936	0.3387	0.2919	0.2519
17	0.8444	0.7142	0.6050	0.5134	0.4363	0.3714	0.3166	0.2703	0.2311
18	0.8360	0.7002	0.5874	0.4936	0.4155	0.3503	0.2959	0.2502	0.2120
19	0.8277	0.6864	0.5703	0.4746	0.3957	0.3305	0.2765	0.2317	0.1945
20	0.8195	0.6730	0.5537	0.4564	0.3769	0.3118	0.2584	0.2145	0.1784
21	0.8114	0.6598	0.5375	0.4388	0.3589	0.2942	0.2415	0.1987	0.1637
22	0.8034	0.6468	0.5219	0.4220	0.3418	0.2775	0.2257	0.1839	0.1502
23	0.7954	0.6342	0.5067	0.4057	0.3256	0.2618	0.2109	0.1703	0.1378
24	0.7876	0.6217	0.4919	0.3901	0.3101	0.2470	0.1971	0.1577	0.1264
25	0.7798	0.6095	0.4776	0.3751	0.2953	0.2330	0.1842	0.1460	0.1160
26	0.7720	0.5976	0.4637	0.3607	0.2812	0.2198	0.1722	0.1352	0.1064
27	0.7644	0.5859	0.4502	0.3468	0.2678	0.2074	0.1609	0.1252	0.0976
28	0.7568	0.5744	0.4371	0.3335	0.2551	0.1956	0.1504	0.1159	0.0895
29	0.7493	0.5631	0.4243	0.3207	0.2429	0.1846	0.1406	0.1073	0.0822
30	0.7419	0.5521	0.4120	0.3083	0.2314	0.1741	0.1314	0.0994	0.0754

n	10%	11%	12%	13%	14%	15%	16%	17%	18%
1	0.9091	0.9009	0.8929	0.8850	0.8772	0.8696	0.8621	0.8547	0.8475
2	0.8264	0.8116	0.7972	0.7831	0.7695	0.7561	0.7432	0.7305	0.7182
3	0.7513	0.7312	0.7118	0.6931	0.6750	0.6575	0.6407	0.6244	0.6086
4	0.6830	0.6587	0.6355	0.6133	0.5921	0.5718	0.5523	0.5337	0.5158
5	0.6209	0.5935	0.5674	0.5428	0.5194	0.4972	0.4761	0.4561	0.4371
6	0.5645	0.5346	0.5066	0.4803	0.4556	0.4323	0.4104	0.3898	0.3704
7	0.5132	0.4817	0.4523	0.4251	0.3996	0.3759	0.3538	0.3332	0.3139
8	0.4665	0.4339	0.4039	0.3762	0.3506	0.3269	0.3050	0.2848	0.2660
9	0.4241	0.3909	0.3606	0.3329	0.3075	0.2843	0.2630	0.2434	0.2255
10	0.3855	0.3522	0.3220	0.2946	0.2697	0.2472	0.2267	0.2080	0.1911
11	0.3505	0.3173	0.2875	0.2607	0.2366	0.2149	0.1954	0.1778	0.1619
12	0.3186	0.2858	0.2567	0.2307	0.2076	0.1869	0.1685	0.1520	0.1372
13	0.2897	0.2575	0.2292	0.2042	0.1821	0.1625	0.1452	0.1299	0.1163
14	0.2633	0.2320	0.2046	0.1807	0.1597	0.1413	0.1252	0.1110	0.0985
15	0.2394	0.2090	0.1827	0.1599	0.1401	0.1229	0.1079	0.0949	0.0835
16	0.2176	0.1883	0.1631	0.1415	0.1229	0.1069	0.0930	0.0811	0.0708
17	0.1978	0.1696	0.1456	0.1252	0.1078	0.0929	0.0802	0.0693	0.0600
18	0.1799	0.1528	0.1300	0.1108	0.0946	0.0808	0.0691	0.0592	0.0508
19	0.1635	0.1377	0.1161	0.0981	0.0829	0.0703	0.0596	0.0506	0.0431
20	0.1486	0.1240	0.1037	0.0868	0.0728	0.0611	0.0514	0.0433	0.0365
21	0.1351	0.1117	0.0926	0.0768	0.0638	0.0531	0.0443	0.0370	0.0309
22	0.1228	0.1007	0.0826	0.0680	0.0560	0.0462	0.03820	0.0316	0.0262
23	0.1117	0.0907	0.0738	0.0601	0.0491	0.0402	0.0329	0.0270	0.0222
24	0.1015	0.0817	0.0659	0.0532	0.0431	0.0349	0.0284	0.0231	0.0188
25	0.0923	0.0736	0.0588	0.0471	0.0378	0.0304	0.0245	0.0197	0.0160
26	0.0839	0.0663	0.0525	0.0417	0.0331	0.0264	0.0211	0.0169	0.0135
27	0.0763	0.0597	0.0469	0.0369	0.0291	0.0230	0.0182	0.0144	0.0115
28	0.0693	0.0538	0.0419	0.0326	0.0255	0.0200	0.0157	0.0123	0.0097
29	0.0630	0.0485	0.0374	0.0289	0.0224	0.0174	0.0135	0.0105	0.0082
30	0.0573	0.0437	0.0334	0.0256	0.0196	0.0151	0.0116	0.0090	0.0070

n	19%	20%	21%	22%	23%	24%	25%
1	0.8403	0.8333	0.8264	0.8197	0.8130	0.8065	0.8000
2	0.7062	0.6944	0.6830	0.6719	0.6610	0.6504	0.6400
3	0.5934	0.5787	0.5645	0.5507	0.5374	0.5245	0.5120
4	0.4987	0.4823	0.4665	0.4514	0.4369	0.4230	0.4096
5	0.4190	0.4019	0.3855	0.3700	0.3552	0.3411	0.3277
6	0.3521	0.3349	0.3186	0.3033	0.2888	0.2751	0.2621
7	0.2959	0.2791	0.2633	0.2486	0.2348	0.2218	0.2097
8	0.2487	0.2326	0.2176	0.2038	0.1909	0.1789	0.1678
9	0.2090	0.1938	0.1799	0.1670	0.1552	0.1443	0.1342
10	0.1756	0.1615	0.1486	0.1369	0.1262	0.1164	0.1074
11	0.1476	0.1346	0.1228	0.1122	0.1026	0.0938	0.0859
12	0.1240	0.1122	0.1015	0.0920	0.0834	0.0757	0.0687
13	0.1042	0.0935	0.0839	0.0754	0.0678	0.0610	0.0550
14	0.0876	0.0779	0.0693	0.0618	0.0551	0.0492	0.0440
15	0.0736	0.0649	0.0573	0.0507	0.0448	0.0397	0.0352
16	0.0618	0.0541	0.0474	0.0415	0.0364	0.0320	0.0281
17	0.0520	0.0451	0.0391	0.0340	0.0296	0.0258	0.0225
18	0.0437	0.0376	0.0323	0.0279	0.0241	0.0208	0.0180
19	0.0367	0.0313	0.0267	0.0229	0.0196	0.0168	0.0144
20	0.0308	0.0261	0.0221	0.0187	0.0159	0.0135	0.0115
21	0.0259	0.0217	0.0183	0.0154	0.0129	0.0109	0.0092
22	0.0218	0.0181	0.0151	0.0126	0.0105	0.0088	0.0074
23	0.0183	0.0151	0.0125	0.0103	0.0086	0.0071	0.0059
24	0.0154	0.0126	0.0103	0.0085	0.0070	0.0057	0.0047
25	0.0129	0.0105	0.0085	0.0069	0.0057	0.0046	0.0038
26	0.0109	0.0087	0.0070	0.0057	0.0046	0.0037	0.0030
27	0.0091	0.0073	0.0058	0.0047	0.0037	0.0030	0.0024
28	0.0077	0.0061	0.0048	0.0038	0.0030	0.0024	0.0019
29	0.0064	0.0051	0.0040	0.0031	0.0025	0.0020	0.0015
30	0.0054	0.0042	0.0033	0.0026	0.0020	0.0016	0.0012

附录 C 1 元年金终值系数表

表 C-1   1 元年金终值系数表

n	1%	2%	3%	4%	5%	6%	7%	8%	9%
1	1.0000	1.0000	1.0000	1.0000	1.0000	1.0000	1.0000	1.0000	1.0000
2	2.0100	2.0200	2.0300	2.0400	2.0500	2.0600	2.0700	2.0800	2.0900
3	3.0301	3.0604	3.0909	3.1216	3.1525	3.1836	3.2149	3.2464	3.2781
4	4.0604	4.1216	4.1836	4.2465	4.3101	4.3746	4.4399	4.5061	4.5731
5	5.101	5.204	5.3091	5.4163	5.5256	5.6371	5.7507	5.8666	5.9847
6	6.152	6.3081	6.4684	6.6330	6.8019	6.9753	7.1533	7.3359	7.5233
7	7.2135	7.4343	7.6625	7.8983	8.142	8.3938	8.6540	8.9228	9.2004
8	8.2857	8.583	8.8923	9.2142	9.5491	9.8975	10.2600	10.6370	11.0280
9	9.3685	9.7546	10.1590	10.5830	11.0270	11.4910	11.9780	12.4880	13.0210
10	10.4620	10.9500	11.4640	12.0060	12.5780	13.1810	13.8160	14.4870	15.1930
11	11.5670	12.1690	12.8080	13.4860	14.2070	14.9720	15.7840	16.6450	17.5600
12	12.6830	13.4120	14.1920	15.0260	15.9170	16.8700	17.8880	18.9770	20.1410
13	13.8090	14.680	15.6180	16.6270	17.7130	18.8820	20.1410	21.4950	22.9530
14	14.9470	15.9740	17.0860	18.2920	19.5990	21.0150	22.5500	24.2150	26.0190
15	16.0970	17.2930	18.5990	20.0240	21.5790	23.2760	25.1290	27.1520	29.3610
16	17.2580	18.6390	20.1570	21.8250	23.6570	25.6730	27.8880	30.3240	33.0030
17	18.4300	20.0120	21.7620	23.6980	25.8400	28.2130	30.840	33.7500	36.9740
18	19.6150	21.4120	23.4140	25.6450	28.1320	30.9060	33.9990	37.4500	41.3010
19	20.8110	22.8410	25.1170	27.6710	30.5390	33.7600	37.3790	41.4460	46.0180
20	22.0190	24.2970	26.870	29.7780	33.0660	36.7860	40.9950	45.7620	51.1600
21	23.2390	25.7830	28.6760	31.9690	35.7190	39.9930	44.8650	50.4230	56.7650
22	24.4720	27.2990	30.5370	34.2480	38.5050	43.3920	49.0060	55.4570	62.8730
23	25.7160	28.8450	32.4530	36.6180	41.4300	46.9960	53.4360	60.8930	69.5320
24	26.9730	30.4220	34.4260	39.0830	44.5020	50.8160	58.1770	66.7650	76.7900
25	28.2430	32.030	36.4590	41.6460	47.7270	54.8650	63.2490	73.1060	84.7010
26	29.5260	33.6710	38.5530	44.3120	51.1130	59.1560	68.6760	79.9540	93.3240
27	30.8210	35.3440	40.7100	47.0840	54.6690	63.7060	74.4840	87.3510	102.7200
28	32.1290	37.0510	42.9310	49.9680	58.4030	68.5280	80.6980	95.3390	112.9700
29	33.4500	38.7920	45.2190	52.9660	62.3230	73.6400	87.3470	103.9700	124.1400
30	34.7850	40.5680	47.5750	56.0850	66.4390	79.0580	94.4610	113.2800	136.3100

n	10%	11%	12%	13%	14%	15%	16%	17%	18%
1	1.0000	1.0000	1.0000	1.0000	1.0000	1.0000	1.0000	1.0000	1.0000
2	2.1000	2.1100	2.1200	2.1300	2.1400	2.1500	2.1600	2.1700	2.1800
3	3.3100	3.3421	3.3744	3.4069	3.4396	3.4725	3.5056	3.5389	3.5724
4	4.6410	4.7097	4.7793	4.8498	4.9211	4.9934	5.0665	5.1405	5.2154
5	6.1051	6.2278	6.3528	6.4803	6.6101	6.7424	6.8771	7.0144	7.1542
6	7.7156	7.9129	8.1152	8.3227	8.5355	8.7537	8.9775	9.2068	9.4420
7	9.4872	9.7833	10.0890	10.4050	10.730	11.0670	11.4140	11.7720	12.1420
8	11.4360	11.8590	12.3000	12.7570	13.2330	13.7270	14.2400	14.7730	15.3270
9	13.5790	14.1640	14.7760	15.4160	16.0850	16.7860	17.5190	18.2850	19.0860
10	15.9370	16.7220	17.5490	18.4200	19.3370	20.3040	21.3210	22.3930	23.5210
11	18.5310	19.5610	20.6550	21.8140	23.0450	24.3490	25.7330	27.2000	28.7550
12	21.3840	22.7130	24.1330	25.6500	27.2710	29.0020	30.8500	32.8240	34.9310
13	24.5230	26.2120	28.0290	29.9850	32.0890	34.3520	36.7860	39.4040	42.2190
14	27.9750	30.0950	32.3930	34.8830	37.5810	40.5050	43.6720	47.1030	50.8180
15	31.7720	34.4050	37.2800	40.4170	43.8420	47.5800	51.6600	56.1100	60.9650
16	35.9500	39.1900	42.7530	46.6720	50.9800	55.7170	60.9250	66.6490	72.9390
17	40.5450	44.5010	48.8840	53.7390	59.1180	65.0750	71.6730	78.9790	87.0680
18	45.5990	50.3960	55.7500	61.7250	68.3940	75.8360	84.1410	93.4060	103.7400
19	51.1590	56.9390	63.4400	70.7490	78.9690	88.2120	98.6030	110.2800	123.4100
20	57.2750	64.2030	72.0520	80.9470	91.0250	102.4400	115.3800	130.0300	146.6300
21	64.0020	72.2650	81.6990	92.4700	104.7700	118.8100	134.8400	153.1400	174.0200
22	71.4030	81.2140	92.5030	105.4900	120.4400	137.6300	157.4100	180.1700	206.3400
23	79.5430	91.1480	104.6000	120.2000	138.3000	159.2800	183.6000	211.8000	244.4900
24	88.4970	102.1700	118.1600	136.8300	158.6600	184.1700	213.9800	248.8100	289.4900
25	98.3470	114.4100	133.3300	155.6200	181.8700	212.7900	249.2100	292.1000	342.6000
26	109.1800	128.0000	150.3300	176.8500	208.3300	245.7100	290.0900	342.7600	405.2700
27	121.1000	143.0800	169.3700	200.8400	238.5000	283.5700	337.5000	402.0300	479.2200
28	134.2100	159.8200	190.7000	227.9500	272.8900	327.1000	392.5000	471.3800	566.4800
29	148.6300	178.4000	214.5800	258.5800	312.0900	377.1700	456.3000	552.5100	669.4500
30	164.4900	199.0200	241.3300	293.2000	356.7900	434.7500	530.3100	647.4400	790.9500

n	19%	20%	21%	22%	23%	24%	25%
1	1.0000	1.0000	1.0000	1.0000	1.0000	1.0000	1.0000
2	2.1900	2.2000	2.2100	2.2200	2.2300	2.2400	2.2500
3	3.6061	3.6400	3.6741	3.7084	3.7429	3.7776	3.8125
4	5.2913	5.3680	5.4457	5.5242	5.6038	5.6842	5.7656
5	7.2966	7.4416	7.5892	7.7396	7.8926	8.0484	8.2070
6	9.6830	9.9299	10.1830	10.4420	10.7080	10.9800	11.2590
7	12.5230	12.9160	13.3210	13.7400	14.1710	14.6150	15.0730
8	15.9020	16.4990	17.1190	17.7620	18.4300	19.1230	19.8420
9	19.9230	20.7990	21.7140	22.6700	23.6690	24.7120	25.8020
10	24.7090	25.9590	27.2740	28.6570	30.1130	31.6430	33.2530
11	30.4040	32.1500	34.0010	35.9620	38.0390	40.2380	42.5660
12	37.1800	39.5810	42.1420	44.8740	47.7880	50.8950	54.2080
13	45.2440	48.4970	51.9910	55.7460	59.7790	64.1100	68.7600
14	54.8410	59.1960	63.9090	69.0100	74.5280	80.4960	86.9490
15	66.2610	72.0350	78.3300	85.1920	92.6690	100.8200	109.6900
16	79.8500	87.4420	95.7800	104.9300	114.9800	126.0100	138.1100
17	96.0220	105.9300	116.8900	129.0200	142.4300	157.2500	173.6400
18	115.2700	128.1200	142.4400	158.4000	176.1900	195.9900	218.0400
19	138.1700	154.7400	173.3500	194.2500	217.7100	244.0300	273.5600
20	165.4200	186.6900	210.7600	237.9900	268.7900	303.6000	342.9400
21	197.8500	225.0300	256.0200	291.3500	331.6100	377.4600	429.6800
22	236.4400	271.0300	310.7800	356.4400	408.8800	469.0600	538.1000
23	282.3600	326.2400	377.0500	435.8600	503.9200	582.6300	673.6300
24	337.0100	392.4800	457.2200	532.7500	620.8200	723.4600	843.0300
25	402.0400	471.9800	554.2400	650.9600	764.6100	898.0900	1054.8000
26	479.4300	567.3800	671.6300	795.1700	941.4600	1114.6000	1319.5000
27	571.5200	681.8500	813.6800	971.1000	1159.0000	1383.1000	1650.4000
28	681.1100	819.2200	985.5500	1185.7000	1426.6000	1716.1000	2064.0000
29	811.5200	984.0700	1193.5000	1447.6000	1755.7000	2129.0000	2580.9000
30	966.7100	1181.9000	1445.2000	1767.1000	2160.5000	2640.9000	3227.2000

附录 D 1 元年金现值系数表

表 D-1 1 元年金现值系数表

n	1%	2%	3%	4%	5%	6%	7%	8%	9%
1	0.9901	0.9804	0.9709	0.9615	0.9524	0.9434	0.9346	0.9259	0.9174
2	1.9704	1.9416	1.9135	1.8861	1.8594	1.8334	1.8080	1.7833	1.7591
3	2.9410	2.8839	2.8286	2.7751	2.7232	2.6730	2.6243	2.5771	2.5313
4	3.9020	3.8077	3.7171	3.6299	3.5460	3.4651	3.3872	3.3121	3.2397
5	4.8534	4.7135	4.5797	4.4518	4.3295	4.2124	4.1002	3.9927	3.8897
6	5.7955	5.6014	5.4172	5.2421	5.0757	4.9173	4.7665	4.6229	4.4859
7	6.7282	6.4720	6.2303	6.0021	5.7864	5.5824	5.3893	5.2064	5.0330
8	7.6517	7.3255	7.0197	6.7327	6.4632	6.2098	5.9713	5.7466	5.5348
9	8.5660	8.1622	7.7861	7.4353	7.1078	6.8017	6.5152	6.2469	5.9952
10	9.4713	8.9826	8.5302	8.1109	7.7217	7.3601	7.0236	6.7101	6.4177
11	10.3676	9.7868	9.2526	8.7605	8.3064	7.8869	7.4987	7.1390	6.8052
12	11.2551	10.5753	9.9540	9.3851	8.8633	8.3838	7.9427	7.5361	7.1607
13	12.1337	11.3484	10.6350	9.9856	9.3936	8.8527	8.3577	7.9038	7.4869
14	13.0037	12.1062	11.2961	10.5631	9.8986	9.2950	8.7455	8.2442	7.7862
15	13.8651	12.8493	11.9379	11.1184	10.3797	9.7122	9.1079	8.5595	8.0607
16	14.7179	13.5777	12.5611	11.6523	10.8378	10.1059	9.4466	8.8514	8.3126
17	15.5623	14.2919	13.1661	12.1657	11.2741	10.4773	9.7632	9.1216	8.5436
18	16.3983	14.9920	13.7535	12.6593	11.6896	10.8276	10.0591	9.3719	8.7556
19	17.2260	15.6785	14.3238	13.1339	12.0853	11.1581	10.3356	9.6036	8.9501
20	18.0456	16.3514	14.8775	13.5903	12.4622	11.4699	10.5940	9.8181	9.1285
21	18.8570	17.0112	15.4150	14.0292	12.8212	11.7641	10.8355	10.0168	9.2922
22	19.6604	17.6580	15.9369	14.4511	13.1630	12.0416	11.0612	10.2007	9.4424
23	20.4558	18.2922	16.4436	14.8568	13.4886	12.3034	11.2722	10.3711	9.5802
24	21.2434	18.9139	16.9355	15.2470	13.7986	12.5504	11.4693	10.5288	9.7066
25	22.0232	19.5235	17.4131	15.6221	14.0939	12.7834	11.6536	10.6748	9.8226
26	22.7952	20.1210	17.8768	15.9828	14.3752	13.0032	11.8258	10.8100	9.9290
27	23.5596	20.7069	18.3270	16.3296	14.6430	13.2105	11.9867	10.9352	10.0266
28	24.3164	21.2813	18.7641	16.6631	14.8981	13.4062	12.1371	11.0511	10.1161
29	25.0658	21.8444	19.1885	16.9837	15.1411	13.5907	12.2777	11.1584	10.1983
30	25.8077	22.3965	19.6004	17.2920	15.3725	13.7648	12.4090	11.2578	10.2737

n	10%	11%	12%	13%	14%	15%	16%	17%	18%
1	0.9091	0.9009	0.8929	0.8850	0.8772	0.8696	0.8621	0.8547	0.8475
2	1.7355	1.7125	1.6901	1.6681	1.6467	1.6257	1.6052	1.5852	1.5656
3	2.4869	2.4437	2.4018	2.3612	2.3216	2.2832	2.2459	2.2096	2.1743
4	3.1699	3.1024	3.0373	2.9745	2.9137	2.8550	2.7982	2.7432	2.6901
5	3.7908	3.6959	3.6048	3.5172	3.4331	3.3522	3.2743	3.1993	3.1272
6	4.3553	4.2305	4.1114	3.9975	3.8887	3.7845	3.6847	3.5892	3.4976
7	4.8684	4.7122	4.5638	4.4226	4.2883	4.1604	4.0386	3.9224	3.8115
8	5.3349	5.1461	4.9676	4.7988	4.6389	4.4873	4.3436	4.2072	4.0776
9	5.7590	5.5370	5.3282	5.1317	4.9464	4.7716	4.6065	4.4506	4.3030
10	6.1446	5.8892	5.6502	5.4262	5.2161	5.0188	4.8332	4.6586	4.4941
11	6.4951	6.2065	5.9377	5.6869	5.4527	5.2337	5.0286	4.8364	4.6560
12	6.8137	6.4924	6.1944	5.9176	5.6603	5.4206	5.1971	4.9884	4.7932
13	7.1034	6.7499	6.4235	6.1218	5.8424	5.5831	5.3423	5.1183	4.9095
14	7.3667	6.9819	6.6282	6.3025	6.0021	5.7245	5.4675	5.2293	5.0081
15	7.6061	7.1909	6.8109	6.4624	6.1422	5.8474	5.5755	5.3242	5.0916
16	7.8237	7.3792	6.9740	6.6039	6.2651	5.9542	5.6685	5.4053	5.1624
17	8.0216	7.5488	7.1196	6.7291	6.3729	6.0472	5.7487	5.4746	5.2223
18	8.2014	7.7016	7.2497	6.8399	6.4674	6.1280	5.8178	5.5339	5.2732
19	8.3649	7.8393	7.3658	6.9380	6.5504	6.1982	5.8775	5.5845	5.3162
20	8.5136	7.9633	7.4694	7.0248	6.6231	6.2593	5.9288	5.6278	5.3527
21	8.6487	8.0751	7.5620	7.1016	6.6870	6.3125	5.9731	5.6648	5.3837
22	8.7715	8.1757	7.6446	7.1695	6.7429	6.3587	6.0113	5.6964	5.4099
23	8.8832	8.2664	7.7184	7.2297	6.7921	6.3988	6.0442	5.7234	5.4321
24	8.9847	8.3481	7.7843	7.2829	6.8351	6.4338	6.0726	5.7465	5.4509
25	9.0770	8.4217	7.8431	7.3300	6.8729	6.4641	6.0971	5.7662	5.4669
26	9.1609	8.4881	7.8957	7.3717	6.9061	6.4906	6.1182	5.7831	5.4804
27	9.2372	8.5478	7.9426	7.4086	6.9352	6.5135	6.1364	5.7975	5.4919
28	9.3066	8.6016	7.9844	7.4412	6.9607	6.5335	6.1520	5.8099	5.5016
29	9.3696	8.6501	8.0218	7.4701	6.9830	6.5509	6.1656	5.8204	5.5098
30	9.4269	8.6938	8.0552	7.4957	7.0027	6.5660	6.1772	5.8294	5.5168

n	19%	20%	21%	22%	23%	24%	25%
1	0.8403	0.8333	0.8264	0.8197	0.8130	0.8065	0.8000
2	1.5465	1.5278	1.5095	1.4915	1.4740	1.4568	1.4400
3	2.1399	2.1065	2.0739	2.0422	2.0114	1.9813	1.9520
4	2.6386	2.5887	2.5404	2.4936	2.4483	2.4043	2.3616
5	3.0576	2.9906	2.9260	2.8636	2.8035	2.7454	2.6893
6	3.4098	3.3255	3.2446	3.1669	3.0923	3.0205	2.9514
7	3.7057	3.6046	3.5079	3.4155	3.3270	3.2423	3.1611
8	3.9544	3.8372	3.7256	3.6193	3.5179	3.4212	3.3289
9	4.1633	4.0310	3.9054	3.7863	3.6731	3.5655	3.4631
10	4.3389	4.1925	4.0541	3.9232	3.7993	3.6819	3.5705
11	4.4865	4.3271	4.1769	4.0354	3.9018	3.7757	3.6564
12	4.6105	4.4392	4.2784	4.1274	3.9852	3.8514	3.7251
13	4.7147	4.5327	4.3624	4.2028	4.0530	3.9124	3.7801
14	4.8023	4.6106	4.4317	4.2646	4.1082	3.9616	3.8241
15	4.8759	4.6755	4.4890	4.3152	4.1530	4.0013	3.8593
16	4.9377	4.7296	4.5364	4.3567	4.1894	4.0333	3.8874
17	4.9897	4.7746	4.5755	4.3908	4.2190	4.0591	3.9099
18	5.0333	4.8122	4.6079	4.4187	4.2431	4.0799	3.9279
19	5.0700	4.8435	4.6346	4.4415	4.2627	4.0967	3.9424
20	5.1009	4.8696	4.6567	4.4603	4.2786	4.1103	3.9539
21	5.1268	4.8913	4.6750	4.4756	4.2916	4.1212	3.9631
22	5.1486	4.9094	4.6900	4.4882	4.3021	4.1300	3.9705
23	5.1668	4.9245	4.7025	4.4985	4.3106	4.1371	3.9764
24	5.1822	4.9371	4.7128	4.5070	4.3176	4.1428	3.9811
25	5.1951	4.9476	4.7213	4.5139	4.3232	4.1474	3.9849
26	5.2060	4.9563	4.7284	4.5196	4.3278	4.1511	3.9879
27	5.2151	4.9636	4.7342	4.5243	4.3316	4.1542	3.9903
28	5.2228	4.9697	4.7390	4.5281	4.3346	4.1566	3.9923
29	5.2292	4.9747	4.7430	4.5312	4.3371	4.1585	3.9938
30	5.2347	4.9789	4.7463	4.5338	4.3391	4.1601	3.9950

参考文献

[1] 鲍新中,徐鲲. 财务管理案例教程[M]. 北京:清华大学出版社,2021.

[2] 中国注册会计师协会. 财务成本管理[M]. 北京:中国财政经济出版社,2022.

[3] 陈玉菁,宋良荣. 财务管理[M]. 5 版. 北京:清华大学出版社,2022.

[4] 韩慧博,汤谷良,祝继高. 财务管理案例[M]. 4 版. 北京:北京大学出版社,2021.

[5] 刘娥平. 企业财务管理[M]. 2 版. 北京:北京大学出版社,2021.

[6] 杨慧辉. 财务管理[M]. 北京:中国人民大学出版社,2022.

[7] 王化成,刘俊彦,荆新. 财务管理学[M]. 9 版. 北京:中国人民大学出版社,2021.

[8] 王化成,刘俊彦,荆新. 财务管理学[M]. 9 版. 北京:中国人民大学出版社,2021.

[9] 肖万. 财务管理理论与实务[M]. 北京:中国人民大学出版社,2020.

[10] 刘玉平,马海涛,李小荣. 财务管理学[M]. 5 版. 北京:中国人民大学出版社,2019.

[11] 刘玉平,马海涛,李小荣. 财务管理学学习指导书[M]. 5 版. 北京:中国人民大学出版社,2019.

[12] 杨忠智. 财务管理习题与解析[M]. 厦门:厦门大学出版社,2018.

[13] 靳磊. 财务管理实务[M]. 5 版. 北京:高等教育出版社,2021.

[14] 张朝辉,马玉洁. 财务管理学[M]. 北京:高等教育出版社,2019.

[15] 郭复初,王庆成. 财务管理学[M]. 5 版. 北京:高等教育出版社,2019.

[16] 徐斌. 公司财务管理[M]. 上海:上海财经大学出版社,2021.

[17] 江少波,李彦庆. 财务管理学[M]. 上海:立信会计出版社,2021.

[18] 邵军. 财务管理案例分析[M]. 2 版. 上海:立信会计出版社,2021.

[19] 杨淑娥,张强. 财务管理学[M]. 4 版. 北京:高等教育出版社,2022.

[20] 孙琳. 财务管理[M]. 3 版. 上海:复旦大学出版社,2015.

[21] 王晓佳. 智慧财务管理[M]. 北京:科学出版社,2020.

[22] 财政部中国财经出版传媒集团. 财务成本管理通关题库[M]. 北京:中国财政经济出版社,2022.

[23] 黄虹,洪兰. 财务管理(微课版)[M]. 北京:清华大学出版社,2022.

[24] 中国注册会计师协会. 财务成本管理 2022 年试题汇编[M]. 北京:中国财政经济出版社,2022.

[25] 财政部会计资格评价中心. 财务管理(中级会计职称考试)[M]. 北京:经济科学出版社,2022.